Johannes Baumgarten

Abenteurerleben in Guyana und am Amazonas

nach Selbsterlebnissen von Emil Carrey, Bouyer, Jusselain, Agassiz, ...

Johannes Baumgarten

Abenteurerleben in Guyana und am Amazonas
nach Selbsterlebnissen von Emil Carrey, Bouyer, Jusselain, Agassiz, ...

ISBN/EAN: 9783743426030

Hergestellt in Europa, USA, Kanada, Australien, Japan

Cover: Foto ©Andreas Hilbeck / pixelio.de

Johannes Baumgarten

Abenteurerleben in Guyana und am Amazonas

Abenteurerleben

in

Guyana und am Amazonas.

Kampf mit dem Jaguar (S. 58).

Abenteurerleben

Guyana und am Amazonas

Selbsterlebnissen

von

Emil Carrey, Bouyer, Jusselain, Agassiz u. A.

Zweite,

bedeutend erweiterte und vollständig umgearbeitete Auflage von Robin Jouet's
Fahrten und Erlebnisse in den Urwäldern von Guyana und Brasilien

von

Dr. Johannes Baumgarten.

Mit 27 Illustrationen.

Stuttgart.
Rieger'sche Verlagsbuchhandlung.
1882.

Vorrede
zur zweiten Auflage.

Die vorliegende zweite Auflage meines Buches ist in mancher Hinsicht eine Neugestaltung geworden: zunächst wurden die Nachrichten über Land und Leute am Amazonas und in Guyana bis auf die neueste Zeit ergänzt oder verbessert, eine Reihe höchst interessanter authentischer Reiseerlebnisse und Jagdabenteuer hinzugefügt, viele dem geographischen Gebiete etwas fern liegenden Einzelnheiten und Excurse entfernt, kurz der Inhalt geographisch und ethnographisch mehr concentrirt. Es war zu diesem Behufe ein umfangreiches, kostspieliges literarisches Material zu beschaffen und zu studiren, wie Fachmänner, die ähnliche Arbeiten unternommen haben, am besten erkennen werden. — Das Buch wurde gleich nach seinem Erscheinen (1877) in fast allen unsern großen Zeitschriften und Journalen recht freundlich beurtheilt. Namentlich war mir die Charakteristik meines Werkchens durch Prof. Dr. Karl Müller in Halle (Die Natur XXV. 537—8):

> „ein geschickt abgefaßtes, lesenswerthes Buch, welches sicher nicht verfehlen wird, den deutschen Leser anmuthig zu unterhalten und zu belehren; ein Buch, dem man es sofort ansieht, daß sich der Verfasser der vollen Verantwortlichkeit der großen Wirklichkeit gegenüber bewußt war"

so werthvoll, weil dieser bedeutende Naturforscher selbst die wissenschaftliche Unterhaltungsliteratur durch vorzügliche Werke bereichert und in mehreren derselben (besonders in f. „Charakterbilder aus der Länder- und Völkerkunde") die eingehendste Kenntniß des von mir behandelten Gebietes bekundet hat.

Ich habe diese aufmunternde Aufnahme durch das Bestreben, nach rücksichtslosester Selbstkritik noch Besseres zu leisten, zu beantworten versucht.

Mein Buch ist kein geographischer Roman, keine der beliebten Indianergeschichten, deren spannende Ereignisse, hier und da mit wissenschaftlichen Notizen verziert, der Phantasie des Verfassers entstammt sind. Auch folgt es als wissenschaftliches Unterhaltungsbuch nicht der Sensationsmanier des Franzosen Jules Verne, der mit wahren Prestidigitations-Kunststücken den Bereich des wissenschaftlich Möglichen überschreitet und seine Helden auf dem Boden des Ozeans wie im Weltenraume nach dem Monde reisen läßt. Es tritt dagegen der Compositionsweise unseres unvergeßlichen Gerstäcker näher, die es jedoch dadurch erweitert, daß die Erzählung durchgehends wirkliche Thatsachen und Erlebnisse wiedergibt, so daß selbst das fesselndste dramatische Interesse — und hieran ist das Buch äußerst reich — einen positiven Boden unter sich hat. Es ist dieses dem deutschen (auch dem englischen) Geiste angemessener als leere Phantasiegebilde. So sind denn auch selbst lose eingefügte Episoden, wie die Menschenfressergräuel in Guyana und die Banditengeschichten an der Amazonas-Mündung Thatsachen, die ersteren den gerichtlichen Acten von Bouyer, letztere mündlichen Mittheilungen an Ort und Stelle von F. Carrey nacherzählt.

Die Composition des Buches selbst ist mein Eigenthum, und man wird auch ohne Auseinandersetzungen begreifen, daß ich mit den französischen Quellen, die ich besonders wegen der anziehenden Darstellung von Sittenscenen wählte, ziemlich gewaltsam verfahren mußte; daß namentlich das umfangreichere deutsche Wissen, aus Humboldt, Spix, Martius, Agassiz, Wallace, Brett, von Hellwald, Fr. Müller, Wappäus u. v. a. geschöpft, überall ergänzend und verbessernd einzutreten hatte.

VII

Das Buch ist, wie ich in der Vorrede zur ersten Auflage weitläufiger auseinandersetzte, zunächst eine Zusammenfassung der Selbsterlebnisse des Forschungsreisenden Emil Carrey (zuletzt französischer Generalconsul in Nordamerika), der mit seinem Bruder im Auftrage der französischen Regierung längere Zeit den Amazonenstrom studirte und eine ganze Reihe von Monographien, Reisebeschreibungen ꝛc. darüber veröffentlichte (Productions et moeurs de l'Amérique du sud. — La meilleure des existences. Moeurs du désert sud-américain. — Lacs et torrents dans la Cordillère équatoriale. — Les animaux de la Cordillère équatoriale. — Huit jours sous l'Equateur. — Les Metis de la Savane. — Les Révoltés du Para. — La dernière des N'Hambahs (1872). — Les Aventures de Robin Jouet, etc.). Aus letzterem Werke entnahm ich einen Theil des verknüpfenden Fadens der Erzählung, während Bonner (La Guyane française. Notes et souvenirs de voyages. 1867.), — Armand Jusselain (Un déporté à Cayenne. Souvenirs de la Guyane. 1867.), Henry Revoil, Gardner und andere Reisende interessante Episoden dazu lieferten. — Der Schauplatz ist das noch immer fast gänzlich unbekannte brasilianische Guyana zwischen dem Oyapok und dem Amazonas; doch erstreckt sich der erweiterte Rahmen in das französische Guyana und bis Para, sowie den Strom hinauf bis Olivenza. Von dem oft höchst abenteuerlichen Leben auf diesem weiten Gebiete gibt das Buch ein möglichst vollständiges Gesammtbild.

Mögen Fachmänner bei der Beurtheilung meiner Arbeit nicht vergessen, daß ich ohne literarische Ansprüche nur ein anregendes wissenschaftliches Unterhaltungsbuch habe schreiben wollen; mögen sie in der lebhaften anziehenden Darstellung der von mir benutzten französischen Erzähler keine Profanirung der strengen Wissenschaft, sondern ein erwünschtes Mittel erkennen, das Interesse für Geographie und Ethnographie auch in solche Kreise zu verbreiten, welche in der Lectüre vorzugsweise Unterhaltung suchen!

Wenn der „Bund" in Bern von dem Buche sagte, es wäre „so frisch geschrieben und so reich an schauerlichen Abenteuern, daß auch alte Knaben, die etwas darin blättern, sich in den Inhalt verbeißen, und das Buch bis zu Ende lesen werden," so wird dieses noch weit mehr von der neuen Umarbeitung, die auf Wunsch des Verlegers auch einen etwas veränderten, dem Inhalte entsprechenderen Titel erhält, gelten können, da dieselbe eine ganze Reihe der spannendsten Abenteuer neu aufgenommen hat, jedenfalls eine sittlich gesundere Lesekost, als sentimentale Affenkomödien, Sensations- oder neumodische realistische Romane, die Geschmack und Sitten verderben.

Trägt mein Werkchen dazu bei, von neuem die Aufmerksamkeit der Deutschen auf das allzu vernachlässigte Nordbrasilien hinzulenken, und laut daran zu erinnern, daß wir in der Ausbeutung der unermeßlichen Naturschätze dieses Landes noch immer hinter Amerika, England und Frankreich, ja selbst hinter Portugal zurückstehen und uns einen der ergiebigsten Weltmärkte vor der Nase wegnehmen lassen, so wird mir die Befriedigung, mit meiner mühesamen Arbeit unsern nationalen Interessen einen Dienst geleistet und im Sinne unserer großen Geographen geschrieben zu haben, von denen besonders Alfred Kirchhoff (Deutsche Revue 1877 Dezember) auf die steigende Bedeutung Brasiliens hinwies.

Coblenz, August 1881.

Dr. Johannes Baumgarten.

Inhalt.

	Seite
Vorrede zur zweiten Auflage	V

I.
Einschiffung auf der Fortuna. Das Mittelländische Meer. Meerteufel und Seetiger. Ein Unglück. — Malaga und die Spanier. Gibraltar. Der Pico de Teyde. Das Sargasso=Meer . . 1

II.
Eine lustige Wohnung. — Das Meeresleuchten. — Der Amazonenstrom 30 Meilen weit in See. — Unfreiwillige Landung . . 15

III.
Die Prororokka. Mitten darin. Entdeckungsreise. — Was Ebbe und Fluth zu bedeuten haben. Ein Land, wo die Austern auf den Bäumen wachsen. Der gespenstische Vogel . . . 21

IV.
Meine Abfahrt. — Ein Wald in der Luft. — Guyana's Bodencharakter. — Der Mangroven=Sumpf. — Das verrätherische Ufer. Ein Staimau= Besuch. — Schlaflose Nacht . . . 31

V.
Ein tropischer Urwald. — Auf der Savanne. Zukunfts=Musik=Gebrüll. Ein unberufener Jagdgefährte. — Kampf mit einem Jaguar . 42

VI—VII.
Jaguargeschichten: — Eine seltsame Stromjagd. — Ein verwegener Indianer. — Jaguarabenteuer am Maroni. — Die von einem Jaguar belagerte Pflanzung. — Der schwarze Jaguar. — Ein Naturforscher in der Klemme. — In der Tigerhöhle . . 59

VIII.

Willkommenes Zusammentreffen. — Die Buschneger. — Ein Vampir. — Gefährliche Fahrt. — Auf Windes Flügeln. — Schiffbruch und Rettung ... 93

IX.

Ein Missionär im Urwalde. — Idyllisches Leben. — Pekari- und Schildkrötenjagden. — Ein gefährlicher Cascavel. — Elektrische Schlangen 102

X.

Ein Miriti-Palmenwald in Guyana. — Zwei Buschneger. — Neue Wassergefahr ... 125

XI.

Ueberfall der Buschneger. — Mein erstes Gefecht. — Hilfe in der Noth. — Sumpfwanderung ... 135

XII.

Eine gefahrvolle Viertelstunde. — Was List und eine gute Büchse vermögen. — Begegnung mit zwei Gafos. — Eine indianische Retterin. — Fahrt nach dem See ... 144

XIII.

Schlangenabenteuer nach den Berichten von E. Garrey, Gardner, Bover u. a. — Eine Sucuriju-Schlange. — Schlangenungeheuer in Guyana und Brasilien. — Kämpfe mit Anacondas. — Eine entsetzliche halbe Stunde ... 159

XIV.

Wie ein Indianer hundert Stunden weit reist. — Das Leben auf einer indianischen Fischerei in Guyana. — Sittenzustände ... 175

XV.

Verfolgung der Buschneger. — Gefährlicher Rückzug. — Flucht der Indianer und Kampf auf der Kaimans-Insel. — Die alte Portugiesen-Warte. — Rettung ... 185

XVI.

Europäische Menschenfresser, eine Episode aus der jüngsten Geschichte Guyana's ... 205

XVII.

Meine Krankheit. — Sanitätsverhältnisse in Guyana. — Die Dysenterie, der Vomito-Negro, die tropische Anämie. — Maniok und Chicho. — Eine verfehlte Bekehrung. — Coro's abenteuerliche Rückkehr 226

XVIII.

Indianische Rache. — Ein Circus auf dem Wasser. — Ein Kaimans-
freisen. — Nächtliche Orgie im Urwalde 239

XIX.

Eine starke Versuchung. — Indianische Zauberer. — Lächerliche Gebräuche. — Eine urtomische Schöpfungsgeschichte. — Entdeckung
des Grundes, weßhalb schöne Frauen so selten sind. — Meine
Abreise von der Niederlassung. — Das brasilianische Sebastopol . 253

XX.

Das Aestuarium des Amazonas. — Eine Pflanzung auf der Insel
Caviana. — Ein Lucullus unter dem Aequator 265

XXI.

Licht- und Schattenseiten des Lebens in den Tropenländern . . 277

XXII.

Sommerleben am Amazonas. — Die Regenzeit, eine drei Monate
dauernde Kirmeß 283

XXIII.

Seringueiros und Banditen auf Caviana. Episoden aus dem Leben an
der Amazonasmündung 290

XXIV.

Indianer im Handel. — Civilisationsfähigkeit der Wilden. — Eine
Amazonas-Flottille. — Zusammentreffen mit Goldgräbern. Zwei-
hundert Quadratmeilen Goldfelder in Guyana. — Die Insel
Marajo. — Para und der Urwald. — Abschied von Brasilien . 320

Anhang.

Klima und Temperatur Brasiliens 343

I.

Einschiffung auf der Fortuna. — Das Mittelländische Meer. — Meerteufel und Seetiger. — Ein Unglück. — Malaga und die Spanier. — Gibraltar. — Der Pico de Teyde. — Das Sargasso-Meer.

Als Soldat in Guyana und später jahrelang als Forschungsreisender am Amazonas habe ich durch das Zusammentreffen merkwürdiger Verhältnisse die seltensten Gelegenheiten gehabt, die Sitten der Indianer in den noch wenig bekannten Urwäldern zwischen dem Oyapok und dem Amazonas und diesen Strom weit hinauf, die Wunder der südamerikanischen Fauna und Flora, sowie das Leben der Brasilianer und der europäischen Abenteurer kennen zu lernen. Ich hoffe daher, daß die Erzählung meiner Erlebnisse um so mehr einen größeren Leserkreis interessiren wird, da ich dieselbe mit den Erfahrungen und wissenschaftlichen Beobachtungen einer ganzen Reihe anderer Forscher ersten Ranges zu einem auf zuverlässigen Thatsachen beruhenden Gemälde des Tropenlebens in Südamerika vereinigen werde. Und so wird denn der Leser mit Aufwand von wenig Zeit und Geld eine wirkliche Reise, keine Phantasiefahrt, in jenes sonnige Zauberland machen.

Zunächst will ich von meiner Jugendgeschichte nur kurz berichten, daß ich, ein Pariserkind aus der Montblancstraße, geboren 1824, nach Vollendung meiner Lyceelstudien als Commis zu einem Verwandten nach Marseille kam. Dort, nachsichtig wie ein Sohn vom Hause behandelt, folgte ich, statt auf dem Bureau zu sitzen, meinem Hange nach dem Leben in freier Natur, pürschte wochenlang in Wald und Feld herum und lag dem Fischfange mit gleichem Eifer ob. Ich wurde so in einigen Jahren ein ausgelernter Fischer, Matrose und Jäger, verstand dagegen von meiner ganzen papierenen Berufswissenschaft weniger als der jüngste Bureauschreiber.

Der Tod meines Vaters rief mich nach Paris; und dort trat an mich die Nothwendigkeit heran, meine Mutter der Sorge für meine Existenz zu entlasten und mir eine selbständige Stellung zu schaffen.

Schon zu sehr an das freie Naturleben gewöhnt, erstickte ich in der Pariser Atmosphäre aus Mangel an Luft und freier Bewegung. Ich folgte daher dem Rathe eines befreundeten Obersten der Marineinfanterie, der äußerst raschen Beförderung wegen bei den Colonialtruppen in Guyana einzutreten. Wir hatten außerdem in Cayenne reiche Verwandte, mit denen wir fortwährend in den besten Beziehungen standen. So segelte ich denn 10 Monate nach dem Tode meines Vaters als Soldat des dritten Marine-Infanterieregiments mit der ersten Compagnie des vierten Bataillons auf dem Transportschiffe „Fortuna" von Marseille nach Guyana ab.

Das prachtvolle, bereits an den Orient erinnernde Panorama von Marseille, dann die nackten Küsten der Provence waren bald hinter uns unter dem Horizonte verschwunden. Ich hatte keine Spur von Seekrankheit; nicht so meine Kameraden, unter denen die Südfranzosen noch am meisten Munterkeit bewahrten.

Ich habe überhaupt auf meinen vielen Reisen die verschiedensten Gelegenheiten gehabt, Nord- und Südländer zu vergleichen und muß gestehen, daß ich den provenzalischen, catalonischen, italienischen und griechischen Seemann allen andern vorziehe. Die aus nördlicheren Ländern sind nicht selten durchaus kräftige, herkulisch gebaute Leute, allein diese fast bronce- und kupferfarbigen Südländer hat die kräftige, lebenerweckende Sonne des Mittelmeers so durchglüht und gestählt, daß sie sich in jedem Klima ausdauernd und wetterfest zeigen; ihre Natur ist von Eisen geworden.

Das Mittelmeer mit seinem blauen, lichtstrahlenden Himmel und seiner stets frischen, durchsichtigen Luft ist unvergleichlich schön. Bei einer Oberfläche von 47 000 Qu.-Meilen verliert es durch die Verdunstung dreimal mehr Wasser, als ihm die Flüsse zuführen, und würde schon längst in einen dem todten Meere zu vergleichenden bitteren Salzsee verwandelt sein, wenn nicht fortwährend Einströmungen des weniger salzigen atlantischen Wassers durch die Straße von Gibraltar eine Vergrößerung des Salzgehaltes verhinderten.

Zwischen Gibraltar und Ceuta ist das Meer 6000 Fuß tief und vier Meilen breit. Da nun das aus dem Mittelmeer in den Atlantischen Ocean strömende warme Wasser noch keine 100 Fuß tief ist und nur eine Strecke an beiden Ufern der Straße einnimmt, so kann man ungefähr berechnen, welche ungeheure Masse 50 Prozent weniger salzhaltigen Wassers das Weltmeer dem Mittelmeer zuführt.

Luft- und Sonnenbäder an den Gestaden des mittelländischen Meeres, besonders in Oberitalien, kommen täglich mehr in Aufschwung, seitdem die Aerzte mit so gutem Erfolg begonnen haben, die schwachen, matten und bleichen Großstädter dahin zu schicken. Allerdings werden wirklich Brust- und Lungenkranke besser daran thun, nach Egypten, Algier oder Madeira zu gehen.

Wenige Schiffe durchsegeln das Mittelmeer, ohne einen der zahlreich darin vorkommenden Haye zum Begleiter zu erhalten. Bereits am zweiten Tage sahen wir in unserem Fahrwasser den langen schwärzlichen Körper eines solchen Raubfisches auftauchen und dem Schiffe hartnäckig folgen, obgleich es mit Windesschnelle über die Wellen flog. Der Seetiger, wie ihn die Matrosen nennen, wurde sogleich ein Gegenstand der gespanntesten Neugierde für die 500 Marinesoldaten, von denen die meisten das Meer zum ersten Male befuhren. Dem Haye voraus, dicht vor dessen Schnauze, schwammen beständig zwei bläulich-weiße Fischchen von der Größe unserer Spierlinge (8—12 Zoll), welche die kolossalen Verhältnisse des über 25 Fuß langen Raubfisches noch gewaltiger erscheinen ließen. Es waren sogenannte Lootsenfische (franz. fanfre, pilote, poisson-pilote, lat. naucrates, gasterosteus ductor).

Nach den zuverlässigen und übereinstimmenden Beobachtungen von Geoffroy, Commerson, Bosc, Freminville u. a. läßt sich nicht länger mehr bezweifeln, daß zwischen dem Haye und den ihn so oft begleitenden

Lootsenfischchen ein merkwürdiges Verhältniß besteht. Commerson sagt darüber: „Ich habe immer die Erzählung von den Lootsen des Hayen für eine Fabel gehalten, aber nun durch Augenschein überzeugt, kann ich nicht mehr daran zweifeln. Man begreift wohl, daß sie die Brocken verzehren, welche er fallen läßt, begreift aber nicht, warum er sie nicht verschlingt, da ihm oft 5 bis 6 um die Nase schwimmen. Ich habe oft gesehen, daß der Lootse nach dem ausgeworfenen Specke schwamm und dann zurück zum Hayen, worauf dieser sogleich selbst kam. Fängt man den Hay, so folgen ihm seine Lootsen, bis man ihn aufholt; dann fliehen sie, und finden sie keinen andern Hay, so halten sie sich oft mehrere Tage lang an das Hintertheil des Schiffes, bis sie wieder ihr Glück gemacht haben."

Als ich mit dem Schiffsarzte über diese interessanten Fische sprach, bemerkte er, daß er in den äquatorialen Meeren mehr als einmal auch den Riesen- oder Hornrochen von Lootsen begleitet gesehen habe; und ich fand einige Tage später in Levaillants Reisen (III. 513), die ich mir aus der Schiffsbibliothek geholt hatte, eine höchst mittheilenswerthe Bestätigung: „Unter 10 Grad Nordbreite," berichtet dieser Seefahrer, „bemerkten wir plötzlich drei Meerteufel oder Riesenrochen, wovon jeder mit den kleinen Lootsenfischen umgeben war, welche gewöhnlich vor den großen Hayen herschwimmen. Jedem saß auf jedem der beiden Hörner, die wie Arme oder Halbmonde vor dem Kopfe standen, ein weißer, armsdicker und 1½ Fuß langer Fisch, als wenn sie Wache hielten: denn näherte sich einer der Meerteufel dem Schiffe, so verließen sie ihren Posten, schwammen hurtig vor ihm her, um ihn zu entfernen. Stieg er zu hoch im Wasser, so schwammen sie beständig auf seinem Rücken umher, bis er tiefer ging; sank er aber zu tief, so verschwanden sie, wahrscheinlich um ihn von unten anzustoßen: auch sah man ihn sogleich wieder steigen, und dann nahmen die Wachen wieder ihren Posten auf jedem Horne ein. Es gelang den kleinsten dieser Rochen zu fangen; er war 28 Fuß breit, 21 Fuß lang und circa 20 Centner schwer. Die Lootsen leben wahrscheinlich von den Auswürfen des Rochen."

Am andern Morgen stieg ich frühzeitig auf das Verdeck, um zu sehen, ob der Hay uns noch folgte. Er war noch an derselben Stelle.

Ein unglücklicher Fall (S. 5).

Man warf ihm ein an eine ungeheure Angel befestigtes Stück Speck zu. Der Hay hob rasch den Kopf und schwamm dann bis unter den Bug des Schiffes an den Köder heran, schnappte ihn aber nicht weg, sondern nahm sogleich, als wenn er die Angel gemerkt habe, seinen früheren Platz weiter rückwärts im Fahrwasser wieder ein.

Der Kapitän und einige Offiziere ließen sich Gewehre bringen und feuerten etwa vierzig Schüsse auf den Raubfisch ab, aber sei es, daß das Wasser, oder die glatte dicke Haut des Fisches die Wirkung der Kugeln abschwächten, der Hay schien nicht die mindeste Notiz davon zu nehmen.

Plötzlich, in dem Augenblicke, wo die Offiziere die unnütze Jagd aufgaben und der Kapitän sich entfernte, fiel Matthieu, einer meiner Kameraden, der sich, um den Köder emporzuheben, zu weit über das Geländer gebengt hatte, durch einen das Schiff treffenden Wogenstoß aus dem Gleichgewichte gebracht, in das Meer, einige Meter vor dem Rachen des Hayen. Ein lauter Angstschrei erscholl von einem Ende des Schiffes bis zum anderen.

Bevor der Unglückliche ganz untergesunken war, hatte ihn der blitzschnell heranschießende Hay erreicht und von unten her erfaßt. Einige Augenblicke sahen wir die Beine seines Schlachtopfers über dem Wasser zappeln, dann war alles unter dem Schaumstreifen des Kielwassers verschwunden; ein Strohhut war alles, was wir von unserem Kameraden auffischen konnten. Die Fortuna, welche einen Augenblick beigelegt hatte, setzte ihren Lauf fort, und bald schien auf dem Schiffe nichts mehr an den Verlust eines Menschenlebens zu erinnern.

Es hatte indessen der Tod Matthieu's auf uns alle, besonders auf mich, einen tiefen Eindruck gemacht. Der wackere Bursche war der Sohn unseres früheren Gärtners in Paris. Ich hatte ihn seit unserer Spielkameradschaft lange Jahre aus dem Gesichte verloren, als wir uns unter der Uniform wiederfanden und die alten freundschaftlichen Beziehungen erneuerten. Auch der Kapitän war wüthend und ließ unter Fluchen und Donnerwettern seinen Aerger an allem aus, was ihm Gelegenheit dazu bot.

Als daher gegen Abend der Hay plötzlich wieder in unserem Fahrwasser erschien und, wie wenn nichts vorgefallen wäre, von seinen

Lootsen begleitet, hinter uns herschwamm, ergriffen alle Schiffs- und Truppenoffiziere Gewehre und eröffneten ein anhaltendes Feuer auf das Thier. Es gelang ihnen aber nicht, den Raubfisch zu tödten; die Schüsse, wenn auch mehrere wirklich trafen, bewirkten nur, daß er in die Tiefe ging und dort, in seinen dunklen Umrissen kaum sichtbar, dem Schiffe mit derselben Schnelligkeit wie vorher folgte. Diese Hartnäckigkeit der Verfolgung reizte unsern Aerger um so mehr, da ihn jetzt eine Wasserschichte von mindestens 20 Fuß gegen unsere Kugeln vollständig schützte. Der Kapitän ließ Millionen über Millionen Schock Schwerenöther und Donnerwetter fahren.

Da verfiel ich in meiner Begierde, den Freund zu rächen, auf einen Plan, den ich auf der Stelle auszuführen beschloß. Ich theilte ihn dem Kapitän mit, der mir die Erlaubniß dazu mit den Worten ertheilte: „Wenn Sie den Halunken vom Leben zum Tode bringen, gleichviel wodurch, so verspreche ich Ihnen die ersten Corporalstressen, die vacant werden." —

Ich eilte hinunter in das Zwischendeck, nahm aus meinem Koffer eine Hose, eine Jacke, eine Mütze und ein Paar alte Stiefel, holte mir beim Kalfatermeister ein Bündel Werg und Stroh und verfertigte dann mit Hilfe eines Matrosen einen Strohmann von natürlicher Größe, dem ein mit der Mütze bedeckter Hammelskopf aufgebunden wurde. Um diesen Köder neuester Erfindung noch appetitlicher zu machen, wurde er mit Suppe übergossen und dann mit einer Kanonenkugel am Gürtel in das Meer hinabgelassen. Während ein Matrose letzteres bewerkstelligte, holte ich meine Doppelbüchse vorzüglichster Pariser Arbeit herauf, lud sie mit Kugeln von 8 auf's Pfund und hielt sie dann schußbereit im Anschlage; einige Offiziere thaten mit ihren Gewehren dasselbe. Obgleich der Köder dem Haye mehrmals an der Nase vorbeifuhr, schien er doch fast eine Viertelstunde lang denselben keiner Aufmerksamkeit zu würdigen. Die Nacht brach herein, und die Offiziere, des Wartens müde, waren schon im Begriff die Gewehre abzusetzen, um zum Essen unter Deck zu gehen.

Auf einmal schien der Seetiger in Bewegung zu gerathen, als wenn er plötzlich etwas entdeckt hätte. Er stieg pfeilschnell an die Oberfläche gerade unter den Strohmann, wandte sich um, den Bauch nach oben, um so seine Beute zu verschlingen. In demselben Augenblicke gaben wir alle zugleich Feuer. Unsere Kugeln trafen alle und zwar tödtlich, denn der Hay, nachdem er unser Kielwasser mit Blut überströmt hatte, trieb bald darauf als leblose Masse unter der Oberfläche, und wir hatten ihn bei dem schnellen Laufe des Schiffes in einigen Minuten aus den Augen verloren.

Der Kapitän war außer sich vor Freude über das Gelingen meines Racheplanes. Ein rühmender Tagesbefehl, eine Einladung zum Mittagessen, sowie seitdem Begünstigungen jeder Art belohnten mich für meine That, die mir zugleich auch von der Mannschaft hoch angerechnet wurde.

Einige Tage nachher liefen wir Malaga an, um Wein einzunehmen, und ankerten drei Tage lang in dem prachtvollen, durch einen 3900 Fuß langen Molo gebildeten Hafen. Ich benutzte die mir bereitwilligst gestattete Gelegenheit, Malaga und ein Stück spanischen Lebens kennen zu lernen.

Malaga (110,000 Einw.), von dem hohen Gibralfaro mit seinem in eine Citadelle verwandelten alten Maurenschlosse überragt, ist in der ganzen Welt durch seinen edlen Wein bekannt, der auf den 7000 Weinbergen der Umgegend erzeugt wird.*) Es gibt für den Nordländer nichts Seltsameres als den Gegensatz zwischen dem glänzenden, ganz modernen westlichen Theile Malaga's und dem noch durchaus maurischen nordöstlichen, wo die engen düsteren Straßen und die Häuser von arabischer Bauart, in deren mit Säulenhallen geschmückten Höfen Springbrunnen plätschern, an die Zeiten erinnern, wo Christen- und Maurenritter Lanzen brachen und deren fabelhafte Tapferkeit von fahrenden Sängern gefeiert wurde.

Bei Malaga und auf der ganzen Südküste Spaniens wachsen die Floren von Afrika und Süd-Europa neben einander: Weizen, Reis und

---

*) Die Ausfuhr beträgt 20—25 000 Faß. Die besten Sorten sind **Lagrima de Malaga, Pedro Ximenez** und **Vino de Guindas** (d. h. Kirschwein); letzterer wird auf Kirschensprossen gezogen und erhält so ein würziges Aroma. Unter den bedeutenden Küfereien, meistens langen oberirdischen Gebäuden, enthalten manche mehr als 4000 Faß Wein der edelsten Sorten.

Mais unter Dattelpalmen, daneben Zuckerrohr, Baumwollenpflanzen, Bataten, neuerdings auch die Agave und Cochenille.

Mehr noch als die herrliche Umgebung Malaga's mit ihren Palmengärten interessirte mich die Bevölkerung. Ich spazierte stundenlang auf der prächtigen Alameda oder Carrera umher, um die malerisch gekleideten Caballeros, die Majos, die Landleute mit ihren hohen spitzen Hüten, die an die Kabylen erinnern, zu betrachten und die Würde und Höflichkeit zu bewundern, mit welcher die Vornehmsten mit dem geringsten Arbeiter oder Aqua-fresca-Rufer (Wasserverkäufer) verkehrten. Antwortet man doch allgemein selbst dem Bettler, dem man kein Geld geben will: Perdonad, hermano, no tengo moneda (Verzeih, Bruder, ich habe keine Münze). Und diese wunderherrliche klangvolle Sprache! Hat die spanische Sprache dem Volke ihren Adel, ihre Grandezza aufgeprägt, oder haben die 250 000 Hidalgos (Leute von niedrigem Adel) bewirkt, daß selbst der in Lumpen gehüllte Bettler als ein edles Menschenbild auftritt? Ein so stolzes Volk ist unüberwindlich; das haben die Heerschaaren Napoleons I. erfahren.

Nachdem wir unsere Ladung eingenommen hatten, lichteten wir noch am Abende die Anker. Als ich am andern Morgen auf das Verdeck stieg, bot sich mir ein überraschender Anblick dar. Vor uns lag die Meerenge von Gibraltar: links die glänzend gelbe Küste von Afrika, rechts eine langgestreckte dunkle Granitmasse, der Felsen des Tarik (Tschebel al Tarik), auf dessen Gipfel die englische Flagge wehte, dazwischen eine mit vollen Segeln ein- und auslaufende Flotte von mehr als 200 Schiffen. Die Fortuna mußte des widrigen Windes wegen sich mühsam an der spanischen Seite durch die Meerenge arbeiten. Ich erhielt jedoch dadurch die Gelegenheit, die berühmte, mit Kanonen gespickte Feste — die drohende Faust des meerbeherrschenden Englands an Europa's Südwestspitze — ganz in der Nähe zu sehen. Der kolossale, 1½ Meilen lange, bei der Signalwarte 1400 Fuß hohe Felsenrücken ist mit dem Festlande nur durch einen schmalen, oft von der See überspülten Landstreifen verbunden, auf große Strecken steil oder ganz senkrecht und durch Natur und Kunst uneinnehmbar gemacht. Die Engländer besitzen bekanntlich Gibraltar seit dem spanischen Erbfolgekrieg 1704; die kostspielige Festung wird aber jetzt trotz ihrer weit tragenden 650 Kanonen keine Dampferflotte hindern können, die Meerenge zu durchsegeln.

Reizend nahmen sich die vielen Gärten mit Bäumen aus allen Zonen aus, welche die Briten überall, selbst an den steilsten Wänden, wo sich ein Plätzchen dem Felsen abgewinnen ließ, angelegt haben.

Mein besonderer Gönner, der Schiffsarzt, hatte mit seinem Fernrohr den Niederwald abgesucht, der hie und da den Berg bedeckt, um, wie er mir sagte, einen der zahlreichen Affen zu entdecken, deren Vorkommen daselbst Buffon bereits 1749 zur Kenntniß brachte. Diese Affen, der schwanzlosen Gattung Magot (Inuus) angehörend, kommen auch in Nordafrika vor (merkwürdiger Weise besonders häufig auf dem Gibraltar gerade gegenüberliegenden sogenannten Affenberge) und sind unter dem Namen türkische Affen bekannt. Es gelang ihm einige zu entdecken und er zeigte mir durch sein Glas einen wohl 800 Fuß hoch liegenden Garten, in dessen Obstbäumen eine Anzahl derselben, jedenfalls nicht zur Freude des Besitzers, umherkletterte. Die englische Regierung hat verboten, sie zu tödten oder wegzufangen, obgleich sie besonders in den naheliegenden Weinbergen Schaden anrichten.

Der starke Wind trieb uns, trotz aller Manöver, so nahe an das Ufer, daß wir die rothen Schildwachen in den von Kanonen starrenden Felsengalerien erblicken konnten. Endlich waren wir, nicht ohne Gefahr eines Zusammenstoßes mit den zahlreichen, in die Meerenge hineinsegelnden Schiffen, hindurch und konnten nun unsere Fahrt mit vollen Segeln fortsetzen. Nach einigen Tagen tauchte links in großer Entfernung (30 Meilen) der zuckerhutähnliche Gipfel einer Insel aus der See auf: es war der Pico de Teyde auf Teneriffa, den ich einige Jahre später genauer kennen lernen sollte.

Dieser Bergkoloß von 11142 Fuß Höhe ist deswegen besonders merkwürdig, weil er das Erdinnere bis zu 7000 Fuß Tiefe dem Forscherauge geöffnet hat; er steht dadurch einzig auf der ganzen Erde da. Die Sache ist zu interessant, als daß ich nicht einige Einzelheiten darüber mittheilen sollte.

Man sieht am Pico de Teyde besser als am Aetna den Erhebungskrater. Der eigentliche Kegelberg, den wir so weit in See erblickten, ist umgürtet von einem 7000 Fuß hohen Cirkus, welcher vom Meere aus nach der Mitte zu ansteigt und dann plötzlich beinahe senkrecht abfällt, nach außen zu die breitgestreckten Lager, nach innen zu die Schichtenköpfe dieser durch plutonische Gewalt erhobenen Bergmasse zeigend. „Aus dem Innern dieses gewaltigen, mehrere Meilen im Durchmesser haltenden Erhebungskraters steigt nun erst der schöne, regelmäßige Eruptionskegel aus Bimsstein und Obsidian aufgeschüttet, empor, sehr deutlich die Art seiner Entstehung anzeigend; aber höchst lehrreich ist es, daß die Erhebung der äußeren Kraterlinie die Schichten sowohl bloßgelegt als auch zahllose Spalten geöffnet hat, welche die ganze Insel durchsetzen und bis auf das Meer hinabgehen, so daß ein aufmerksamer und die Beschwerden und Gefahren dieser Unternehmung nicht scheuender Geognost, wie z. B. Leopold von Buch, es vermochte, die Erdrinde bis zur Tiefe von 7000 Fuß zu untersuchen, die Schichtungen und Lagerungen, wie sie durch die Erstarrung der Erdmasse und die Bildung der Erdrinde entstanden, aufzuzeichnen und uns einen Schlüssel zur Geschichte der Erdbildung zu geben, wie man ihn bis dahin nicht gehabt. Da sich nämlich die Erdoberfläche am Rande des Erhebungskraters um 7—8000 Fuß erhoben hatte, und es in diesem Berge wieder Schluchten gibt, welche bis in das Meer hinabreichen, so vermag man die Gestaltung der Erdrinde von ihrer Oberfläche bis zu der gedachten Tiefe der Betrachtung zu unterwerfen." Einer der neuesten Besteiger des Berges, Dr. Stoll (1872), sagt in seinem interessanten Berichte*): Bei heiterem Himmel genießt man vom Pico de Teyde eine Umsicht über 300,000 Qu.-Klm. Mächtig ist der Eindruck, den der Blick auf die Insel Teneriffa selbst macht. Man sieht da die zahlreichen Häuser der Bewohner, weiß aus ihrer Umgebung im Scheine der Sonne herausleuchtend, unzählige zerstreute Hütten und Häuschen der Landbau treibenden Bevölkerung, und hier und da größere Städte, meist am Saume des Meeres, und endlich das unendliche Meer selbst, aus dem die „glückliche Insel" mit ihren Schwestern emportaucht.

*) Jahresbericht des Vereins für Geographie und Statistik zu Frankfurt a. M. 1873.

Wir liefen keine der Kanarischen Inseln an, sondern setzten unsere Fahrt in südwestlicher Richtung fort. Unter dem 20. Grad nördlicher Breite gerieth unser Schiff gegen Morgen in das „Sargassomeer", dessen östlichen Rand der Kapitän hatte umsegeln wollen. Das Schiff hatte große Mühe, durch die Massen schwimmender Seepflanzen (Tange, Sargasso, portug. und span.) sich durchzuarbeiten; wir mußten ostwärts steuern, um herauszukommen. In der Richtung wohin wir fuhren erstreckten sich diese Fucusbänke 140—150 Meilen weit, und eine Windstille in Mitten derselben, bei der beginnenden tropischen Hitze, hätte uns den Untergang gebracht, wie so vielen Schiffen, die es wagen, ohne Dampf das Sargassomeer zu durchsegeln.

Es wird gewiß unsern Lesern angenehm sein, die Ergebnisse der neuesten Forschungen über die so merkwürdigen Seetangstrecken im atlantischen Ozean zu erfahren, die man sich nicht, wie so oft irrthümlich geschieht, als eine einzige kompacte Masse, sondern als unzählige Grasinseln, welche bis zu mehreren Morgen Fläche haben, vorstellen muß.

Auf jeder guten Erdkarte findet man jetzt vier Tanginseln oder Fucusbänke von ungeheurer Ausdehnung verzeichnet: die antarktische von mehr als 2400 Meilen Länge, zwei im stillen Ozean und das Sargasso-Meer zwischen den Kanarischen und den Bahama-Inseln ungefähr 700—750 Meilen lang und 70—150 Meilen breit.

Die Pflanze, welche diese fluthenden Inseln bildet, ist der schwimmende Seetang (Sargassum bacciferum oder fucus natans), auch Golfkraut genannt, von der Familie der Fucaceen. Sie hat beblätterte Aeste oder Büschel von Fruchtzweigen und gestielte Blasen von kugeliger Form, die in ihrer Höhlung Luft führen. Diese Gebilde dienen der Pflanze als Schwimmapparat, verhüten, daß sie zu Boden sinkt und mit Schlamm und Geröll bedeckt wird, und befähigen solche Individuen, welche durch irgend einen Zufall von ihrer Unterlage abgerennt wurden, an der Oberfläche weite Reisen zurückzulegen. Dieser schwimmende, olivengrüne, locker zusammenhängende Tang, Flächen von Tausenden Quadratmeilen (nach Humboldt etwa sechsmal so groß wie Deutschland) in wechselnder Dichtigkeit bedeckend, stammt nach einigen

Forschern*) von den Küsten des tropischen Amerika's, wird durch den Golfstrom von da fortgeführt und in dem großen Wirbel, welchen dieser in seiner südlichen Abzweigung nach den Azoren hin bildet, abgesetzt; nach andern**) sind diese Pflanzenmassen nicht etwa anderswo ausgerissen und hier zusammengeschwemmt, sondern an Ort und Stelle schwimmend gewachsen. Letztere Ansicht hat die gewichtigsten Gründe und Thatsachen für sich: das Sargasso=Meer hat seit 400 Jahren, wo Columbus es zuerst genauer beschrieb, seine Stelle nicht geändert, es gehörte also nicht dem Golfstrome an, der es hätte weiter führen müssen, sondern dem von Humboldt hier mit Recht vermutheten erhöhten Tafelboden des atlantischen Ozeans; dazu kommt, daß man bis jetzt darin keine Sargasso=Art des tropischen Amerika's mit Sicherheit nachgewiesen hat und daß der atlantische Tang zwar eine Wulst am Ende des Stieles, um ihn festzuhalten, nicht aber Wurzeln trägt, welche in den Meeresgrund dringen könnten, um daraus Nahrung zu ziehen. Es hindert also nichts sein Fortbestehen und Wachsthum an Ort und Stelle.

Alle Seetange (Fucaceae) zeichnen sich durch ihren bedeutenden Gehalt an Jod aus und ihre Ausnützung zu industriellen und anderen Zwecken hat eine große Zukunft vor sich. Bereits wird der Varec an der normannischen Küste, der Kelp an den schottischen Inseln als vortrefflicher Dünger und der Jodbereitung wegen gesammelt, andere Arten, die auch in der Nordsee vorkommen, sind roh oder gekocht eßbar oder werden zum Grünfärben benutzt. Neuerdings hat Professor Verne in Paris auf das Sargasso=Meer als unermeßlich werthvolle Düngerquelle für den erschöpften Ackerboden mancher europäischen Länder hingewiesen.

Als wir die Kanarischen Inseln hinter uns gelassen hatten, wurden die Schiffe, deren wir bis dahin eine große Anzahl gesehen und mit dem Sprachrohr angerufen, so selten, daß wir täglich kaum

---

*) L. Kay, Das Pflanzenleben des Meeres. Berlin 1875.

**) Zimmermann l. c., Prof. Dr. Lommel. Wind und Wetter. Gemeinfaßliche Darstellung der Meteorologie. München 1874.

zwei oder drei in der Entfernung erblickten. Die Matrosen jedoch und besonders die Marine-Offiziere erkannten, selbst wenn die Flagge nicht sichtbar war, gewöhnlich mit der größten Sicherheit die Nationalität eines jeden.

„Es ist ein Amerikaner", sagten sie; „hohe Maste, Segel über Segel trotz des starken Windes, schnell wie eine Möve", oder:

„Da fährt ein Franzose, hübsch gebaut und aufgetakelt, gar nicht eilfertig, er ist mehr um seine Haut als um schnelles Fortkommen besorgt."

Es dauerte einige Tage, ehe ich mich an die Einsamkeit und Einförmigkeit des Anblicks von „nichts als Himmel und Wasser" gewöhnt hatte. Stundenlang saß ich träumend auf dem Verdecke und sah dem Fluge der Seevögel zu. Möven und Seeschwalben, die gewöhnlich an den Küsten schwärmen, wurden selten und schienen Eile zu haben, das Land ostwärts zu erreichen. Andere Seevögel wurden häufiger, unter ihnen der Fregattenvogel, der König der Vögel in der Wasserwelt. Dem Adler und Geier durch den hakenförmig gekrümmten Schnabel entsprechend, kömmt er ihnen im Fliegen gleich. Es ist ein schöner Anblick zu sehen, wie ein solcher Fregattenvogel mit weit ausgebreiteten Schwingen über dem Ozean kreist und dann mit Blitzesschnelligkeit herabschießt und den Fisch erfaßt, welchen sein scharfes Auge erspäht hat.

Am häufigsten waren die kleinen Sturmschwalben oder Petersvögel, welche sich überall im atlantischen Ozean aufhalten und bei herannahendem Sturme auf die Schiffe flüchten, wodurch diese ein zuverlässiges Warnungszeichen erhalten. Sie stehen deßhalb bei allen Seefahrern in großer Verehrung und Niemand darf sie tödten. Ich wurde darüber ernstlich belehrt, als ich beim Kapitän die Erlaubniß einholte, einige zu schießen. „Die Matrosen sehen es nicht gern," sagte er, „wenn man auf einen dieser Vögel schießt. Sie glauben, es bringe dem Schiffe Unglück, Vögel zu tödten, in deren Körper die Seelen ihrer auf dem Meere gestorbenen und in dessen Tiefe begrabenen Kameraden übergehen. Schießen Sie also lieber nicht: Was sollten Sie auch mit dem ungenießbaren Fleische dieser armen Thierchen machen?"

Wir erreichten bald die Calmenzone und die Fahrt wurde bei der stets ruhigen See und dem unverändert blauen Himmel entsetzlich langweilig. Da auf hoher See die Fische seltener werden, so konnte mir auch der Fischfang keine Zerstreuung gewähren. Ich griff daher nach Büchern, und las in den Stunden, wo es die tropische Hitze gestattete, alle Bücher über Guayana und Brasilien, welche ich mitgebracht hatte oder von dem gefälligen Schiffsarzte, meinem besonderen Gönner, erhalten konnte.

II.

Eine luftige Wohnung. — Das Meeresleuchten. — Der Amazonenstrom 30 Meilen weit in See. — Unfreiwillige Landung.

Je näher wir der Linie kamen, desto drückender wurde die Hitze. Der Aufenthalt im Zwischendeck wurde mir zuletzt so unerträglich, daß ich auf Mittel sann, demselben dauernd zu entgehen. Ich hatte schon längst bemerkt, daß der am Steuerbord hängende große Hauptanker mit der äußeren Schiffswand einen bequemen luftigen Sitz bildete, und beschloß, denselben zu meiner Wohnung einzurichten. Einer der Lieutenants erwirkte mir vom Kapitän die Erlaubniß dazu.

Mit Hilfe des Schiffszimmermanns, dem ich ein Fünffrankenstück in die Hand drückte, machte ich meinen Ruheplatz am Anker zurecht und schleppte allmählich alle meine Sachen: meinen Koffer, meine Doppelbüchse, meine Angeln u. s. w. dahin. Einige Seile und ein großes Netz sicherten Alles vor jeder Gefahr des Herabfallens. So konnte ich nun ungestört lesen, den ganzen Tag angeln, träumen und schlafen; ich brachte selbst unbemerkt mehrere Nächte daselbst zu.

Die Fortuna setzte unterdessen ihre Fahrt gegen Westen fort. Als wir die Calmenregion erreicht hatten, und das Schiff zwei Wochen lang unter einem glühenden Himmel fast unbeweglich liegen blieb, begann der Gesundheitszustand der Mannschaft ein höchst bedenklicher zu werden, täglich starben mehrere und der Schiffsarzt hatte den ganzen Tag vollauf zu thun. Ein plötzlich eintretender Gewittersturm rettete uns jedoch von dem Untergange, der in der windstillen Zone so viele Schiffe, die ohne Dampf segeln, erreicht, und warf uns in die Aequatorialströmung, allerdings einige Grade zu weit nach Süden; doch näherten wir uns jetzt rasch dem südamerikanischen Festlande.

Eines Abends hatten wir den überaus prachtvollen Anblick des Meeresleuchtens. Ich kann denselben nicht genauer und glänzender schildern als mit den Worten des Naturforschers Forster, welcher Cook auf seinen Reisen begleitete und durch den die wissenschaftliche Welt mit diesem merkwürdigen Phänomen, das in allen Weltmeeren ganz dasselbe ist, zuerst näher bekannt wurde:

„Kaum war es dunkel geworden, so schien die See überall in Feuer zu stehen. Jede Welle, die sich brach, hatte einen leuchtenden Saum und wo das Schiff die See berührte, zeigten sich Streifen von phosphorischem Lichte. So weit das Auge in die Ferne reichte, stellte sich uns überall dieselbe Erscheinung dar und selbst die Abgründe des unermeßlichen Ozeans schienen mit Licht erfüllt. Große, leuchtende Körper, die wir an der Gestalt für Fische erkannten, schwammen um uns her, einige näherten sich dem Schiffe und hielten denselben Strich, andere entfernten sich seitwärts schnell wie Blitze. Zuweilen näherten sie sich untereinander, und traf es sich, daß ein kleiner einem großen zu nahe kam, so kehrte jener eilend zurück und suchte auf alle Art zu entkommen. Ich ließ einen Eimer dieses leuchtenden Wassers zur näheren Untersuchung heraufziehen und fand darin unzählige, ganz kleine leuchtende Kügelchen, welche sich unglaublich schnell bewegten. Nachdem das Wasser eine Zeit lang ruhig gestanden hatte, erschien die Zahl der leuchtenden Körperchen bemerklich verringert, aber sobald man es wieder rührte oder bewegte, ward es wieder hell und die kleinen Funken fuhren darin sehr lebhaft in allen Richtungen umher, auch selbst, nachdem das Wasser wieder allmählich ruhig geworden war.

„Wir hatten den Eimer vermittelst eines Seiles von der Decke herabhängen lassen, um die Bewegung des Schiffes zu vermeiden; dessen ungeachtet bewegten sich diese Lichtstäbchen hin und her, so daß ich von ihrer willkürlichen Bewegung überzeugt ward. Das Funkeln verstärkte sich aber, so oft man in dem Eimer mit der Hand oder mit einem Stecken rührte. Im ersten Falle blieb zuweilen ein solches phosphorisches Fünkchen am Finger sitzen, kaum war es so groß als der kleinste Nadelkopf. Das geringste Vergrößerungsglas gab die kugelförmige Gestalt und etwas bräunliche Farbe dieser gallertartigen, durchsichtigen Pünktchen zu erkennen. Unter dem Mikroskope entdeckte man eine sehr feine Röhre, welche von einer runden Mündung an der Haut in's Fleisch oder in das Innere dieses kugelrunden Geschöpfes ging. Das Eingeweide bestand aus vier oder fünf ganz kleinen Säcken, welche mit der eben genannten Röhre in Verbindung zu sein schienen; das stärkste Vergrößerungsglas zeigte nicht mehr, sondern das obige nur deutlicher." — Bekanntlich sind es Milliarden dieser mikroskopisch kleinen Noctilucen, welche auch an der Nordseeküste das Meeresleuchten verursachen; ein ähnliches Meeresleuchten in wunderbar schönem Perlmutterschimmer zeigt sich zuweilen bei den Shetlands-Inseln, wenn Häringszüge in dichten Bänken von 5—6 Meilen Länge und 2—3 Meilen Breite heranschwimmen.

Da wir, wie ich oben sagte, etwas zu weit südwärts abgetrieben waren, so hielten wir uns jetzt mehr nach Nordwesten, und nach der Berechnung des Kapitäns mußten wir uns unter dem 2^0 oder 3^0 nördl. Breite befinden, als wir eines Morgens bei Sonnenaufgang in weiter Ferne vor dem Schiffe einen breiten gelben Streifen in der See erblickten, der gegen die blaugrünen Wellen*) des Ozeans scharf abstach und die ganze westliche Seite des Horizontes einnahm.

Der Kapitän stieg in seine Kajüte hinab, nahm seine Karten und seine Berechnungen vor und ging dann an das Vorderschiff, um das Meer besser zu untersuchen. Das Senkblei wurde ausgeworfen, ein Matrose zum Ausschauen in den Mastkorb geschickt. Der Kapitän wurde immer unruhiger und betrachtete durch sein Fernrohr unaufhörlich jenen gelbfarbigen Horizont, dem die Fortuna sich zusehends näherte. Vergebens sann er darüber nach, was jener unendlich lange, leuchtende Streifen sein könnte. Ein Sonnenreflex? Aber der Himmel war wolkenlos, und es war kein Wiederschein desselben.

---

*) Humboldt hat die Farbe des Meerwassers in den Aequatorialmeeren mit dem Kyanometer geprüft (der K. ist ein Instrument, auf welchem das Blau sich in verschiedenen Abstufungen findet, die man mit dem Blau des fraglichen Gegenstandes vergleichen kann); er fand das tiefe Meer gewöhnlich von einem wunderschönen dunkeln Ultramarinblau, viel dunkler als zur selben Zeit die Luft war, welche am Kyanometer 14—15 Grad, das Meerwasser dagegen 38—45 Grad zeigte.

Plötzlich wandte er sich gegen seinen Lieutenant mit dem Ausrufe:

„Es ist der Amazonenstrom! Er allein kann jene ausgedehnte gelbe Wassermasse bilden."

„Das ist unmöglich," erwiderte der Lieutenant; „wir sind ja mehrere Grade nördlich vom Aequator."

„Ganz richtig," sagte der Kapitän; „aber Sie vergessen, daß nach der Karte der Meeresströmungen von Maury der Amazonas seine besondere Strömung längs der Küste von Guyana fast bis auf die Höhe von Trinidad beibehält. Bei Hochwasser dringt der Strom 25—30 Stunden weit unvermischt in den Ozean ein, dessen Aequatorialstrom ihn allmählich gegen Nordwesten ablenkt."

Nachmittags befand sich die Fortuna in der Seezone, welche unsere Aufmerksamkeit in so hohem Grade erregt hatte. Zu beiden Seiten des Schiffes war eine lehmfarbene Fluth an die Stelle des durchsichtigen blauen Meerwassers getreten. Der Kapitän ließ einen Eimer Wasser heraufziehen und kostete davon; es schmeckte noch wie Meerwasser, ließ aber einen erdigen Bodensatz zurück. Eine Stunde nachher wurde derselbe Versuch gemacht: das Wasser war bedeutend weniger salzig als vorher. Endlich gegen Abend gab eine dritte Probe ein fast trinkbares Wasser mit wenig salzigem Beigeschmack. Es war kein Zweifel mehr möglich; wir waren in der Amazonas-Strömung, obgleich wir die flachen Ufer nicht sehen konnten.

Ich beschloß die Nacht, vielleicht die letzte vor der Landung, auf meinem Ruheplatz am Anker zuzubringen und stieg nach dem Abendessen unbemerkt hinein. Lange Zeit ergab ich mich theils der Betrachtung des unter diesen Breiten unbeschreiblich herrlichen Sternenhimmels, theils Gedanken über die Zukunft, welche mich in einem Lande erwarten mochte, worüber ich so widersprechende Urtheile gehört hatte. Ich sollte also jetzt das tropische Amerika mit seiner buntfarbigen Bevölkerung, mit den Wundern seiner Thier- und Pflanzenwelt, vielleicht aber auch mit den Schrecknissen seines glühenden Klimas kennen lernen. Ich hielt mit Recht die letzteren für übertrieben. Als kräftiger junger Mann und ausgelernter Jäger obendrein wußte ich überhaupt nicht, was zu Lande oder zu Wasser mich hätte schrecken können; es überwog daher bei mir das freudige Gefühl, daß meine äußerst gespannte Neugierde bald befriedigt werden würde.

Die Hitze des Tages und einige Flaschen Straßburger Bier, die ich mir mit einigen Kameraden zur Vorfeier der Landung zugelegt hatte, bewirkten jedoch, daß ich einschlief, obgleich ich ostwärts auf der See ein dumpfrollendes Geräusch zu hören glaubte, welches sonst jedenfalls meine Aufmerksamkeit in hohem Grade erregt hätte.

Wie lange ich geschlafen, weiß ich nicht. Plötzlich, mitten in einem Traume, worin ich mit meiner Compagnie einer Schaar von Indianern, Negern und entlaufenen Sträflingen ein hitziges Gefecht lieferte, wurde ich durch ein donnerähnliches Getöse über meinem Kopfe aufgeweckt. Das Schiff kämpfte mit dem Wogenschwall; ich lag an der schiefliegenden Steuerbordseite bis an den Hals in dem mit rasender Eile und Wuth vorüberströmenden Wasser.

In demselben Augenblicke riß die Fluth die dünnen Stricke, welche mich und meine Habseligkeiten vor dem Herabfallen sichern sollten, wie Bindfäden entzwei, und ich wurde mit Allem zusammen, durch das Netz in einen großen Knäuel verwickelt, unaufhaltsam fortgerissen. Ich verlor das Bewußtsein.

Ein heftiger Schmerz am rechten Auge weckte mich plötzlich. Ich öffnete die Augen und sah eine Schaar weißer Vögel über meinem Kopfe kreisen, auf den sich einer derselben niedergelassen hatte. Sein scharfer Schnabel war mein Wecker gewesen. Mühsam zog ich den Arm aus dem ihn umwickelnden Netze und hob ihn, um die Möve zu verscheuchen.

Die Sonne war bereits aufgegangen, und ihre Strahlen blendeten meine blöden Augen. Mein ganzer Körper war wie zerschlagen und gelähmt, so daß ich erst nach einer vollen halben Stunde die Kraft gewann, mich aufzurichten.

Ich sah, daß ich mich auf einem flachen, sandigen Ufer befand, am Fuße einiger augenscheinlich von der See arg verwüsteten Bäume. Ich zog meine Füße aus dem Netze, welches noch in das Wasser tauchte und wahrscheinlich die Ursache meiner Rettung gewesen war; denn es hatte beim Forttreiben den Koffer und andere an seine Maschen gebundene Sachen mit einer Menge von dazwischen gerathenem Treibholz zu einem dichten Bündel vereinigt, welches mich über Wasser halten mußte. Jedenfalls aber war das Schiff dem Lande nahe gewesen, so daß ich nur eine kurze Strecke über oder unter Wasser gemacht hatte.

Glücklicher Weise war keins meiner Glieder gebrochen; ich konnte aufstehen und ausschauen, wie ich den sich meldenden Hunger und Durst stillen sollte. In der Tasche meiner Jacke befand sich ein durchweichtes Stück Weißbrod; in meinem Koffer noch eine Flasche von dem Rhumvorrathe, womit die Fürsorge meiner Angehörigen mich versehen hatte. Ich nahm davon einen tüchtigen Schluck und aß dazu das Brod. Dann wusch ich mein mit Schlamm bedecktes Gesicht und fand dabei das Wasser ganz süß; ich trank davon trotz seiner gelben Farbe in vollen Zügen.

Neugestärkt begann ich jetzt über meine Lage nachzudenken und Umschau zu halten. In weiter Ferne lag ein Schiff unbeweglich, wie es schien, vor Anker. Ich sah es allmählich ein Segel nach dem andern aufsetzen und sich fortbewegen. Es mußte das meinige sein, und man hatte vielleicht mein Verschwinden bemerkt. Schon hoffte ich, es würde dem Lande zusegeln, als es, immer kleiner werdend, hinter dem Horizont verschwand. Ich war also meinem Schicksal überlassen und mußte sehen, wie ich mir weiter helfen könnte.

Einige hundert Schritte hinter meinem Standpunkte, auf einer etwas höheren Stelle des Bodens, streckte ein mächtiger alter Baum seine entlaubten Aeste empor. Jedenfalls bot dieser Platz mehr Sicherheit. Ich raffte also alle meine Sachen zusammen und trug sie hin. Hierauf nahm ich meine durchnäßten Kleidungsstücke und stieg auf den Baum, um sie zum Trocknen aufzuhängen.

Zu meinem Entsetzen gewahrte ich, daß ich ringsum von Wasser umgeben war und nach keiner Seite des Horizontes sich eine Küste zeigte. Ich befand mich augenscheinlich auf einer Insel, von der die Wellen bereits den größten Theil weggerissen hatten.

Bald sollte ich auch die eigentliche Ursache meines Schiffbruches erfahren.

III.

Die Pororokka. — Mitten darin. — Entdeckungsreise. — Was Ebbe und Fluth zu bedeuten haben. — Ein Land, wo die Austern auf den Bäumen wachsen. — Der gespenstische Vogel.

So weit mein Auge sehen konnte, erblickte ich nichts als das gelbe Wasser des Amazonenstromes, in welchem überall ausgerissene Bäume ihre Wurzeln, Aeste oder Kronen über die Strömung erhoben und massenweise an meiner sehr exponirten, vielleicht unfern der Mündung liegenden Insel vorbeitrieben.

In dem Augenblicke, wo ich diese Beobachtung machte, bemerkte ich, daß das Wasser eine große Baumwurzel, die ich vorher noch gesehen hatte, bedeckte; es mußte also im Steigen sein; zugleich hörte ich vom entgegengesetzten Horizonte her ein fernes, dumpfes Brausen und Rollen auf der See näher kommen.

Ich hatte keine Zeit zu verlieren, wenn ich mich und meine Habseligkeiten retten wollte; denn jetzt trat mir auf einmal die Ursache meines Unglückes und die Größe der nahenden Gefahr klar vor das Bewußtsein: mein Schiff war von der großen atlantischen Fluthwelle, von der Pororokka überrascht worden, und ich sollte nicht blos diese Naturerscheinung in ihrer ganzen Großartigkeit und Furchtbarkeit sehen, sondern mich auch mitten darin befinden.

Zum vollständigen Verständnisse des Folgenden muß ich einige wissenschaftliche Bemerkungen vorausschicken.

Die große atlantische Fluthwelle, welche vom gegenüberliegenden Afrika ausgehend, Guyana und die Mündung des Amazonenstromes

trifft, hat solche Gewalt, daß sie den Strom 60 deutsche Meilen hinauf=
steigt und noch bei der Mündung des Rio Negro recht fühlbar ist;
nach den neuesten Beobachtungen soll das Steigen des Stromwassers
selbst noch über Obidos hinaus, d. h. 190 Stunden weit bemerklich sein.
Sie hat aber jedesmal den Widerstand des an seiner Hauptmündung
30 Meilen breiten, mit einer ungeheuren Wassermasse ihr gerade ent=
gegenströmenden Flusses zu überwinden. Brüllend rollt die See beim
Zusammentreffen und indem das Meerwasser als das schwerere von
unten das Flußwasser hebt und zum Zurückfließen zwingt, erreicht die
Fluth in kürzester Zeit ihre größte Höhe.*)

Ueberaus furchtbar wird jedoch dieses Schauspiel zur Zeit, wo
die Anziehungskraft der Sonne und des Mondes am stärksten wirkt,
d. h. wenn die Sonne im Aequator steht und gleichzeitig die Syzygien
(Neu= oder Vollmond) eintreten. Dann erhebt sich die Fluthwelle zu
einer von einem Ende des Horizontes bis zum andern sich erstreckenden
Wasserwand von 30—35 Fuß Höhe, die mit unbeschreiblicher Schnelligkeit

---

*) Zu seiner als Manuscript gedruckten Reise nach Brasilien gibt Prinz
Adalbert von Preußen folgende Schilderung der Prororokka: „Dem Schiffer
tritt am Ausflusse des Amazonenstromes die höchst wunderbare und noch nicht
genügend erklärte (siehe jedoch weiter unten) Naturerscheinung, die bekannte
Prororokka, entgegen. Statt nämlich regelmäßig zu steigen, erhebt sich die
durch die stark anströmende Wassermasse des ungewöhnlich anhaltend ebbenden
Flusses allmählig angestaute Fluth in wenigen Minuten zu ihrer größten Höhe,
überwindet den ausgehenden Strom, drückt ihn in die Tiefe hinab, wälzt sich
dann über ihn fort und einer Mauer gleich den Fluß aufwärts mit einem
Getöse, welches anderthalb Meilen weit hörbar ist. Oft nimmt diese alles
verheerende Fluthwelle die ganze Breite des Stromes ein, zuweilen auch nicht.
Da wo sie auf Untiefen stößt, erhebt sie sich zu 12—15 Fuß (zur Zeit der
Aequinoctien noch höher), an sehr tiefen Stellen senkt sie sich dagegen und ver=
schwindet fast gänzlich, um später an einem seichteren Orte wieder aufzutauchen.
Solche tiefere Stellen nennen die Schiffer Esperas, Wartestellen, weil hier
selbst kleinere Fahrzeuge vor der Wuth der Prororokka sicher liegen." — In
neuester Zeit hat man diese Naturerscheinung aus der anhaltenden Wirkung
der Passatwinde auf die Oberfläche des Wassers, wodurch in Verbindung mit
der Axendrehung der Erde die oceanischen Strömungen erzeugt werden, wissen=
schaftlich erklärt.   B.

und Wuth unter betäubendem Getöse, alles unwiderstehlich mit sich fortreißend über die Fluthmarken stürzt. Das ist die Prororokka oder Pirorokka der Amazonas-Mündung, als deren Seitenstück die Bore des Hoogly-River, die Barre der Seine, der Mascaret oder Raz de Marée der Gironde bekannt sind.

Alle diese Einzelnheiten über die Prororokka hatte ich theils in einer Schrift von La Condamine schon gelesen, theils von einem Kapitän in einer Abendgesellschaft zu Marseille erzählen hören. Der Gedanke, dieses Naturschauspiel in seiner ganzen furchtbaren Wirklichkeit zu sehen, denn es war an diesem Tage Vollmond, erregte in mir trotz meiner natürlichen Herzhaftigkeit eine gewisse Beklommenheit, denn ich sah aus dem wüsten Zustande der Insel und aus unverkennbaren Spuren an meinem Baume, daß die Fluth gerade hier am heftigsten wüthen mußte.

Kaum hatte ich noch Zeit, meine Habseligkeiten auf den Baum zu schaffen und zwischen die Aeste zu befestigen. Ich brauchte die Vorsicht, mich selbst ziemlich hoch auf eine Gabelung so zu setzen, daß ein mannsdicker Ast mich gegen die Fluth schütze, zugleich band ich mich an denselben durch einige Stricke fest, die noch am Reue hingen.

Ich konnte jetzt das ergreifende, prachtvolle Gemälde betrachten, welches sich vor meinen Augen entrollte. Vor mir dehnte sich unabsehbar der Ozean aus, im Vordergrunde gelbglänzend, weiterhin stahlblau, dahinter eine weite dunkle Wolkenbank, von Blitzen durchzuckt.

Mit dem heraufsteigenden Gewittersturme rollte aber zugleich aus der Tiefe des Gesichtskreises mit unbegreiflicher Schnelligkeit eine unendlich lange Schaumlinie heran, über welcher eine eben so lange weißliche Wolke schwebte.

Einige Minuten nachher erkannte ich deutlich die ungeheure Wassermauer der Prororokka; ihr Brüllen vermischte sich mit dem Donnern des Gewitters, so daß es schien als seien Himmel und Erde in robendem Kampfe.

Plötzlich fuhr eine wahre Lawine von Wasserstaub mit Blitzesschnelle über mich her und peitschte mir das Gesicht. Gleich darauf erzitterte und schwankte der mächtige Baum, als würde er mit den Wurzeln ausgerissen; zugleich wurde ich von den gewaltigen Fluthen eines Wasserfalles überströmt, der lauter toste als das Gewitter und mir Hören und Sehen nahm. Glücklicher Weise war ich durch den dicken Ast so geschützt und mein Sitz so hoch, daß ich nicht fortgerissen wurde, und die Fluthwelle kaum eine Minute lang über meinen Kopf hinwegging.

Die Wasserstaubwolke, welche ringsum alles umhüllte und den Blicken entzog, verschwand allmählich, und ich konnte die Scene übersehen. Zu meinen Füßen wälzte sich, von einem gelben, schlammigen Schaum bedeckt, die Fluth; das Gewitter hatte aufgehört, aber der ganze Horizont war mit Wolken bedeckt. Die Gewässer sanken immer tiefer und so schnell, als würden sie irgendwo von der Erde verschlungen.

Die See hatte schon wieder ihre gewöhnliche ruhige Oberfläche, als sich in der Ferne das Getöse der zweiten Pororokka-Welle vernehmen ließ. Sie stürzte heran wie die erste, nur weniger tobend, weniger hoch, aber mit noch reißenderer Schnelligkeit. Sie traf nur den Fuß meines Baumes. Bei ihrem Anblicke machte ich ganz dieselbe Erfahrung, wie wenn man aus der Ferne einen Schnellzug herankommen sieht. Zuerst bemerkt man den Rauchschweif der Lokomotive, der sich scheinbar langsam durch die Ebene bewegt; der Zug kommt darauf mit mäßiger Geschwindigkeit heran, jetzt läuft er schon rascher, dann mit doppelter, vierfacher Schnelligkeit und rast gleich darauf donnernd und mit Rauch umhüllt blitzschnell vorüber. So erschien mir diese zweite Fluthwelle wie eine endlose Reihe nebeneinander gepreßter Lokomotiven, die auf die eben beschriebene Weise heran- und vorüberrollten. Sie dauerte nicht so lange als die erste, und das Getöse hörte fast plötzlich auf. Die dritte Welle war noch niedriger und in einigen Minuten vorüber.

Der tiefe Eindruck, den dieses Naturschauspiel auf mich gemacht hatte, ist mir das ganze Leben hindurch geblieben. Es war in der That schön und großartig. Derjenige, welcher es vorzieht, die Natur statt in idyllischem Gewande in Kampf und Aufruhr kennen zu lernen, muß die Pororokka am Amazonenstrome und den Niagarafall sehen oder einen Orkan auf den Antillen, einen Typhoon im chinesischen Meere erleben. Was hat unser altes Europa diesen Naturscenen an die Seite zu stellen? Unsere Vulkane sind erloschen, und nur zuweilen haben Vesuv und Aetna einen schwachen Hustenanfall, bei dem sie zum Staunen aller Neugierigen mit und ohne Bädeker kümmerlich etwas Rauch und Asche auswerfen.

Die schmale Insel oder vielmehr Sandbank, auf welcher ich mich befand, erstreckte sich nordwestwärts in einer Ausdehnung, die ich auf 1½—2 Stunden schätzte; sie war an manchen Stellen mit gescheiterten Bäumen bedeckt. Ich konnte vielleicht an deren Ende die Küste erblicken und beschloß daher auf Entdeckung auszugehen.

Die dicken Aeste meines Baumes hatten meine Habseligkeiten hinreichend geschützt; ich fand sie alle an ihrer Stelle wieder. In meinem Koffer befanden sich noch einige Stücke Chokolade, die ich mit einem Schluck aus der Rhumflasche verzehrte; dann nahm ich meinen Säbel, die Büchse mit Schießbedarf und die Feldflasche und machte mich auf den Weg.

Ich bemerkte, daß die Möven und andere Vögel in der Richtung flogen, welche ich eingeschlagen hatte, was mich in der Ueberzeugung bestärkte, daß das Festland sich auf dieser Seite befinden mußte. Bis zur nächsten Fluth, die ich ohne Lebensgefahr unterwegs nicht abwarten durfte, hatte ich noch mehrere Stunden Zeit vor mir, ich konnte also jedenfalls das Ende der Insel erreichen und zeitig zurück sein.

Die Insel erhob sich an vielen Stellen nur einige Fuß über das Wasser, welches manche große und kleine Tümpel zurückgelassen hatte, die ich durchschwimmen mußte, wenn ich nicht jeden Augenblick große Umwege machen wollte. Wie sehr kam es mir jetzt zustatten, daß ich tagelang in den Sümpfen Südfrankreichs, mit halbem Körper im Wasser stehend, gejagt hatte und wie ein Fisch schwimmen konnte. Diese Unterbrechungen meines Marsches waren mir daher bei der angenehmen Wärme des Wassers eher ein Vergnügen als eine angreifende Arbeit.

Nach Verlauf von ungefähr einer Stunde erreichte ich endlich eine Stelle, wo die Fluth einen ganzen Berg von Bäumen aufgehäuft hatte, über welche eine riesige, noch fast vollständig belaubte Fächerpalme wohl 30 Fuß hoch hinausragte.

Ich benutzte sogleich diese erwünschte Gelegenheit, einmal Rundschau zu halten, und stieg mit großer Mühe über die tausendfach verschlungenen Aeste der darunter liegenden Bäume hinweg und, etwas leichter, an dem von Lianen umgebenen Stamme der Palme hinauf. Das Erste was ich erblickte, war am Rande des nordwestlichen Horizontes ein langer, dunkler Streifen, der nichts anders sein konnte als die Küste; denn nach einer halben Stunde hatte er noch unbeweglich dieselbe Gestalt behalten, was eine Wolkenschichte jedenfalls nicht gethan hätte.

Die See war nach dieser Seite hin ganz glatt und schien daher, vielleicht durch die lange Insel geschützt, außerhalb der großen Strömung zu liegen, welche vom Amazonas aus 150 Meilen lang der Küste von Guyana und Venezuela folgend, nach Aufnahme der Gewässer des Orinoko, an der Insel Trinidad das Caraibische Meer erreicht. Meine Freude über diese Entdeckung war unbeschreiblich; denn ich wußte nun, daß ich die Küste, selbst wenn es anders nicht ging, mit Schwimmen erreichen würde.

Unterdessen hatte ich bemerkt, daß sich unter den angeschwemmten Bäumen mehrere befanden, die noch einen großen Theil ihres Laubwerkes hatten; ich konnte hoffen, darunter eßbare Früchte zu finden. Meine Erwartung wurde nicht getäuscht. Ich fand bald einen dem Granatenbaum ähnlichen Baum, der viereckige Kirschen trug. Ohne mich lange zu bedenken, kostete ich davon; sie schmeckten vortrefflich, ganz wie unsere saueren Kirschen. Durch weiteres Nachsuchen entdeckte ich auch einen Zimmetapfelbaum mit einigen Früchten. Der Zimmetapfel, ungefähr so groß wie ein Gänseei, von einer schuppigen Haut umgeben, birgt in seinem Innern eine Art von dicker Milch, die ich etwas fade schmeckend, doch sehr erfrischend fand. In meinem Heißhunger aß ich diese mir damals noch unbekannten Früchte; ich hätte selbst giftige gekostet, wenn sich unglücklicher Weise solche darunter befunden hätten.

Unterdessen war die Nacht hereingebrochen, was unter den Tropen ebenso schnell und ohne Uebergang geschieht wie der Sonnenaufgang. Ich mußte mich zum Uebernachten auf meinem Standpunkte um so sorgfältiger einrichten, da die Fluth, allerdings die gewöhnliche und viel schwächere, binnen kurzer Zeit zu erwarten war.

Das wunderbar scheinende Phänomen der Ebbe und Fluth ist bekanntlich nicht nur gegenwärtig vollständig wissenschaftlich aufgeklärt, sondern man sagt dasselbe auch mit der größten Sicherheit auf die Minute voraus.

Es zeigt sich hier in eminenter Weise die Ueberlegenheit des modernen Wissens und Geistes. Die Pedanten mögen sagen, was sie wollen, der menschliche Geist hat sich im Laufe der Zeiten mit den wachsenden Kenntnissen entwickelt und verfeinert; er hat Fähigkeiten, fast möchte man sagen, Organe, die bei den Alten noch mangelhaft geübt waren, zu einer erstaunlichen Vollkommenheit gebracht. Es ist lächerlich, viel Aufhebens davon zu machen, daß Homer (bei Anführung der Charybdis), Strabo, Herodot und Diodor von der Bewegung der Ebbe und Fluth sprechen; man müßte es ihnen dann auch hoch anrechnen, daß sie von der blauen Farbe des Meeres reden. Sie hatten alle nicht im Entferntesten einen richtigen Begriff davon, auch nicht Pitheas von Marseille, der sie dem Monde zuschreibt; und dem Aristoteles, der aus Gram über sein Unvermögen, die Regelmäßigkeit dieses Phänomens zwischen Enböa und dem Festlande zu erklären, gestorben sein soll, hätte kein einziger seiner Zeitgenossen helfen können.

Jetzt, beim Niederschreiben meiner Abenteuer, kamen mir diese Gedanken in den Sinn, und ich wollte sie dem Leser nicht vorenthalten. Gerade die Berechnung der Ebbe und Fluth erfordert die ganze Geisteskraft und die Kenntnisse eines modernen Astronomen und Physikers; denn sie verlangt nicht nur die genaueste Kenntniß der Gravitationsgesetze und der Umlaufszeiten und Entfernungen der Gestirne, der hydraulischen Theorie des Widerstandes der Flüssigkeiten und der Wellenbewegung, der theoretischen Bestimmung der Gestalt und Dichtigkeit der Erde, sowie der geographischen Bestimmung der Breite und Tiefe des Meeres, sondern auch zur Berechnung und Combination aller dieser Elemente die genaueste Kenntniß der höchsten Lehren der Mathematik. Es waren Köpfe dazu nöthig, wie die von Kepler, Newton, Euler, Bernoulli und Laplace.

Die Erde verdankt der Anziehungskraft des Mondes 5 Fuß, der Sonne 2 Fuß Fluth auf hohem Meere. Das hat zu bedeuten, daß der Mond täglich 220 Cubikmeilen Wasser um die Erde schleppt. Die Zahl 5 mit 17 Nullen drückt ungefähr die Anzahl der Dampfmaschinen-Pferdekräfte aus, welche nöthig wäre, um diese Arbeit in 24 Stunden zu verrichten.

Ich hielt es für gerathener, die Fluth auf meiner Fächerpalme abzuwarten und nicht zu schlafen; weßhalb ich es einige Minuten lang auf meinem hohen, nicht eben bequemen Sitze auszuhalten hatte. Wie ich erwartete, war die Fluthwelle nur einige Fuß hoch, doch schüttelte sie gewaltig die angeschwemmte Baummasse. Ich schwankte auf meiner Palme in großen Bogen hin und her, wie ein Käfer auf einem Strohhalme. Als das Wasser kurz nachher sank, stieg ich hinab und konnte nun, da die sternenhelle, tropische Nacht mir Licht genug gab, in den dichten Baumzweigen mir eine Schlafstelle zurecht machen, wo ich nach allen überstandenen Gefahren und Strapazen des Tages augenblicklich in einen tiefen Schlaf fiel.

Ich erwachte erst dadurch, daß mir die Sonne, die schon ziemlich hoch am Himmel stand, auf das Gesicht brannte. Es galt die verlorene Zeit wieder zu gewinnen. Rasch stand ich auf, erquickte mich durch einige Früchte und stieg dann noch einmal auf die Fächerpalme. Ich konnte ganz deutlich den jetzt von der entgegengesetzten Seite beleuchteten Waldsaum erkennen; nur war es mir nicht möglich zu unterscheiden, ob es Festland oder Insel war. Bevor ich die Bäume verließ, sammelte ich noch einen Vorrath von Früchten, die ich in großen Blättern zu einem Bündel verpackt über die Schulter hing, und eilte dann in schnellen Schritten meinem ersten Landungsplatze zu.

Ich hatte unterwegs dieselben Schwierigkeiten zu überwinden wie früher, doch kam ich ziemlich rasch vorwärts und erblickte bald in der Ferne den Baum, der meine Habe barg. Alles war noch unversehrt an seiner Stelle.

Mein laut bellender Magen verlangte nach einem substantielleren Mahle, als ihm die paar mitgebrachten Früchte bieten konnten. Ich mußte mich also ans Suchen geben.

Ich hatte bald einen Imbiß gefunden, um den mich ein Feinschmecker in Europa beneidet hätte. Etwa eine Viertelstunde von meinem Baum entfernt hatte die Strömung einige Mangrovebäume an's Ufer geworfen. Bekanntlich wachsen dieselben in das Wasser hinein und die Austern lieben es, sich massenhaft an deren Zweigen anzuhängen, so daß die Anwohner der Flüße in der glücklichen Lage sind, sich die Austern nach Herzenslust von den Bäumen pflücken zu können. Ich fand an den in das Wasser tauchenden Zweigen eine ziemlich große Anzahl Austern, mehr als ich zur Stillung meines Hungers bedurfte. Sie sind zwar sehr klein, aber ihr Fleisch ist weiß, fett, zart und von herrlichem Geschmack. Ich kehrte darauf zu meinem Standquartiere zurück und revidirte noch einmal meinen Koffer. Eine Blechdose enthielt noch unversehrt etwas Kaffee und Thee, eine andere einige Döschen Zündhölzchen. Für meine projektirten Jagden hatte ich einen ziemlich großen Vorrath Pulver, doppelt in Blech verwahrt, sowie einen ganzen Kasten voll Kugeln und Schrot mitgebracht, ebenso wie sich für meine Lieblingspassion von selbst verstand, Angelzeug der verschiedensten Art. Alles dies wurde mir jetzt von unschätzbarem Werthe; denn ich konnte möglicher Weise, an eine unbewohnte Küste verschlagen, noch Wochen lang auf mich selbst angewiesen bleiben, ehe ich die Kolonie erreichte. Befand ich mich an der Strommündung, so war meine Lage noch schlimmer.

Mein Jugendmuth siegte über alle trüben Gedanken, die in mir auftauchen mochten. Ich sammelte einige Reiser, zündete ein Feuer an und kochte mir in meinem Feldkessel einen köstlichen Kaffee, der meine Lebensgeister dergestalt erfrischte und kräftigte, daß ich der Zukunft nicht blos mit ruhigem Muthe, sondern selbst mit einem gewissen freudigen Gefühle über die seltsame abenteuerliche Lage, aus welcher ich mich mit eigenen Kräften ziehen würde, entgegen sah. Es geht doch nichts über das Vertrauen auf eigene Kraft. „Selbst ist der Mann!" sagen die Deutschen; „Bricht der Himmel zusammen," sagen die Römer, „so werden die Trümmer einen Unerschrockenen treffen!"

Ich richtete mich für die Nacht zwischen den dicken Aesten ein und verfiel bald in den traumähnlichen Zustand, der dem Schlafe unmittelbar vorherzugehen pflegt.

Plötzlich fühlte ich wie ein Hauch, fast wie die von einem Fächer bewegte Luft mir wiederholt über das Gesicht fuhr. Ein oder zweimal öffnete ich die Augen, schloß sie dann aber gleich wieder, denn meine Ermüdung war stärker als das beunruhigende Gefühl, welches ich halb im Schlaf empfand. Da fühlte ich eine weiche Berührung an der Stirne und wurde jetzt vollständig wach. Ohne mich lange zu besinnen stand ich auf, ergriff meinen Säbel, hielt mich mit einer Hand an einem Ast fest und wartete. Bei dem hellen Mondlicht sah ich jetzt einen großen Vogel, der fledermausähnlich um den Baum kreiste und mehrmals meinem Gesichte so nahe kam, daß ich seine großen runden Augen unterschied, welche wie die der Katze in der Nacht leuchteten. Ich paßte auf und in dem Augenblick, wo er wieder heranflog, gab ich ihm aus voller Kraft einen Säbelhieb, der fast seinen ganzen Körper spaltete und ihn todt ins Meer hinabschleuderte. Ich stieg aus Neugierde hinab und holte ihn trotz der Fluth, welche den Baum inzwischen umspülte, aus dem Wasser. Es war ein häßliches Thier ähnlich dem Ziegenmelker oder der fliegenden Kröte meiner Heimath. Sein übermäßig dicker Kopf hatte von einer Katze und einer Kröte fast eben so viel an sich als von einem Vogel. Es war ein Murucututu, wie ich ihn später von den Indianern nennen hörte.

Ich stieg wieder auf meine luftige Schlafstelle und schlief ungestört bis an den hellen Morgen.

IV.

Meine Abfahrt. ‚Ein Wald in der Luft. Guyana's Bodencharakter. Der Mangroven-Sumpf. Das verrätherische
Ufer. Ein Caiman-Besuch. — Schlaflose Nacht.

Ich wartete am Morgen das Ablaufen der Fluth ab, die mich auf meinem Baume noch einmal tüchtig schüttelte, und sann unterdessen nach, wie ich mit meinen Sachen von der Sandinsel wegkommen könnte. Obgleich ich schon Tags vorher an das Hinüberschwimmen gedacht hatte, so sah ich jetzt doch ein, daß es unmöglich war, bei der fürchterlichen Hitze schwer bepackt stundenweit zu schwimmen; und zurücklassen durfte ich nichts; denn jetzt, wo ich vielleicht Wochen, ja Monate lang, auf meine eigenen Hilfsquellen angewiesen blieb, war mir das Geringste von außerordentlichem Werthe, und ich segnete meine Angehörigen, daß sie in ihrer Fürsorge manche Dinge mit eingepackt hatten, die mir früher fast überflüssig schienen. So verdankte ich meiner Schwester in Marseille die Blechkasten für meine Munition und andere Dinge; sie hatte häufig Gelegenheit gehabt, Gespräche über Guyana zu hören, und wußte, daß bei der außerordentlichen Feuchtigkeit des Klima's alles Metall in kürzester Zeit rostet.

Es blieb mir nur übrig, ein Floß zu bauen; und ich beschloß, unverweilt an das Werk zu gehen. Zuerst gedachte ich, einen der gestrandeten Bäume dazu zu benutzen; allein das erwies sich bei den größeren wegen ihrer Schwere und besonders wegen ihrer mächtigen Aeste als unausführbar. Bald jedoch hatte ich passenderes Baumaterial gefunden. Unter den Palmen, welche auf dem Sande zerstreut umherlagen, befanden sich einige mit wenigstens zwanzig Fuß langen Blättern, die mit Hilfe meines Säbels und meines starken Schneidmessers, welches ich auf der Jagd immer bei mir trug, bald in der nöthigen Anzahl zu Stangen von ansehnlicher Länge und Dicke hergerichtet waren. Lianen zum Festbinden waren genug vorhanden, und so hatte ich mein aus drei über einander festgebundenen Stangenschichten bestehendes Floß eher fertig, als ich anfangs meinte.

Diese mühsame Arbeit hatte indessen den ganzen Rest des Tages in Anspruch genommen. Ich brachte die Nacht wie bisher auf meinem Baume zu, schlief von den Wellen gewiegt vortrefflich bis an den Morgen und rüstete mich dann, nachdem ich die letzten Austern von den Mangrovebäumen geholt und als Frühstück verzehrt hatte, zur Abfahrt nach dem Festlande. Ich trug alles, was ich besaß, auf das Floß und befestigte es gehörig. Erst jetzt bemerkte ich, daß mir Ruder fehlten. Ich suchte mir ein Paar dicke, gabelförmige Aeste, denen ich mit meinem Säbel die erforderliche Länge und durch dicht geflochtene Lianen eine Art von Schaufelform gab; dann bestieg ich mein zerbrechliches Fahrzeug und stieß ab.

Die tropische Sonne war darüber so hoch gestiegen, daß ihre Strahlen bald die ganze Atmosphäre in ein Gluthmeer verwandelten. Trotzdem ruderte ich wohl zwei Stunden lang rüstig und wohlgemuth weiter. Allein der Mittag nahte, die Zeit, wo in diesem Klima Mensch und Thier Ruhe und Schatten suchen. Ich war allerdings an das zu Zeiten recht heiße Klima von Südfrankreich gewohnt, aber was hatte diese Hitze neben der südamerikanischen zu bedeuten, welche auf windstillen Ebenen und Wasserflächen bis zu 35° Réaumur steigt! Auch begannen jetzt die fürchterlichen Strapazen und Aufregungen der vergangenen Tage ihre Nachwirkungen zu zeigen. Meine Kräfte nahmen rasch ab, ein brennender Durst verzehrte mich. Die wenigen mitgenommenen Früchte hatte ich schon bei meiner Abfahrt gegessen. Ich trank von dem gelben Wasser, ohne Erquickung zu finden, denn seine Temperatur kam derjenigen der Luft nahe. Hitze, Hunger und Durst versetzten mich bald in einen Zustand der Erschlaffung und der Ohnmacht, der mir kaum gestattete, nur dann und wann einmal auf einige

Minuten mühsam die Ruder zu führen. Zuletzt legte ich sie auf's Floß und ließ mich treiben.

Das Land lag noch meilenweit entfernt; denn ich war trotz meiner stundenlangen Arbeit, von einer mit der Sandinsel parallel laufenden Strömung erfaßt worden, die mich, ohne daß ich es in meiner Lethargie gemerkt hatte, von dem Lande entfernt hielt.

Ich wurde aus meinem traumähnlichen Zustande durch eine Erscheinung aufgeweckt, die mir neue Lebenskraft gab. In ziemlich großer Entfernung erblickte ich plötzlich einen großen Wald, der umgekehrt in der Luft schwebte und in dem die See silberglänzende Buchten bildete. Ich erkannte sogleich jene Luftspiegelung, die ich auf meinen Küstenfahrten im Mittelländischen Meere mehr als ein Mal gesehen hatte und welche die Italiener Fata Morgana (Fee Morgana) nennen. Da diese Lufterscheinung nicht selten wirklich vorhandene Gegenden wiederspiegelt, so war meine Freude groß. Das Bild war zu deutlich; das Ufer mußte also in dieser Richtung liegen.

Diese Naturerscheinung ist zu interessant, als daß ich nicht aus meiner späteren Erfahrung Näheres darüber mittheilen sollte. Auch schreibe ich ja meine Abenteuer nicht als junger Mann, sondern als Graubart nieder und erläutere, zum Besten des Lesers, meine Jugenderlebnisse mit den Kenntnissen, welche ich mir theils durch nachherige Studien, theils auf einer mehr als fünfzehnjährigen Wanderung durch das tropische Amerika erworben habe.

Auf den Ebenen des Amazonas und Orinoko habe ich die Luftspiegelung oft gesehen; auch Humboldt beschreibt die Erscheinung in der Luft schwebender Palmen, Inseln, Kähne und Thiere. Auf ihrem Feldzuge nach Egypten bereitete die Fata Morgana den vor Durst verschmachtenden Franzosen wahre Qualen, da sie fortwährend durch den Anblick glänzender Seen, in denen sich schlanke Palmen spiegelten, getäuscht wurden.

Die interessanteste Beobachtung darüber machte der Seefahrer Scoresby. Er sah am 24. Juli 1822 nicht weit von der Küste Grönlands bei ungewöhnlicher Wärme der Atmosphäre das deutliche aber umgekehrte Bild eines Schiffes am klaren Himmel schweben. „Solche

Sachen," erzählt er, „waren uns zwar auch sonst vorgekommen, aber das Eigenthümliche bei der jetzigen Erscheinung war die außerordentliche Vollständigkeit und Regelmäßigkeit des Bildes, und die große Entfernung, in welcher es gesehen wurde. Es war so außerordentlich scharf begrenzt, daß, da ich es mit einem Dollond'schen Fernrohr betrachtete, ich jedes Segel, die ganze Gestalt des Schiffes und den eigenthümlichen Charakter desselben erkennen konnte; ich erklärte sogleich, daß es meines Vaters Schiff die Fama wäre, und es fand sich hinterher, daß es wirklich so gewesen, obgleich sich aus unserer Rechnung ergab, daß wir damals 30 Meilen (6½ geographische) von einander entfernt waren, welches etwa vier geographische Meilen jenseit der Grenze des deutlichen Sehens war."

Besonders eigenthümlich werden diese Lufterscheinungen bei Luftschifffahrten, und mehrere Aeronauten können nicht genug den zauberhaft schönen Anblick einer solchen Fata Morgana, hoch oben in den Wolken gesehen, schildern. Tissandier, welcher am 16. August 1868 von Calais aus mit einem Luftballon aufstieg, erzählt: „Die ganze nordwestliche Seite des Horizonts liegt vor uns wie ein dämmergraues Chaos. Ich wende den Blick nach oben, um die Grenze dieser Wolkenwand zu suchen, und wie groß ist mein Erstaunen, als ich gerade über mir eine weitgedehnte grünliche Dunstschicht, gleichsam einen himmlischen See gewahre! Nicht lange, so scheint ein kleiner Punkt sich auf dieser Fläche zu bewegen. Es ist ein Schiff, so groß wie eine Nußschale, und als ich meine Blicke fester darauf hefte, erkenne ich, daß es umgekehrt auf diesem umgekehrten Ocean schwimmt. Die Masten sind abwärts, der Kiel aufwärts gerichtet. Einen Augenblick später sehe ich das Spiegelbild des Postdampfers, welcher von Calais nach England steuert, und mit meinem Fernrohr entdecke ich selbst den Rauch seines Schlots. Immer neue Barken und Schiffe erscheinen, und ich weiß zuletzt kaum was schöner ist, — ob das Meer dort unten, oder sein magischer Widerschein hier oben." —

Die Bedingungen zur Bildung dieses Phänomens sind: eine große Ebene oder Fläche (See, Wüste, Savanne, Llanos), eine durchaus ruhige Luftschichte darüber und eine bedeutende Hitze. Letztere dehnt die

Im Mangrovenwalde (S. 35).

unteren Luftschichten durch stärkere Erwärmung mehr aus als die oberen; es findet dadurch eine ungleiche Brechung der Lichtstrahlen statt und bei den unabläßig emporsteigenden warmen und niedersinkenden kalten Luftströmungen zeigt sich das Spiel der Fata Morgana.

Der Anblick des in der Luft schwebenden Ufers hatte mich neu belebt: ich setzte meine letzten Kräfte ein und arbeitete mich glücklich aus der Strömung heraus in das ruhigere Küstenwasser. Nach und nach traten die Umrisse eines die ganze Küste bedeckenden Waldes hervor, dessen dunkles Grün gegen den blauen Himmel und das lichtglänzende Meer prachtvoll abstach. Beim Näherkommen entdeckte ich, daß sich der eigentliche Urwald erst in einiger Entfernung hinter einem dichten Ufergebüsch erhob, welches die ganze Küstenniederung im Vordergrunde bedeckte.

Vor meiner Abreise von Marseille hatte ich mich, wie sich das bei der Erziehung, die ich genossen, von selbst versteht, über Guyana hinlänglich unterrichtet, und so erkannte ich denn sogleich, daß ich einen jener berüchtigten Mangroven-Wälder vor mir hatte, welche der ganzen mehrere hundert Meilen langen Küste ein eigenthümliches Gepräge verleihen. Zum Verständnisse der folgenden Erzählung ist es nöthig, daß ich hier über den Bodencharakter des Landes, in dem ich so manche Abenteuer erleben sollte, einige Einzelheiten einschalte.

Bekanntlich sind auf dem großen Gebiete zwischen dem Amazonas und dem Orinoko fünf Guyanas zu unterscheiden: das spanische (zu Venezuela gehörend), das britische, das niederländische oder Surinam, das französische, das portugiesische oder brasilianische. Das spanische und das portugiesische Guyana sind noch gegenwärtig fast nur von einer Menge wilder Stämme bewohnt, unter denen vereinzelte Missionen wenig sichtbare Fortschritte machen. Allen Theilen Guyanas gemeinsam ist eine flache, an vielen Stellen sumpfige mit Mangroven-Wald bedeckte Küste, die sich allmählig mit reichem Alluvialboden zu dem im Innern noch wenig bekannten Berglande erhebt, das jedoch hie und da einen mehr oder weniger niedrigen Ausläufer in die Ebene sendet. Die zahlreichen Flüsse stürzen meistens mit Katarakten in die an vielen Stellen sumpfigen Niederungen. So ist der ungeheure Landstrich zwischen dem Amazonenstrome und dem Orinoko fast ein einziger tausendjähriger Wald: theils undurchdringliches Sumpfdickicht mit Lichtungen von Savanen, theils auf höher gelegenen Strecken prachtvoller Urwald, in dem sich ein unbeschreiblich üppiges Thier- und Pflanzenleben der Tropenwelt entfaltet.

Mit seinem unentwirrbaren Chaos von Wurzeln, Zweigen und Blättern scheint der Mangrovenwald überall denselben Charakter zu tragen; für den aufmerksamen Beobachter jedoch treten zwei verschiedene Baumarten hervor, welche zugleich unfehlbare Zeugen für die besondere Bodenbeschaffenheit sind.

Der rothe Manglebaum (rhizophora mangle, palétuvier rouge), Mangrove- oder Leuchterbaum, welcher vorzugsweise den Urwald Guyana's bildet und auch am Amazonas (siehe die Abbildung) bis zu Villa de Cametá am Tocantins und gegen Westen bis Gurupá hinaufgeht, treibt aus dem Stamme zahlreiche, sehr dicke Luftwurzeln, welche ein 6‒8 Fuß hohes leuchterartiges verwirrtes Gestell abgeben, auf dem oben der 40‒50 Fuß hohe Baum steht, von dessen Aesten wiederum zur Stütze des Ganzen Absenker in den Sumpfboden gehen. Unter den Laubengängen dieses Wurzelwaldes, die allen Unrath der Flüsse und der See aufnehmen, liegen auf dem Schlammboden gräuliche Saurier und kriechen unheimliche Reptilien umher, während zahllose Wasservögel das Gezweig beleben. Der Sumpf erzeugt Myriaden von Moskitos und die Masse der faulenden Pflanzen und Meeresgeschöpfe, welche er birgt, verpestet unter der glühenden Sonne die Luft, weshalb er von den Europäern als krankheit- und todtbringend gemieden wird. Bei niedriger See gesehen, bietet dieser Theil der tropischen Vegetation keinen anziehenden Anblick dar, aber wenn unter der steigenden Fluth die mit Koth und Lehm bedeckten unteren Wurzeln verschwinden, ändert sich die Scene und das Bild am Uferrande wird prachtvoll.

Die zweite Art dieser Meerstrandsbäume, der weiße Manglebaum (Avicennia) hat nicht die Luftwurzeln des rothen; er treibt kleine senkrechte Würzelchen, welche auf dem Sumpfboden eine Art Teppich bilden. Er kommt im französischen Guyana weniger häufig als im holländischen vor und ist ein sicheres Zeichen ackerbaufähigen Bodens.

Ich ruderte das Ufer entlang (S. 37).

Trotz der Nähe des Aequators ist seiner Bodenbeschaffenheit wegen Guyana weniger heiß als die auf weit nördlicherer Breite liegende Kolonie am Senegal. (Die durchschnittliche Wärme ist 27^0 centigr., Maximum im Sommer $30^0 — 32^0$, Minimum während der Nächte $+ 2^0 — 3^0$.) Wie der Naturforscher Leblond richtig beobachtete, gibt es hier keine großen mit Sand, Steinen oder Felsen bedeckte Landstrecken, welche die Wärme festhalten und zurückstrahlen könnten. Ueberall befindet sich ein mit Pflanzen und Wäldern bedeckter Lehmboden, aus dem keine Wärme aufsteigt wie aus einer Sandebene. Fast immer nähert sich die Richtung der Sonnenstrahlen der senkrechten Linie, allein ihre Gluth wird durch die bei Tage unablässig wehenden Seewinde gemildert, auf welche während der Nacht Landwinde folgen, unter deren kühlem Hauche sich die Pflanzenwelt häufig mit Thau bedeckt.

Ich ruderte das Ufer entlang, an dem ich Schaaren von Enten, Flamingos und Rothgänsen aufscheuchte, um eine passende Landungsstelle zu finden. Endlich entdeckte ich einen offenen, mit dichter grüner Pflanzendecke überzogenen Platz und sprang mit einem Ausrufe der Freude an das Land. Allein das bekam mir schlecht; denn ich sank bis an die Brust in einen Sumpf, dessen Decke von Conserven und andern Wasserpflanzen mich getäuscht hatte. Ich sank noch tiefer und würde schwerlich wieder herausgekommen sein, wenn ich nicht einen in der Nähe herunterhängenden Baumzweig ergriffen hätte, an dem ich mich schlammgebadet herauszog.

In Folge dieser schlimmen Erfahrung beschloß ich vorsichtiger zu Werke zu gehen; auch hatte ich keine Eile, da mir noch wenigstens zwei Stunden Tageslicht übrig blieben. Ich band mein Floß an eine Baumwurzel fest, nahm ein Bad, dessen ich sehr bedurfte, sowie andere Kleidungsstücke und ruderte dann eine Strecke weit ins Meer hinaus, um, wie ich meinte, aus der Entfernung das Ufer besser übersehen und vielleicht schneller irgend eine Einfahrt oder Bucht entdecken zu können.

Ich hatte mich nicht getäuscht. Etwa 20 Minuten oberhalb meines Standpunktes zog sich weit in das Meer ein ziemlich hohes Felsenriff, dessen Fortsetzung auf dem Ufer ein etwa 100 Fuß hoher Felsengrat zu sein schien, der den Uferwald weithin überragte. Hier mußte fester

Boden sein. Mit Aufbietung aller Kräfte ruderte ich hin, so schnell ich mit dem unbehilflichen Fahrzeuge vermochte.

Als ich die Stelle erreichte, erfreute mich der Anblick eines silberhellen Flüßchens, welches 50—60 Fuß breit den Felsenkamm entlang in die See floß. Beide Ufer waren felsig und, wie es schien, durch das Hochwasser von größeren Pflanzen rein gewaschen.

Ich trug meine Habseligkeiten an's Land, legte mein Floß genügend fest und dachte nun daran, mir eine Mahlzeit zu verschaffen. Schon während meiner Uferfahrt war beim Anblick der zahllosen Vögel meine alte Jagdleidenschaft der Art erwacht, daß ich über den Gedanken an die Jagdgenüsse, die meiner warteten, alle Mühen und Strapazen vergaß.

Von dem fabelhaften Fischreichthum der Gewässer des tropischen Amerika's hatte ich viel gelesen; ein Blick in das durchsichtige Wasser des Flüßchens überzeugte mich davon. Schnell war eine Angel bereit gemacht und in weniger als einer halben Minute ein schöner großer Fisch gefangen. Dürre Reiser fanden sich eben so schnell, und so kochte ich mir denn mit dem herrlichen Flußwasser zuerst einen vortrefflichen Kaffee, mit dem ich meine leere Feldflasche füllte, und dann meinen Fisch. Während das Kochen vor sich ging, nahm ich meine Büchse und schoß auf's Gerathewohl einen der Vögel herunter, die überall umherflogen. Es war ein unserem Rebhuhn ähnlicher Vogel, aber viel größer, den ich später wegen seines vorzüglichen Fleisches noch öfters schoß und von den Indianern Macacuaen nennen hörte. Das Rebhuhn, schnell gerupft, folgte dem Fische im Topfe und so hatte ich in kurzer Zeit eine Mahlzeit, die mich in eine so rosenfarbene Stimmung versetzte, daß ich als echter Franzose das Fest durch ein Gloria zu krönen beschloß. Der Leser bilde sich nur nicht ein, ich habe jetzt ein Gloria in excelsis Deo angestimmt; ich war allerdings von Dankgefühl gegen die gütige Vorsehung erfüllt, allein das Gloria worauf ich verfiel, war nichts anderes als ein Schluck Rhum, den ich in meinen Kaffee goß: ich trank nach Pariser Redeweise meinen Motta mit Gloria.

Es war unterdessen zu spät geworden, um auf Entdeckungen auszugehen. Ich beschloß jedoch den Felsenkamm zu ersteigen, um mich vor Einbruch der Nacht wenigstens einigermaßen zu orientiren. Ich kletterte hinauf und sah, daß derselbe allmählich breiter und höher wurde, bis er sich in der Entfernung von ungefähr ¼ Stunde zugleich mit dem Flüßchen in den Urwald verlief. Letzterer erhob seine ungeheuer hohen, an der Spitze zu Kronen ausstrahlenden, dicht mit Lianen verschlungenen Bäume majestätisch über den Mangrovenwald, der, nach Norden und Süden immer weiter sich ausdehnend, den Urwald wie die See eine breite Landzunge umschloß.

Mein Erscheinen oben auf dem Felsen verscheuchte eine ganze Schaar schneeweißer Reiher, die auf einigen Palmen etwas oberhalb meines Standpunktes saßen und die sich auf dem dunkeln Grün prachtvoll abzeichneten. Nicht weit davon entfernt stand ein kolossaler Storch, ein Tuyuyou, wie in Gedanken verloren, ruhig am Ufer, als bemerkte er meine Gegenwart nicht.

Doch es war Zeit an das Nachtlager zu denken. Ich war noch nicht zur Hälfte hinuntergestiegen, als ich unter mir ein Plätschern im Wasser hörte. Schnell griff ich zu der mitgenommenen Büchse und blickte hin. Eben hob ein großer Kaiman seinen scheußlichen Kopf über das Flußufer oberhalb meiner Landungsstelle und begann es zu erklettern, wahrscheinlich, um meinen Sachen einen Besuch zu machen. Ich zielte auf seinen Kopf und drückte los. Mochte ich ihn nun trotz seiner knochenharten Haut und Schuppen an einer empfindlichen Stelle getroffen haben oder erschreckte ihn der donnernd wiederhallende Knall der Büchse, der Kaiman verschwand schnell wie der Blitz.

Das Ufer schien mir nun für ein Nachtlager allerdings nicht geheuer; aber was sollte ich machen? Es war bereits zu spät geworden; in einigen Minuten konnte es Nacht sein. Schnell entschlossen legte ich noch so viel Reiser, als ich in der Nähe fand, zu meinem Feuer. Dabei bemerkte ich, daß das Hochwasser, wie es schien, an einer Biegung des Felsenrückens einen ganzen Haufen kleiner und großer Bäume aufgeschichtet hatte. Ich machte den Versuch sie anzuzünden, und sieh! es gelang; denn die Sonnenhitze der Tropenländer trocknet das Holz äußerst rasch.

Bald loderte ein Feuer empor, welches man meilenweit zu Lande und in See sehen mußte, und vielleicht, wie ich hoffte, irgend ein

Fahrzeug, irgend einen Menschen in der Gegend herbeiziehen würde. Meine beiden Feuer waren kaum fünfzig Schritte von einander entfernt; ich setzte mich zwischen sie, legte die Büchse schußfertig neben mich, hüllte mich in eine wollene Decke, die ich aus dem Koffer genommen hatte, und versuchte zu schlafen.

Aber ich hatte meine Rechnung ohne die Waldbewohner gemacht. Die Stille der Nacht hatte sich kaum auf die Gegend gesenkt, als ein langgezogenes Geheul fast wie das eines hungrigen Hundes dieselbe unterbrach. In demselben Augenblicke antwortete darauf, aus dem nahen Urwald her, ein hundertstimmiges, außerordentlich lautschallendes Brüllen und Geschrei, welches so überaus seltsam und fürchterlich klang, daß ich eine tollgewordene Menagerie zu hören glaubte. Es war kein Zweifel: ein auf Beute ausgehender Jaguar hatte eine Schaar von Brüllaffen aus dem Schlafe geschreckt. Gegen Mitte der Nacht wiederholten die Affen dieses Concert noch einmal; dann blieb alles still.

Meine Gemüthsaufregung ließ mich nicht schlafen. Der Jaguar konnte sich ja das Flußufer entlang an mich heranschleichen, und ich erwartete jeden Augenblick zwei funkelnde Augenlichter im Gebüsch zu sehen. Allein nichts zeigte sich; nur einmal glaubte ich in der Entfernung auf dem Felsenkamme eine dunkle Gestalt sich bewegen zu sehen, die aber gleich darauf verschwand. Das Feuer brannte indessen lustig weiter und hielt wahrscheinlich auch andere Feinde von mir ab. Endlich gegen Morgen verfiel ich in einen kurzen Schlummer, aus dem ich durch den Gesang der Vögel, das laute Morgengeschrei der Brüllaffen und die glühenden Sonnenstrahlen bald wieder geweckt wurde.

Ich angelte mir zuerst ein Frühstück aus dem Flüßchen und machte mich dann zu einem Jagdzuge fertig. Ich brannte vor Begierde in den Wald zu kommen, all das unbekannte Wild kennen zu lernen und meine gute Büchse darunter knallen zu lassen. Diejenigen, welche wissen, welche unwiderstehliche Macht die Jagdlust über einen Menschen gewinnen kann, werden es begreiflich finden, daß ich mich eben so rasch als fest entschlossen hatte, zunächst das sich mir darbietende freie Jäger- und Naturleben einige Wochen lang in vollem Maße zu genießen und nur nebenbei den Weg nach Cayenne zu suchen. Auch wirkte der Zauber der tropischen Natur übermächtig auf mich ein; ich mußte in ihre Geheimnisse eindringen; ihre Gefahren schreckten mich nicht, zogen mich vielmehr an, denn meine jugendliche Kraft und meine gute Büchse, die ich ja meisterhaft zu handhaben verstand, waren ihnen gewachsen.

Mit Hilfe des Säbels vergrub ich meinen Koffer, der meine Sachen und besonders die jetzt doppelt kostbare Munition enthielt, um sie vor den Besuchen der wilden Thiere zu schützen, warf dann die Büchse über die Schulter und schritt das Flüßchen entlang dem Hochwalde zu.

So weit der zum Theil sumpfige Küstenwald reichte, konnte ich das Ufer nicht verlassen, denn es wäre mir durchaus unmöglich gewesen, durch das Dickicht zu bringen, dessen Boden aus nichts als dicht verschlungenen Wurzeln bestand. Wo dasselbe an das Wasser reichte, hatte ich die größte Mühe hindurch zu kommen; meine Füße glitten jeden Augenblick aus: ich mußte unaufhörlich steigen, klettern und kriechen.

Wo ich hinkam verscheuchte ich zahlreiche Vögel, Affen und Schlangen. Eine wohl fünf Fuß lange, drachenartige Eidechse, die ich anfangs für ein Krokodil hielt, floh vor mir mit hoch aufgehobenem Schwanze, den sie wie eine Geißel schwang, in das Wasser. Es war die in Guyana so häufige Krokodil-Eidechse (dragonne), deren merkwürdiger Kopf einer vierseitigen Pyramide gleicht. Als ich näher an das Ufer trat, drehte sie sich nach mir um, schoß die Zunge vor wie eine Schlange und verschwand dann unter dem Wasser.

Ich hatte so, schweigend und in Schweiß gebadet, eine halbe Stunde in dieser Treibhausatmosphäre, die mir fast den Athem nahm, zurückgelegt, als ich endlich den durch das Gebüsch bisher mir verdeckten Urwald erreichte.

V.

Ein tropischer Urwald. — Auf der Savanne. — Zukunfts-Musik-
Gebrüll. — Ein unberufener Jagdgefährte. — Kampf mit
einem Jaguar.

Für den an Eichen-, Buchen- und Tannenwälder gewöhnten Europäer ist der erste Anblick eines tropischen Urwaldes deßhalb so sinnverwirrend und überraschend, weil dessen colossale Laubmasse aus den verschiedenartigsten, wild durcheinander stehenden Bäumen besteht. Palmen jeder Art, Wollbäume oder Ceibas, Zamangs, Caobas, Kuhbäume, Seringas, Acacien, Mahagonybäume, Piacabas, Pisangs u. s. w. bilden eine regellose Mischung von der buntesten Farbenpracht. Die Baumkronen, oft 150 Fuß und höher ragend, sind schwarzgrün, gelb, grau, hellgrün, roth, und eben so verschieden gestaltet, wie die Form der Blätter. Diese Baumwildniß ist durch die schlingenden, rankenden und kletternden Lianen, Cipos oder Schlinggewächse verbunden, welche überall wie fingersdicke, mitunter armgleiche Bindfäden, Reife und Taue frei von den Aesten der Laubkronen herabhängen und vielfach sich umeinander wickeln.

Nichts ist interessanter als das Wachsthum dieser für die Tropenländer so charakteristischen Lianen, wie es ein auch in Frankreich wohlbekannter Naturforscher beschreibt:

„Als dichtes Flecht- und Tauwerk meist ganz blattloser, vielfach gewundener und gebogener, unabsehbarer, hie und da veralteter Stämmchen umgeben sie, wo sie noch nicht heruntergefallen sind, von allen Seiten den dicken Hauptstamm in ihrer Mitte, ohne ihn zu berühren, erreichen auf diese Art seine Krone und breiten sich mit ihren Blättern erst da aus, wo auch der Baum seine Blätter entfaltet. Ebenso jung und zart, wie er selbst in seiner Jugend, sind sie mit ihm von Anfang an zur Höhe emporgestiegen; damals hielten sie sich an ihm und seinen Zweigen mit ihren zarten Aesten und Luftwurzeln, und als sie oben mit ihm angekommen waren, breiteten sie vielfach verschlungene Auswüchse über seine Zweige aus. So festgehalten und an bestimmte Stellen gebunden, führt das weiterschreitende Wachsthum des Trägers auch sein Gehänge immer weiter hinaus; die Schlingpflanze, welche anfangs an seinem Stamm emporkletterte, wird weiter von ihm abgerückt, indem die älteren Aeste die früheren Wurzeln zerreißen, der fortgrünende Stengel des Cipo sich immer mehr vom Stamme entfernt, bis er frei und luftig, ohne allen andern Halt vom Ast der Krone herunterhängt. Während dessen treibt er selbst neue Aeste in der Krone, befestigt sich dadurch immer mehr mit den vielfachen Windungen zwischen den nächsten Zweigen, geht selbst über die Krone seines Trägers hinaus auf eine benachbarte über und hängt nun, wenn der anfangs kurze Strang durch Fortwachsen sehr viel länger geworden ist, in großen Bogen, wie ein schlaffes Seil zwischen den Zweigen. Allmählich folgen andere Cipos seinem Beispiele; ein neuer windet sich von unten herauf an dem älteren in die Höhe, umwickelt ihn mit ein paar Spiralen, geht dann wieder eine Strecke gerade fort, und kommt so, hin und her gebogen, nach vielen Umwegen und zahlreichen Umschlingungen in der Krone des gemeinschaftlichen Trägers an. Dadurch wird das Gehänge beständig vermehrt, überall verdichtet, mit frischen Trieben ergänzt und endlich zu einem solchen innigen Flechtwerke verschlungen, daß es gar nicht möglich ist, auch nur einen einzigen dieser vielfach in einander gewundenen Stränge auf größere Längen für sich zu verfolgen; zumal wenn die jüngeren Stengel und Zweige hie und da Blätter getrieben haben, welche sich über die Tauwerke ausbreiten und das Dickicht vermehren, das durch sie allein schon undurchdringlich genug gemacht wird. Durch dieses Gewirre leitet kein europäischer Fuß; staunend steht der Reisende vor dem Netze der Fäden, das ihn überall umgibt und oft noch mit den derbsten Stacheln oder Haken besetzt ist; er büßt seinen tollkühnen Versuch, hineinzudringen, sofort mit zerrissenen Kleidern, zerschundenen Händen und zerschlagenem Gesichte, wenn eine schwingende Schlinge ihn gerade trifft. Selbst der Eingeborene wagt sich nie ohne das große Waldmesser in den Urwald, oder er läßt Sklaven vorangehen, die mit ihren schweren sichelförmigen Aexten auf langen Stielen die Taue kappen, bis ein offener Durchgang gebahnt ist." (Burmeister.)

Höchst interessante Schilderungen des brasilianischen Urwaldes gaben nach eigener Anschauung der rühmlichst bekannte Naturforscher Louis Agassiz*) (Reise nach Brasilien 1868) und Paul Marcoy, der 1866 den Amazonenstrom von Tabatinga in Peru bis zu seiner Mündung genau untersuchte und in seinem Reisewerke (Voyage de l'Océan Pacifique à l'Océan Atlantique à travers l'Amérique du Sud) für Ethnographie und Orographie Brasiliens wichtige Beiträge lieferte. Da sie sich mit der vorhergehenden von Burmeister zu einem ebenso vollständigen und wahrheitsgetreuen als lebensvollen Gemälde vereinigen, so mögen sie hier eine Stelle finden:

„Der erste Anblick des tropischen Pflanzenwuchses in seiner ganzen Kraft," sagt Agassiz, „bildet ebenso eine unvergeßliche Epoche im Leben, wie der der Alpen oder des Weltmeeres. Jene wunderbaren Wälder Amerika's sind so dicht und der Art durch riesige Parasitpflanzen in einander geschlungen, daß sie eine feste, geschlossene grüne Masse bilden. Es ist nicht jenes Blättergewebe des Waldes der gemäßigten Zone, welches die Sonne durchscheinen läßt und unter dem Windhauche rauscht. In den Landstrichen, welche wir heute durchzogen, schienen manche Bäume wie von ungeheuren Schlangen umschlungen zu sein, so dick waren die Stränge der Schlingpflanzen, die sie umwanden. Orchideen jeder Art klammern sich allenthalben an ihren Stamm, andere kletterten bis zu ihrem Wipfel empor, von wo sie in Blumen- und Laubgewinden bis

---

*) Louis Agassiz, geb. 1807 im Canton Wallis, vollendete seine medizinischen und naturwissenschaftlichen Studien in München, wo er mit Spix und Martius in nähere Beziehungen trat, Professor in Neuchatel, darauf in New-Cambridge bei Boston, Verfasser bedeutender Werke über die Fische und Mollusken, sowie über die Gletscher, schrieb mit Mar Perty und Gould „Allgemeine Zoologie" und „Grundzüge der Zoologie", Stuttgart 1854.

auf den Boden herabfielen. Selbst auf der Böschung unseres Weges kriecht ein seltsames Pflanzengewirre, als wollte es den häßlichen kahlen Erdeinschnitt der Straße mit einem grünen Schleier überdecken."

Während Agassiz so den heute mit der Eisenbahn von Rio Janeiro aus leicht zu erreichenden Urwald Südbrasiliens (Mato virgem, d. h. jungfräulicher Wald) zeichnet, führt uns Marcoy in den des Amazonas-Gebietes (Caá-éte):

„In dem grünlichen Dämmerungslichte erscheinen dem Wanderer alle Gegenstände in einer gleichförmigen Färbung. Anstatt der schattigen Waldgründe, die er zu sehen wähnte, und der breiten Pfade, die er in Gedanken beschritt, hält ein undurchdringliches Gewirre von Blättern und Zweigen mit fürchterlich stechenden Dornen, Stacheln und Klammern jeden Augenblick seinen Schritt auf. Die dichte, feuchte, heiße, entnervende, mit unangenehmen Gerüchen und scharfen Düften überfüllte und durch die Bodenausdünstungen und die fortwährende Ausschwitzung der ganzen Pflanzenwelt noch schwerer gemachte Luft greift Gehirn und Nerven an. In Folge einer seltsamen optischen Täuschung vergrößert, erscheinen ihm alle Dinge, Thiere und Pflanzen, in gewissen geheimnißvollen, erschreckenden Lineamenten und Umrissen. Der Baumstamm, der mit Pflanzenwuchs bedeckt da liegt, erscheint ihm wie ein ungeheurer, im Schatten kauernder Jaguar, in der Strichnosliane glaubt er eine auf ihre Beute lauernde Boa und in den kriechenden Schößlingen der Schlingpflanzen eben so viele an den Baumästen hängende Schlangen zu sehen. So oft ein Windhauch diese Pflanzengestalten in Schwankungen versetzt und ihnen ein Scheinleben verleiht, scheinen Bäume und Lianen brüllen, beißen und auf ihn losstürzen zu wollen. Mitten in tiefster Stille hört sein Ohr plötzlich ein seltsames Getön, das er sich nicht erklären kann; ein dumpfes Rollen, ein sonderbares Klopfen, Pochen, Knirschen und Knistern läßt sich im Dickicht hören; leise Seufzer, schwaches Wimmern, ersticktes Aechzen, worin er menschliche Stimmen zu erkennen versucht ist, erfüllen ihn mit einem unbestimmbaren Schrecken. Zuweilen scheint die vermoderte Laubschichte unter seinen Schritten sich zu bewegen und das Buschwerk sich zu öffnen, um gräßlich gestaltete Wesen durchzulassen; oder er glaubt, im Dickicht etwas gehen zu hören und wendet sich entsetzt beim Geräusche der Zweige um, welche, ihre Spannkraft verlierend, von selbst ihre Stelle ändern."

Dieses Gemälde der düsteren Seite des brasilianischen Urwaldes ergänzt sich durch eine Darstellung von Tschudi's, der ihn 1857 durchreiste: „Als ich zum erstenmal in einen Urwald drang, war sein Eindruck überwältigend; ich war hingerissen vor Staunen und Bewunderung; ich schwelgte im Hochgenuß, wie ihn nur die endliche Realisirung heißen Sehnens und glühender Jugendwünsche uns gewährt. Jahrelang wurde mir das Urwaldleben zu Theil. Ich lernte den Urwald mit seinen wunderbaren Reizen, aber auch mit all seinen Schauern kennen. Vertraut also mit dem Urwalde, nenne ich ihn dennoch monoton; nicht für den Forscher, der dort ebenso in den gigantischen Formen wie im Mikrokosmus ein unerschöpfliches und äußerst dankbares Feld für seine Studien und Entdeckungen findet, wohl aber für den Reisenden, dem die einzelnen Vegetationsgruppen bekannt sind und der sie nun tage-, wochenlang sich immer wiederholen sieht. Im Urwalde findet das Auge keinen Ruhepunkt, wenn es nicht analysirt. Die Einzelheiten sind wunderbar, die Gesammtheit unbefriedigend. Stundenlang kann ein von der Wurzel bis zum höchsten Gipfel mit hunderten von Parasitenpflanzen bedeckter, riesenhafter Gameleiro (Ficus) den staunenden Blick fesseln. Nur die üppigste Tropennatur vermag, auf kleinem Raume zusammengedrängt, eine solche Fülle sich gegenseitig ernährender und verzehrender Organismen zu schaffen; aber schon die nächste Umgebung beeinträchtigt und schwächt diesen großartigen Eindruck. Es fehlt dem Ganzen an Harmonie, es fehlt an Licht und Beleuchtung, es fehlt an Luft; kein Horizont grenzt das Bild ab, es mangelt ihm der Rahmen. Vergeblich sucht der nach oben schweifende Blick den blauen Himmel, er trifft nur dichtbelaubte, hohe Baumkronen. Die Luft ist drückend heiß, mit Modergeruch erfüllt. Sie erfreut und erleichtert nicht das Herz, sie beengt es. Ich ziehe den deutschen Eichen- und Tannenwald dem tropischen Urwalde vor." —

Als ich auf einem schmalen, kothigen Wildpfade, der vom Ufer aus in den Wald führte, mich mühsam eine Strecke weit durchgewunden hatte, empfing mich eine lautlose, nur selten von einer Thierstimme unterbrochene Stille. Die in schwindelnder Höhe über mir schwebenden

Baumkronen verdichteten sich so, daß sie das Tageslicht gänzlich dem Blicke entzogen. In dieser Waldnacht hielt ich es nicht länger aus, die Einsamkeit und Todesstille kam mir unheimlich vor. Ich gedachte der entsetzlichen Lage eines im Urwalde Verirrten, so wie sie von Viart, Schomburgh und andern Forschungsreisenden aus eigener Erfahrung geschildert wird. Die Gefühle, welche mich ergriffen, als ich jetzt so der Möglichkeit, dieselben Schrecknisse zu erleben, gegenüberstand, kann ich nicht besser beschreiben, als wenn ich die interessante Erzählung Schomburgh's, die mir in diesem Augenblicke mit allen ihren Einzelheiten am lebhaftesten vor die Seele trat, dem Leser vorführe.

Schomburgh hatte sich in seinem Naturforschereifer zu weit in den südbrasilianischen Urwald gewagt, um ein lebendiges Exemplar eines Brüllaffen zu erbeuten. Es war ihm gelungen, ein Weibchen zu tödten und sich dabei eines Jungen zu bemächtigen.

„Ich wollte den Heimweg antreten. Wo aber lag dieser? Zu meiner Rechten? — Zu meiner Linken? Vor oder hinter mir? Alle Fragen, die ich darüber an mich stellte, mußten unbeantwortet bleiben, da ich bei meiner früheren stürmischen Eile nicht auf den Weg geachtet und jetzt die Richtung verloren hatte! Ohne irgend einen Gegenstand in das Auge zu fassen, ohne einen Zweig umzubrechen, war ich dem mir entgegenschallenden Conzert gefolgt und blickte jetzt rathlos umher und konnte aus diesem Labyrinth keinen Ausweg finden.

„Grade durch!" rieth mir ein altes Sprüchwort und so wand ich mich rasch und rüstig durch lichtes und dickes Gebüsch, in jedem niedergedrückten Blatt die Spur meines Fußes sehend, ohne zu ahnen, daß ich mich immer weiter von meinem Ziele entfernte. Zweimal kehrte ich selbst wieder zu dem Baume zurück, von welchem ich meine Beute herabgeholt, zweimal wandte ich mich nach einer anderen Richtung hin, immer vergeblich. Die festverschlungenen Wipfel, die jedem Sonnenstrahl den Weg versperrten, blieben gleich dicht verschlossen.

Plötzlich verwandelte sich die bisherige Dämmerung in Nacht, wie immer während der Regenzeit zu einer ziemlich feststehenden Stunde. Ein lautes, dumpfes Rauschen und Brausen in den oberen Luftschichten, gleich als durchziehe der wilde Jäger mit seinen wüsten, entfesselten

Schaar die Luft, geht jedesmal dem nahen Ausbruch voran, während die unteren Schichten noch in stillem Frieden ruhen und kein Zittern eines Blattes den schon hereingebrochenen Aufruhr verräth, der bald mit ungebändigter Gewalt über weite Strecken dahinsaust.

Das Brüllen und Brausen senkt sich immer tiefer; schon schlagen die oberen Zweige der mächtigen Riesenbäume wild an einander, ihre biegsamen Gipfel geben entweder der Gewalt nach oder die mächtigen Giganten stürzen unter dem fürchterlichsten Krachen und Getöse entwurzelt, alle kleinen Bäume und Gebüsche in ihrem Falle mit sich niederreißend, zwischen den nachgiebigen Genossen zur Erde nieder. Der furchtbarste Sturmwind, von dem der Nordländer gar keine Ahnung hat, fegt gleich einer wuthschnaubenden Windsbraut über Ebenen, Berge und Thäler hin und die dichte Finsterniß, in welche die Erde gehüllt ist, wird nur momentan von den zuckenden, feurigglühenden Blitzen zerrissen, denen wahrhaft sinnverwirrende Donnerschläge und gewaltige Wassermassen, nicht Regentropfen, sondern Bäche und Ströme folgen. In entsetzter Flucht zogen die Bewohner des Waldes an mir vorüber, unbeachtet aber flatterten die reizendsten Vögel vor mir auf, unbeachtet blieben die, schadenfroh auf mich herabblickenden Affenheerden, unbeachtet die vielen Rehe, Tigerkatzen, kurz Alles was mir begegnete — ich hatte jetzt nur einen Wunsch, den, das Ende des Waldes zu erreichen. Darauf war mein ganzer Sinn gerichtet.

„Endlich übermannte mich die Mattigkeit, ich warf mich unter einem Baume nieder, um mich zu erholen; doch die wachsende Dunkelheit ließ mich nicht ruhen, von Neuem sprang ich auf, von Neuem begann ich den Lauf, um bald wieder unter dem Baum zu stehen, den ich vor Kurzem verließ.

„Gesicht und Hände waren bereits zerrissen, in langen Streifen hingen die Trümmer meiner Beinkleider und meines leinenen Rockes an mir hernieder; mit Aufwand der letzten Kräfte durchbrach ich ein neues dichtes Gewebe von Büschen und sah jenseits desselben ein zweites vor mir liegen. Da schwanden mir mit dem Muthe die letzten Kräfte und die bis jetzt immer noch festgehaltene Hoffnung, mich heute noch aus dem Labyrinth herauszufinden — ich legte mich nieder.

„Lange weilte ich so in dumpfem Brüten, bis meine Augen auf den todten Affen, den ich, ohne es zu wissen, bis hierher getragen, fielen, und meine Gedanken eine andere Richtung nahmen. Noch saß das Junge durchnäßt auf der leblosen Mutter und suchte jetzt an der versiegten Brust seinen Hunger zu stillen.

„Uebermannt von der Mattigkeit schlief ich ein. Als ich erwachte, war es finstere Nacht um mich. Tausende von Mosquito's machten mein Lager zum Laurentinsbette und verscheuchten, im Bunde mit der Kälte, die durch die nassen Reste meiner Kleidung drang, jeden Augenblick fernerer Ruhe. Es waren grauenvolle Stunden, deren Schrecklichkeit die wilden Bilder meiner, durch innere Fieberschauer, die ich schon in meinen Gliedern fühlte, aufgeregten Phantasie noch erhöhten. In jedem Rascheln des Laubes am Boden fürchtete ich die Nähe einer Schlange, in jedem durch das Gebüsch hinschwirrenden Leuchtkäfer sah ich das funkelnde und sprühende Auge eines Jaguars; ja die erste Befürchtung steigerte sich in mir zur Gewißheit, als ich etwas Kaltes an mir heraufkriechen fühlte, ohne daß ich wagen durfte, es hinweg zu scheuchen, um nicht den tödtlichen Biß zu beschleunigen. Regungslos saß ich unter den Bäumen des Urwaldes und starrte mit angehaltenem Athem in das Dunkel hinein, bis das Wimmern des jungen Affen, der wahrscheinlich auf dem kalten Leichnam seiner Mutter die gewohnte Wärme vermißte und zu mir flüchtete, meinen Geist in meine nächste Umgebung und zu dem Gefühl meiner verzweifelten Lage zurückrief.

„Noch blieb mir eine Hoffnung übrig, daß Herr Bach, durch mein Ausbleiben beunruhigt, Leute nach mir ausgeschickt haben würde, und diese Hoffnung täuschte mich auch nicht, denn bald hörte ich den Ton eines Hornes und von Zeit zu Zeit den Knall eines abgeschossenen Gewehres. Neu belebt griff ich nach meiner Flinte, um die Signale zu erwidern, allein vergebens schlug ich an, ohnmächtig knallte das Zündhütchen und der Lauf blieb sprachlos. Unter Thränen des Ingrimms warf ich das durch den Regen untauglich gewordene Gewehr und das in Brei verwandelte Pulver von mir und wollte aufspringen, um den immer mehr und mehr sich entfernenden Signalen nachzueilen. Doch ich vermochte es nicht, die starren Glieder versagten mir den Dienst.

„Endlich verließ mich das Bewußtsein und ich sank, auf dem todten Affen ruhend, in tiefen Schlaf. Mit anbrechendem Morgen hörte ich wieder Stimmen und Signale, die sich mir näherten und endlich auch mein Rufen vernahmen. Ich lag einige hundert Schritte von der Straße, etwa eine Stunde von Herrn Bach's Plantage. Der kleine Affe saß zusammengekauert auf meiner Schulter. Man trug mich nach Hause und schon am Nachmittag brach das Fieber mit aller Kraft aus. Mehrere Tage lag ich in voller Raserei, bis endlich meine kräftige Natur über die Krankheit siegte und mich dem Leben wiedergab!"

Die lebhafte Erinnerung an dieses Erlebniß eines kühnen Reisenden, welches leicht einen tragischen Ausgang hätte nehmen können, hielt mich vom weiteren Vordringen in das Halbdunkel des Waldes ab: das war auch nicht der Jagdgrund, den ich mir vorgestellt hatte und aufsuchte.

Ich beschloß umzukehren und den Felsenkamm, der von der Uferstelle, wo ich in den Wald eingedrungen war, höchstens ¼ Stunde entfernt war, zu ersteigen, um auf demselben besser vorwärts zu kommen und zugleich Umschau halten zu können. Rasch hatte ich das Flüßchen wieder erreicht und versuchte nun quer durch den dazwischen liegenden hochstämmigen Wald zu dringen; allein in dem wildverwachsenen und verschlungenen Dickicht war ich nach einer halbstündigen äußerst mühevollen Arbeit kaum hundert Schritte weit gekommen; ich mußte den Versuch aufgeben. Ich kehrte um, schlug meinen früheren Weg längs dem Ufer wieder ein und sah endlich den kleinen Felsrücken seitwärts über den niedrigen Uferbusch sich erheben. Schnell kletterte ich hinauf und folgte nun dem Kamme, der dort bedeutend breiter und flacher als am Seeufer war. Meinem Jägerauge zeigten sich oben bald die Spuren vieler Thiere. Ich konnte Wild treffen und sah noch einmal nach meiner Büchse. Alles war in Ordnung.

Anfangs kam ich ziemlich schnell weiter, obgleich ich mich zuweilen durch die vielen Cactus, denen der Felsenboden zu behagen schien, durcharbeiten mußte. Diese Pflanzen waren mir höchst willkommen. Ich erquickte mich an ihren wohlschmeckenden; den Johannis- und Stachelbeeren nahekommenden Früchten und fand auch bald in der fußdicken im Sande versteckten Kugel eines Melonen-Cactus, in welche ich eine

Oeffnung schlug, einen Trunk, um meinen brennenden Durst zu löschen. Nicht mit Unrecht nennt man die Cacteen die vegetabilische Quelle der Wüste. In Guyana und am Orinoko weiß das durstige Hornvieh sich einen Labetrunk zu verschaffen, indem es einen Melonen=Cactus aufsucht, mit seinem Huf hineinschlägt und dann den Saft aus der gemachten Oeffnung saugt.

Der schmale Rücken, auf dem ich vordrang, hatte nach und nach eine solche Höhe erlangt, daß ich zuweilen auf den sich zu beiden Seiten ausdehnenden und den Abhang hinaufsteigenden Wald einen Fernblick werfen konnte. Ich überblickte dann einen unermeßlichen Blätterozean, der nur nach Nordwesten hin von einem blauen Gebirgszuge eingefaßt war. Gerade vor mir war die Aussicht durch die Cactus versperrt. Ich war also außerordentlich überrascht, als ich mich unerwartet an dem fast senkrecht abfallenden Rande des Kammes befand und nun einen Anblick vor mir hatte, der jeder Beschreibung spottet.

Im Sonnenlicht gebadet, breitete eine Grasebene von drei bis vier Stunden Ausdehnung vor meinen geblendeten Augen sich aus. Es war eine von jenen prachtvollen, hellgrünen Campos oder Llanos (franz. Savanne), die für das weite Gebiet zwischen dem Orinoko und Ama= zonas so charakteristisch sind. Hie und da erhoben sich schöne Gruppen glänzend grüner Mauritia=Palmen; nicht weit von meinem Standpunkte trat das Flüßchen aus einem kleinen See, in dessen schimmernden Ge= wässern herrliche thurmhohe Buritipalmen ihre runden Kronen abspiegelten, während die Ufer durch zahllose Flamingos, rothe Löffelgeier, Urubus, Ringstörche, Haubenadler und Geierkönige (Jrubi) belebt waren. Auf der Ebene weideten Heerden von Rehen und Hirschen, von Hoccos und und Grashühnern umschwärmt. Welcher Anblick für einen Jäger!

Es gelang mir an einer weniger steilen Stelle des Abhanges hinabzusteigen. Ich gedachte ein Reh zu schießen und folgte daher dem Rande des Waldes, um unbemerkt heranzukommen.

Eine weiche, balsamische Luft umfing mich und goß ein unbe= schreibliches Wohlbehagen in alle meine Glieder. Diese herrliche Früh= lingstemperatur wirkte um so mächtiger auf mich ein, als ich aus einer wahrhaft feurigen Atmosphäre kam und kurz vorher die feuchte Moderluft des Urwaldes eingeathmet hatte.

An dem Waldrande schien sich die ganze Vogelwelt Südamerika's ein Stelldichein gegeben zu haben, so wimmelte es auf den Bäumen von Kolibris, Jangaras, Schmuckvögeln oder Kotingas, Tnyuyus, Tukans oder Pfefferfressern, Nashornvögeln u. s. w. Am meisten fielen mir die zahlreichen, farbenprächtigen Papageien und Aras auf, die, wie die bunten Kolibris, fast überall umherflogen. Ich hatte schon Tags vorher bemerkt, daß in diesem Lande eine Menge von Thieren, die sonst am Boden leben, die Bäume bewohnen; ich sah jetzt, daß außer Mäusen, Ratten und Schlangen auch Frösche, Eidechsen und Stachelschweine auf den Zweigen saßen und daß die ungemein häufigen Affen meistens mit Greif= schwänzen zum Festhalten versehen waren. Auf manchen Bäumen kletterten und schaukelten sich ganze Familien und Gesellschaften von schwarzen und rothen Brüllaffen, Klammeraffen oder Guatos, Seidenäffchen u. a. Ich begriff jetzt, weshalb Desmarchais Guyana das Land der Affen genannt hat; bisweilen zählte ich 30—40 auf einem Baum. Bei meiner Annäherung flüchteten sich die meisten mit größter Eile in das Dickicht, andere stiegen höher und bewarfen mich, die Zähne zeigend, mit Früchten. Da es bereits Nachmittag war, so begannen ihrer Gewohnheit gemäß die Brüllaffen hie und da ihr fürchterliches Geschrei.

Ich schritt einer Stelle, wo ein besonders großer Chor versammelt schien, hinter Strauchwerk versteckt näher, um ungesehen zu beobachten. Ein höchst sonderbarer, possirlicher Anblick überraschte mich. Eine ganze Schaar glänzend schwarzer Affen mit braunen Händen saß in fast an= dächtiger Stille, die dem kurz vorhergegangenen lauten Gebrüll gefolgt war, auf den unteren Zweigen eines großen Baumes; in der Mitte auf einem etwas höheren Aste hockte ernst und würdevoll ein weißbärtiger alter Bursche mit langem pyramidenförmigem Kopfe. Mit einer Stimme, die aus einer Ofenröhre zu kommen schien, begann er gleichsam als Vorsänger eine entsetzliche Brüll=Arie, in welche die ganze garstige Ge= sellschaft in einem so betäubend lauten Chorus einfiel, daß Wald und Ebene davon wiederhallten und ihre Anzahl zehnmal größer erschien, als sie wirklich war; sobald ich mich zeigte, stob die ganze Concert= gesellschaft auseinander.

Ich hatte bald am Waldrande eine Stelle erreicht, wo ich unbemerkt einen großen Theil der Grasebene übersehen konnte. Einige hundert Schritte von mir entfernt weideten friedlich wie in einem Gehege die Hirsche und Rehe, welche ich früher gesehen hatte; in einer Baumgruppe am Ufer des nahen See's tummelten sich lärmend rothe, graue, schwarze und gelbe Affen. Zuweilen gab es Streit oder irgend einen Vorfall unter dem tollen Völkchen; bei dem alsdann plötzlich entstehenden lauten Gekreisch richtete das eine oder andere in der Nähe grasende Reh das Köpfchen empor und floh scheu weg.

Die älteren Thiere indeß kümmerten sich nicht um den bekannten Lärm. Ein großer Hirsch, wie es schien der Patriarch der Heerde, lagerte sich ruhig auf den Boden, während ein anderer nicht weit von mir in dem Wasser des See's seinen Durst löschte.

Ich zitterte vor Jagdlust, denn in meinem Leben hatte ich noch keinen Hirsch vor der Büchse gehabt; und ich vergaß die ganze wundersame Umgebung, um mich hinter meinem Baume schußfertig zu machen. Ich lud sorgfältig beide Rohre und trat einige Schritte vor, um zu schießen. Aber sei es, daß der im Wasser stehende Hirsch, welcher mich leicht sehen konnte, ein Warnungszeichen gegeben, sei es, daß der Wind meine Anwesenheit verrathen hatte, in demselben Augenblicke sah ich die ganze Schaar in gestrecktem Lauf um die Baumgruppe biegen, welche sie sofort meinen Blicken entzog. Als ich rasch auf die Ebene hinauseilte und die Thiere wieder erblicken konnte, waren sie bereits weit aus dem Bereiche meiner Kugeln.

Aergerlich warf ich die Büchse über meine Schulter und kehrte um, denn auf der Savanne war keine Mahlzeit für mich zu holen. Der Hunger quälte mich. Was sollte ich essen? Ich hatte mich schon auf den Hirschbraten gefreut. Nun, es gab ja noch Vögel genug, vielleicht auch Fische im See, und ich hatte noch bis zum Abend wenigstens 1½ Stunden Zeit vor mir.

Ich schritt dem See zu und nahm in dem hellen Wasser desselben ein erquickendes Bad. Beim Suchen nach eßbaren Früchten entdeckte ich eine prachtvolle, fast 4 Fuß hohe Ananas auf dem Stamme eines riesenhaften Ceibabaumes. Ihre Früchte, eigentlich mit den Deckblättchen besetzte Beeren, die am Stengel zusammengedrängt sind, hatten hier in weit höherem Grade als in unseren Treibhäusern jenen feinen, weinartigen und gewürzhaften Geschmack, der sie zu dem wohlschmeckendsten Obst der Tropenländer macht. Ich aß mich satt daran und trat dann, weil die Sonne schon tiefer sank, den Rückweg an. Das engverschlungene Buschwerk hielt mich jedoch beim Ersteigen des Hügelrückens so lange auf, daß ich meine alte Lagerstätte erst erreichte, als die Sonne eben unterging. Ich konnte also nicht, wie ich beabsichtigte, mir ein kräftiges Abendessen aus dem Flüßchen fischen.

Wie es in Guyana und an dem Aestnarium des Amazonenstromes häufig vorkommt, bedeckten in der eintretenden Dunkelheit bald Nebelmassen das ganze Küstenland. Ich konnte nicht mehr die Hand vor den Augen sehen, vielweniger mir ein Feuer anmachen. Es blieb mir also nichts übrig, als auf dem Floße zu übernachten. Ich sollte jedoch keine Minute schlafen. In der vorherigen Nacht hatte ich von der Plage der Mosktios wenig gelitten, wahrscheinlich weil sich meine Schlafstätte zwischen zwei Feuern befand; jetzt aber schienen sich Millionen dieser Quäler und Blutsauger mein Floß zum Sammelplatz gewählt zu haben.

Ich will meine Leiden während dieser langen Nacht und den Zustand meines geschwollenen Gesichtes am Morgen nicht beschreiben; ich mußte mehrmals meine Zuflucht im Wasser suchen, um nur einige Minuten lang von der unerträglichen Qual befreit zu werden. Zu spät bereute ich die Unvorsichtigkeit, meine Lagerstätte an dem Sumpfwalde aufgeschlagen zu haben. In meiner Freude, das Land erreicht zu haben, hatte ich vergessen, daß man mir auf dem Schiffe und selbst in Marseille schon von der Mosktioplage und der mephitischen Luft erzählt hatte, welche viele Küstenstriche zwischen dem Amazonas und Orinoko für Europäer todbringend machen, während die tiefer im Innern liegenden Urwälder davon fast frei sind.

Es ist eine Thatsache, daß die Mosktios einzelne Landstriche, namentlich sumpfige, unbewohnbar machen; sie bilden überhaupt eine öffentliche Calamität, wie auf einigen Antillen die giftigen Schlangen. Selbst die ärmste Haushaltung besitzt daher ein Mosktionetz. Stedman erzählt, daß eine durch die Wälder von Guyana marschirende Compagnie Soldaten so entsetzlich von denselben litt, daß sie in ihrer Verzweiflung mit ihren Bayonnetten Löcher in die Erde gruben, worein sie das Gesicht steckten. Und in dieser Lage, auf dem Bauche, mit ihren Hängematten bedeckt, schliefen sie mehrere Nächte.

Die Maringouins, eine mikroskopisch kleine Art Mostitos, finden sich besonders häufig in den Fluß- und Küstenniederungen, die Maques, eine größere Art, deren Stiche den Körper mit Blut bedecken, schwärmen überall umher.*)

Endlich kündigte ein rother Streifen am Horizont den Morgen an; gleich darauf stieg der glühende Sonnenball über den östlichen Rand des Ozeans und verwandelte in raschem Uebergange die nächtliche Dämmerung in helles Tageslicht.

Ich eilte an das Ufer und machte mir aus den umherliegenden verkohlten Aesten und zusammengetragenen Reisern ein tüchtiges Feuer an. Meine Angel gab mir einen schönen Fisch, und so hatte ich mir in einer halben Stunde ein kräftiges Frühstück gekocht, welches meinen Heißhunger vollständig stillte. Ich sah alsdann nach meiner Büchse, die ich wegen der außerordentlichen Feuchtigkeit der Luft am Aequator, welche alles Eisen äußerst rasch mit Rost bedeckt, Nachts in einem ledernen Futteral verwahrte.

Der Gedanke an eine genußreiche Jagd auf der von mir entdeckten Savanne ließ mich nicht länger verweilen. Ich schlug den früheren Weg über den Hügelkamm wieder ein und überlegte unterwegs, wie und wo ich mich dort häuslich einrichten sollte. In weit kürzerer Zeit als Tags vorher erreichte ich die Stelle, von wo aus ich mein künftiges Eden zuerst erblickt hatte.

Die vom üppigsten tropischen Pflanzenwuchs umgebene Savanne, jetzt von der entgegengesetzten Seite beleuchtet, erschien mir fast noch reizender als früher; sie war von derselben bunten Thierwelt belebt: die Hirsche und Rehe befanden sich fast auf derselben Stelle.

Ich stieg hinunter, um mich unbemerkt zu nähern, denn ich hatte nicht weit vom See den alten Hirsch erblickt, der mir auf so ärgerliche Weise entgangen war. Aus Vorsicht hielt ich mich hinter niedrigem

*) Ueber die Insektenplage am Amazonas s. Einzelnheiten in der zweiten Hälfte des Buches.

Strauchwerk und in dem hohen Grase so verborgen, daß ich nicht gesehen werden konnte. Allerdings mußte ich eine ziemlich große Strecke weit gebückt gehen, so daß mir die scharfen Grashalme das Gesicht zerschnitten; allein aus diesen Kleinigkeiten machte ich mir nichts; ich war wieder ganz Jäger geworden.

Zwischen mir und dem Hirsch befand sich eine dichte Baumgruppe. Ich erreichte sie jedoch nicht ungesehen; denn ich war in ein wahres Pandämonium von Affen gerathen, die bei meinem Erscheinen ein über die ganze Ebene hallendes, ohrenzerreißendes Gekreisch und Gebrüll anstimmten. Ohne mich darum zu bekümmern, eilte ich zwischen colossalen Baumstämmen hindurch auf die entgegengesetzte Seite des Gehölzes.

Dort bekam ich allerdings den Hirsch und die ganze Heerde zu Gesicht, aber ich sah sogleich, daß die Entfernung für meine Büchse noch wenigstens um 100 Meter zu groß war. Ich hatte mich vorher bei der Abschätzung der Entfernung der Thiere verrechnet oder letztere waren inzwischen weiter gegangen. Schnell warf ich Tasche und Säbel unter einen Baum und kroch durch das über meinem Kopfe zusammenschlagende Gras dem Wilde langsam näher.

Die Sonne stand noch nicht hoch, so daß ich auf dieser Strecke durch den Schatten der hohen Bäume hinter mir noch mehr verborgen wurde.

Ich war so kaum vierzig Schritte weit gekommen und hob eben den Kopf, um zu sehen, ob ich auch die rechte Richtung genommen, als ich rechts neben mir das Gras sich bewegen sah. Ich dachte sogleich an eine Schlange, griff zur Büchse und blickte gespannt auf die verdächtige Stelle; ich sah aber nichts.

Indessen irgend ein Thier mußte sich dort befinden, denn die Grashalme hoben und senkten sich fast in regelmäßiger Bewegung; auch kam der Wind von dieser Seite und ich hörte deutlich das Rascheln der Halme.

Einige Sekunden blieb ich so, lautlos und unbeweglich knieend, wie es in jenen Wildnissen der Jäger so oft thun muß, wenn er dem Tode entgehen will. Die Grasfläche bewegte sich noch immer auf dieselbe Weise, als wenn Jemand sich kriechend den Hirschen nähere. Der hohe Pflanzenwuchs verdeckte mir jedoch immer noch das Wesen, welches diese Bewegungen machte. Das Sicherste für mich war jedenfalls, an meinen Ausgangspunkt im Gehölz zurückzukehren. Von dort aus konnte ich die Fläche besser überblicken und untersuchen, ohne selbst gesehen zu werden; was ja auf der Jagd eine Hauptsache ist. Ich kroch also die kurze Strecke zurück, schlüpfte hinter einen etwas höher stehenden Baum und blickte hin.

In kurzer Entfernung, noch im Bereiche meiner Büchse wand sich ein prachtvoller Jaguar durch das Gras, offenbar um sich einen Hirsch oder ein Reh zu holen. Sein röthliches, schwarzgestreiftes Fell glänzte im Schatten; er mußte wenigstens eine Länge von 4½ Fuß haben*). Ich hatte den Jaguar häufig im Pflanzengarten zu Paris gesehen und bewundert; er kam mir hier in der Wildniß unvergleichlich schöner vor. Wie eine Schlange kroch er dem Wilde näher. Zuerst streckte er die eine Tatze aus, schlug sie in den Boden oder drückte das Gras darunter nieder, zu gleicher Zeit zog er den ganzen Körper um soviel weiter; dann that er dasselbe mit der anderen Tatze und kam auf solche Weise eben so schnell als geräuschlos vorwärts. Besonders überraschte mich dabei, daß während das Gras auf meiner Spur zerbrochen und zertreten war, es hinter dem Jaguar sich wieder erhoben hatte, wie unser Korn nach einem starken Winde.

Beim Erblicken des Jaguars war meine erste Bewegung gewesen, die Büchse an die Schulter zu setzen. In meiner Aufregung zielte ich nur einen Moment nach dem Kopfe und drückte los. Der Knall hallte über die Ebene, und durch den Pulverdampf sah ich das Thier in die Luft springen, sich überschlagen und dann mit einem rauhen und zugleich klagenden Geheul auf den Boden fallen. Es überkugelte sich noch zweimal, indem es seinen weißen Bauch zeigte, und ich sah jetzt, daß ich zu niedrig, zu weit rechts geschossen, denn meine Kugel hatte ihm nur ein Hinterbein zerschmettert.

Ohne Zögern zielte ich von neuem auf den Kopf, allein das Zündhütchen versagte. In demselben Augenblick sprang der Jaguar, als wenn ihm das Zuklappen des Schlosses die Ursache seiner Ver-

---

*) Die gewöhnliche Größe des Jaguars ist 4 Fuß; Humboldt und Prinz Max von Wied sahen öfters solche von 5 Fuß; ja man hat nach zuverlässigen Berichten in Paraguay Jaguare von 6 Fuß 2 Zoll Leibeslänge gefunden.

wundung offenbart hätte, auf und wandte sich nach mir um. Einen Moment begegneten sich unsere Blicke, während ich ein neues Zündhütchen aus der Tasche nahm; dann stieß der Jaguar ein kurzes Gebrüll aus und stürzte wie der Blitz auf mich zu. Ebenso schnell warf ich mich hinter den Baum und machte mich schußfertig.

Mit einem ungeheuren Satze schnellte der Jaguar heran, aber durch die Wuth blind gemacht, fuhr er mit beiden Vordertatzen zwischen die Lianen an einem niedrigen Aste des mich schützenden Baumes und blieb darin stecken. Mit wüthenden Anstrengungen suchte er los zu kommen. Sein Gebrüll, seine flammenden Augen, sein heißer, stinkender Athem, der mich erreichte, hätten selbst noch kräftigere Naturen als die meinige erbeben gemacht.

Glücklicher Weise verlor ich nicht meine Geistesgegenwart. Ich gestehe, daß ich zitterte, aber ich hielt krampfhaft meine Büchse fest. Fehlen konnte ich nicht, denn die Nähe war zu groß, und so traf ihn denn meine Kugel in den Kopf, bevor er sich aus seinen Banden losgerissen hatte. Noch einige Sekunden lang blieb er so auf dem Baume mit weit aufgerissenen Augen mich gleichsam verschlingend, sitzen, dann sank sein Kopf, der schwere Körper fiel herunter und lag, den Bauch oben, ausgestreckt auf dem Boden. Einen neuen Angriff befürchtend, griff ich nach meinem Säbel, um demselben zu begegnen, allein der Jaguar blieb unbeweglich liegen; ein Blutstrom quoll aus seinem Kopfe.

Endlich trat ich näher. Meine Kugel war ihm durch die Nase in den Kopf gedrungen und am Hinterschädel hinausgefahren; er war wirklich todt. Ein unbeschreibliches Gefühl der Erleichterung und des befriedigten Jägerstolzes ließ mich bald die ganze aufregende Scene, bei welcher mein Leben an einem Faden gehangen hatte, vergessen. Mein nächster Blick galt der Ebene, um mein früheres Jagdziel, die Hirsche aufzusuchen.

VI.

Jaguargeschichten: — Eine seltsame Stromjagd. — Ein verwegener Indianer. — Jaguarabenteuer am Maroni. — Die von einem Jaguar belagerte Pflanzung. — Der schwarze Jaguar. — Ein Naturforscher in der Klemme. — In der Tigerhöhle.

Das Gebrüll des Jaguars und meine beiden Schüsse hatten auf der Savanne die Wirkung eines plötzlichen Donnerschlags in einen Hühnerhof gehabt. Die Hirsche waren spurlos verschwunden, die zahlreichen Vögel erschreckt in die höchsten Baumkronen oder selbst in den nahen Wald geflüchtet.

Komisch und zugleich ärgerlich war das Gebahren der Affenkolonie in meiner Nähe. Der Knall meiner Schüsse hatte sie zuerst, vom größten Entsetzen ergriffen, nach allen Seiten zerstreut; dann aber kamen sie allmählich wieder näher und gaben mir durch wüthende Grimassen, tolle Sprünge und drohende Geberden ihren ganzen Zorn über mein freches Eindringen in ihre Wohnstätte zu erkennen.

Inzwischen betrachtete ich mit dem ganzen Interesse eines glücklichen Jägers und zugleich Neulings meinen erlegten Gegner genauer. Seine mächtigen Tatzen, sein furchtbares Gebiß, sein ganzer gedrungener, kraftvoller Gliederbau erregten meine Bewunderung und die Berichte der Naturforscher über seine außerordentliche Stärke erschienen mir nicht übertrieben: ein solches Thier vermochte Pferde und Ochsen fortzuschleppen.

Auf meinen späteren Reisen am Amazonas und dessen Nebenflüssen sah ich zuweilen junge Jaguare als possirliche Spielkameraden von Kindern oder im Hofe mit einem Halsband an einen Pfahl gekettet; aber länger als bis zum dritten Jahre durfte man sie nicht so halten, denn sie verloren alsdann ihr zahmes Wesen und schlugen ihre Herren und Wärter zu Boden. In diesen Gegenden und namentlich in den Guyanas ist der Jaguar, obgleich jedes Jahr viele des Felles wegen weggeschossen werden, noch ziemlich häufig. Es gibt dort zu viele unzugängliche Dickichte. Manche entlegenen Höfe sind selbst so gefährdet, daß sie zum Schutz der Heerden mit Palissaden umgeben werden müssen. Hat er einmal Menschenfleisch gekostet, so stellt er wie der ostindische Tiger vorzugsweise Menschen nach. So berichtet man, daß auf der Straße von Santa Fe nach San Jago ein Jaguar einem Trupp von zehn bewaffneten Spaniern mehrere Tage lang folgte und einen nach dem anderen tödtete. Es mußte eine Abtheilung Soldaten gegen ihn ausrücken, welche große Mühe hatten, das überaus schlaue und kühne Raubthier zu erlegen.

Einem leidenschaftlichen Jäger wie mir wird man es zu gute halten, wenn ich jetzt einige interessante Jaguar-Abenteuer einschiebe, deren Wahrheit ich verbürgen kann, zunächst eins, welches ich einige Jahre später auf dem Vater der südamerikanischen Ströme erlebte.*)

„Wir segelten auf der „Caroline" mit der steigenden Fluth und einer günstigen Brise den Stromarm nach Para hinauf. Der Kapitän, Herr Sharp, zeigte uns die fast beständig unter Wasser stehenden Mangle- oder Paletuviersgwälder, welche dem Strome und der See immer mehr Boden abgewinnen, obgleich die Fluthen, besonders die Prororokka, ganze Strecken wieder wegreißen.

Die Veränderungen der Flußufer und der Seeküste von hier bis an den Orinoko haben auf der ganzen Erde nicht ihres Gleichen sowohl wegen ihrer Schnelligkeit als ihrer Großartigkeit. Eine einzige Fluth begräbt in einer Nacht eine ganze Rhede unter einer Sand- und Lehmschicht von 8—10 Fuß, füllt einen Golf aus oder bildet durch Wegreißung der Mangroven-Wälder einen neuen von mehreren Stunden Ausdehnung. So wurde 1855 die ganze Rhede von Cayenne durch eine Hochfluth mit Schlamm gefüllt, so daß die dort ankernden Schiffe

---

*) Emile Carrey. Les révoltés du Para.

nicht mehr von der Stelle konnten; aber in zwei Tagen hatte die mächtige Küstenströmung des Amazonas der Rhede die frühere Tiefe wiedergegeben.

Als das Schiff so mit vollen Segeln das Ufer entlang fuhr, sahen wir plötzlich das Ufergebüsch sich öffnen und einen großen Hirsch in den Strom springen. Bei seinen schnellen Bewegungen tauchten der Kopf und der röthliche Rücken aus den Wellen. Das Thier suchte offenbar geradeaus den Strom zu durchschneiden; aber die bei jeder Fluth eintretende Gegenströmung, welche uns flußaufwärts trug, war ihm zu stark; er wurde mit uns nach derselben Richtung fortgerissen, und wir mußten ihn bei seinem Ankämpfen gegen den Strom und bei unserer schnellen Fahrt bald erreichen.

Wir dachten, der Hirsch würde beim Erblicken des heransegelnden Schiffes sofort zu dem Ufer zurückkehren, allein die Furcht vor den Menschen, die sonst alle Thiere der Wildniß in die Flucht jagt, schien durch eine unbekannte Ursache bei ihm unterdrückt zu werden; denn statt zu fliehen, wandte er sich dem Schiffe zu und schwamm uns gerade entgegen.

Der Grund seines Schreckens enthüllte sich bald. Das niedrige Paletuvier-Gebüsch flog auseinander, wie das Korn vor einem herausspringenden Hasen; eine dunkle Gestalt fuhr blitzschnell in das Wasser und sogleich sahen wir einen breiten, röthlichen Kopf über der gelbschimmernden Fläche erscheinen. Wir waren noch zu entfernt, um das Thier erkennen zu können. Die meisten meinten, es wäre der Hund irgend eines Jägers in der Nähe, der sich bald zeigen würde, als einer der Brasilianer den Schreckensruf ausstieß: „Ein Tiger! ein Tiger!"

Es war wirklich ein Jaguar. Der Tyrann der amerikanischen Wälder schien beim Anblick des Schiffes mit den vielen Menschen einen Augenblick zu zögern; gleich darauf aber fiel sein Blick auf den fliehenden Hirsch; sein Hunger oder seine Blutgier siegten, und ohne sich weiter um uns zu bekümmern, sprang er über die Wellen seiner Beute nach wie über eine Grasfläche, so daß sein ganzer Körper bis an den Bauch aus dem Wasser hervorragte. Ich konnte hier die dem Katzengeschlechte eigenthümliche elastische Kraft bewundern. Wie der

Jaguar so mehr springend als schwimmend über die Wasserfläche setzte, dachte ich unwillkürlich an einen in Prallsprüngen über das Wasser fliegenden Stein.

Beim Durchwandern der südamerikanischen Wildnisse sieht man häufig den amerikanischen Tiger oder wie ihn die Indianer nennen, die Onza einen Fluß in gerader Linie, den Leib fast ganz über dem Wasser, durchschwimmen und über den Uferschlamm oder den nahen Sumpf in großen Sprüngen und mit derselben Leichtigkeit davonjagen wie in Europa ein Renner über den Rasen eines Hippodroms.

Der Hirsch suchte noch immer die Mitte des Stromes zu gewinnen und mußte in einigen Minuten mit dem auf der kürzeren Diagonale segelnden Schiffe zusammenstoßen.

Die Scene wurde äußerst aufregend. Vergebens strengte der Hirsch alle seine Kräfte an; die Onza von der einen Seite und wir von der anderen kamen ihm rasch näher.

Einige Passagiere eilten unter Deck, um ihre Gewehre zu holen; andere standen gedrängt vorn am Bugspriet, um den Jaguar zu betrachten, dessen Kopf und gestreiften Rücken man jetzt deutlich sah. Bei größeren Sprüngen desselben wichen Manche entsetzt zurück, obgleich der Kapitän versicherte, der Jaguar könne nicht an Bord springen und wolle es auch nicht, da der Hirsch der einzige Gegenstand seiner Blutgier sei.

Beide Thiere kamen jetzt dem Schiffe so nahe, daß bei einem fürchterlichen Sprunge des Jaguars, der dessen ganzen Körper über das Wasser hob, die meisten Passagiere in die Kajüte flüchteten. Auch die kühnen Schützen, die ihre Gewehre holten, blieben unter Deck, und die Matrosen, welche auf Befehl des Kapitäns ein Boot herunterlassen sollten, schienen gar nicht damit fertig werden zu können; kurz, der Schrecken hatte alle gelähmt.

Antonio, der indianische Lootse am Steuer, sah indessen der ganzen Scene mit der größten Ruhe zu; ja, um den jetzt nahe an das Schiff herankommenden Hirsch nicht zu sehen, blickte er auf die Segel. Ich kannte meinen Mann jedoch und bemerkte, wie die Jagdleidenschaft, die stärkste, fast die einzige Leidenschaft des Indianers, in ihm kämpfte, besonders wenn er dann und wann einen raschen Blick nach der Seite hin warf, wo der Tiger über die Wellen heransprang.

Jetzt erreichte der Hirsch das Schiff; er wäre damit zusammengetroffen, wenn nicht ein Ruck am Steuer das Fahrzeug abgelenkt hätte. Der Jaguar, höchstens zwanzig Meter entfernt, konnte in drei Sprüngen sein geängstigtes Schlachtopfer erreichen, welches an den glatten Schiffswänden vergebens hinaufzusteigen versuchte und bereits an das Hinterschiff hinabtrieb.

Das war für den Indianer zu viel! Das Steuer loslassend, stürzte er sich blitzschnell auf einen am Boote beschäftigten Matrosen, riß ihm den Dolch vom Gürtel, setzte den Fuß auf das eiserne Geländer und sprang, der Onza fast auf den Kopf, in den Strom, worin er augenblicklich verschwand. Der Jaguar fuhr heftig zurück und wandte sich dann mit einem dumpfen Wehgeheul rasch zur Flucht dem Ufer zu. In demselben Augenblicke färbte sich das Wasser blutroth.

Kurz darauf tauchte daraus der Kopf des Indianers auf, der mit einem grinsenden Lächeln dem in großen Sätzen fliehenden Jaguar nachblickte. An Verfolgung war nicht zu denken. Antonio wandte sich schwimmend gegen den Hirsch, der, vom Schiffe abgetrieben, die Mitte des Stromes fast erreicht hatte und holte ihn in einigen Minuten ein. Da der Kapitän ihm zurief, das Thier nicht zu tödten, so schwang er sich auf dessen Rücken und versuchte es zu lenken.

Das Boot war inzwischen flott gemacht worden, und der Kapitän selbst bestieg es mit einigen Leuten, um den Hirsch zu holen. Es wurde ein Tau an sein Geweih befestigt, das wehrlose Wild so an das Schiff geschleppt und mit zusammengebundenen Füßen an Bord gehißt, wo ich mit Muße das schöne, ängstlich um sich blickende Thier betrachtete.

Einige Augenblicke nachher saß der Indianer wieder an seinem Steuer, als wäre gar nichts vorgefallen, und gegen Abend hielt die Mannschaft einen Schmaus, von dem derselben noch Monate nachher die Zähne wässerten."

Ein Reisender, dessen Wahrhaftigkeit keinem Zweifel unterliegt,

August Kappel, theilt folgende Beobachtungen über dieses Thier mit, welches für Amerika ebenso furchtbar ist, wie der Tiger für Indien:

„Auf einem Marsche durch die Savannen stieß ich einst im hohen Grase auf einen jungen Jaguar, der höchstens einige Wochen alt zu sein schien. Ich nahm ihn mit und fütterte ihn mit Milch und Fleisch. Er wurde bald munter und vertraulich, schnurrte wie ein Kätzchen, wenn ich ihn streichelte, holte sich sein Futter sogar aus meinem Munde, schlief auf einer Matte neben meinem Bette, folgte mir überall und spielte so harmlos mit mir wie ein Hauskätzchen. Ohne Zweifel hätte ich ihn vollständig gezähmt, wenn er den Mangel an Fleischnahrung während der trockenen Zeit hätte überleben können. Allerdings hat man die Erfahrung gemacht, daß gezähmte Jaguare, sobald sie heranwachsen, die angeborene Hinterlist zeigen und selbst ihre Pfleger angreifen.

Am Maroni sind Jaguarabenteuer häufig. — Die Umgebung einer holländischen Pflanzung an diesem Flusse wurde einst wochenlang durch einen furchtbaren Jaguar unsicher gemacht, der die ganze Gegend mit seinem Gebrüll erfüllte und sich selbst den Wohnungen näherte. Niemand wagte, während der Nacht auf ihn zu schießen, weil man fürchtete ihn schlecht zu treffen, denn nichts ist fürchterlicher als die Wuth dieses Ungeheuers, wenn es sich verwundet fühlt, und die dünnen Lehmwände des Hauses hätten gegen das gereizte Thier keinen Schutz gewährt. Eines Nachts schlug der durch die scheinbare Ruhe der Bewohner kühn gemachte Jaguar mit seinen mächtigen Tatzen die Wand des Stalles ein und warf ein Rind mit zerbrochenem Rückgrat auf den Boden. Von dem Spektakel aufgeweckt, zündeten die Bewohner Feuerbrände an und machten mit blinden Schüssen einen solchen Lärm, daß der Jaguar das Weite suchte. Er hatte jedoch einmal Blut gekostet, und so wußte man, daß er wiederkommen würde. Die Pflanzung befand sich also Nachts im Belagerungszustande. Der Besitzer, dem es selbst an Herzhaftigkeit fehlte, versprach eine starke Belohnung demjenigen, der die Gegend von dem wilden Thier befreien würde; aber Niemand wollte die gefährliche Jagd wagen. Endlich, durch die Belohnung gereizt, erbot sich ein junger Neger den Jaguar zu erschießen.

Er lud seine Flinte mit zwei Kugeln und verschiedenen Nägeln und Eisenstücken so übermäßig, so daß ich, das Zerplatzen der Waffe voraussehend, um alles Gold der Welt den Drücker nicht hätte anziehen mögen. Aber Neger nehmen das nicht so genau, und es wäre vergebens gewesen, ihm davon abzurathen. Der Ausgang war indessen glücklicher, als es die Verwegenheit des unvorsichtigen Jägers verdiente. Als die Nacht herankam, stellte er sich mit seinem gefährlichen Schießzeug in das dichte Strauchwerk neben dem Stalle. Wie erwartet wurde, schlich der Jaguar heran. Ob er nun den Mann gewittert hatte oder nicht, das Gebrüll der unruhig gewordenen Thiere im Stalle hatte jedenfalls seine Mordlust über seine gewohnte Schlauheit siegen lassen. Mit einem Sprunge war er an der Stallwand, aber in demselben Augenblicke hielt ihm der kühne Neger die überladene Flinte fast an den Kopf. Ein fürchterlicher Knall machte das Haus fast erbeben, und der Jaguar lag mit zerschmettertem Kopfe auf dem Boden. Der Neger kam mit einer durch das Zurückprallen der Flinte verursachten starken Quetschung davon."

Derselbe Reisende berichtet über eine Art der Jaguarjagd in Guyana, welche fast in derselben Weise von den Arabern in Algier gegen Löwen angewandt wird. Da der Leser aus seiner Erzählung ein interessantes Stück südamerikanischen Lebens kennen lernen wird, so setze ich sie im Auszuge hierher:

„Nach einem mühevollen Marsche durch die Wälder und die Campos machten wir Halt unter einer dichten Baumgruppe am Ufer des Maroni. Wir hingen unsere Hängematten in den erquickenden Schatten der Bäume auf und genossen dann, uns schaukelnd und die Cigarre behaglich rauchend, mit Muße den Anblick der herrlichsten Tropenlandschaft, die man sich denken kann. Der silberhelle durch bunte Vögel belebte Fluß, in dem hier und da Kaimans auftauchten, der von Camposlichtungen durchbrochene Palmenwald bildeten einen reizenden Hintergrund zu dem Gemälde unseres Lagerplatzes, auf dem unsere Pferde grasten und Giuseppe, unser Führer, eben ein Feuer für unsere Mahlzeit angezündet hatte.

Ueber unseren Köpfen in den Zweigen des Algarova plapperten grellfarbige Papageien, während auf dem Gipfel einer Palme ein niedlicher

Mico sich wiegte, an seinem langen Schweife sich herunterhängen ließ und neugierig sein rothes Gesicht zu uns wandte. Die Stille wurde plötzlich durch ein lautes Gebell unterbrochen. Wir griffen rasch zu unseren Karabinern, als eine Reiterschaar aus dem Walde hervorritt, voran ein großer, schöner, sonnengebräunter Mann. Vor unserem Lagerfeuer machte er Halt und schwang sich von seinem prachtvoll geschirrten Pferde herab.

„Gestatten Sie uns, Caballeros," sagte er, „die Nacht in Ihrer Gesellschaft zuzubringen, denn wir haben die Absicht, morgen früh unsere Jagd von hier aus zu beginnen. — Aber," wandte er sich zu Giuseppe, „weshalb hast Du diese Fremden nicht zu meiner Pflanzung geführt?"

„Diese Herren, Sennor Bartholomeo," erwiderte unser Führer, „konnten eben so wenig wie ihre Pferde weiter kommen, morgen hätten wir ja doch La Guanja zeitig genug erreicht."

„Bis dahin, Caballeros," sagte Don Bartholomeo, indem er sich wieder an uns wandte, „wollen wir in Ihrer Gesellschaft bleiben und die Jagd gemeinschaftlich machen; nachher können Sie sich dann, wie ich bestimmt erwarte, bei mir einige Zeit ausruhen."

Natürlich nahmen wir das Anerbieten des Pflanzers mit Vergnügen an. Von seinen zwei Begleitern gefiel uns sofort der eine, der abstieg und uns mit dem feinen Anstande eines Edelmannes grüßte; der andere, eine urkomische Figur, blieb steif auf dem Sattel sitzen und bot ein Gemälde für Callots Griffel: eine lange, hagere Gestalt, ein raubvogelartiges Gesicht unter einer Trauerweide von gelben Haaren, ein zerknitterter Panamahut, auf dem eine ganze Sammlung glänzender Käfer steckte, auf der Schulter statt der Flinte ein ungeheures Schmetterlingsnetz, am Gürtel rechts eine lange Spiritusflasche, in welcher Insekten zappelten, links statt des Degens ein Hammer mit langem Stiele, unter dem Arme einen jungen Armadill (Gürtelthier); so präsentirte sich uns der Naturforscher Dr. Jeremias Stückel, den zwei Sklaven von seinem Sitze herunterhoben. Wir mußten uns gewaltig zusammennehmen, um nicht laut zu lachen, als er sich uns vorstellte.

Unsere Leute hatten unterdessen einige Fische gefangen, Don Bartholomeo fügte zwei Wasservögel dazu, welche er unterwegs geschossen hatte; und so hielten wir denn bald ein tüchtiges Abendessen, das durch die kreisende Rhumflasche unter heiterem Geplauder beendigt wurde. Wir legten uns darauf in die Hängematten und überließen, ermüdet, die Wache den Jagdhunden des Pflanzers.

Beim ersten Strahle der Morgensonne wurden die Hängematten zusammengerollt, die Pferde gesattelt, Thee gekocht und dazu einige Schnitte Hirschfleisch gegessen. Der Doktor saß seitwärts eifrig mit seinen Insekten – und mit der Rhumflasche beschäftigt, die wie es schien mit der Naturgeschichte sein Herz theilte. Der Pflanzer unternahm die Jagd nicht zum bloßen Vergnügen; die Zucker- und Kaffee-Ernte stand bevor, er brauchte viele Leute und viel Fleisch für sie. Er hatte deshalb schon Tags vorher von einer großen Anzahl indianischer Treiber in weitem Umkreise einen der besuchtesten Tränkeplätze des Wildes am Maroni umstellen lassen und hoffte, dort mehr Hirsche und Pekari (Nabelschweine), als er brauchte, schießen zu können. — „Vielleicht," sagte er, „wird einer der Jaguare, welche in unserer Gegend so viele Pferde und Rinder zerrissen haben, mit eingekreist. Ich rathe Ihnen daher, Giuseppe bei Euch zu behalten. Er hat schon manche Jaguarhaut verkauft, und weiß sie zu bekommen. Ein Fehlschuß oder eine bloße Verwundung eines Jaguars würde dem Jäger das Leben kosten."

Wir ließen uns gerne von Don Bartholomeo unsere Posten anweisen. Das Signal wurde gegeben und alsbald erscholl das wahrhaft entsetzliche Geschrei und Gebrüll der indianischen Treiber, welche das Wild ringsum aufscheuchten. Ich stand mit Giuseppe, dessen schwarzes Auge vor Vergnügen funkelte, unter einem mächtigen, dichtbelaubten Baume. Er war außer mit seinem Karabiner noch mit einer Lanze und einer Keule bewaffnet. Da kam unhörbar und schleppenden Ganges ein fast wie ein Bär aussehender Coati (Nasenthier) heran; als er uns erblickte, kletterte er ängstlich auf einen Wollbaum und duckte sich hinter dessen Laubwerk.

In diesem Augenblicke sahen wir eine Heerde Pecaris erschreckt aus dem Walde hervorbrechen und dem Flusse zueilen. Giuseppe schoß eines sofort nieder, meine Kugel verwundete ein anderes, welches sich wüthend auf mich wandte, aber ein zweiter besserer Schuß brachte es zum Falle, bevor es mich erreichte. Die ganze Heerde sprang nun kopfüber in den Maroni, allein sie hatte noch nicht die Mitte des Flusses erreicht, als ein wahres Angstgeschrei ertönte. Die zahlreichen Kaimans waren von allen Seiten herbeigeschossen. Ich sah, wie einer derselben eine alte Sau bei einem Hinterbeine packte und in das Wasser herunterzog, gleichzeitig begrub ein anderer ihren Kopf in seinen weiten Rachen, worauf alle drei unter der Oberfläche verschwanden. Aehnliche Scenen fanden an wenigstens zehn verschiedenen Stellen des Flusses statt. Natürlich schossen wir allseits munter unter die im Wasser zappelnde Schaar.

Da erschien plötzlich in unserer Nähe eine Heerde Hirsche, deren Führer, ein prachtvolles Thier, ein ungeheures Geweih trug. Don Bartholomeo war so glücklich, ihn zu erlegen; die anderen Hirsche entkamen.

Schon wollten wir ihnen nachsetzen, als plötzlich das wüthende Gebell der Hunde uns kund gab, daß etwas Außerordentliches vorgehen müsse.

„Führt schnell die Pferde herbei!" rief Don Bartholomeo.

„Um des Himmels willen nicht," antwortete Giuseppe, „wir können sie im Dickicht nicht brauchen und würden die Gefahr vergrößern. Die Hunde sind unzweifelhaft auf einen Jaguar gestoßen."

Der Wald hallte wieder von dem Hundegebell und einem dumpfen Gebrüll, welches alle als das eines Jaguars erkannten. Wir suchten behutsam dem Schauplatze näher zu kommen und mußten dabei bald über mächtige halbverfaulte Stämme klettern, bald uns durch das undurchdringliche Schlingpflanzen=Gewirre des Urwaldes einen Weg bahnen, wobei wir uns Gesicht und Hände an stacheligen Blättern verwundeten.

Endlich erreichten wir eine lichte Stelle. Hier hatten die Hunde einen Baum umkreist, auf dessen unterstem Aste sich ein ungeheurer Jaguarete (schwarzer Jaguar) sprungbereit und dumpf knurrend gekauert hatte. Wie wir am herabträufelnden Blute sahen, war er bereits verwundet, aber verdeckt durch den dicken Stamm einer Mimosa und hinter sich das dunkle Wasser eines Sumpfes, schien er seinen Platz nicht verlassen zu wollen. Die Hunde wichen jedesmal zurück, wenn er Miene machte zu springen. Hier waren unsere Flinten von geringem Nutzen.

Da trat Giuseppe vor und bat Don Bartholomeo, die Hunde zurückzurufen; hierauf schritt er blos mit seiner Lanze und seiner Keule bewaffnet dem Jaguar auf acht Schritte näher und ließ sich auf ein Knie nieder. Der Jaguar sah ihm mit flammenden Augen zu, nahm wie die Katzen zum Sprunge alle seine Kräfte zusammen und schnellte sich dann wie ein Pfeil auf seinen kühnen Gegner hinab. Im selben Momente hob Giuseppe kaltblütig und mit sicherer Hand seine Lanze und empfing auf deren Spitze den Jaguar, der mit voller Brust hineinfuhr. Zum Tode verwundet wälzte er sich auf dem Boden und hätte noch sehr gefährlich werden können, wenn nicht der Jäger blitzschnell einen Seitensprung gethan und ihm mit einigen kräftigen Schlägen seiner Keule den Rückgrat gelähmt hätte. Jetzt fielen die Hunde über das Thier her, aber mit seinen Tatzen schmetterte es noch drei nieder, bevor es verendete. Giuseppe wurde mit Lobsprüchen überhäuft; noch mehr freute er sich jedoch über eine vortreffliche Büchse mit Pulverhorn und Jagdtasche, welche Don Bartholomeo ihm zum Geschenke machte. Wir erfuhren, daß diese Art der Jaguarjagd nicht selten ist, vorzugsweise jedoch in Südbrasilien, aber daß sich nur die erfahrensten und kaltblütigsten Jäger dazu entschließen. Wenn die Lanze keine edleren Theile und nicht tödtlich trifft, so ist es um den Jäger geschehen; ein einziger Schlag mit der Tatze genügt, um ihm den Kopf oder die Brust zu zerschmettern.

Man zog dem Jaguar das Fell ab, und die ganze Gesellschaft kehrte zum Lagerplatze zurück. Erst als dort alle, im Kreise sitzend, den Weinflaschen des Pflanzers munter zusprachen, bemerkte man die Abwesenheit des Naturforschers; in der Hitze der Jagd hatte sich niemand um ihn bekümmert und man hatte ihn aus dem Gesichte verloren. In der an reißenden Thieren so reichen Gegend konnte dem unbewaffneten, sorglos umherstreifenden Manne leicht ein Unglück zustoßen; wir erhoben uns daher alle und eilten nach der Stelle, wo einer unserer Indianer ihn zuletzt, eifrig Käfer und Blumen sammelnd, gesehen hatte. Es war auf einer kleinen Lichtung am Rande des Sumpfes, leicht zu erkennen an einem mächtigen alten Baume, dessen Stamm unter dichten Lianen vollständig verschwand. Als wir auf die Lichtung hinaustraten, erblickten wir keine Spur vom Doktor, hörten aber plötzlich ein schauerlich hohl klingendes Geschrei mit den fürchterlichsten Flüchen vermischt von jenem Baume her und wie über unseren Köpfen erschallen. Wir untersuchten ringsum das ganze Dickicht, konnten jedoch nichts entdecken. Es war uns unerklärlich. Wiederum vernahmen wir ganz deutlich das Schreien und Fluchen. Die Gesichter der Neger verzerrten sich vor Schrecken, Giuseppe bekreuzte sich.

Da trat einer der Indianer, der bis dahin in unbeweglicher Spannung hingehorcht hatte, heran und wies mit dem Finger auf den alten Baum mit den Worten: „Darin sitzt der Geist." Er konnte Recht haben. Don Bartholomeo befahl den Treibern, mit ihren Aerten ein Loch in den Baum zu schlagen. Nachdem die Schlingpflanzen beseitigt waren, bot das morsche Holz keinen Widerstand mehr, und es zeigte sich bald eine weite Oeffnung, aus welcher, o Wunder! mit einem lauten Jubelrufe das von Schmutz fast unkenntliche, zerkratzte Gesicht des Dr. Jeremias Mückel hervortauchte. Wir begrüßten ihn mit einem homerischen Gelächter, und die Neger schlugen Purzelbäume vor Freude. Als wir ihn aus seinem engen Futteral vollends herausgezogen, sahen wir zu unserem Erstaunen, daß er nicht allein darin war: er schleppte einen todten Coati mit heraus. Dann erzählte er uns, daß er um die herrliche Blüthe einer Schlingpflanze zu holen und nach Nestern zu suchen, an den Lianen leicht auf den Baum geklettert sei, oben hätte plötzlich ein morscher Zweig unter seinen Füßen nachgegeben und er sei in den hohlen Stamm, die Lagerstätte eines Coati hinabgestürzt; dieses Thier habe ihn wüthend zerbissen und zerkratzt; sei aber bei dem Versuche, an seinem Rücken zur Flucht emporzuklettern, von ihm erstickt worden, was er im Interesse der Naturgeschichte bedaure. Glücklicher Weise waren seine Verletzungen nicht bedeutend. Unsere heitere Laune wurde durch diese Episode noch vermehrt.

Gegen Abend trafen wir auf der Pflanzung La Guanja ein, wo uns Don Bartholome und seine liebenswürdige Gemahlin eine Gastfreundschaft erwiesen, welche mir stets unvergeßlich bleiben wird.

Die Freuden der Jagd in der außerordentlich wildreichen Gegend, die Herzlichkeit der Familie und die Ungezwungenheit, welche im Hause herrschte, hielten uns länger als zwei Wochen zurück. Am Tage vor der Abreise machte ich mit dem Naturforscher einen Ausflug nach einem von uns noch nicht besuchten Campos einige Stunden den Fluß hinauf. Der Doktor schleppte einen großen Vogelkäfig mit sich, welchen er mit einem halben Dutzend der hier in den Wäldern zahlreich lebenden Seidenäffchen zu bevölkern gedachte. Wir hatten schon früher mehrere Arten derselben gesehen, namentlich Mikos und Sahuis (Löwenäffchen), die man auch gezähmt als Lieblinge der Kinder in vielen brasilianischen Häusern findet.

Während ich den Naturforscher seinem eifrigen Suchen überließ, schritt ich den Waldrand entlang, um größeres Wild zu jagen. Lange fand ich nichts: die sonst in der Gegend so häufigen Agutis, Pacas und Pecaris waren verschwunden, als wären sie durch einen Jäger oder ein Raubthier vom Campos verjagt worden. Plötzlich zog ein dumpfes Getöse in der Entfernung von einigen hundert Schritten meine Aufmerksamkeit auf sich. Ich näherte mich behutsam dem Dickicht, aus dem es erscholl, und erkannte beim Nähertreten das Gebrüll eines Jaguars vermischt mit dem gellenden Todesschrei eines anderen Thieres.

Die Büchse schußbereit in der Hand, theilte ich das Gebüsch und erblickte einen großen Tapir, der vergebens einen Jaguar abzuwerfen suchte, welcher sich in seinen Nacken festgebissen hatte (siehe Abbildung). In demselben Augenblicke wandte die Unze den Kopf und bemerkte mich; aber bevor sie herabgesprungen war, traf sie meine tödtliche Kugel an das Ohr. Im Falle klammerte sie sich an den Tapir fest, und ihr Todeskampf war auch zugleich derjenige dieses harmlosen Thieres, an dem sie ihre ganze Wuth ausließ. Als Jagdbeute nahm ich das Fell des Jaguars und eine Keule des Tapirs mit.

Ein anderes Abenteuer erlebte mein Freund Heinrich von Montfort, dessen Fahrten ich in einem anderen Werke erzählt habe:

„Einige Meilen von Para ist der dichte Urwald nur hie und da von kleineren Cipos (Grasebenen) unterbrochen, und die spärlichen, rasch mit Gestrüpp sich überziehenden Wildpfade verlaufen sich so oft in Sümpfe und sind so schwer zu verfolgen, daß nur erfahrene Jäger und Indianer diese Gegend zu betreten wagen. Montfort, der über den kurz vorher erfolgten Tod seiner Gemahlin in einer verzweiflungsvollen Stimmung Gefahren zur Zerstreuung aufsuchte, verfolgte eines Tages zu Pferde einen jener Waldwege. Sein Pferd, das kaum Platz zum Durchkommen hatte, fiel jeden Augenblick in Sumpfflächen oder strauchelte über Baumstämme und Kriechpflanzen, aber sein Reiter trieb es unablässig vorwärts ohne auf Weg und Richtung zu achten. Oftmals mußte er sich bücken oder seinen Kopf seitwärts wenden unter dem thaufeuchten Gezweig, welches ihn bis auf die Haut durchnäßte. Es war ein halsbrechender Ritt.

Aber die Gefahr gefiel ihm; sie lenkte seinen Schmerz ab und rüttelte ihn aus seinem dumpfen Brüten heraus. Sein Pferd, das er bald streichelte, bald mit den Sporen antrieb, trug ihn immer tiefer in den Urwald. Er mochte so drei Stunden lang vorwärtsgedrungen sein, als Roß und Reiter plötzlich vor einer Art dunkler Höhlung im Buschwerk standen, deren Gestank ihren wilden Bewohner verrieth. Bevor sich jedoch Thier und Mensch davon Rechenschaft gegeben, erhob sich ein großes röthliches Thier hinten auf dem Lagerplatze: es war eine Onza, ein Jaguar größter Art. Mit halbgeöffnetem Rachen knurrte er dumpf und peitschte seine Seiten mit dem langen Schweife, als wollte er seinen Besuchern sagen, sie seien hier zu viel.

Neben dem Jaguar standen, sich aneinander schmiegend, zwei schon etwas erwachsene Junge, von derselben röthlichen Farbe, welche ihr Miauen mit dem Knurren der Mutter vereinigten. Die jungen Jaguare, mehr überrascht als erschreckt durch das plötzliche Erscheinen des Reiters, schienen kaum die Gefahr zu ahnen und strichen wie junge Katzen um ihre Mutter. Mit einem Schlage wies die Tigerin, ohne aufzuhören Montfort starr anzusehen, ihre zu sehr ausgesetzten Jungen unter ihren Leib zurück und fuhr fort zu knurren, ohne jedoch einen Schritt zu thun. Sie wartete. Nicht selten ist ja der Mensch der Angreifer, während das Thier sich nur vertheidigt.

Beim Anblicke des Jaguars bäumte sich das Pferd hoch empor, dann wandte es sich rasch um zu dem zurückgelegten Pfade. Allein Montfort riß es sofort zur Waldblöße zurück, und zog ein Pistol aus der Satteltasche. Er war nicht ohne Gemüthsbewegung, denn selbst

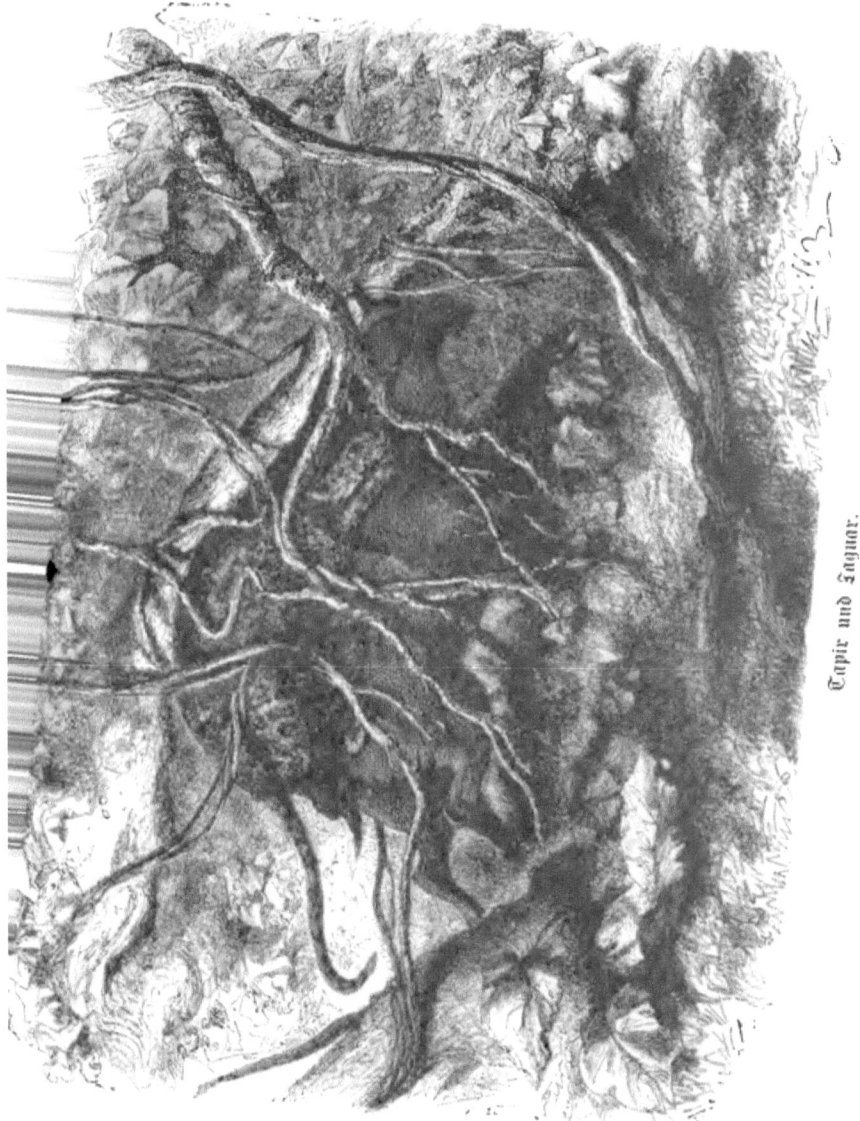

Tapir und Jaguar.

auf den tüchtigsten Jäger macht das unvermuthete Zusammentreffen mit einem reißenden Thiere stets einen der Ueberraschung entsprechenden Eindruck. Indessen dachte er nicht im mindesten daran, den Angriff aufzugeben; ohne sich zu besinnen kehrte er, wie der Hund zum Wilde, zum Jaguar zurück.

Dieser war jedoch schon fort, und Montfort konnte ihn kaum so weit erreichen, daß er durch das Gezweig und Blätterwerk eine dunkle Gestalt erblickte, die im Dickicht verschwand. Auf's Gerathewohl zielte er nach dieser Richtung und drückte ab. Das Thier stieß ein ersticktes Gebrüll aus, that einen ungeheuren Sprung und verschwand von neuem im Walde.

Sofort nahm Montfort in die eine Hand sein zweites Pistol, in die andere einen kleinen Dolch mit elfenbeinernem Griff, den er immer bei sich trug. Sein Pferd, unbeweglich, als wenn es begriffen hätte, daß gerade von seiner Unbeweglichkeit sein und seines Herren Leben abhinge, hatte seinen Schrecken noch nicht verloren und zitterte noch, allein es rührte sich nicht. Sein Reiter that ebenso und wartete, mit der gespanntesten Aufmerksamkeit hinblickend, kalt entschlossen, mit sicherem Schuß das Thier zu tödten.

Mehrere Minuten vergingen so in schweigender Erwartung. Nichts erschien, nichts rührte sich im Walde. Des Wartens überdrüssig, versuchte nun Montfort mit seinem Pferde in das Gebüsch einzudringen, um zu sehen, ob der Jaguar todt oder fortgelaufen sei. Aber die netzartig ineinander geflochtenen Schlingpflanzen schlossen an dieser Seite die Waldblöße ab; der Pfad, den er bisher verfolgt hatte, führte nur zum Lagerplatz des Jaguars. Er stieg ab, band das Pferd an einen Ast und drang mit der gespannten Pistole in der Faust in den Wald ein, indem er sich durch die Lianen hindurchwand.

Sein forschender Blick untersuchte jedoch vergebens jeden Busch, jeden durch das dichte Laub verdüsterten Winkel; er sah nichts. Endlich nach langem Suchen entdeckte er auf dem morastigen Boden frische, aber so undeutliche Spuren, daß er anfangs nichts daraus zu machen wußte. Es waren die Spuren des Jaguars und seiner Jungen. Montfort folgte ihnen. Hier und da zeigten sich auf dem zertretenen

Boden Blutlachen. Augenscheinlich war das Thier verwundet und hatte sich zuweilen gelagert, um Athem zu schöpfen.

Der Jäger setzte eifrig die Verfolgung fort und gelangte so an das Ufer eines ungefähr 100 Meter breiten Flußarmes. Ungefähr in der Mitte des Flusses schwamm der Jaguar, den Kopf ganz über Wasser und eins der Jungen im Maule haltend; er machte gewaltige Anstrengungen, um die ihn fortreißende Strömung zu überwinden. Montfort zielte; aber ein Miauen im Grase zu seinen Füßen veranlaßte ihn, den Kopf zu wenden.

Das andere Junge des Jaguars stand mit den Vorderbeinen im Wasser, als wollte es versuchen seiner Mutter zu folgen, und schrie aus vollem Halse. Es war kaum im Stande zu gehen und sah wie ein kleiner Kater aus. Der Jäger ergriff es und steckte es ohne weiteres in die weite Tasche seines Jagdrockes, worin es sein Miauen fortsetzte. Den Jaguar sah man nicht mehr: er hatte entweder das andere Ufer erreicht oder eine Flußbiegung entzog ihn den Blicken. Uebrigens suchte ihn Montfort auch nicht lange, denn er dachte mehr an seine Beute, welche er vor der stets noch möglichen Rückkehr der Mutter in Sicherheit zu bringen wünschte. Er suchte daher wieder sein Pferd auf, sprang in den Sattel und kehrte auf demselben Wege zurück, jedenfalls noch schneller, da Roß und Reiter Hunger hatten und so bald wie möglich heim zu kommen verlangten.

Kurz vor Mittag erreichte der Reiter seine Behausung; er gab seinem Jaguar zu fressen, nahm selbst ein tüchtiges Frühstück und warf sich dann zur Siesta in die Hängematte, worin er bald unter Träumen von Tigern einschlief.

Mitten im tiefsten Schlummer weckte ihn der Schreckensruf eines seiner Neger, der in das Zimmer stürzte:

„Senhor! senhor! Ai de mim!"

Und schreiend warf der Schwarze die Thüre zu, worauf er sie mit Koffern, Tischen und Stühlen verbarrikadirte, als sollte eine Belagerung abgewehrt werden.

Montfort jählings aufgeweckt, aber noch halb schlafend, errieth die Gefahr mehr als er sie erkannte, und ergriff instinktmäßig sein

Jagdmesser, welches mit seinen Flinten an der Wand hing, dann frug er den Neger, der mit entsetzter Miene irgend eine Beschwörung murmelte, während er das Verrammeln der Thüre fortsetzte:

„Was gibt's? Sprich deutlicher; ich verstehe dich nicht."

„Ah! Deos! Deos, erbarme dich unser! Deos, Deos, gnädiger Herr: wir sind verloren!"

„Aber, zum D...! mit der Sprache heraus! Was gibt's?"

„Ah! Santa Maria," erwiderte der Neger, indem er noch lauter heulte, „Santa Maria, komm und hilf deinem guten Schwarzen!"

Der Schrecken des Sklaven machte auf Montfort nur geringen Eindruck. Er war schon so lange im Lande, daß er genugsam die Gemüthsart der Afrikaner kannte, welche in ihrer Offenherzigkeit und in ihrer Empfänglichkeit für Eindrücke alles, die Furcht wie die Gefahr, übertreiben. Indessen, da er den Ursprung des Entsetzens noch nicht errieth, so erfaßte ihn die größte Ungeduld. Er ergriff den Neger beim Arme und stellte ihn sich gegenüber mit den Worten:

„Willst du nun endlich sagen, warum du so schreiest?"

„Die Onza, die Onza", sagte der Neger. „Der Herr hat sie nicht getödtet; sie kommt."

„Wo denn?"

„Ganz in der Nähe, Senhor, als ich in die Wohnung eintrat, habe ich sie über den Weg schreiten sehen. Sie muß an der Wand des Hauses sein. Es ist die Mutter, ich habe sie wohl erkannt."

In tollkühner Entschlossenheit machte Montfort trotz des lauten Geschreies seines Negers die Thüre frei und wollte sie öffnen; allein kein Schlüssel steckte im Schlosse. Der Neger hatte ihn in seiner Uebereilung abgezogen. Montfort befahl ihm, die Thür weit aufzumachen.

Der Neger rang flehentlich die Hände: „Senhor, Senhor, die Onza ist verwundet. Senhor, haben Sie Erbarmen! Domenico hat Kinder."

„In der That", murmelte Montfort zwischen seinen Zähnen, „der arme Teufel hat Recht. Weil ich selbst halb toll bin, habe ich kein Recht, das Leben dieses Menschen auf's Spiel zu setzen."

Dann wandte er sich zum Neger:

„Du kannst schießen; ich habe dich mit der Flinte hantieren gesehen. Mein Gewehr ist geladen, in einem Lauf mit einer Kugel, im andern mit Schrot. Geh in das Nebenzimmer; zerbrich die Scheibe hier in der Zwischenwand und stelle dich an die Oeffnung. Ich werde den Jaguar hineinlassen; aber schieße nicht eher als bis ich es dir sage, sonst entlasse ich dich aus meinen Diensten."

Der Neger machte die Thür halb auf und schickte sich dann an die Fensterscheibe zu zerbrechen, wandte sich aber plötzlich um mit den Worten:

„Senhor, die Scheibe ist groß; die Onza kann mit ihren Tatzen hindurchfahren."

„Ei was! Du langweilst mich", sagte Montfort. „Thu was ich dir befehle und vor allem schieße nicht, bevor ich es dir sage."

Der Neger schloß die Thür hinter sich, verrammelte sie mit zwei Kisten, zerbrach die Scheibe und reichte nun erst durch dieselbe seinem Herrn den Schlüssel.

Dieser prüfte zuerst die Zuverlässigkeit seines Jagdmessers, indem er es gegen die Mauer drückte und zum Biegen brachte; holte den kleinen Jaguar, der in einem Winkel schlief und legte ihn mitten in das Zimmer. Nun erst öffnete er die Thüre, lehnte sich derselben gegenüber an die Wand und wartete.

Vier bis fünf Minuten verflossen so. Die Unze zeigte sich nicht. Montfort wurde ungeduldig, er ging zu dem kleinen Jaguar und kniff ihn in den Schweif, so daß er zweimal aufschrie.

Fast in demselben Augenblicke erscholl ein lautes Gebrüll, so nahe, als komme es aus dem Hause selbst; dann erschütterte ein heftiger Anprall eine der Mauern.

Montfort hörte fast sein Herz in der Brust schlagen; aber trotzdem faßte er den Griff seiner Waffe fester und seine leuchtenden Blicke zeigten, mit welcher Befriedigung er dem Kommenden entgegensah.

Da erschien vor der Thüre über der Schwelle der ungeheure Kopf des Jaguars. Geblendet durch das Sonnenlicht draußen schien er anfangs nichts gesehen zu haben; aber plötzlich erblickte er seinen

Kleinen und war mit einem Sahe an seiner Seite. Dann, nachdem er ihn berochen hatte, als wollte er sich überzeugen, daß es auch der Seinige sei, begann er ihn vom Kopf bis zu den Füßen zu belecken, wobei er ihn zwischen seine beiden Tahen drückte. Auf seiner rechten Seite floß zuweilen Blut aus einem rothen Loche, der Wunde, die er morgens erhalten hatte. Einen Augenblick verließ das Thier sein Junges, um seine eigene Wunde zu belecken. Bei dieser Bewegung erblickte es den Mann, der es Aug in Auge ansah.

Sofort schnellte der Jaguar wie durch eine Spannfeder empor auf seine vier Beine und fing an mit dem Schweife seine Seiten zu peitschen, indem er seine Gesichtsmuskeln zusammenzog. Dann trat er einen Schritt zurück um besser springen zu können. Montfort machte sich kampfbereit.

Plöhlich besann sich der Jaguar eines Besseren: er war Mutter. Zu seinem Kleinen zurückkehrend, erfaßte er ihn mit vollem Rachen, sah den Jäger an, als wollte er von ihm Abschied nehmen und verschwand mit einem Sprunge durch die Thüre.

Der junge Mann entriß das Gewehr den Händen des Negers und stürzte der Unze nach. Sie floh, ihren Kleinen im Maule tragend, längs einer Mauer. Montfort legte jedoch nicht auf sie an.

"Warum sollte ich diese arme Mutter tödten," sagte er; "es gibt noch Jaguare genug hier."

Indessen von seiner Jagdlust getrieben, folgte er auf alle Gefahr hin der Spur des Thieres. Einige hundert Schritte weiter schien es ihm, als läge auf dem Pfade eine röthliche Gestalt. Er warf einen schnellen Blick auf das Schloß seines Gewehres und schritt, es im Anschlage haltend, vorwärts. Aber nichts rührte sich. Er that noch einige Schritte weiter. Dort lag die Unze todt auf dem Boden quer über dem Wege, ihr Junges saß auf ihrem Kopfe und spielte mit ihren Ohren.

Montfort nahm das Junge, kehrte heim und ließ durch einen Neger die Haut holen. Er war den ganzen Tag über traurig. Als er so den kleinen Jaguar auf dem Felle seiner Mutter spielen sah, fiel ihm deren Tod schwer auf's Herz; war sie doch für ihr Junges gestorben, welches sie sterbend dem Feinde entrissen und bei dessen

Anblick die Mutterliebe über ihren Grimm und ihre Rachsucht den Sieg davon getragen hatte."

Das eben erzählte Erlebniß Montforts ist eine Thatsache ebenso wie das merkwürdige Abenteuer Revoils, mit welchem wir unsere Jaguargeschichten beschließen wollen. Benedict Henry Revoil, geboren 1816 zu Air, ein geistvoller, kenntnißreicher Mann, Uebersetzer Gerstäckers und vieler englischer Werke hat zum Aufschwunge der geographischen Wissenschaft in Frankreich viel beigetragen. Im Jahre 1869 ging er im Auftrag einer englischen Gesellschaft nach Lima, um die Ausbeutung von Minen zu überwachen, die sich bei seiner Ankunft als nur auf einer erfundenen Karte existirend herausstellten. Der Boden zeigte keine Spur von Metallen. Revoil mußte nach Europa zurückkehren; allein er beschloß mit zweien seiner Gefährten, Herren Smart und Colson, den Rückweg zur Vermehrung seiner geographischen Kenntnisse zu benützen und deßhalb zunächst den höchsten Berg Peru's, den Chimborazo, zu ersteigen. Die Einzelnheiten der Reise bis an den Fuß des Bergriesen übergehe ich und fahre mit Revoils Worten fort, als sie dort von einem fürchterlichen Gewitter überfallen wurden:

„Bei den zahllosen Blitzen, welche über unsern Häuptern die Wolken zerrissen, vermeinten wir in einem Ozean von Feuer uns zu befinden. Wir flüchteten uns unter einen großen Baum, während einer unserer Führer uns eine sicherere Zufluchtsstätte suchte. Er kehrte bald zurück und meldete uns, er habe eine geräumige Höhle entdeckt, welche uns genügenden Schutz gegen die Wuth der Elemente gewähren würde. Sofort brachen wir auf, erreichten jedoch erst nach den größten Mühseligkeiten den bezeichneten Ort.

Indessen dauerte das Unwetter mit einem so fürchterlichen Getöse fort, daß keiner von uns den andern verstehen konnte. Ich stand schweigend am Eingange der Höhle und beobachtete durch die lange, sehr enge Oeffnung die Naturscene draußen. Die höchsten Cedern waren zu Boden gerissen oder beugten sich wie Schilfrohr. Affen und Papageien, durch die fallenden Zweige getödtet, lagen auf dem Boden. Die Bäche waren zu reißenden Strömen geworden, die allenthalben von den Seiten des Berges herunterstürzten.

Ich würde vergebens den Versuch machen, dieses großartige Schauspiel zu beschreiben; nur der, welcher Südamerika bereist hat, kann sich eine Vorstellung davon machen. Es war der Art, daß ich befürchtete, mehrere Tage in der Höhle bleiben zu müssen. Als jedoch die Heftigkeit des Unwetters etwas nachließ, gingen unsere Führer hinaus, um zu sehen, ob wir unsern Weg fortsetzen könnten.

Die Grotte, in welcher wir Zuflucht gesucht hatten, war so finster, daß wenn wir uns vom Eingange entfernten, wir keine 50 Centimeter weit vor uns etwas erkennen konnten. — Während wir uns über unsere Verlegenheit besprachen, zog ein heiseres Winseln aus der Tiefe der Höhle unsere Aufmerksamkeit auf sich.

Smart und ich horchten aufmerksam hin, während unser Freund Colson sich mit Féru, meinem Jäger, auf den Bauch warf und in die lange Höhlung der Grotte hineinkroch, um die Ursache dieses Geräusches zu erfahren.

Kaum waren sie einige Schritte weiter gekommen, als wir sie einen Schrei der Ueberraschung ausstoßen hörten. Sie erschienen bald wieder, und jeder trug ein Thier mit getigertem Felle, von der Größe einer kleinen Katze und einem mit furchtbaren Schneidezähnen bewaffneten Gebisse. Die Augen desselben leuchteten grünlich; sie hatten Tatzen mit langen Krallen und eine rauhe blutrothe Zunge hing aus ihrem Rachen heraus.

Kaum hatte Smart sie besehen, als er ausrief:

„Gerechter Himmel! wir sind in der Höhle eines ...."

Er wurde durch die Stimme unserer Führer unterbrochen, welche herbeieilten und schrieen: „Ein Tiger! ein Tiger!" und darauf mit merkwürdiger Behendigkeit eine Ceder neben der Höhle erkletterten, in deren Krone sie sich verbargen.

Wir waren starr vor Schrecken, aber dieses Gefühl wich bald kalter Besonnenheit. Wir hatten unsere Feuerwaffen ergriffen.

Smart rief uns herbei, um die Höhlenöffnung mit einem großen Steine, der sich glücklicher Weise in der Nähe derselben befand, zu verstopfen. Wir beeilten uns damit, denn wir begannen deutlich das Gebrüll des wilden Thieres zu hören und wir waren verloren, wenn es den Eingang der Höhle erreichte, bevor wir ihn vollends verschlossen hatten. Noch waren wir nicht damit fertig, als wir das Thier heranspringen sahen. In diesem schrecklichen Augenblick verdoppelten wir unsere Anstrengungen, und bald befand sich der große Stein, gehörig festgelegt, zwischen uns und dem Tiger. Es befand sich jedoch noch eine kleine Oeffnung am oberen Rande des Steines, durch welche wir den Kopf des Jaguars sehen konnten. Seine Augen funkelten vor Wuth, während sein Gebrüll tief in der Höhle wiederhallte, und seine beiden Jungen mit einem schrillen Miauen darauf antworteten.

Unser furchtbarer Gegner hatte zuerst versucht, den Stein mit seinen mächtigen Krallen fortzureißen und mit dem Kopfe zurückzustoßen. Die Vergeblichkeit seiner Anstrengungen und die Stimmen seiner Jungen, die er in unserer Gewalt sah, brachten seine Wuth zur Raserei.

„Es ist Zeit, auf ihn zu schießen," sagte Smart zu mir. „Zielt nach den Augen, die Kugel wird in das Gehirn dringen und wir werden möglicher Weise von ihm befreit sein."

Férn hatte seine Doppelflinte und Colson seine Pistolen ergriffen. Sie steckten die Läufe durch die Oeffnung und drückten ab, allein die Zündhütchen versagten. Der Tiger, welcher den Vorgang wohl begriffen hatte, machte einen Seitensprung, aber als er sich nicht getroffen sah, kehrte er zu seiner Stelle zurück und seine Wuth verdoppelte sich. Die Zündhütchen waren durchnäßt worden, und meine beiden Gefährten beeilten sich, neue aufzusetzen. Ich suchte inzwischen unsere Pulverhörner, welche wir mit unsern überflüssigen Kleidungsstücken an die Wand der Höhle gelegt hatten. Beim Herumtasten stieß meine Hand auf die jungen Unzen, welche, wie ich fühlte, mit unseren Pulverbüchsen spielten. Sie hatten die Stöpsel abgerissen und das auf dem feuchten Boden ausgestreute Pulver konnte uns zu nichts mehr dienen. Diese entsetzliche Entdeckung versetzte uns in die tiefste Bestürzung.

„Alles ist verloren!" schrie Smart. „Es erübrigt uns nur noch zuzuziehen, was wir vorziehen wollen, entweder mit den beiden Thieren Hungers zu sterben oder sofort unsern Leiden dadurch ein Ende zu machen, daß wir das Ungeheuer draußen in die Höhle hineinlassen."

Mit diesen Worten stellte sich Smart an den Stein, welcher uns schützte, und heftete unerschrockene Blicke auf die glühenden Augen des Tigers. Der junge Colson fluchte in seiner Verzweiflung wie ein Heide. Der kaltblütigere Férn nahm eine Schnur aus der Tasche und ging, ohne zu sagen weshalb, an das andere Ende der Höhle. Wir hörten bald ein ersticktes Wimmern, und der Tiger, welcher diese Laute gehört hatte, schien in noch größere Aufregung zu gerathen. Er lief vor dem Eingange der Grotte hin und her und stieß ein fürchterliches Gebrüll aus. Endlich blieb er stehen und wandte den Kopf nach dem Walde hin, ohne das Brüllen zu unterlassen.

Unsere beiden Führer beschossen ihn vom Baume herab mit Pfeilen; das Thier wurde getroffen, aber sein dickes Fell machte die Schüsse unschädlich.

Endlich traf jedoch ein Pfeil den Jaguar neben das Auge und blieb in der Wunde stecken. Die Wuth des Raubthieres stieg dadurch auf's höchste. Es warf sich auf den Baum, als hätte es ihn entwurzeln wollen. Bei dieser Anstrengung gelang es ihm, sich des Pfeiles zu entledigen und es kehrte an den Eingang der Höhle zurück.

Férn war wieder zu uns getreten, er trug die jungen Jaguare, die er erdrosselt hatte, auf den Armen und warf sie beide, ohne ein Wort zu sagen, zu der Oeffnung hinaus. Der alte Jaguar hatte nicht sobald die beiden Jungen berochen und erkannt, daß sie leblos waren, als er ein so verzweifeltes, so furchtbares Gebrüll ausstieß, daß wir uns die Ohren verstopfen mußten.

Ich hielt es für meine Pflicht, Férn wegen seiner unbefugten Handlungsweise zu tadeln, allein er antwortete mir, er wisse besser als ich, was er zu thun habe. Der schnfüge Diener hielt sich für verloren und glaubte mir keine Unterwürfigkeit mehr schuldig zu müssen. — Ich gestehe, daß ich noch immer auf eine von der Vorsehung gesandte Hilfe hoffte.

Während dieser Vorgänge hatte das Gewitter aufgehört: ein ruhiger Wind folgte auf die Wuth des Orkanes. Die Vögel begannen wieder zu singen und unter den Strahlen der Sonne funkelten die Regentropfen wie Diamantenstaub.

Der Jaguar schien gegen diese Wetterveränderung unempfindlich zu sein. Das prachtvolle Thier hatte sich neben seine Jungen hingestreckt und aus seinem mächtigen Gebisse flossen große Schaumflocken. Plötzlich ließ sich in der Ferne ein langgezogenes Brüllen hören. Der Tiger beantwortete es mit einem Klagegeheul, und die Indianer stießen einen Schrei aus, der uns zu verstehen gab, daß uns eine neue Gefahr drohe.

Es war in der That so: nach einigen Minuten sahen wir einen Jaguar von geringerer Größe als der erste in gewaltigen Sätzen herankommen.

„Es ist das Weibchen," rief Smart. „Wehe denen, welche ihm seine Jungen getödtet haben!"

Das Brüllen der Tigerin, als sie die Leichname ihrer Jungen berochen hatte, überbot alles, was wir bisher gehört hatten, und der Tiger verband damit sein eigenes Wehegebrüll.

Plötzlich schwieg die Tigerin und kam an die Oeffnung der Grotte, gegen welche sie ihren Kopf drückte, als wollte sie diejenigen sehen, welche ihre Nachkommenschaft getödtet hatten. Sie sprang wüthend gegen den Felsblock, um in unsere Zufluchtstätte einzudringen, und wir mußten alle unsere Kräfte anwenden, um den die Oeffnung verschließenden Stein auf seiner Stelle zu halten.

Als die Tigerin begriff, daß sie sich keinen Durchgang erzwingen könne, näherte sie sich dem Tiger und schien mit ihm zu berathen. Dann entfernten sie sich beide in raschen Sprüngen und verschwanden bald aus unseren Augen. Je mehr sie sich entfernten, desto schwächer wurde ihr Gebrüll, zuletzt hörte man sie nicht mehr. Gleich darauf erschienen unsere beiden indianischen Führer am Eingange der Höhle und beschworen uns, die einzige Gelegenheit uns zu retten, schleunigst zu benutzen, da die Tiger jedenfalls oben am Berge einen andern ihnen bekannten Eingang zu unserer Höhle aufsuchten, um zu uns zu gelangen.

Wir zogen also rasch den Stein hinein und verließen diese Höhle, die beinahe unser Grab geworden wäre. Smart verließ sie zuletzt; er wollte nicht seine Doppelflinte darin zurücklassen. Wir hatten die größte Eile fortzukommen, denn wir hörten von neuem, obgleich in ziemlich großer Entfernung, das Gebrüll der Unzen. Unsern Führern folgend, schlugen wir einen Seitenpfad ein, allein die vom Sturme massenhaft auf den Boden geworfenen Wurzeln und Äste erschwerten und verlangsamten unsere Flucht. Smart, obschon noch ziemlich bei Kräften, kam mühsam weiter, und wir mußten zuweilen Halt machen, um ihn nicht zurückzulassen.

Wir schritten so seit einer Viertelstunde vorwärts, als der durchdringende Schrei eines Indianers uns kund gab, daß die Tiger auf unserer Spur wären. Wir standen gerade an einer über einen Bergstrom geworfenen schmalen Lianenbrücke. Es war ein gefährlicher Uebergang, allein wir hatten keine Wahl mehr. Colson, Fern und ich kamen ohne Unfall hinüber, aber Smart befand sich noch auf deren Mitte, wo er sich mühsam im Gleichgewichte hielt, als die Jaguare aus dem nahen Walde hervorbrachen.

Sobald sie uns erblickten, sprangen sie unter schrecklichem Brüllen in weiten Sätzen heran. Smart erreichte in diesem Augenblicke die andere Seite. Fern, Colson, die beiden Führer und ich erkletterten gleichzeitig die vor uns am Ufer emporragenden Felsen.

Als Smart die Tiger hinter sich sah, verlor er dennoch nicht den Muth und behielt seine ganze Geistesgegenwart. Er zog sein Jagdmesser aus der Scheide und schnitt die Schlingen durch, welche die Brücke mit einem Baume am Ufer verbanden, so daß er ein unüberschreitbares Hinderniß zwischen sich und seine Feinde brachte. Kaum war er damit fertig, als die Tigerin an das Bergwasser stürzte und mit einem Satz hinüberzuspringen versuchte. Allein ihre Muskelkraft reichte nicht hin, sie fiel mitten in das wilde Gewässer, das ihre an den spitzen Felsen des Bettes zerschmetterten Glieder tosend mit sich fortriß.

Der Jaguar wurde durch das unglückliche Ende seiner Gefährtin nicht entmuthigt; mit einem ungeheuren Sprunge setzte er über den Bergstrom, aber er erreichte nur mit seinen Vordertatzen das andere Ufer, an dessen Rande er, über dem Abgrunde schwebend, vergebens Fuß zu fassen sich bemühte.

In diesem Augenblicke stieß ihm Smart sein Jagdmesser mit fester Hand bis an den Griff in die Brust; das Raubthier nahm jedoch alle seine Kräfte zusammen, setzte seine Hintertatzen auf eine hervorspringende Felsenspitze fest und es gelang ihm, Smart beim Schenkel zu packen. Mein heldenmüthiger Freund bewahrte seine ganze Unerschrockenheit: mit seiner linken Hand erfaßte er als Stütze einen Baumstumpf und drehte kräftig das Jagdmesser in der Brust der Unze herum.

Ich und Fern eilten ihm zu Hilfe. Colson ergriff Smarts Büchse und gab dem Tiger einen so kräftigen Kolbenschlag auf den Kopf, daß das betäubte Thier losließ und in die Tiefe stürzte. — Der arme Smart war ohnmächtig geworden. Das Blut strömte aus seiner Wunde. Die Indianer pflückten rasch einige Pflanzen, die wir auf dieselbe banden und dadurch die Verblutung hemmten.

Da der Abend hereinbrach, so brachten wir die Nacht dort unter dem Schutze einiger Felsen zu, vor welchen die Indianer zur Abwehr der reißenden Thiere ein großes Feuer anzündeten.

Am Morgen trugen unsere Führer den unglücklichen Smart in das Dorf, wo wir zuletzt übernachtet hatten. Man hatte unsern armen Freund auf eine Tragbahre gelegt, allein er starb schon unterwegs.

Nach Erfüllung der letzten Pflichten gegen den Freund beeilte ich mich ein Land zu verlassen, das mir so traurige Erinnerungen mitgab, und benützte die erste Gelegenheit, nach Europa zurückzukehren." —

Wir nehmen nun den Faden unserer Erzählung wieder auf.

Außer den Vögeln am See war, wie ich schon oben erzählte, kein Wild auf der Savanne zu erblicken. Ich kehrte an den Waldrand zurück, wo ich mich zum Ausruhen und Ueberlegen unter einen Baum warf.

Gerade als ich es mir recht bequem gemacht hatte, erhielt ich mit einer ziemlich dicken, citronenähnlichen Baumfrucht einen solchen Wurf auf Nase und Mund, daß ich erschreckt und wüthend in die Höhe fuhr. Ueber meinem Kopfe saß auf einem Aste der Thäter, ein verwünschter, gelbhaariger Affe, der zähnefletschend auf mich herabsah, während ein Dutzend seiner Genossen auf höheren Zweigen durch tolle Sprünge und Grimassen ihre ausgelassene Freude über seinen gelungenen Streich kund zu geben schienen.

Ich weiß nicht, ob der Aerger mein Gedächtniß auffrischte: ich erinnerte mich, gelesen und gehört zu haben, daß man in Amerika das Affenfleisch als Leckerbissen betrachte, und beschloß den Burschen zum Lohn für seine boshafte That herunterzuschießen und zu braten.

Affenmahlzeit (S. 87).

Gesagt, gethan! Ich lud meine Büchse mit Schrot, eine Operation, welcher der Delinquent neugierig zusah, und sandte ihm dann die Ladung in den Kopf. Er purzelte todt herunter, während seine Kameraden schreiend das Weite suchten.

Dürres Holz lag genug umher. Ein Feuer war rasch angezündet, der Affe präparirt und in Stücken zerschnitten darüber gehangen. Ich legte noch einige Holzstücke unter den Braten und begab mich dann an das nahe Wasser, um vor dem Essen meinen Durst zu stillen und ein Bad zu nehmen.

Bei meiner Rückkehr wartete meiner eine seltsame Ueberraschung. Das Feuer war längst ausgebrannt, aber von meinem Braten hingen nur noch einige Schnittchen auf dem Querholze. Wo waren die großen Stücke hingekommen? Ich blickte in die Höhe, und sieh! da saßen auf den Aesten fünf Kameraden des Verblichenen; jeder mit einem Stück seines gebratenen Gefährten in der Hand und in stillem Ernst beschäftigt, dasselbe zu verspeisen. Einige machten dabei eine so komisch-würdevolle Miene, daß ich unwillkürlich an die Gesichter zweier deutschen Schneider dachte, welche eines Tages bei einem Restaurant in Paris mir gegenüber saßen und durch die zerknirscht würdevolle Miene, mit welcher sie ihre problematischen ledernen Coteletten allseits drehten und endlich mühsam hinunterwürgten, meine Heiterkeit erregt hatten.

Ich nahm den Rest des Bratens herunter und setzte mich damit lachend unter einen Baum. Eine Menge Histörchen fielen mir ein und ich gab mich ganz dieser erheiternden Erinnerung hin, während ich mit Appetit den Braten verzehrte und der nichtsnutzigen Tafelgesellschaft oben im Baume zusah.

Unter Anderm gedachte ich eines urkomischen Tischgespräches zwischen einem Chinesen und einem Franzosen, dessen authentische Veröffentlichung durch die ernsthafte Revue des deux Mondes (1867) in Paris ein allgemeines Furore erregte. Der Franzose hatte den Chinesen, seinen Nachbar auf der Industrieausstellung, zum Diner eingeladen und dabei ihm auch seinen Nationalleckerbissen, Froschschenkel, vorsetzen lassen. Der Mann des langen Zopfes sah neugierig die zarten Dingerchen und dann mit fragender Miene den Franzosen an. Dieser, spirituel comme tous les Français, excepté ceux qui ne le sont pas, wußte sich in seiner Unkenntniß des Chinesischen zu helfen und antwortete: Quak, quak, quak! Der Chinese gab ihm durch Winken und Lachen zu verstehen, daß er begriffen habe und die Eigenthümer dieser Schenkel kenne. Gleich darauf brachte der Garçon Coteletten, die dem Franzosen jedoch so verdächtig vorkamen, daß er sie zurückschicken wollte; allein der Chinese hatte darin sogleich ein bekanntes Gericht seiner Heimath erkannt und brach, um das seinem Nachbarn mitzutheilen, in ein lautes freudiges Wau, wau, wau! aus. Alle Gäste wurden aufmerksam, und man kann sich ihr Gelächter und ihre Entrüstung denken: der Restaurant war seiner leckeren Coteletten wegen en vogue; mehrere hatten bereits deren gegessen und, wie sich herausstellte, hatte der Sohn des Reiches der Mitte deren Hundenatur richtig herausgefunden.

In meinem Hunger fand ich das Affenfleisch, das sonst fast wie fades Ziegenfleisch schmeckt, ganz vortrefflich, so daß ich mir noch einen Affen schoß und auf dem neu angemachten Feuer briet. Bei dieser Beschäftigung wurde ich von seinen Verwandten mit den abgenagten Knochen beworfen, was meiner Heiterkeit ein Ende machte.

Die Mittagszeit mit ihrer glühenden Hitze nahte, und ich verspürte das Bedürfniß nach einer ungestörten Siesta. Ich wartete also, bis eine größere Anzahl der boshaften Thiere beisammen saß und schleuderte dann unter sie einen Feuerbrand, der mehrere traf. Schreiend fuhren alle auseinander und flüchteten auf benachbarte Bäume, von welchen ich sie in gleicher Weise vertrieb. Es gelang mir so die ganze Gesellschaft in den nahen Wald zu jagen. Dann erst suchte ich mir eine Lagerstätte. Ein mächtiger leicht zu ersteigender Ceibabaum bot mir dieselbe hoch oben in seinen Zweigen, wo ich von den Moskitos weit weniger geplagt war als am Boden. Vorsichtig hing ich Säbel und Büchse in den Bereich meiner Hand und übergab mich dann dem wohlverdienten Schlafe, aus dem ich erst am Nachmittage aufwachte.

Das kleine Gebüsch, in welchem ich mich befand, schien mir nach genauerer Besichtigung höchst passend zu meinem bleibenden Wohnsitze und Ausgangspunkte für meine Jagdzüge. Wie ich schon früher sagte, wollte ich das so lange ersehnte amerikanische Jagdleben eine geraume Zeit kosten, bevor ich den Weg nach Cayenne wieder aufsuchte.

Die Erinnerung an meinen gefährlichen Kampf mit dem Jaguar veranlaßte mich zunächst an den Bau einer Wohnstätte zu denken, in der ich gegen alle nächtlichen Angriffe der wilden Thiere gesichert wäre. Ein indianisches Carbet, d. h. eine Hütte mit Dach ohne Seitenwände schien mir zu wenig Schutz gegen Feinde wie Jaguars und Schlangen zu gewähren. Ich wußte noch nicht, daß der Mensch in den Wildnissen, wenn sie auch Gefahren genug bergen, doch weniger zu fürchten hat, als der Europäer sich einbildet. Die wilden Thiere haben in Südamerika so reichliches Futter, daß sie nur selten den Menschen, der sie nicht jagt, angreifen. Wie viele Nächte habe ich seit der Zeit mitten im Urwalde ruhiger als in Paris geschlafen, obgleich ich wußte, daß eine wahre Menagerie von Schlangen, Kaimans, Jaguare u. s. w. meine Umgebung belebte; und nur selten bin ich von diesen gefährlichen Nachbarn gezwungen worden, vom Lager aufzustehen und mein Leben zu vertheidigen.

Nach vielem Ueberlegen hielt ich endlich den Plan fest, mir eine sichere Schlafstelle, worin ich sitzen und liegen könnte, zwischen den colossalen Aesten meines Ceibabaumes zu erbauen. Weit über 100 Fuß hoch und fast in der Mitte des Gehölzes, welches er überragte, bot dieser Baum von seinem Gipfel aus eine Uebersicht über die Savanne bis weit hinter den See. In der Höhe von 60—70 Fuß fand ich eine passende Stelle und begab mich dann an die Arbeit: es galt die nöthigen Holzwände zu machen.

Ich beschloß, dieselben, wie früher das Floß, aus Stielen von Palmblättern herzustellen und suchte daher am Rande des Waldes eine Gruppe von Jupati-Palmen auf, die ich schon Tags vorher bewundert hatte. Die 50 Fuß langen Blätter dieser prachtvollen Palme auf 6—8 Fuß hohen Stämmen bildeten wunderschöne Federkronen, die über das Buschwerk emporragten. Die 4—5 Zoll dicken leichten Stiele, welche bis zu den ersten Segmenten 12—15 Fuß maßen, gaben mir ein treffliches Baumaterial, das eine schnelle Bearbeitung mit meinen nicht besonders passenden Werkzeugen, Säbel und Baummesser, zuließ.

Ich trug davon, so viel ich brauchte, unter meinen Ceiba-Baum, sammelte Lianen zum Festbinden und brachte dann bis zum Abend noch eine der Wände zu Stande. Ich aß dann einige Früchte und den Rest meines Bratens, den ich mit Blättern sorgfältig umwickelt zwischen zwei Aeste gesteckt hatte, löschte meinen Durst im klaren Wasser des See's und nahm dann, nicht ohne Besorgniß vor einem Ueberfalle, meinen früheren Schlafplatz wieder ein.

Bei meiner Arbeit hatte ich bemerkt, wie von entfernten Bäumen aus einige meiner vertriebenen Feinde mich neugierig beobachteten, aber sie machten mir weniger Sorge als die großen Schlangen, von denen ich mehrere durch das Unterholz hatte schlüpfen sehen. Doch, wie ich schon früher einmal sagte, ich war von Natur nicht furchtsam, meine Besorgniß dauerte nur einen Augenblick, und ich schlief bald fest ein.

War es die Wirkung der hellen Mondstrahlen, die auf mein Gesicht fielen oder in Folge einer Berührung, ich wurde gegen Morgen plötzlich wach und hörte ganz deutlich ein Rascheln an dem Blätter= bündel unter meinem Kopfe. Ich wandte mich rasch um und sah, wie ein niedliches Aeffchen, nicht größer wie ein Eichhörnchen, mit einer der Guajave-Früchte, die ich zum Frühstücke neben mich gelegt hatte, auf einen nahen Ast sprang. Ich schloß halb die Augen, um den kleinen Dieb zu beobachten, der, als er keine Bewegung von meiner Seite bemerkte, ruhig sitzen blieb.

Es war ein Sapajou, wie ich deren schon mehrere in Marseille gesehen hatte. Ich wußte, wie leicht man diese Thierchen zähmt und zu allerlei Künsten abrichtet, und beschloß, es zu fangen. Das war aber durchaus nicht leicht, denn das scheue, argwöhnische Aeffchen mußte meine geringste Bewegung bemerken.

Es gelang mir jedoch, eine Frucht zum Herunterfallen zu bringen. Das neugierige Thierchen fuhr schnell an einer Liane auf den Boden hinab und holte sie sich. Ebenso schnell aber hatte ich die übrigen Früchte zwischen meine Kniee gelegt und hielt mich nun mit fast ganz geschlossenen Augen unbeweglich.

Dem Sapajou mußten die Früchte geschmeckt haben; er stieg allmählich näher zu mir herunter, rüttelte wie zum Versuche vom nächsten

Aste aus an meinem Blätterkopfkissen und kletterte dann, als ich mich nicht regte, um meine ganze Person herum, gleichsam als wollte er nachsehen, ob auch alles sicher wäre.

Nach dieser Recognoscirung warf er noch einen prüfenden Blick auf mein Gesicht und steckte sein Köpfchen zwischen meine Kniee, um sich eine Frucht zu holen; allein in demselben Augenblicke klappten diese wie eine Mäusefalle zu, und er war gefangen.

Ich faßte ihn mit der einen Hand schnell beim Genick, und, trotz aller seiner Versuche mich zu beißen und loszukommen, stülpte ich ihm mit der andern meinen Hut über den Kopf; dann nahm ich die Schnur meines Pulverhornes und band ihm damit nacheinander Füße und Arme fest. Ich hatte damit wohl eine halbe Stunde lang zu thun, denn er wand und krümmte sich wie ein Aal und zerbiß mir den Arm und die Hand.

Es war darüber Morgen geworden und ich konnte meinen Gefangenen besser besichtigen. Der Sapajou hatte ein orangegelbes Fell, ein kleines rundliches Gesichtchen, fast wie das eines Kindes, oben fleischroth, unten um den Mund herum graulichbraun, sowie große feurige Augen. Ich trug ihn behutsam hinunter, wobei ich bemerkte, daß er dicke Thränen vergoß. Ich streichelte ihn, aber er wies meine Liebkosungen zornig und zugleich furchtsam zurück. Da er so gefesselt nicht bleiben konnte, band ich ihm blos einen Gürtel um und befestigte diesen mit der Schnur an eine Baumwurzel.

Ich schoß sodann am See eine Ente zum Frühstück und schüttelte mir einige Guajave-Aepfel als Nachtisch herunter. Von den in den Tropen beider Erdhälften so bekannten und geschätzten Guaven oder Guajavebäumen befanden sich zwei Arten in allen Gebüschen. Die eine, 8—9 Fuß hoch, trug birnähnliche Früchte mit rothem Fleische, die fast wie Erd- und Himbeeren schmeckten, die andere, bis 20 Fuß hoch, hatte buntelgrüne, wie Orangen aussehende Aepfel.

Ich brachte meinem Zögling eine Auswahl von Früchten mit, legte sie in seinen Bereich und setzte nach eingenommener Mahlzeit meine Arbeit fort.

Ich will nicht lang und breit den Bau meines Baumtutukskeimes, die Schwierigkeiten bei dessen Hinaufschaffung und Aufstellung beschreiben; es genügt zu erwähnen, daß ich erst am Abende des fünften Tages damit fertig war. Zum Behufe des leichteren Hinaufsteigens hatte ich hier und da Pflöcke in den Stamm geschlagen. Das Ganze war mit starken Lianen so solide befestigt, daß es mir schien, kein Sturm könne ihm etwas anhaben.

Während dieser Zeit hatte ich meinen Sapajou mit Leckerbissen, Hungerkuren, Liebkosungen, und zuweilen auch mit Streichen einer kleinen Gerte so weit gezähmt und an mich gewöhnt, daß er bei mir blieb, wenn ich ihn von seinem Gürtel befreite.

Ich hatte bemerkt, daß er auch Insekten liebte, und holte ihm deren täglich in einem zu diesem Zwecke geflochtenen Körbchen. Dadurch gewann ich vollends seine Zuneigung. Er zeigte Ungeduld und jammerte, wenn ich zu lange fort blieb, und es war fast rührend zu sehen, wie er, in meiner Hütte sitzend, die Hand mir entgegenstreckte, um seine Mahlzeit in Empfang zu nehmen.

Die Aussicht von meiner hochgelegenen Baumhütte aus war unbeschreiblich schön. Ich konnte stundenlang darin sitzen und mich in den Anblick dieser wunderbaren Pflanzenwelt versenken, die mit ihren Palmen, Pisangs, Lianen, baumartigen Gräsern und Farnkräutern dem Nordländer so überaus fremdartig erscheint. Meistens jedoch streifte ich auf der Jagd durch die Savanne und die zugänglicheren Theile des Urwaldes.

Das freie, an Abwechslungen jeder Art so reiche Jagdleben, welches ich so fast zwei Wochen führte, wird meinen Erinnerungen noch im spätesten Greisenalter als die schönste Zeit meines Lebens vorschweben. In trüben Stunden kehren meine Gedanken in jenes herrliche Sonnenland zurück, welches die glücklichsten Menschen der Erde nähren könnte, wenn Thatkraft mit Einsicht und Kenntnissen verbunden, sich der unermeßlich reichen Naturschätze bemächtigte.

Mein Sapajou in der Baumhütte (S. 92).

VIII.

Willkommenes Zusammentreffen. — Die Buschneger. — Ein Vampir. — Gefährliche Fahrt. — Auf Windes Flügeln. — Schiffbruch und Rettung.

Die Savanne war ein wahres Jägerparadies, in dem ich zwei Wochen lang wie toll herumpürschte. Früchte, Wild und Fische hatte ich in einem solchen Ueberflusse, daß ich zuletzt ein wahrer Sybarit wurde und nur das Schmackhafteste, was ich bald herausfand, zu meinen Mahlzeiten wählte. Mein Sapajou nahm an Allem getreulich Theil und wurde zusehends runder und fetter. Indessen als mir die Wildniß nichts Neues mehr an Jagdgenüssen bot, begann allmählich die Einsamkeit, der Mangel an Verkehr mit menschlichen Wesen, eine niederschlagende Wirkung auf meine Gemüthsverfassung auszuüben; ich fühlte, daß ich zu lange an Geselligkeit gewöhnt war, um wie ein Eremit in der Wildniß leben zu können.

Auf meinen Streifzügen hatte ich am entgegengesetzten Ende der Savanne einen vereinzelten, ziemlich hohen Hügel gesehen, der jedenfalls eine weite Aussicht bieten mußte. Ich beschloß ihn zu ersteigen; vielleicht war die Gegend nach Westen hin bewohnt.

Ich brach gleich nach Sonnenaufgang auf, denn ich hatte einen Marsch von mehreren Stunden zu machen. Bald sah ich den Hügel in der Entfernung über die Ebene auftauchen. Ich erreichte ihn an einer Stelle, wo es des Gebüsches wegen nicht möglich war, hinaufzukommen. Zu beiden Seiten stieß an denselben der Urwald, der die Savanne umschloß. Rechts stand der Wald weniger dicht. Ich wandte mich nach dieser Seite; das Walddunkel lichtete sich immer mehr, und ich trat auf einmal in eine neue, weit größere, von Palmengruppen malerisch übersäete Savanne hinaus.

Hier war der Hügel ziemlich steil und zum Theil mit Cactus bewachsen; das Ersteigen ließ sich also mit einiger Mühe bewerkstelligen. Ich brauchte dazu fast eine halbe Stunde, da ich der brennenden Sonne wegen zuweilen Halt machen mußte. Endlich war der 3—400 Fuß hohe Gipfel erreicht.

Was ich dort oben auf der anderen Seite plötzlich erblickte, versetzte mich in eine sprachlose Ueberraschung, zwang mich aber sofort hinter ein nahes Gesträuch zu treten. Zu meinen Füßen lag eine unermeßliche Ebene, deren Einfassung im Norden ein langgestreckter schmaler Uferwald und dahinter der schimmernde Ozean, gegen Westen ein blauer Gebirgszug bildete; fast in der Mitte floß ein breiter Fluß mit golfartiger Seemündung; derselbe sandte in einem weiten Bogen einen Arm dem mir wohlbekannten See meiner Savanne zu, die sich demnach, wie der Hügel, auf dem ich stand, auf einer großen Flußinsel befand. Zu meiner Ueberraschung sah ich, wie dieser See nach Süden mit einem anderen in Verbindung stand, der sich Stunden weit in den Urwald hinein erstreckte, meinem Standpunkt am südlichen Ende der Insel gerade gegenüber. Was mich jedoch veranlaßte, hinter das Gebüsch zu treten, war etwas ganz Anderes als der Anblick dieser großartigen Landschaft.

Auf dem flachen Ufer der Inselspitze, etwa 300 Meter vom Fuße des Hügels entfernt, erhoben sich unter schlanken Palmen mehrere indianische Carbets. Nackte Kinder spielten am Ufer; Frauen saßen bei aufgehangenen Netzen oder waren beim Feuer beschäftigt; an der Einfahrt in den zweiten See fischten Indianer in drei Kähnen, während weiter oberhalb in demselben ein vierter sichtbar war.

Ich wollte mich so lange verborgen halten, bis ich in irgend einer Weise die Gesinnung der Indianer erkannt hätte; sie konnten ja den Europäern feindlich sein. Auf den Kähnen befanden sich nur Männer, und zwar, so viel ich sah, ohne Feuergewehre.

So weit es ungesehen geschehen konnte, trat ich an den Rand des Hügelrückens nach dieser Seite hin. Wer beschreibt meine Ueberraschung, als ich unter mir auf einem Vorsprung einen Mann sitzen sah, der mir den Rücken kehrte. Sein großer Sombrero (Strohhut), die Flinte, die er zwischen seinen Knieen hielt, ließen ihn sofort als einen Weißen erkennen. Er blickte mit großer Aufmerksamkeit über die Ebene, besonders nach dem See hin.

Jetzt zögerte ich keinen Augenblick mehr; ein Weißer, vielleicht ein Franzose, konnte kein Feind sein. Ich setzte eine Hand an den Mund, schwenkte mit der anderen meinen Hut und rief: Heda! Freund; (holà! ami! — amigo!)

Der Mann sprang rasch wie der Blitz auf seine Füße, die Flinte schußbereit in der Hand und sah zu mir hinauf; fast in demselben Augenblicke senkte er seine Waffe und winkte mir herunterzukommen. In weniger als fünf Minuten war ich bei ihm.

„Sie sind Franzose?" rief er mir entgegen.

„Und Soldat des dritten Marine-Infanterieregiments, erste Compagnie des vierten Bataillons, Robin Jouer. Und Sie?"

„José François de Ricard, Handelsmann von Cayenne; beschäftigt hier eine Ladung von getrockneten und gesalzenen Fischen zu machen. Dort unten sind meine Leute."

Wir reichten uns erfreut die Hand und setzten uns dann zum weiteren Austausch von Mittheilungen nieder.

„Sie müssen mir erlauben, zugleich auf die Gegend Acht zu geben", sagte er freundlich. „Eine Rotte von Buschnegern schwärmt in den Wäldern und wir könnten leicht überfallen werden. Glücklicher Weise kann mir von dieser Höhe aus nichts auf der Savanne entgehen. Ich fürchte nur für unser Boot dort oben auf dem See; denn in den Urwald kann mein Auge nicht eindringen."

Ich erzählte ihm nun alle meine Abenteuer. Er hörte mir der gespanntesten Aufmerksamkeit zu und sagte:

„Sie können von Glück sagen, daß Sie mit dem Leben davongekommen sind. Dieselbe Prororokka hat nördlich vom Fort Macapa mehrere Quadratmeilen Land fortgerissen und sechs Schiffe auf Marajo an die Küste geworfen. Ihren jetzigen Wohnsitz dürfen Sie aber keinen Tag länger behalten. Sie sind den Sümpfen zu nahe und müßten eigentlich schon längst vom Fieber hinweggerafft sein. Folgen Sie meinem Rathe und verlassen Sie diese gefährliche Stelle."

„Das ist auch meine Absicht. Aber an welchem Punkte der Küste befinden wir uns hier?"

„Nicht weit vom Cap Nord, fast unter 2º nördl. Breite, 90—100 Stunden von Cayenne."

„Und dieser Fluß?"

„Ist der Carapapuri, der nördliche Arm des Araouari, der durch einen andern Arm mit den beiden Seen in Verbindung steht und noch einen südlichen Arm, der Mündung des Amazonas gegenüber in das Meer sendet. Das Cap Nord ist eine der Spitzen des Delta's."

„Sind wir hier auf französischem Boden?"

„Nein, wir befinden uns auf dem sogenannten streitigen Gebiete Guyana's, worauf Brasilien und Frankreich zugleich Anspruch machen."

„Was rathen Sie mir weiter zu thun?"

„Die Nähe der Buschneger zwingt uns zur Eile; ich kann daher keinen meiner Leute auch nur einen halben Tag entbehren, um Ihre Sachen zu tragen und Ihr Führer zu sein. Ich kann Ihnen auch nicht rathen mit uns zu gehen, da ich etwas Besseres für Sie weiß. Fahren Sie mit Ihrem Floß um das Riff, an der Mündung des Carapapuri vorbei und suchen Sie den ³/₄ Stunden weiter liegenden Ausfluß des Manaue zu erreichen. Dort befindet sich nicht weit landeinwärts eine kleine Mission. Wenn der Padre nicht auf Missionsreisen abwesend ist, wird er Ihnen Mittel und Wege angeben, den französischen Militärposten Mapa zu erreichen. Meine Indianer sind die Bewohner der Ansiedelung. Sie können nur in Mapa Beförderung nach Cayenne finden."

Nach diesen Worten holte Ricard Maniok und eine Flasche Rhum aus seiner Jagdtasche. Ich theilte Beides mit ihm und erquickte mich an dem ungewohnten Genusse. Ich frug ihn hierauf, welche Bewandtniß es mit den Buschnegern habe, die er so sehr zu fürchten schien.

„Ich kann Ihnen darüber ziemlich genaue Auskunft geben," sagte er, „da ich mehrere Jahre am Maroni, dem Grenzflusse zwischen dem französischen und holländischen Guyana Tauschhandel mit ihnen getrieben habe. Es sind zwei Völkerschaften: die Boni-Neger an den Quellen des Maroni und die Bosh-Iltas, die zahlreichste, in 14 Dörfern mit mehr als 4000 Seelen, nördlich davon, besonders am Tapamoni. Nach blutigen Kriegen haben die Holländer ihre Unabhängigkeit anerkannt. Sie leben nach ihren eigenen Gesetzen unter Häuptlingen oder Königen, die den Namen Grand-Man führen. Die Bosh-Iltas haben die Bonis vom untern Maroni abgeschnitten und ihnen den Tauschhandel mit den Franzosen unmöglich gemacht. Die Bonis suchen daher auf großen Umwegen die Küste zu erreichen und gehen selbst bis an den Yari, um mit den Händlern des Amazonenstromes in Verbindung zu treten und Branntwein, Schießbedarf u. dgl. einzutauschen. Auf diesen Reisen nehmen sie nicht selten Goldstaub mit, da die Gebirge Guyana's goldreich sind."

„Was haben Sie denn von diesen Buschnegern zu fürchten?"

„Ihre Verbindung mit den Brasileiros und Portugiesen hat sie verdorben und nur zu oft aus der Indolenz ihrer afrikanischen Natur gerissen, um sie zu Raub und Mord zu bringen. Diese Portugiesen sind meistens aus dem Mutterlande herübergekommene Menschen, die um jeden Preis schnell reich werden wollen. Sie beuten die Neger und Indianer auf die gewissenloseste Weise aus, verleiten sie zu Raubzügen und hetzen sie gegeneinander. Sind aber diese Wilden einmal vom Teufel besessen, so sind sie wie losgelassene Tiger. Es ereignen sich auf diesen Neger- und Indianerzügen haarsträubende Abscheulichkeiten. Wir haben durch Indianer vom oberen Mapa erfahren, daß sich unter dem Buschnegertrupp, der die Gegend unsicher macht, ein portugiesischer Halunke befindet."

„Ist denn jener Trupp so stark, daß Sie mit Ihren 15 Mann es nicht damit aufnehmen können?"

„Ja, hätten meine Indianer Flinten statt der Blasrohre und Bogen. Ich habe das einzige Feuergewehr, dazu haben wir noch 5 Waldmesser. Widerstand wäre unsinnig, denn die Neger zählen wenigstens

20 Mann alle mit Flinten bewaffnet. Sie können sich jetzt auch unsere Eile erklären."

Inzwischen war es Nachmittag geworden; ich mußte an den Rückweg denken. Zum Danke für sein freundliches Entgegenkommen schenkte ich Ricard einige Kugeln und Zündhütchen, deren er sehr bedurfte, schüttelte ihm dann die Hand und eilte meiner Savanne zu. Ich legte den zweistündigen Marsch ohne Zwischenfall zurück und stieg sogleich auf meine Warte. Der Sapajou war außer sich vor Freude. Ich reichte ihm einige Früchte, die ich unterwegs für ihn gepflückt hatte, und legte mich dann ermüdet zum Schlafen nieder.

Meine Nachtruhe wurde plötzlich durch das Gekreisch des Affen unterbrochen, zugleich fühlte ich ein Wehen, wie das eines Flügels, über mein Gesicht streichen. Ich schlug die Augen auf und sah eine große Fledermaus davon fliegen. Ein Schmerz am Fuß und ein wiederholter Lärm des Sapajou weckten mich aufs neue: es war wiederum die Fledermaus gewesen. Ich konnte nun nicht mehr einschlafen, ohnehin war der Tag nahe. Als es hell wurde, sah ich zu meiner Verwunderung meinen Fuß mit Blut bedeckt. Ich hatte also von einem der in Guyana so häufigen Vampire (perro-volador) einen Besuch erhalten. Glücklicher Weise war ich von meinem Affen zeitig geweckt worden.

Wie ich auf meinen späteren Reisen durch eigene Erfahrungen und die Mittheilungen der Eingebornen erfuhr, ist der südamerikanische Vampir durchaus nicht so ungefährlich, wie einige Naturforscher meinen. In Brasilien und Guyana kommt es vor, daß Thiere in den Ställen an dem durch sie veranlaßten Blutverlust sterben. Noch neuerdings erzählt Armand Jusselain, der selbst einige Unzen Blut durch ein solches Thier verlor, daß sie auch Vögel angreifen.

„Wir hatten von Cayenne eine Anzahl Hühner nach unserer Station mitgebracht, die plötzlich von einer seltsamen Krankheit befallen wurden. Sie fraßen sehr gut, was doch ein Zeichen der Gesundheit bei Thieren ist, allein nach einigen Tagen sah man sie allmählich so mager werden, daß sie wie ohnmächtig umhertaumelten und zuletzt starben. Obgleich Arzt, war ich bei dieser unerklärlichen Hühnerkrankheit mit meinem Latein zu Ende.

„Einer unserer Neger, der keine medicinischen Vorlesungen gehört hatte, sagte eines Tags, als wieder ein Huhn umgefallen war: Ah! vampi ka sucé yo! (Oh! der Vampir ist's der sie aussaugt!) In Folge dieser Entdeckung umgaben wir den Hühnerstall mit einem alten Moskitones und seine gackernde Bevölkerung befindet sich seitdem gesund und wohl."

Ich verschaffte mir nun zunächst ein tüchtiges Frühstück, nahm dann den Zapajou auf die Schulter und schlug den Weg nach dem Seeufer ein. Das Floß und meine vergrabenen Habseligkeiten fand ich noch unversehrt; nur hatte ersteres eine Menge Austern als Bewohner erhalten, die ich und mein Affe mit großem Vergnügen verzehrten. Aus meiner Decke machte ich hierauf ein Segel, das ich mit großer Mühe an ein Baumstämmchen auftakelte, und schiffte mich dann mit meinen Sachen und dem Affen auf dem Fahrzeuge ein.

Das Riff erstreckte sich ungefähr eine halbe Stunde weit in die See. Es konnten gefährliche Strömungen durch dasselbe führen; ich nahm daher einen Umweg. Es war dies ein Glück für mich, denn eine Viertelstunde oberhalb des Riffes gerieth ich wirklich in eine solche Strömung, aus welcher ich mich mit genauer Noth herausarbeitete. Meine improvisirten Ruder leisteten mir dabei gute Dienste. Die Spitze des Riffes lag bald zu meiner Seite.

Während meiner angestrengten Arbeit hatte ich gar nicht darauf Acht gegeben, daß im Osten nach und nach schwarze Wolken heraufzogen und ein Gewitter, vielleicht ein Orkan bevorstand.

Ein heftiger Donnerschlag lenkte jetzt meine Aufmerksamkeit auf den drohenden Zustand des Himmels. Die See wurde bereits unruhig und schüttelte mein schwaches Fahrzeug hin und her. Gern wäre ich wieder umgekehrt, aber es war zu spät. Ich gerieth von neuem in eine Strömung und trieb unaufhaltsam der vor mir auftauchenden großen Insel Maraca zu.

Bei einem plötzlichen Wellenstoße mußte ich das Ruder fahren lassen, um mich an den Mast festzuhalten; zugleich erfaßte der Wind mit unwiderstehlicher Gewalt das Segel und riß das leichte Floß mit rasender Schnelligkeit dem Lande zu. Das fürchterliche Toben des

nun ausbrechenden Gewitters läßt sich nicht beschreiben: wir haben in
Europa keine Vorstellung davon.

Das Floß flog wie eine Feder vor dem Winde, manchmal kaum
die Wogen berührend, und wurde in weniger als fünf Minuten weit
hin auf das niedrige Ufer geworfen. Mast und Segel verwickelten
sich dabei so zwischen den Paletuviers, daß die schwächere rücklaufende
Fluth mein Fahrzeug nicht mitzureißen vermochte. Ich war also gerettet.

Wie so häufig am Aequator zog das Gewitter eben so rasch
vorüber, als es gekommen war. Die Sonne erschien wieder, und ich
gab mich an die mühevolle Arbeit, das Floß aus dem Gebüsche los=
zumachen. Endlich gelang es. Ich benutzte nun einen Baumzweig als
Ruder und fuhr die Küste entlang. Nach einer halben Stunde ent=
deckte ich die Mündung eines kleinen Flusses: es konnte nur der von
Ricard mir bezeichnete Manaye sein; die Mission, das Ziel meiner
Fahrt war also in der Nähe. Die freudige Hoffnung, bald unter
Menschen zu sein, verdoppelte meine Kräfte. Ich fuhr rasch den kaum
100 Meter breiten Fluß hinauf, nach beiden Seiten ausschauend; denn
als Neuling glaubte ich jeden Augenblick eine Ortschaft mit einem
Kirchthurme zu erblicken. Wie sehr sollte ich mich getäuscht sehen!
Wie wenig entspricht das idyllische Bild, welches man sich in Europa
von den Wohnstätten unserer armen Missionäre macht, der Wirklichkeit!

Fast eine Stunde weit war ich so den Fluß hinauf gekommen,
ohne etwas zu entdecken. Das Paletuvier=Gebüsch hörte auf und der
Urwald trat zu beiden Seiten mit seinen colossalen Baummassen an
den Fluß. Die Lianen waren hier weniger häufig als in dem Theile
des Urwaldes, welchen ich früher gesehen hatte, aber der Anblick war
noch großartiger. Der Wald erschien mir wie eine zahllose Armee
riesenhafter, hundert Fuß hoher Masten, über die sich in ungeheurer
Höhe ein undurchdringliches Laubdach wölbte. Am Fuße der Bäume
war keine Vegetation; der Raum dazwischen so rein, wie die Wege
eines Parkes. So habe ich seitdem in Guyana viele Urwälder, grand-
bois, wie sie dort genannt werden, gesehen. Der wunderbar phantastische
Stift des genialsten aller Zeichner, Gustav Doré, hat davon unter
allen Malern das entsprechendste Bild gegeben.

Meine Fahrt war nicht ohne Gefahr. Mehrere Kaimans trieben sich auf dem Flusse umher, und einer der frechsten oder hungrigsten streckte seinen scheußlichen Kopf über den Rand meines Floßes. Ich entlud meine Büchse in seinen geöffneten Rachen; er fuhr zurück, und die übrigen, durch den doppelten Knall erschreckt, blieben seitdem in respectvoller Entfernung.

Der Urwald ging endlich auf dem linken Ufer in niedrigeres Gebüsch über und ich entdeckte bald eine Stelle, die offenbar als Landungsplatz benutzt wurde. Das Holz war weggehauen; einige Baumstümpfe standen noch, wahrscheinlich zum Anlegen der Boote; ein Waldweg führte landeinwärts.

Ich dachte, Vorsicht könne niemals schaden, trug meine Sachen an das Land und vergrub sie, wie früher, an einer verborgenen Stelle des Gebüsches. Das Floß versteckte ich ebenfalls am Ufer, warf dann meine Büchse über die eine Schulter, setzte den Sapajou auf die andere und schlug raschen Schrittes den Waldweg ein. Nach kaum einer Viertel-Stunde sah ich plötzlich eine große Lichtung vor mir und blieb überrascht stehen.

Eine Anzahl von indianischen Carbets stand regellos gruppirt um zwei mächtige Avogadobäume, die ein Garten mit einer starken Einfriedigung von Pfählen und Lianen umgab. Die Hütten waren verlassen; nirgendwo zeigte sich ein menschliches Wesen. Beim Näher= treten erblickte ich zwischen den unteren Aesten des einen Baumes, etwa 15 Fuß über dem Boden, eine Art von Bretterhütte, über welcher sich ein Kreuz erhob. Eine kleine Glocke hing darin; in das Innere konnte ich wegen des hohen Zaunes nicht hineinsehen. War das die Mission? Kaum konnte ich es mir denken; doch sollte ich es bald erfahren.

IX.

Ein Missionär im Urwalde. — Idyllisches Leben. — Pekari- und
Schildkrötenjagden. — Ein gefährlicher Cascavel. — Elektrische
Schlangen.

Die Garbers mußten nicht lange von den Indianern verlassen worden
sein, denn die Wege zwischen ihnen waren noch nicht wieder von
Pflanzenwuchs überwuchert. Hie und da standen noch zurückgelassene
Töpfe, die aber bereits ganze Bevölkerungen von Insekten enthielten.
In einem hatte eine Schlange ihre Wohnung aufgeschlagen. Sie fuhr
mir, als ich herantrat, züngelnd entgegen, und ich hatte kaum noch Zeit,
sie mit der Büchse niederzuschlagen. Es war eine Lanzenschlange, die
erste von den vielen, die ich seitdem in Guyana und Brasilien sehen
und tödten sollte. Ich hatte diese Schlangenart in unsern Museen
oft gesehen und der Schiffsarzt, welcher die Antillen kannte, hatte mir
davon erzählt.

Die Lanzenschlange oder der Dreieckopf, Trigonocephalus, ist
eine der furchtbarsten Giftschlangen Südamerika's. Auf Martinique und
Guadeloupe ist sie trotz der Einführung des Schlangenvogels eine wahre
Landplage geworden, und die durch ihren Biß verursachten Todesfälle
von Menschen und Thieren sind so zahlreich, daß sie einen gewöhnlichen
Gegenstand der Unterhaltung bilden. Nur rasches Ausbrennen der
Wunde und Anwendung von Ammoniak kann Gebissene vom sicheren
Tod retten; die mit dem Leben davonkommen, leiden aber oft noch an
unheilbaren Geschwüren und Krebsschäden. Es muß auf Martinique
nach dem Berichte eines höchst nüchternen Reisenden, wie Paul Thor-
mois, dieser Schlange wegen für Europäer unerträglich sein, denn sie

schleichen sich häufig selbst in die Zimmer, stellen unter den Fußböden ihre Jagden nach Mäusen an und verschmähen auch die Hühner nicht. So erzählte er u. A.:

Die Lanzenschlange (Dreieckkopf, Trigonocephalus).

„Ich speiste eines Tages zu Mittag bei einem Einwohner von St. Pierre, dessen Haus am Boulevard lag. Beim Eintritt in den Speisesaal erblickten wir einen ungeladenen Gast: eine Lanzenschlange hatte auf einem der um den Tisch stehenden Stühle ruhig Platz genommen. Ein Schlag mit einem Stocke tödtete sie. Mehrere junge Damen sahen dieser Scene ohne die geringste Gemüthsbewegung zu, obgleich kurz vorher erzählt worden war, wie am selbigen Morgen ein Neger eines der anwesenden Gäste, als er einen Rechen zwischen zwei Fässern hervorholen wollte, von einem Trigonocephalus gebissen worden und bereits gestorben war. Man warf die todte Schlange in den Garten hinaus. Unser Wirth meinte, eine zweite Schlange würde uns ganz sicher im Laufe des Abends noch besuchen.

„Ich muß gestehen, mir wurde etwas unheimlich dabei. Eben ging das Essen zu Ende, als ein an der Gartenthür stehender Neger rief: Mi mouché second sépent qu'à véni! (Sehen Sie, Herr, da kommt die zweite Schlange!) Es war wirklich das Männchen, welches unruhig über das Wegbleiben seiner Gefährtin, ihrer Spur gefolgt war

Es näherte sich dem todten Körper und wickelte sich um denselben, als wolle es ihn wieder beleben. Einen Augenblick darauf hatte der Tod von der Hand des Negers beide vereinigt."

In Brasilien sind die Mangrovensümpfe von Santos in der Provinz San Paulo von Lanzenschlangen heimgesucht, und zwar von zwei Arten, der Javaraca, 4—5 Fuß lang, und der Surucucu, 8 Fuß lang. Glücklicherweise werden sie von einem erbitterten Feinde, der Caninana, einer nicht giftigen Schlangenart verfolgt, welche auch die Häuser und Carbets von Mäusen und allen andern Parasiten säubert.*)

Ich sah jetzt, daß die beide großen Bäume umschließende Einfriedigung einen umfangreichen Garten enthielt, aus dem noch mehrere Palmdächer hervorragten. Vielleicht war dort ein lebendes Wesen. Ich schritt rasch näher.

In diesem Augenblicke zog ein Ruf meinen Blick nach der entgegengesetzten Richtung. Aus einer Waldlichtung trat eben eine braune Gestalt, die ich beim Näherkommen als die eines Franciscaners erkannte. Er schien mich schon erblickt zu haben; denn er winkte von weitem mit der Hand und beeilte seine Schritte.

Es war ein ehrwürdiger Greis mit wallendem, weißem Barte, in den sich eine große Narbe auf der rechten Wange verlief.

Auf meine französische Begrüßung erwiederte er erfreut.

„Seien Sie willkommen, Landsmann! Ich danke Gott, daß er Sie in meine Mission geführt hat. Als Fremdling wären Sie in diesen Wildnissen verloren gewesen. Kommen Sie mit in meine Hütte und erquicken Sie sich zuerst mit Speise und Trank. Nachher können Sie mir erzählen, durch welches Geschick Sie in eine Gegend verschlagen worden sind, wohin sich so selten der Fuß eines Europäers verirrt."

Ich folgte ihm in den Garten. Seine Wohnung, nicht viel besser als ein indianisches Carbet, stand nebst einigen mit Palmblättern bedeckten Schuppen in der Nähe der großen Bäume. Eine Menge von Hausthieren: Enten, Hühnern, Papageien und andern Vögeln, lief und

*) Rapsold. Die Mangues von Santos. Mittheil. der geogr. Ges. von Hamburg. 1878.

flog uns entgegen. „Ich will Ihnen noch einen respectableren Gefährten vorstellen," sagte er und öffnete die Thüre eines Stalles, aus dem mit allen Zeichen der Freude ein Pekari hervorstürzte und wie ein Hund seinen Herrn mit Liebkosungen überhäufte. „Sie sehen hier meinen Kameraden, ein Pekari oder vielmehr Tagnicati der größten Art, das auf den Namen Porthos hört. Ich habe seine Zähmung von den Indianern gelernt, welche die Kunst, Thiere abzurichten, so gut verstehen, wie die Hindus. Es hatte zu Spielgenossen zwei Tapire, die uns jedoch im vorigen Monate die Jaguare geholt haben."

Als ich bewundernd den von Cocos- und Miritipalmen eingefaßten Garten mit seinen herrlichen tropischen Gewächsen anstaunte, sagte er: „Meine Cacao- und Kaffeepflanzungen werden Ihnen noch mehr gefallen. Ich hoffe sie in einigen Jahren so weit ausgedehnt zu haben, um eine größere Niederlassung hier zu gründen und Handelsleute hierher zu ziehen, — das beste Bekehrungsmittel. Vorläufig habe ich hier nur einen verlorenen Vorposten der Civilisation. Doch darüber wollen wir später reden."

Der Missionär führte mich nun in seine bescheidene Hütte, warf seinen Hausthieren reichliches Futter vor und zündete dann ein tüchtiges Feuer an. Das Essen war rasch bereitet. Er trug gekochtes Schildkrötenfleisch, Entenbraten, Mandiokabrod, Eier und Chocolade auf; und der Leser kann sich denken, wie ich mir diese lucullische Mahlzeit schmecken ließ. Sein Tischgeschirr war sehr dürftig; er besaß zum Trinken nur einen kleinen hölzernen Napf, die einzige Gabel hatte ihm ein diebischer Vogel fortgeholt. Ich half mir aber mit meinem Taschenmesser, das Näpfchen wanderte von dem einen zum andern, und so wurden wir ganz gut fertig. Zum Dessert sollte ich einen lang entbehrten Genuß haben: der Mönch holte aus einem wohl verschlossenen Kasten duftenden Tabak und machte ein Dutzend Cigarretten. Wir trugen hierauf den Tisch und den einzigen Stuhl, den er besaß, in's Freie unter den nächsten Avogadobaum. Ich setzte mich neben ihn auf einen Baumstamm, und so begannen wir denn bei einer Flasche Tafia (Zuckerbranntwein), die er aus einem Korbe hervorholte, eine behagliche Plauderei.

„Die Indianer," fing er an, „kennen mich nur unter meinem portugiesischen Klosternamen Padre Raphaelo, ich heiße jedoch Jean Baptiste Bouchard. Bevor ich in den Orden trat, dem ich jetzt angehöre, stand ich neun Jahre lang bei der Garde des großen Napoleon. Morgen erzähle ich Ihnen mehr von meiner Geschichte. Es wird für Sie besser sein, wenn Sie mir die Ihrige zuerst erzählen. Vielleicht ergeben sich daraus Entschlüsse, deren Ausführung keinen Aufschub erfahren darf."

Ich that wie er verlangte. Er hörte, ohne mich zu unterbrechen, zu und sagte dann mit nachdenklicher Miene:

„Ich freue mich allerdings, daß Sie Herrn de Ricard trafen und nach seinem Rathe mich hier aufsuchten, aber ich bin außer Stande, Sie nach Cayenne zu schaffen. Der französische Posten Mapa, 8 Stunden von hier, hat vor einigen Tagen seine Ablösung erhalten und wird 6 bis 7 Wochen ohne Verbindung mit der Hauptstadt bleiben. Auch fürchte ich für Ihre Gesundheit. Das Sumpffieber verschont keinen Ankömmling an dieser Küste."

„Rathen Sie mir denn nicht, nach Mapa zu gehen und dort die Gelegenheit abzuwarten?"

„Der Weg dahin durch den Urwald ist nur meinen Indianern bekannt, die noch mehrere Tage ausbleiben werden. Die Wasserfahrt dahin können Sie mit Ihrem schwachen kleinen Floß nicht wagen. Warten Sie zunächst die Rückkehr Ricards mit den Indianern ab. Wir werden dann sehen, was sich thun läßt."

„Ich will Ihrem Rathe folgen. Kann ich Ihnen während dieser Zeit nützlich sein?"

„In mehr als einer Hinsicht. Mein Vorrath an Schildkröten ist zu Ende und die Zeit des Einsammelns ihrer Eier ist auch da; Sie können mir daher schon gleich morgen hilfreiche Hand leisten. Außerdem ist mir Ihre Büchse höchst willkommen. Seitdem die kleine Besatzung von Mapa sich mit Jagen die Zeit vertreibt, hat sich eine Menge Wild von jener Gegend hierher verzogen, wo ohnehin schon genug vorhanden war. Ich meine oft, in der Arche Noah's zu leben. Selbst ein Couguar hat sich hierher verlaufen und mir vor einigen

Tages einen Guatto-Affen geholt, der mir durch seine Gelehrigkeit und Anhänglichkeit viel Freude machte. Das arme Thier war auf die Einfriedigung geklettert, um meiner Rückkehr entgegenzusehen, und wurde dort von dem Couguar überrascht. Ich weiß nicht, weshalb man dieses überaus feige Raubthier den amerikanischen Löwen nennt, es flieht selbst vor Kindern und Hunden. Meine Pallisade dient mir auch nur gegen die Jaguare, Pekaris und Affen. Wenn man Guyana das Land der Affen genannt hat, so gilt dieses wohl am meisten von diesem Theile des Landes. Es gibt hier ein ganzes Dutzend verschiedener Affenarten von den Brüllaffen, Zapajous, Klammeraffen bis zu den kleinsten Unititi (Pinselaffen), Silberäffchen, Monitina's und Löwenäffchen. Schade, daß Sie kein Naturforscher sind: die Thier- und Pflanzenwelt ist hier unbeschreiblich reich an Merkwürdigkeiten, und ich begreife es, wie ein etwas überspannter Schriftsteller sagen konnte, die Natur im tropischen Amerika erscheine ihm fast wie die Traumschöpfung eines wahnsinnigen Gottes."

„Ich habe naturwissenschaftliche Kenntnisse genug," sagte ich, „um von vielen Dingen Verständniß haben zu können. Der Director unseres Kollegs war vernünftig genug einzusehen, daß die Macht und Größe einer Nation mehr auf der Entwicklung der Industrie und des Handels beruht als auf den Kenntnissen und Fähigkeiten, die uns das klassische Alterthum geben kann. Wie oft sagte er uns in der Klasse der Rhetorik: „Studiren Sie gründlich Latein und Griechisch, das Alphabet der modernen Cultur, aber lassen Sie nicht die modernen Wissenschaften und Literaturen bei Seite liegen. Sie würden sonst beständig in den wissenschaftlichen Kinderschuhen der Alten stecken bleiben." Namentlich munterte er uns zum Privatstudium der Naturwissenschaften, der Anthropologie und Ethnographie auf, welche allein den Menschen vollständig geistig frei machen und auf die Höhe der modernen Bildung heben könnten. Doch verzeihen Sie, Padre, ich vergesse, daß ich mit einem Theologen vielleicht nicht so sprechen darf."

„Warum nicht mein Sohn? Jeder Mensch hat das Recht seine Meinung zu äußern und zu debattiren. Wie sollten sonst Irrende belehrt werden? Ich gehöre nicht zu den Theologen, die den Irrthum ein Verbrechen nennen und ihn mit Feuer und Schwert ausrotten möchten. Was Sie soeben sagten, mag ich Ihnen nicht bestreiten, da mir, offen gesagt, die Kenntnisse dazu fehlen, den Werth der Naturwissenschaften in Bezug auf die geistige Freimachung des Menschen zu beurtheilen. Mir scheint es doch fraglich, daß dieselben in gleichem Maße wie die Religion den Menschen sittlich frei machen, d. h. ihm die Herrschaft über seine Leidenschaften verschaffen können. Wenn die Verneiner der Naturwissenschaften dieses einmal vermögen, so sollen sie als Mitarbeiter an der Vervollkommnung der Menschheit willkommen sein."

„Sie vermögen das wirklich, Padre, überall wo vernünftige religiöse Begriffe ihre Wirksamkeit erleichtern. Die Naturforscher selbst sind ja, wie Jeder weiß, fast ohne Ausnahme die besten harmlosesten Menschen, und, um von Ihrem Standpunkte aus zu sprechen, richtige religiöse Begriffe, wahre Kenntniß von der Gottheit, kann nur der haben, welcher das schönste Werk derselben kennt."

„Hierin mögen Sie Recht haben. Nur die Unkenntniß der Natur hat manche Religionen mit Gespenstern und krankhaften Schöpfungen der Phantasie erfüllt. Alles was das Heidenthum Absurdes oder Entsetzliches enthält, beruht auf Unkenntniß oder unvernünftigen Verzerrungen der Natur. Sie selbst ist keine sittliche Macht. Das habe ich hier bei meinem Bekehrungswerke handgreiflich erkannt. Die Indianer, die ein reines Naturleben führen, und ganz von der allgewaltigen Natur dieser üppigen Länder beherrscht werden, sind für die Lehren des Christenthums fast ganz unzugänglich. Die Bekehrung des kleinen Häufleins Indianer, welche sich um meine Hütten angesiedelt haben, verdanke ich nicht ihrer vernünftigen Einsicht, nicht der Erkenntniß der Wahrheiten, die ich ihnen predigte, sondern meinen persönlichen Eigenschaften und den Wohlthaten, den Vortheilen, die sie durch mich und die Beziehungen mit den Weißen erlangen. Ich mache mir darüber keine Illusionen. Die Natur ist hier übermächtig, sie wird stets auch die vernünftigste Religion in die niedrigen Regionen der Materie und der Sinnlichkeit herabziehen."

„Wenn Ihre Erfolge hier so gering sind, weshalb suchen Sie denn nicht ein reicheres Feld der Thätigkeit?"

„Diese Frage habe ich mir selbst schon gestellt und mir geantwortet: Was? du bist ein alter Soldat der Garde und sollst dich hier von der Barbarei besiegen lassen? du sollst allein zurückweichen, während hunderte deiner Mitbrüder fortfahren, dem gräulichen Heidenthume in Brasilien und Guyana, welches bei mehreren Völkerschaften sogar in Menschenfresserei ausgeartet ist, Schlachten zu liefern? Nimmermehr! Die kleine Schanze, die ich hier erobert habe, will ich wenigstens behaupten, vielleicht erringe ich, mit Gottes Hülfe, einmal einen glänzenderen Erfolg. — Doch jetzt haben wir heute genug geplaudert, Sie bedürfen der Ruhe. Ich will Ihre Hängematte zurecht machen."

Unter einem guten Mostitonetz schlief ich diese Nacht vortrefflich bis an den Morgen. Das Frühstück wartete meiner schon. Da wir erst in der kommenden Nacht auf den Schildkrötenfang gehen sollten, so rieth mir der Padre den Tag der mir so nöthigen Ruhe zu widmen. Ich that dieses um so lieber, da sich beim Erwachen mein Kopf sehr angegriffen zeigte und P. Raphaelo meinte, es könne leicht ein Vorbote des Fiebers sein. Ich hatte wie viele Mitreisende aus Marseille eine Quantität Chinarinde mitgenommen und führte eine starke Dosis davon stets bei mir. Aus Vorsicht nahm ich dieselbe und setzte mich dann unter den Avogadobaum, um mich zu beschäftigen. Während der Missionär nach seinen Thieren und Pflanzungen sah und darauf mit der Angel an den Fluß ging, machte ich mich daran, aus herbeigeholten Aesten mit Hülfe meines Säbels einen Stuhl zu verfertigen. Ich brachte wirklich nach mühsamer Arbeit eine Art von Dreifuß zu Stand, der trotz seiner unförmlichen Gestalt die höchste Zufriedenheit des Padre erregte, als er zwei Stunden nachher mit reichem Fange zurückkehrte.

„Ein großes Rudel Pecaris ist in der Nähe," sagte er. Haben Sie Lust dazu, so will ich Sie diesen Nachmittag auf den Anstand führen, und Sie können uns für die Küche ein Supplement liefern. Es ist nicht weit von hier, sonst würde ich Ihnen den Vorschlag nicht gemacht haben."

Ich erklärte ihm meine Bereitwilligkeit dazu, und Nachmittags, nach der obligaten Siesta, machten wir uns auf den Weg. Auf

Pfaden, die offenbar von Menschenhand ausgehauen waren, schritten wir schweigend eine halbe Stunde lang durch den niedrigen Theil des Waldes, in welchem sich hie und da Lichtungen befanden.

Plötzlich blieb der Padre stehen und winkte mir zu, den Finger auf den Mund legend. Gleich darauf hallte ein dumpfes Grunzen unter den Bäumen wieder: die Schweine befanden sich ungefähr zweihundert Schritte weiter auf einer Waldblöße, die wir durch das Laub schimmern sahen.

„Bleiben Sie hinter diesem dicken Baume stehen; ich will Ihnen das Rudel zutreiben. Es könnten Eber darunter sein, die kühn und wüthend genug wären, Sie anzugreifen. In diesem Falle müssen Sie sich auf den nächsten besten Baum retten, weil Sie sonst von einigen hundert Bestien zugleich angefallen würden. Einmal auf den Boden geworfen, wären Sie verloren. Die Hauptsache ist, sie sogleich zu überraschen und zu erschrecken; alsdann fliehen sie wie die Schafe blindlings und in toller Hast."

Während er seitwärts ging, stellte ich mich so hinter einen Baum, daß ich eine Strecke des Pfades und einen Theil des hier ziemlich dünn stehenden Gebüsches übersehen konnte.

Etwa zwanzig Minuten darauf schallte ein kurzes, scharfklingendes Gebrüll fast wie ein lauter Warnungsruf durch den Wald, dem sofort ein fürchterliches, vielstimmiges Grunzen folgte; und die ganze Schaar stürzte in rasender Eile, von Entsetzen ergriffen gerade auf mich zu. Hinter meinem Baum verborgen ließ ich die ersten vorüberrennen; aber in dem Augenblicke, wo der Pfad und was ich gegenüber an freien Waldstellen sehen konnte, von laufenden Schweinen angefüllt war, feuerte ich meine beiden Schüsse mitten hinein. Der doppelte Knall meiner Büchse machte die Thiere noch toller vor Angst; in weniger als einer Minute waren sie alle verschwunden. P. Raphaelo, der jetzt hinter der Heerde herbeikam, half mir suchen. Wir fanden nur ein junges Thier, dem eine meiner Kugeln ein Bein zerschmettert hatte.

„Laden Sie rasch," sagte er, „die Sau wird sogleich hier sein."

Er hob das Thierchen auf, welches jämmerlich schrie. Ich war kaum fertig, als die Mutter auch schon heranstürzte und sich in blinder

Wuth auf den Padre werfen wollte. Eine Kugel streckte sie nieder. Wir trugen unsere Beute heim. Das größere Thier wurde von meinem Wirthe boucanirt, d. h. auf indianische Weise geräuchert und gedörrt, das kleinere mit einem Fische zum Abendessen verzehrt, wobei Porthos die Reste seines Stammesgenossen sich wohl schmecken ließ.

Nach dem Essen setzten wir uns wieder unter den Avogadobaum und P. Raphaelo erzählte mir seine Lebensgeschichte. Er wurde warm dabei und gerieth zuletzt in jenen echt französischen Soldatenton, für den ich immer, offen gestanden, viel Liebhaberei gehabt habe. Als Sohn eines wohlhabenden Pächters aus der Touraine war er 1808 in die Armee eingetreten und hatte die Feldzüge Napoleons bis 1814 mitgemacht. Er schloß seine begeisterte Schilderung der Schlachten des Kaiserreiches mit den Worten:

„Seine Soldaten, seine Grognards (Murrköpfe) haben dem Kaiser mehr Schlachten gewonnen, als seine besten strategischen Pläne. Er konnte mit vollster Sicherheit auf uns zählen, denn wir waren alle bereit, jeden Augenblick ohne Bedenken für ihn und für Frankreich zu sterben."

„Das war schön, Padre," sagte ich. „Es geht doch nichts über Soldatentreue, über jene Hingebung für Kaiser und Vaterland, für eine große Sache! Wie mächtig und herrlich stand doch damals Frankreich unter den Völkern! Und jetzt?"

„Wir wollen nicht von der Gegenwart sprechen. Ich mag nichts davon wissen. — Mit dem Tode des Kaisers war meine letzte Lebenshoffnung in das Grab gestiegen. Ich war der elenden Gegenwart überdrüssig. Bei Champaubert war ich schwer verwundet und halb erfroren von einem Dorfpfarrer der Umgegend aufgehoben und zwei Monate lang gepflegt worden. Der Eindruck, den das stille, glückliche Leben unter harmlosen Menschen, nach all den Schrecknissen des Krieges, die ich gesehen, auf mich machte, war sehr tief gewesen; die Erinnerung daran kehrte jetzt mit doppelter Stärke wieder. Ich beschloß, den Rest meines Lebens einer ähnlichen friedlichen Thätigkeit zu widmen und Missionär zu werden. Vielleicht hatte jedoch mein durch die vielen Feldzüge geweckter abenteuerlicher Sinn großen Antheil an diesem Ent=

schlusse. Ich trat also in den Franziscaner-Orden, wurde nach Portugal zu meiner Ausbildung geschickt, von dort nach Brasilien als Missionär und zuletzt hierher nach dem streitigen Gebiete Guyana's, wo ich gleichsam mitten zwischen den Brasilianern und meinen Landsleuten stehe. Hier arbeite ich schon seit 20 Jahren, allerdings mit nur geringem Erfolge. Vielleicht wird ein größeres Gebiet für die Civilisation gewonnen, wenn sich einmal die Handels- und Freundschaftsbeziehungen zwischen den Indianern und den Europäern vermehrt haben werden.

„Wie ist es Ihnen denn gelungen, hier unter den Indianern Fuß zu fassen?"

„Durch einen merkwürdigen Zufall. Ich hatte mich oberhalb des Cap Nord, wo damals der Stamm der Ancuyenus des Fischfangs wegen lagerte, an das Land setzen lassen. Die Indianer nahmen mich zwar nicht feindselig auf, da sie sahen, daß ich ohne Waffen war, allein sie behandelten mich mit Zurückhaltung und Argwohn. Ihr Häuptling, der gebrochen portugiesisch sprach, erklärte mir, sie wollten zwar gestatten, daß ich in ihrer Nähe bliebe, aber ich dürfte ihnen bei der Heimkehr nicht folgen. Ihr Wahrsager habe schon längst ein großes Unglück prophezeit, wenn ein christlicher Zauberer in ihr Dorf käme.

Ich antwortete nichts darauf, sondern nahm aus dem Vorrathe in meinem Mantelsacke ein hübsches Beil und schenkte es dem Häuptling mit der Bitte, mir beim Bau eines Carbets behilflich zu sein. Hoch erfreut rief er einige Indianer herbei, mit deren Hülfe in wenigen Stunden eine Wohnung für mich fertig war. Ich hing meine Hängematte darin auf, nahm mein Brevier zur Hand und setzte mich vor mein Carbet, um zuerst einmal das Leben und Treiben der Indianer zu betrachten.

Ich wunderte mich über die Ruhe und das freundliche Wesen, womit diese Kinder der Wildniß ihren Beschäftigungen nachgingen. Kein Zank, kein Schelten noch Geschrei fand statt; in dieser Hinsicht hätte jedes französische Dorf viel eher eine Mission nöthig gehabt.

Aus dem nahen Walde kehrten eben einige Frauen mit Holzbündeln heim. Plötzlich ließ sich im Walde ein durchdringender Schrei vernehmen. Mehrere Knaben stürzten hervor und einer derselben, ein prächtiger Junge von fünf Jahren, eilte zu einer der Frauen, jedenfalls seiner Mutter, welcher er seinen Arm zeigte.

Ein Schreckensruf der Frau, die ihr Holz fallen ließ, zog alle Indianer und auch mich herbei.

„Dein Sohn ist gebissen!" rief sie einem der Männer, die mir beim Baue meines Carbets geholfen hatten, entgegen.

Der Indianer untersuchte den Arm des Knaben, der schon anzuschwellen begann und an der durch zwei Blutströpfchen bezeichneten Stelle des Bisses sich schon blau färbte.

„Es ist ein Cascavel (eine Klapperschlange)," sagte er. „Ich kann nicht helfen; der Mura (Wahrsager) allein vermag zu heilen; er ist weit von hier im Dorfe am See. Weib, der Sohn wird sterben."

Der Häuptling trat auch hinzu, besah die Verwundung und sagte: „Es ist ein Cascavel."

Dann blieben beide Männer, ohne ein Wort weiter zu sagen, stehen; keine Miene verrieth eine Gemüthsbewegung. Die Mutter nahm, von Schmerz und Verzweiflung ergriffen, das jammernde Kind in ihre Arme, setzte sich auf den Boden und überströmte es mit ihren Thränen.

„Sie glauben also, daß der Knabe sterben wird?" sagte ich zum Häuptling, betroffen über die scheinbare Gleichgültigkeit der Männer, während die Mutter in Schmerz verging.

„Ganz gewiß," antwortete er, „in zwei Stunden."

„Das soll nicht geschehen!" rief ich. „Es soll nicht gesagt werden, ich habe einen Menschen sterben lassen, ohne auch nur den Versuch gemacht zu haben, ihn zu retten."

Ich befahl einem der Indianer, mir einen brennenden Ast vom nächsten Feuer zu holen, näherte mich dann der Mutter und sagte sanft zu ihr:

„Ich will versuchen, das Kind zu retten; aber ich werde ihm wehe thun müssen."

„Retten Sie es um jeden Preis," erwiederte die Frau mit einem ungläubigen Blicke und dabei zeigte sie mir den schon sehr angeschwollenen bläulichen Arm des Knaben. Man konnte die Fortschritte des Giftes nach den Schultern hin deutlich erkennen.

Der Vater und der Häuptling hörten schweigend zu. Die übrigen Indianer bildeten einen Kreis und sahen mit der gespanntesten Neugierde den Dingen entgegen, die da geschehen sollten.

Ich zerriß mein leinenes Schnupftuch in zwei Theile, machte eine Binde daraus, kniete dann vor den Knaben und unterband ihm den Arm, so fest ich konnte, oberhalb der Wunde. Hierauf machte ich mit meinem Taschenmesser auf jeder der äußerst kleinen Bißwunden einen tiefen Kreuzschnitt und drückte von beiden Seiten die Wunde, um das Gift herauszupressen. Einen Augenblick schwankte ich noch, dann aber mit einem Blicke die weinende Mutter, mit einem anderen das ächzende Kind ansehend, murmelte ich: „Gott befohlen!" und drückte meine Lippen auf die Wunde.

Vergebens wollte der Häuptling mit dem Ausrufe: „Es ist zu spät!" mich zurückreißen; ich sog aus allen Kräften beide Wunden nach einander aus, nur zuweilen eine kurze Pause machend, um Athem zu schöpfen. Als ich alles Gift herausgesogen zu haben glaubte, stand ich auf und sah die Mutter an. Die Indianerin blickte mit thränengefüllten Augen dankbar zu mir auf; ihr sanftes Auge, verschleiert wie der Blick so vieler Indianer, rührte mich fast zu Thränen.

„Hierauf nahm ich den Feuerbrand aus der Hand des Indianers und drückte die glühende Kohle auf die Wunde. Das Kind schrie und wand sich entsetzlich; aber die Mutter, durch die Hoffnung stark gemacht, hielt es fest und die Operation gelang. Ich gab demselben nun in Wasser aufgelöst, einige Tropfen Ammoniak, die in Amerika jeder Reisende bei sich trägt, und trat dann zurück mit dem Bewußtsein, alles Nöthige gethan zu haben, während die Mutter fortfuhr, das Kind in ihren Armen zu wiegen.

Der Häuptling, welcher lautlos der ganzen Scene zugesehen hatte, näherte sich mir jetzt und sagte:

„Der weiße Mann ist gut. Der Stamm der Nucnyenus wird ihm niemals feindlich sein."

Der Vater drückte mir schweigend die Hand, aber ich konnte

in seinem Blicke dasselbe Gefühl lesen, welches die Indianerin offen zu erkennen gab.

„Ich will den Cascavel suchen," sagte er zu den Umstehenden. Der ältere Bruder des Knaben zeigte ihm den Weg nach der Stelle, wo die Klapperschlange das Kind gebissen hatte. Ich folgte ihnen mit mehreren Indianern in das Gebüsch.

„Hinter diesem Baum kam der Cascavel hervor, als wir vorbeigingen," sagte der Knabe und blieb stehen, auf eine junge Palme zeigend. Alle machten Halt und horchten. Es war kein Laut zu vernehmen.

Plötzlich sahen der Indianer und sein Sohn sich einander an, und letzterer deutete auf eine freie sonnige Stelle etwa 15 Schritte davon entfernt.

Ich trat mit den Anderen etwas näher, blieb aber jeden Augenblick stehen und horchte, da ich bei jedem Schritte das scheußliche Thier emporfahren zu sehen fürchtete. Endlich glaubte ich ein raffelndes Geräusch zu hören, fast wie das leise, rasch wiederholte Aussprechen eines S.

Der Indianer zeigte uns mitten auf dem lichten Platze einen schwarzen, fast kugelförmigen Flecken, der sich über den mit dürren Blättern bedeckten Boden erhob.

„Es ist eine Mutterschlange; sie hat ihre Jungen bei sich. Ich will meine Flinte holen. Bewegt euch nicht von der Stelle; sie würde sich sonst auf euch stürzen."

Keiner rührte sich. Ich sah jetzt deutlicher ein gelbliches, schwarzgeflecktes, knäuelartiges Geflecht, welches fast unbeweglich in der Sonne glänzte; dann wurde das Rasseln stärker, und in der Mitte erschien ein schwärzlicher, platter Schwanz, der sich heftig hin und her bewegte.

Inzwischen war der Indianer mit seiner Flinte rasch zurückgekehrt. Er trat einige Fuß näher heran, zielte lange und gab Feuer.

Der Wind riß den Pulverdampf hinweg, und wir sahen das Reptil auf der Lichtung sich krümmen und winden.

„Nehmt euch in Acht!" sagte der Indianer, „der Cascavel ist nicht todt."

In der That, als die Schlange so viele Menschen herankommen sah, erhob sie ihren schwarzen, platten und glänzenden Kopf, riß ihren mit spitzen Zähnen bewaffneten Rachen auf und, indem sie sich reißend schnell fortringelte, kam sie gerade auf mich zu. Auf zwei Schritte Entfernung zog sie mit einer blitzschnellen Kraftanstrengung ihre langen Ringe ein und richtete sich fast mit ihrer ganzen Körperlänge senkrecht in die Höhe, bereit, sich auf mich zu stürzen.

Von Entsetzen gelähmt blieb ich wie an den Boden festgenagelt stehen.

„Flieh! Flieh!" rief der Indianer, während er eilig seine Flinte hinter einem Baum von neuem lud.

Vergebens! Ich hörte und sah nichts. Fast wie geblendet und festgebannt, sah ich dem Ungeheuer in den aufgesperrten Rachen. Ich war verloren, wenn nicht in diesem Augenblicke ein Indianer mit einem rasch abgebrochenen Baumzweige die Schlange zu Boden geworfen hätte. Mit unbegreiflicher Schnelligkeit stand sie wieder aufgerichtet da, um sich auf den neuen Angreifer zu werfen, als ihr ein Schuß aus nächster Nähe den Kopf zerschmetterte. Sie stürzte hin; auf dem Boden gab ihr ein anderer Indianer mit seinem Machete einen Hieb, der den Kopf fast vom Rumpfe trennte. Es war merkwürdig und zugleich grauenvoll zu sehen, wie der Schweif unaufhörlich rasselnd sich noch Secunden lang bewegte, geräuschvoll gegen die Wurzeln und abgefallenen Zweige schlug, und eine letzte Zuckung den Körper mit dem herabhängenden Kopfe emporhob.

Wir näherten uns nun dem unentwirrbaren Knäuel der jungen Klapperschlangen, der sich auf dem Boden krümmte. Einige Hiebe mit dem Machete theilte die gräuliche Kugel in viele zuckende Stücke. Der Indianer faßte die todte Schlange bei dem Schwanzende und schleppte sie in das Lager vor seine Hütte, wo die Mutter ihn erwartete.

„Der Cascavel ist todt," sagte er die Schlange hinwerfend.

„Der Sohn schläft," erwiederte die Frau und zeigte ihm das Kind dessen Arm noch violett und bis an's Ende geschwollen war. Der Indianer sah den ruhig schlafenden Knaben eine Weile an, und ein Lächeln erhellte seine sonst so unbeweglichen Züge.

„Unser Sohn ist gerettet!" sagte er und drückte mir noch einmal schweigend die Hand.

Seit dieser Zeit sorgte die Familie täglich für meine Bedürfnisse: der Indianer brachte mir Wildpret und Fische, die Frau machte mir Maniokabrod und der gerettete Knabe, der eine Woche nachher gesund und munter umherlief, war mein steter Begleiter und leistete mir allerlei kleine Dienste. Natürlich benutzte ich diese freundschaftlichen Beziehungen, um mein Bekehrungswerk zu beginnen, und hatte bald die Freude, die ganze Familie taufen zu können.

Als der Stamm vom Cap Nord heimzog, durfte ich trotzdem in ihr Dorf am Manaye-See nicht mitgehen; ich mußte mich hier niederlassen, obgleich bei besonders hoher Prororokta die ganze Gegend unter Wasser gesetzt wird. Ich habe deshalb auch, um in diesem Falle eine Zuflucht zu haben, mein Kapellchen, die Zauberhütte, wie die Indianer es nennen, so hoch gebaut.

Außer dieser Familie gewann ich nach und nach noch einige andere, so daß unsere kleine Gemeinde jetzt vierzig Seelen zählt, ein für die langjährige Arbeit höchst geringes Resultat. Ich wäre schon zufrieden damit, wenn mir nicht zuweilen der geistige und sittliche Gewinn der Christianisirung der südamerikanischen Indianer überhaupt als eine Illusion erschiene. Ich habe Ihnen ja schon eine Andeutung darüber gemacht.

Der Indianer ist und bleibt auch als Christ ein Kind der Sinnenwelt, und die dogmatischen Abstractionen des Christenthums haben keine Gewalt über ihn; er begreift sie entweder nicht, oder paßt sie seinen mit der Muttermilch eingesogenen Anschauungen an. Auch aus dem Cultus macht er überall ein Zerrbild, und wenn Sie sich davon überzeugen wollen, so brauchen Sie nur einmal eine Frohnleichnamsprozession in einer Ortschaft am Amazonenstrome anzusehen; eine absurdere, groteskere Maskerade kann die celtische Phantasie unserer Romanschreiber nicht ersinnen. — Doch jetzt ist es Zeit zum Schlafengehen. Wir müssen diese Nacht bei Zeiten aufbrechen.

Ich stieg in meine Hängematte. Der Padre weckte mich gegen zwei Uhr; er hatte wie Tages vorher schon Chocolade gemacht. Wir fügten gegen die Nachtluft, wie er sagte, noch einen tüchtigen Schluck Tafia hinzu und machten uns dann auf den mir bereits bekannten Weg. Ich trug meine Jagdtasche und meine wohl geladene Büchse, der Padre einige Geräthschaften und Mundvorräthe.

Wir sahen bald die Wasserfläche des Flusses durch die dunklen Bäume glitzern, gingen aber nicht sogleich an das Ufer. Ein Pfad, dessen Anfang an unserem Wege äußerst sorgfältig im Gebüsch versteckt war, führte uns in etwa 20 Minuten zu einer eben so gut verborgenen Blätterhütte am Ufer.

„Hier ist unser Standort," sagte der Padre. „Wir können von hier eine große Strecke des Ufers übersehen. Wir dürfen aber den Schildkröten durchaus nicht unsere Anwesenheit verrathen."

Eine Viertelstunde lang mochten wir so lautlos gestanden haben, als sich in der Ferne ein Plätschern hören ließ und der Fluß stellenweise aufzuwallen schien. Der Padre stieß schweigend meinen Arm an, um mich zu benachrichtigen; die Schildkröten kamen.

Das Geräusch wurde stärker, änderte sich jedoch in seltsamer Weise; statt des Plätscherns hörten wir ein Getöse, wie wenn Holzstücke übereinander gerieben werden. Es waren zahllose Schildkröten, welche an das Ufer stiegen, sich hastig drängten und übereinander kletterten, um schneller fortzukommen.

Die vor uns liegende Uferstrecke war wohl hundert Meter breit, mit gestrandeten Baumstämmen und sumpfigen Stellen bedeckt, ein Platz, wie ihn die Schildkröten zum Eierlegen lieben.

Wir ließen sie ruhig bis an den Rand des Waldes sich verbreiten. Sie kratzten in verschiedenen Gruppen mit ihren Vorderfüßen ungemein rasch lange, fußtiefe Gräben auf, ließen sodann ebenso schnell eine Menge Eier (jede 40—60) hineinfallen und scharrten mit ihren Hinterfüßen den Graben wieder voll Erde.

„Jetzt ist es Zeit," rief der Padre. Wir stürzten mitten in die Schaar und begannen so viele Schildkröten, als wir erwischen konnten, auf den Rücken zu legen. Es gelang uns wenigstens mit 90—100.

Als der Tag erschien, schnitten wir denselben die Sehnen an den vier Füßen ein, damit sie nicht fortlaufen könnten, und schleppten sie dann hinter die Laubhütte, wo sich das Magazin des Padre, eine mit starken Palisaden umgebene Grube befand. Wir warfen sie hinein und bedeckten sie mit nassen Blättern und Zweigen.

Nun ging es an das Einsammeln der Eier, deren wir wohl 1000 hervorscharrten und in die Hütte schafften. Dort wurden sie durchlöchert, in einen großen irdenen Topf geworfen und zerstampft. Der Topf, bald mit einer gelben öligen Masse angefüllt, wurde auf das Feuer gesetzt, das Oel abgekocht und abgeschäumt, zuletzt mit einer Quantität Salz vermischt auf Krüge gefüllt. Bekanntlich dient dieses Oel in ganz Brasilien und Guyana zur Beleuchtung; Indianer und Neger brauchen es auch zum Kochen.

Da wir rüstig arbeiteten, so waren wir gegen 10 Uhr fertig und ließen uns das reichliche Frühstück, das der Padre aus unserer Jagdbeute bereitete, vortrefflich schmecken. Wir hatten vor, erst Nachmittags nach der Siesta zur Mission zurückzukehren.

Das klare Flußwasser war so einladend, daß ich vor Antritt der Rückkehr ein Bad nahm.

„Gehen Sie nicht zu weit hinein," sagte Raphaelo „und schauen Sie nach den Kaimans aus; ich werde dasselbe vom Ufer aus thun."

Ich stieg in das laue Wasser und plätscherte darin mit großem Wohlbehagen. Eben wollte ich dem Ufer zu schwimmen, als ich einen Schlag wie von einer elektrischen Batterie erhielt, der mir ein Bein fast lähmte.

Ich stieß einen durchdringenden Schrei aus und griff um mich. Meine Hand faßte den dicken, schlüpfrigen Leib einer schwarzen Schlange und erhielt im selbigen Momente einen noch stärkeren Schlag, der den Arm erstarren machte und den ganzen Körper schmerzhaft durchzuckte.

Mit einem neuen Schrei sank ich unter das Wasser, von der Schlange verfolgt, die über meinen Körper hin und her glitt und bei jeder Berührung mir die fürchterlichsten elektrischen Schläge versetzte.

Ich verlor die Besinnung, als mich eine kräftige Hand erfaßte, emporriß und an das Ufer zog. Es war der Padre, welcher gleich beim ersten Rufe, nach Abwerfung der Kutte, in den Fluß gesprungen war.

Einige Minuten lang blieb ich ohne Besinnung. Als ich wieder zu mir kam und dem Padre für meine Rettung dankte, sagte er:

„Es wäre bald zu spät gewesen. Hätte übrigens der Puraqué, wie man diesen Zitteraal in Brasilien nennt, noch Begleiter gehabt, so waren wir beide des Todes. Es wundert mich, daß Sie noch keine Bekanntschaft mit diesem gräulichen Thiere gemacht haben. Es ist hier zu Lande und am untern Amazonenstrome äußerst häufig; zahllose Lagunen sind damit so angefüllt, daß die meisten anderen Fische daraus verschwinden."

„Ich hielt das Thier für eine Schlange."

„Man nennt den Puraqué auch die elektrische Schlange; er ist aber eben so wenig eine Schlange wie unsere harmlosen Aale. In den Flüssen findet er sich häufig genug. Selbst vor der Stadt Para kommen jährlich zwei oder drei Badende durch ihn um."

„Wie wagt man denn überhaupt noch zu baden?"

„Gerade wie man in der Loire trotz des Treibsandes, in der See trotz der Haifische badet. Nicht alle Ufer sind gefährlich; auch greifen nicht alle Zitteraale die Menschen an; meistens sind es nur solche, welche Junge haben und von der Annäherung an ihre Brut abhalten wollen. In gefährlichen Lagunen badet überhaupt Niemand."

Der Zitteraal, der mich angriff, schien mir mehr als vier Fuß lang zu sein.

„Sie werden gewöhnlich 3—5 Fuß lang; doch sollen sich in den großen Seen und sumpfigen Savannen des Rio Branco an der südwestlichen Gränze von Guyana elektrische Schlangen befinden, die 15—20 Fuß lang und 8—10 Zoll dick, unbeweglich wochenlang auf derselben Stelle liegen bleiben. Vögel und vierfüßige Thiere, welche in ihre Nähe kommen, werden schon aus einiger Entfernung gelähmt und dadurch leicht ihre Beute. Vielleicht hat die Phantasie der Indianer, denen die Thiere einen so tödtlichen Schrecken einflößen, daß sie angegriffenen Kameraden nie zu Hülfe kommen, diese Verhältnisse vergrößert, aber dieses Tropenland birgt so viele Merkwürdigkeiten der Thier- und Pflanzenwelt, daß wohl ein Zitteraal von 20 Fuß Länge möglich sein kann.*)

---
*) Humboldt stellte einst beide Füße auf einen gefangenen Zitteraal und erhielt einen so heftigen Schlag, daß er den ganzen Tag Schmerzen im Knie

Sobald ich mich so weit erholt hatte, daß ich gehen konnte, brachen wir auf; vorher vergewisserte ich mich jedoch, daß der Versteck meiner Sachen noch unberührt war. Wir schlugen den Waldweg ein, der zur Mission führte, als der Padre an einem mächtigen Ceibabaume stehen blieb und sagte:

„Man weiß nicht, was geschehen kann. Wir können getrennt werden, und dann wären Sie hülflos in dieser Wildniß. Da Sie mit Ihrem schwachen kleinen Fahrzeuge an der Seeküste nichts anfangen können, so will ich Ihnen ein Rettungsmittel zeigen: das Floß, mit dem meine Indianer ihre Producte längs der Küste und flußaufwärts nach dem französischen Posten, ja selbst nach Conani am Mayacare 25 Stunden weiter bringen. Im Nothfalle können Sie es benutzen."

Hinter dem Baume begann ein schmaler Pfad, dem wir etwa ¼ Stunde lang folgten. Wir gelangten an das Ufer einer kleinen Bucht, die durch eine vorspringende, mit Bäumen und Gesträuch bewachsene Landzunge den Blicken vom Flusse aus fast ganz entzogen war, und hier lag, unter Gebüsch sorgfältig verborgen, das Floß. Es war über 20 Fuß lang, sehr solide mit Lianen zusammengefügt und trug einen Mast mit geflochtenem Segel, eine Hütte und einen Holzverschlag zum Bergen der Lebensmittel.

„Die Wollbaumstämme, aus denen es besteht," sagte der Padre, „schwimmen äußerst leicht, und Sie können es um so besser dirigiren, da Sie ja an der provenzalischen Küste das Steuern und das Richten der Segel gründlich gelernt haben. Lassen Sie daher Ihren Koffer nur an der Stelle, wo Sie ihn geborgen haben; Sie brauchen ihn,

---

und fast in allen Gelenken fühlte. Walsh, Jugenhouz und Fahlberg haben den elektrischen Funken sichtbar gemacht. Sie klebten zwei Goldblättchen, eine Linie von einander entfernt, auf eine Glasscheibe und sahen den elektrischen Funken aus einem Blättchen in das andere überschlagen, als sie den Fisch aus dem Wasser nahmen und reizten. Walsh gelang dieses sogar zwölfmal. Der elektrische Apparat besteht aus mehreren Schichten sechseckiger, mit Gallert und Blutgefäßen gefüllter Zellen auf beiden Seiten des Körpers bis an das Schwanzende. Maren erhielt 1880 einen großen Zitteraal aus Para, der zahm wurde, aber nur schwache elektrische Schläge gab. B.

wenn es nöthig wird, nicht weit zu schleppen. Der Landungsplatz liegt kaum ½ Stunde unterhalb dieser Bucht."

Wir eilten hierauf, so schnell als es meine noch immer etwas gelähmten Beine erlaubten, der Mission zu, die wir bei Einbruch der Nacht erreichten. Nach dem Abendessen legte ich mich sogleich in meine Hängematte, denn ich war todesmüde.

Am andern Morgen übernahm ich selbst die Fütterung der Hausthiere, während der Missionär das Frühstück bereitete. Sie waren schon so zutraulich geworden, daß sie mir aus der Hand fraßen; am zurückhaltendsten blieben noch die Papageien. Porthos, dem ich die Fleischreste des Abendessens gab, zeigte sich außerordentlich dankbar und begann mir, wie seinem Herrn, überall zu folgen.

Der Padre führte mich nach dem Frühstücke in seine Cacaopflanzungen. Die 12—15 Fuß hohen Bäumchen standen in Reihen ungefähr 15 Fuß von einander und schienen vorzüglich zu gedeihen, da ihnen kleine Kanäle aus dem nahen Bache beständig die nöthige Feuchtigkeit zuführten.

„Ich habe mir zu dieser Pflanzung Bohnen aus Caracas kommen lassen, die hier zu Lande für die besten gelten. Jeder Baum liefert mir jährlich 2—3 Pfund Cacao."

„Nach der Zahl der Bäume zu schließen, müssen Sie alsdann eine höchst bedeutende Einnahme haben."

„Das wäre allerdings der Fall, wenn europäische Schiffe hierher kämen. So aber verbrauchen wir selbst einen Theil, einen andern nimmt uns Ricard ab und das Uebrige schaffen meine Indianer zum Verbrauch der paar Soldaten nach Mapa."

Die Kaffeeplantage war in ähnlicher Weise musterhaft angelegt und versprach reichlichen Ertrag.

Beim Abendessen äußerte P. Raphaelo seine Unruhe darüber, daß Ricard mit den Indianern noch nicht zurückgekehrt sei.

„Sie müssen doch wissen," sagte er, „daß bei der bevorstehenden Prororokka die ganze Gegend am Cap Nord der Ueberschwemmung ausgesetzt ist und der Rückweg ihnen abgeschnitten werden könnte. Es muß ihnen etwas zugestoßen sein. Leider ist es bis zum Carapapuri,

Hausthiere des Padre (S. 122).

wo sie fischen, zu weit, um daran denken zu können hinzugehen; aber zwei Stunden von hier beginnt ein niedriger Ausläufer des Gebirgszuges von Guyana und von dort kann man einen Theil des unteren Flußufers übersehen. Sind ihre Kähne auf der Rückkehr begriffen, so werde ich das jedenfalls erkennen können. Morgen frühe gehe ich hin, während Sie die Mission hüten."

„Fürchten Sie nicht unterwegs von einem Jaguar angegriffen zu werden?"

„Ein alter Soldat ist nicht furchtsam. Uebrigens nehme ich mein Machete und eine alte Pistole mit, die ich aus meinen Feldzügen mitgebracht habe. Ich dachte, sie könnte mir gegen wilde Thiere von Nutzen sein."

„Ich werde während der Zeit dem Couguar aufpassen, der sich hier herumtreibt, wie Sie sagten."

„Zuletzt habe ich seine Spur an der Kaffeepflanzung gesehen. Sie können ihn durch eine Lockspeise herbeiziehen, doch hüten Sie sich, daß er Sie wittert. Er wagt sich selten in die Nähe der Menschen. Legen Sie sich in Schußweite von der Lockspeise und gegen den Wind eine Jägerhütte von dichtem Laubwerk an. — Doch ich habe vergessen, Ihnen mein Observatorium zu zeigen. Es ist allerdings zu spät, um hinaufzusteigen, allein Sie werden es morgen ohne Mühe finden. Es befindet sich nämlich oberhalb meines Kapellchens auf der Spitze des Baumes. Sie können von dort den ganzen niedrigen Theil des Waldes flußaufwärts übersehen und namentlich eine kleine Savanne erkennen, über die mein Weg führt; nach Nordwesten sehen Sie sogar über den Mangrovenwald an der Küste hinweg das Meer und die Insel Maraca."

Während unseres Gespräches war die Nacht vollständig hereingebrochen, und der Missionär ging zu seiner Hängematte. Ich fühlte noch kein Bedürfniß zu schlafen, auch ließ der Tafia, den der Padre mir und sich reichlich eingeschenkt hatte, seine aufregende Wirkung spüren; ich nahm daher meine geladene Büchse, um einen Rundgang um den Garten zu machen. Bei der sternenhellen Nacht konnte ich auf dem offenen Raume, der die Ansiedelung umgab, alles noch ziemlich deutlich unterscheiden. Im nahen Walde hörte ich dann und wann noch eine vereinzelte Stimme, sonst fiel mir nichts auf, und ich war bereits wieder in die Nähe der Kapelle gekommen, als mir aus einem über die Palissade hervorragenden Bäumchen in kaum 10 Fuß Entfernung zwei schwach schimmernde Lichter entgegenstarrten, die ich sofort als die Augen eines Raubthieres erkannte. Die Büchse zu erheben und Feuer zu geben war das Werk eines Augenblickes. Mit einem schrillen Geheul fiel das Thier in den Garten. Der Padre, vom Schusse aufgeschreckt, stürzte mit einer rasch angezündeten Holzfackel herbei. Ich eilte in den Garten, und wir fanden eine über 3½ Fuß lange Tigerkatze, der meine Kugel den Kopf zerschmettert hatte.

„Ich danke Ihnen," sagte der Padre; „Sie haben da einen meiner Hühnerdiebe getödtet. Möchte es Ihnen mit dem Conguar auch gelingen."

Ich suchte nun meine Hängematte auf.

X.

Ein Miriti-Palmenwald in Guyana. — Zwei Buschneger. — Neue
Wassergefahr.

Bei Tagesanbruch, gleich nach dem Frühstück, machte sich Padre
Raphaelo auf den Weg. Ich war also allein. Ich fütterte zuerst
die Hausthiere, plauderte mit den Papageien und beschäftigte mich mit
Porthos, worüber mein Sapajou eifersüchtig wurde. Er sprang auf
den Rücken des Pekari, welches erschreckt und erbost zugleich, Reißaus
nahm und den Affen zu einem gewaltsamen Ritte durch den ganzen
Garten nöthigte. Der boshafte Sapajou schien jedoch Vergnügen
daran zu haben und versuchte mehrmals dem Pekari auf den Rücken
zu steigen, was dieses jedesmal mit drohender Schnauze vereitelte.

Ich schloß hierauf sorgfältig die Gartenthüre, nahm meine Büchse
und Schießbedarf und schritt dem nahen Hochwalde zu, der schon bei
meiner Ankunft auf der Mission meine Aufmerksamkeit erregt hatte.
Wie ich früher sagte, erhob sich derselbe gegenüber dem zum Flusse
führenden Waldwege. Es war einer jener Hochwälder (grand-bois)
von Guyana, die ich bisher nur vom Flusse aus sehen und bewundern
konnte. Ich gedachte einen kleinen Ausflug darin zu machen und vor
Mittag wieder zur Mission zurückzukehren.

Man unterscheidet in Guyana dreierlei Wälder: die sumpfigen
Mangroven- und Paletuvier-Wälder, die wir schon kennen, die grands-
bois und die gniamonts. Letztere sind Theile des Urwaldes, in welche
die Sonne an größeren oder kleineren Stellen eindringen kann, meist
an Savannen oder Flüssen. Sie zeigen jenes bunte Gemisch von

niedrigen und hohen Bäumen der verschiedensten Art, die durch die üppig wuchernden Lianen zu einem undurchdringlichen Dickicht verwachsen sind. In dieser Gestalt ist der Urwald besonders häufig in Brasilien; so hatte ich ihn auch bisher gesehen. Ich war nicht weit genug hineingedrungen, um einen Hochwald Guyana's in seiner wahren Gestalt zu erblicken.

Nachdem ich einige hundert Schritte durch Unterholz, welches mir den vollen Anblick des Waldes entzog, gedrungen war, sah ich endlich das grand-bois vor mir und blieb, von einem unbeschreiblichen Gefühl ergriffen, unter den ersten Bäumen stehen.

So weit das Auge reichte, sah ich rings um mich ein unzählbares Heer von riesenhaften, glatten und geraden Stämmen, die sich wie Schiffsmasten bis 100 Fuß emporschwangen*). Die Stämme waren einander so ähnlich, daß ich mich beim Weiterschreiten zwischen denselben nie zu orientiren vermochte. Ich glaubte, immer dieselben Bäume vor mir zu sehen und mich in einem Kreise gedreht zu haben, um zum Ausgangspunkte zurückzukehren. Ueber meinem Haupte schwebte ein ewig grünes Laubdach, welches nie ein Sonnenstrahl durchdrang, unter meinen Füßen hatte ich einen Boden ohne Pflanzenwuchs, auf dem ich ungehindert wie in einem Garten durch die endlosen Säulenhallen schreiten konnte.

Ich drang etwas weiter in den Wald, wie berauscht durch die Fortdauer derselben großartigen Eindrücke. Blieb ich einmal stehen in Mitten dieser lautlosen Stille, welche mich rings umgab, so fühlte ich mich so allein, so verloren in diesen unermeßlichen Einöden, daß sich eine unbestimmbare Aengstlichkeit und Traurigkeit, fast wie ein aufdämmerndes Bewußtsein der Unendlichkeit, meiner bemächtigte.

Von Zeit zu Zeit ließ sich ein durchdringender Ruf: Mouri-ô! in meiner Nähe vernehmen, und ich fuhr jedesmal zusammen. Es war der kleine Mourio-Vogel, der sobald er einen Wanderer erblickt, ihn stundenlang mit seinem melancholischen Rufe verfolgt. Den Negern

---

*) Daß die Miriti-Palmen eine Stammeshöhe von 100 Fuß erreichen, bestätigen außer Herrn von Martius auch neuere Reisende, u. a. Armand Jusselain, dem wir einige ergänzende Einzelheiten entlehnt haben.

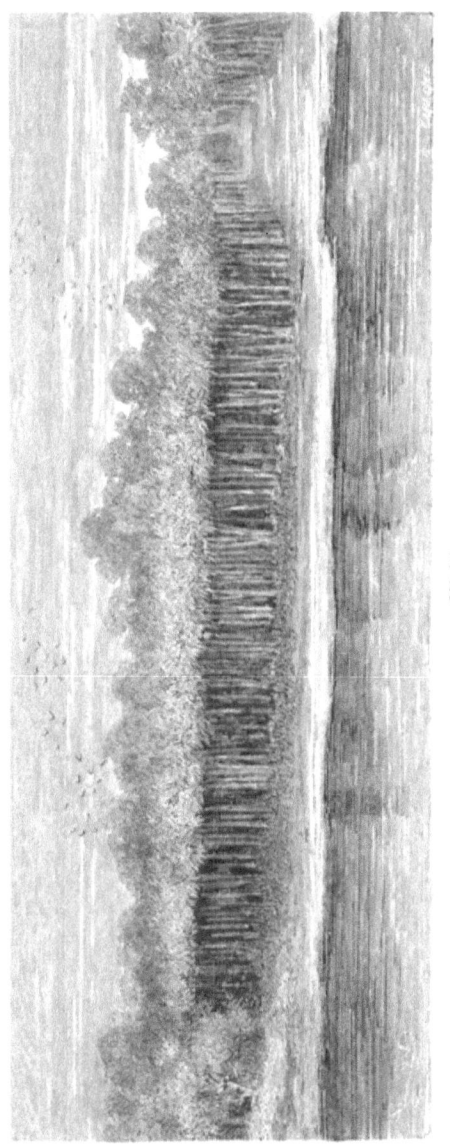

Miriti.

flößt er einen abergläubischen Schrecken ein: sie glauben aus dem Vogel rufe die Seele eines Verstorbenen; (im Negerpatois: mouri! ô! d. h. mourir! ô!)

Die fast unheimliche Stille und Einsamkeit des Urwaldes scheint auch dem Charakter des Indianers ihr Gepräge aufgedrückt zu haben: sein Gesichtsausdruck, sein Auge ist ernst und fast traurig, man erkennt darin nur wenig Gefühl oder Leidenschaft.

So erschien mir der echte Palmen-Urwald Guyana's, wie er in derselben Gestalt ungeheure Länderstrecken zwischen dem Amazonas und der Nordküste von Südamerika einnimmt.

Die Miriti-Palme (Mauritia) ist für den Indianer von noch unschätzbarerem Werthe als das Bambusrohr den asiatischen Völkern. Sie liefert ihm zuckerreiche Früchte, einen vortrefflichen Palmwein und den berauschenden Paiwairi, Sagomehl (Ipuruma) zu seinem Brode, Moskitonetze und Hängematten aus den Blättern, Sandalen aus den breitlappigen Enden der Blattstiele, Schnüre aus dem Bast, Wurfspieße, Bogen und musikalische Instrumente aus dem Holze u. s. w.

Ich schritt so weit hinein, bis ich mich in einem Halbdunkel befand, welches das Gefühl der Verlassenheit und Hülflosigkeit in dieser schweigsamen Waldöde noch vermehrte. Eine plötzliche Angst befiel mich; ich kehrte rasch um.

Obgleich ich mir die Richtung genau gemerkt hatte, so erreichte ich die Lichtung der Mission an einer von meinem Ausgangspunkte weit entfernten Stelle und erkannte jetzt, daß der Europäer, der sich ohne indianischen Führer in einen solchen Urwald hineinwagt, unrettbar verloren ist.

Da der Vormittag schon zu weit vorgerückt war, um vor Eintritt der Mittagshitze noch auf die Jagd zu gehen oder etwas Anderes zu unternehmen, so beschloß ich, einmal das Observatorium des Padre zu besichtigen. Ich stieg über die „Zauberhütte" hinweg in die Spitze des Avogado-Baumes, was vermittelst einer Art von Leiter rasch geschah, und war nicht wenig erstaunt, oben zwei hübsch geflochtene sesselartige Sitze zu finden, die in einer Höhe von wenigstens 60—70 Fuß nach zwei entgegengesetzten Seiten hin eine weite Aussicht darboten.

Nach der einen Seite hin konnte ich den Uferwald über eine Stunde weit flußauf- und abwärts verfolgen; geradeaus rechts vom Flusse erblickte ich einen leichten Flecken in dem umgebenden dunklen Waldesgrün, die Savanne, von welcher mir der Padre gesprochen hatte. Sie war vielleicht eine Stunde entfernt, und ich konnte nicht unterscheiden, ob sich etwas auf derselben bewegte; doch glaubte ich einen aufsteigenden Rauch, wie den eines Lagerfeuers zu erkennen.

Auf der andern Seite eröffnete sich mir eine überraschende Fernsicht auf den Ocean, der sich über dem niedrigen Gebüsch am Rande des Horizontes zu beiden Seiten der großen Insel Maraca ausdehnte. Ich sah deutlich die breite Meerenge zwischen dieser Insel und dem Festlande und am Seeufer den weithin sich erstreckenden Paletuvier-Wald.

Ein fürchterlicher Lärm, der unter meinen Füßen sich erhob, veranlaßte mich hinunter zu steigen bis oberhalb der „Zauberhütte", wo ich auf den Garten und Hof sehen konnte. Meine wohl geladene Büchse hatte ich für alle Fälle mitgenommen; ein Lauf derselben war mit einer Kugel, der andere mit Schrot geladen. Aus Vorsicht machte ich beim Hinabsteigen so wenig Geräusch als möglich. Zu meinem Glücke! Denn mein erster Blick fiel auf die herkulische Gestalt eines Negers, der eben in das Carbet des Padre trat. Er war nur mit einer kurzen Hose bekleidet, trug eine Flinte auf dem Rücken, in der einen Hand ein großes Machete, in der andern ein eben getödtetes Huhn.

Aus der Hütte scholl ihm eine Stimme entgegen und Rauch stieg daraus über das Blätterdach zu mir herauf. Er hatte also einen Kameraden, vielleicht mehrere, und das Huhn sollte zum Essen dienen.

Es war mir unbegreiflich, wie die Neger in den Garten gedrungen waren, ohne von mir bemerkt zu werden; denn auf der Lichtung konnte ich alles sehen. Der Wald erstreckte sich vom Flusse her bis auf etwa 60 Schritte von den beiden Avogado-Bäumen. Sie mußten also von dieser Seite her gekommen sein. Die ganze Bande war jedenfalls in der Nähe.

Was sollte ich thun? Vom Baum herab sie durch Schüsse verjagen oder vielleicht tödten? Aber es konnte einer entwischen und den ganzen Trupp herbeiholen, wenn dieses nicht schon meine Schüsse gethan hätten. Ich stieg wieder auf das Observatorium hinauf, von wo aus ich jedenfalls ihren Weggang oder das Kommen ihrer Gefährten beobachten konnte.

Es harrte meiner eine neue Ueberraschung. Als ich nach dem zum Flusse führenden Waldwege, der eine Strecke weit zu erkennen war, hinblickte, huschte die nackte, rothe Gestalt eines mit Machete und Bogen bewaffneten Indianers über denselben in das Gebüsch nach meiner Seite hin. Einige Minuten darauf sah ich ihn seinen Kopf hinter einem Strauche am Rande der Lichtung behutsam hervorstrecken und mit der gespanntesten Aufmerksamkeit nach der Mission blicken.

Auf einmal richtete er sein Auge empor, als wenn er mich erblickt hätte. Er trat einige Schritte zurück auf eine freie Stelle, die ich von meinem hohen Standpunkte aus erblicken konnte, ohne daß sie auf der Lichtung sichtbar war, und gab mir durch Winken und andere Pantomimen zu verstehen, daß sich unter mir Feinde befänden, dann legte er die Hand auf das Herz, zeigte auf seine Waffen, als wenn er mir Hülfe verspräche, und stellte sich dann wieder an seinen Beobachtungsposten.

Eine halbe Stunde später traten zwei bewaffnete Neger aus der Gartenthüre und entfernten sich nach der Richtung hin, welche der Padre am Morgen eingeschlagen hatte. Es waren jedenfalls räuberische Buschneger, denn der eine trug ein Bündel von verschiedenen Habseligkeiten des Missionärs, der andere, man denke sich meine Wuth! meinen Säbel und sogar den großen Tabakskasten.

Es fehlte nicht viel, so hätte ich ihm eine Kugel nachgeschickt, denn der Säbel war Staatseigenthum und ich durfte nicht ohne denselben zurückkehren. Rasch stieg ich den Baum hinunter und gelangte auf den Boden in dem Augenblicke, als der Indianer zur Gartenthüre hineinsprang. Ich habe nie einen kräftiger gebauten Menschen gesehen als diesen Sohn der tropischen Sonne; namentlich zeigten Brust und Arme eine Entwicklung, wie sie bei unserm kalten Klima und engen Kleidern nur in den arbeitenden Volksklassen erreicht wird.

Der Indianer trat zu mir heran und sagte freundlich in dem aus portugiesischen, französischen und indianischen Wörtern gemischten

Dialekt, dessen sich die Eingebornen des streitigen Gebietes von Guyana in ihrem Verkehr mit den Weißen bedienen:

„Ich, Aucuyenn; du, Freund, Franzose; Neger, bös, tödten Aucuyenn, Ricard fort."

Aus diesen und anderen Worten, die er mit ausdrucksvollen Pantomimen begleitete, verstand ich, daß die Buschneger Ricard mit seinen Fischern, wozu der Ankömmling gehörte, in der Nacht überfallen und einige der Leute, sowie fünf Frauen und Kinder getödtet hatten. Zweien Kähnen war es gelungen zu entkommen und den Fluß hinabzufahren, um von der See her, wie ich, die Mission zu erreichen. Die Neger dagegen hatten auf dem kürzern Landwege zwei Kundschafter vorausgeschickt, denen der Indianer bis hierher auf dem Fuße gefolgt war. Der ganze Trupp lagerte eine Stunde von hier auf der Savanne und beabsichtigte jedenfalls die Mission zu überfallen.

Als ich ihm sagte, Padre Raphaelo habe gerade diese Richtung eingeschlagen, meinte er, ich könnte ihn schon als todt betrachten, denn die Neger hätten es, auf Anstiften ihrer Zauberer, besonders auf ihn abgesehen. Er bedeutete mir hierauf, daß er wiederkommen und Hülfe bringen würde, wenn die Neger angreifen sollten, und eilte dann den beiden Räubern nach, die bereits außer Sicht waren.

Ich dachte über das Mitgetheilte nach. Allein konnte ich die Buschneger nicht abwarten; für einen längeren Kampf hatte ich zu wenig Kugeln und Pulver; daher mußte ich meinen Schießbedarf ergänzen; auch fiel mir ein, daß bei der weit in das Land hineinsteigenden Fluth mein nur oberflächlich vergrabener Koffer der Gefahr ausgesetzt wäre, weggespült zu werden. Alles dieses bestimmte mich zum Entschlusse, unverweilt an das Flußufer zu gehen, meine Sachen aus dem Verstecke herauszunehmen, um sie auf das große Floß zu schaffen, wo ich jedenfalls auch sicherer wäre, als in der Mission. Wahrscheinlich befanden sich die zwei den Negern entkommenen Kähne der Indianer schon an der Flußmündung, und ich hatte also bald Unterstützung zu erwarten.

Ich nahm mir keine Zeit Siesta zu halten, sondern packte einige Lebensmittel zusammen, nahm aus einem Kruge, der den Augen der

Ueberschwemmung (S. 133).

Diebe entgangen war, einige Schluck Tafia und schlug den Weg nach
dem Flusse ein. Das Versteck war bald gefunden, das kleine Floß
flott gemacht und meine Habe darauf befestigt.

Schon während ich damit beschäftigt war, hatte ich in der Ferne
ein eigenthümliches Rauschen gehört. Aus der Gegend am gegenüberliegenden Flußufer, woher das Getöse kam, flogen Schaaren von Vögeln,
zum Theil ängstlich schreiend herbei, etwas oberhalb meiner Haltestelle
sah ich ganze Rudel von Rehen und Pekaris wie von einem unsicht-
baren Feinde gejagt in den Fluß springen, um hinüber zu schwimmen.

Jetzt hörte ich deutlich das Tosen von Gewässern, zugleich schwoll
der Fluß zusehends. In weniger als einer Viertelstunde überstieg er
bereits an niedrigen Stellen das Ufer. Ich konnte natürlich unter
diesen Umständen nicht abstoßen: ich band mein Floß an einen dicken
Baum und harrte der Dinge, die da kommen sollen.

Die Strömung des bisher so ruhigen Flusses wurde allmählich
reißend und begann Massen von ausgerissenen Bäumen, ja ganze
Pflanzeninseln zu treiben. Es mußte weiter oben am Flusse ein furchtbares Naturereigniß stattgefunden haben, denn manche dieser heran-
schwimmenden Bäume trugen dahin geflüchtete oder vom Wasser überraschte Thiere. So befanden sich auf einem colossalen Stamme drei
Rehe und mehrere Affen, während auf einem emporragenden Aste
eine große Schlange, eine Anzahl Vögel und selbst ein Jaguar Platz
genommen hatten. Diese Thiere, von Schrecken gelähmt, thaten einander
nichts zu Leide; und selbst die schüchternen Rehe zeigten bei dem
Klaggeheul des Jaguars über ihren Köpfen keine Erregung.

Unterdessen war die Nacht fast plötzlich hereingebrochen. Ich
mußte bleiben, wo ich war. Kurz entschlossen nahm ich meine Decke
aus dem Koffer, umwickelte mich damit und legte mich neben den
Mast, um zu schlafen, nachdem ich aus Vorsicht mit der Schnur des
Pulverhornes meinen Arm daran festgebunden hatte. Am Ufer war
die Strömung weniger stark; ich wurde zwar ein wenig geschüttelt,
schlief aber bald fest ein.

Als ich bei dämmerndem Morgenlichte erwachte, hatte der Fluß
noch dieselbe Höhe, aber die Strömung war ruhig geworden und die

treibenden Bäume zeigten sich seltener. Das Wasser hatte ganz dieselbe gelbe Färbung wie die mir wohlbekannte des Amazonenstromes; ich kam daher auf die Vermuthung, daß letzterer, wie er das zwischen seiner Mündung und dem Oyapok so oft thut, weit in das Land eingebrochen sei und vielleicht eine neue Meerenge, eine neue Insel gebildet habe. Wie ich später erfahren sollte, war meine Vermuthung der Wahrheit nahe gekommen.

XI.

Ueberfall der Buschneger. — Mein erstes Gefecht. — Hilfe in der Noth. — Sumpfwanderung.

Ich konnte aus verschiedenen Umständen schließen, daß der Fluß während der Nacht noch höher gestiegen und erst seit kurzer Zeit gesunken war. Das Erdreich war an vielen Stellen aufgewühlt und weggeschwemmt, die Bäume zeigten die Spuren des lehmigen Wassers. Ich hatte gerade zur rechten Zeit meine Habe geborgen.

Nachdem ich von den mitgebrachten Vorräthen nothdürftig Frühstück gehalten, legte ich das Floß unter herüberhängenden Zweigen in Versteck und eilte dann nach der Mission zurück. Befand sich P. Raphaelo nicht da, so war ihm ein Unglück zugestoßen, und ich hatte für diesen Fall beschlossen, die liebgewonnenen Hausthiere mitzunehmen, zugleich aber auch den Abends vorher zurückgelassenen Sapajou und meinen unentbehrlichen Feldkessel.

Bei meiner Ankunft auf der Lichtung bemerkte ich sogleich, daß ein großer Theil derselben unter Wasser gestanden hatte. Der Padre war nicht zurückgekehrt, meine schlimmste Befürchtung also verwirklicht. Ich muß gestehen, daß ich darüber in nicht geringe Betrübniß versetzt wurde, denn durch sein freundliches, herzgewinnendes Wesen und seine humanen Ansichten hatte er meine Zuneigung erworben, obgleich ich aus unserem Kolleg eine nicht geringe Antipathie gegen das Kuttenwesen, wie wir es nannten, mitgebracht hatte. Jetzt soll es anders sein. Aber ich gehöre einer Generation an, die Berangers Lieder Les infiniment petits und La Mort du Diable noch auswendig wußte.

Die Buschneger hatten die großen Vorräthe des Padre an Cacao, Kaffee und Maniok nicht mitnehmen können, aber sich jedenfalls vorgenommen, deßhalb zurückzukommen. Ich kochte mir Chokolade und setzte mich dann zum letzten Mal unter den Baum, wo ich mit dem Missionär so gemüthlich geplaudert hatte. Die Hühner und Papagaien bekamen ihr Futter, ebenso wie mein Sapajou, der mir dazu noch mehrmals den Napf austrank, wenn ich den Kopf wandte. Durch die offen gelassene Gartenthüre konnte ich die Lichtung nach der Seite hin übersehen, woher Gefahr zu befürchten stand.

Während ich so in trübes Nachsinnen verloren da saß, hörte ich auf einmal einen leichten, raschen Schritt längs der Einfriedigung sich nähern; einige Augenblicke darauf stürzte der Indianer mit allen Zeichen der Angst auf dem sonst so unbeweglichen Gesichte herein.

„Die Buschneger kommen!" rief er und zeigte hinter sich; „in einer Viertelstunde sind sie hier. Sie haben den Padre auf seinem Rückwege hierher getödtet. Coro hat, im Gebüsch verborgen, der Scene beigewohnt. Der Portugiese Lecepo ist bei ihnen."

„Was sollen wir thun?"

„Schnell nach dem Flusse fliehen."

Wir eilten hinaus, ich voran, als ein Schuß knallte, und eine Kugel mir am Kopfe vorbeisauste. Ein halbnackter Neger hatte die Palissade schon erreicht und lud auf höchstens hundert Schritt Entfernung seine Flinte auf's neue.

„Auf den Baum!" schrie Coro und stieg schnell über das Kapellchen hinweg den Avogadobaum hinauf. Glücklicher Weise hatte der Padre eine Art Leiter an demselben angebracht, so daß ich fast eben so rasch folgen konnte. Meine Aufregung war unbeschreiblich; ich zitterte, jedoch weniger vor Angst als aus Grimm gegen diese Bösewichter und bei dem Gedanken an den bevorstehenden Kampf. Ich wollte den Missionär rächen und mein Leben so theuer als möglich verkaufen. Meinen Schießbedarf hatte ich am Morgen hinlänglich ergänzt, meines Schusses war ich sicher; ein Angriff konnte also manchem Neger das Leben kosten.

Wir stiegen nicht hoch, um hinter den dicken Aesten bessern Schutz gegen die Kugeln zu finden, und blickten dann auf die Lichtung.

Eine Schaar schwarzer Teufel stürmte eben unter wildem Geschrei in die Carbets der Indianer, mit ihren Machetes alles zerstörend. Eine Minute darauf standen alle Hütten in Brand. Dann folgte die ganze Bande dem Rufe des Negers, der auf uns geschossen hatte, und stürzten wüthend der Gartenthüre zu. Es war für einen Europäer ein Entsetzen erregender Anblick, diese schwarzen Gestalten mit ihren Flinten und breiten Waldmessern heranspringen zu sehen: die rollenden Augen und weißen Zähne gaben ihren wuthverzerrten Gesichtern den Ausdruck wilder Thiere.

Ein riesenhafter Neger, mit einem Kopfputze aus bunten Federn, wahrscheinlich ein Anführer, sprang wie ein Tiger in weiten Sätzen Allen voraus. In dem Augenblicke, wo er die Thüre des Gartens aufstieß, traf ihn meine Kugel von oben in den Schädel. Er stürzte mit einem Schmerzgeheul zu Boden, während die übrigen einige Schritte zurückwichen.

Da rief eine Stimme: „Vorwärts! es sind nur zwei!" und der ganze Schwarm (es mochten ihrer neunzehn sein), drang in den Garten und begann sogleich sein Plünderungswerk. Einige schleppten die Cacao-, Kaffee- und Maniotsäcke unter Jubelgeschrei aus dem Schuppen heraus, bemächtigten sich zweier Tafiakrüge und begannen dieselben gierig zu leeren.

Der Indianer hatte sich unterdessen eine Stelle zwischen den Aesten gesucht, wo er seinen Bogen ungehindert handhaben konnte, und während ich einem weißbärtigen Schurken, der mit meinem Feldkessel voll Tafia aus dem Carbet stürzte, die Schrotladung des zweiten Büchsenlaufes in das Gesicht schoß, traf ein Pfeil den lautesten Schreier tödtlich in die Brust.

Ein Wuthgeheul der Neger begleitete seinen Fall. Wie es schien hatten nur Einige es übernommen, uns den Garaus zu machen, jetzt sahen sie, daß sie sich Alle gegen uns vereinigen müßten.

Indessen hatte Coro, der Indianer, nicht unterlassen, fortwährend den unteren Theil des Baumes unter meinem Platze im Auge zu behalten. Eben tauchte der schwarze Wollkopf eines Negers über die „Zauberhütte" empor, als das Machete des Indianers hinabfuhr und ihn ſpaltete. Er ſtürzte hinunter; worauf ein neues Wuthgeſchrei der Buſchneger folgte.

„Ich will den andern Baum bewachen,“ ſagte der Indianer. „Bleiben Sie hier, und ſchießen Sie nur auf die, welche hinaufklettern.“

Bis jetzt hatte ich den Portugieſen noch nicht unter den Schwarzen geſehen. Der feige Halunke hielt ſich wahrſcheinlich, ſeitdem er den Knall meiner Büchſe gehört hatte, in kluger Entfernung.

Die Neger hatten ſich vor meinen Kugeln und den Pfeilen des Indianers am Fuße des Baumes und an der Paliſſade, deren ſchräge Richtung ſie ſchützte, in Sicherheit gebracht und keiner ließ ſich blicken; doch gelang es einem der Schwarzen, bevor wir zielen konnten, zur Gartenthüre hinauszuſpringen. Er rannte die deckende Einfriedigung entlang, wie Coro meinte, zum Portugieſen, um Rath zu holen.

Eine Weile nachher kehrte er wieder und ich hörte den Ruf: „Fünf und zwanzig Piaſter für den, der den Weißen trifft, zehn für den, welcher den Indianer tödtet!“

„Es lebe der Portugieſe!“ brüllten die Neger.

Während wir unſere Aufmerkſamkeit auf den Garten richteten, waren mehrere Neger ſeitwärts in das nahe Gebüſch geſprungen und eröffneten von da aus ein anhaltendes Feuer auf alle Theile des Baumes, wo ſie uns vermutheten. Die Kugeln ſchlugen rings um mich herum ein. Zwar deckte mich noch ein dicker Aſt nach einer Seite hin, aber die Neger konnten auch noch einige Schritte am Rande der Lichtung weiter hinauf gehen, von wo aus ich zu erblicken und von ihren Kugeln zu erreichen war.

„Eine Kriegsliſt kann nicht ſchaden,“ dachte ich und ſetzte mittelſt der Büchſe meinen Hut etwa zehn Fuß oberhalb meines Kopfes ſo zwiſchen die Zweige, daß er geſehen werden mußte.

Kaum war ich damit fertig, als nicht blos vom Gebüſche, ſondern auch von der Paliſſade her Kugeln darauf hagelten, und der durchlöcherte Hut herabfiel. Ein allgemeines Jubelgeſchrei der Neger feierte dieſen Erfolg. Sie meinten, jetzt ſei der rechte Augenblick zu einem allgemeinen Angriff gekommen; auf einen gellenden Pfiff vom Garten her ſtürzten ſie allſeits ungedeckt herbei und begannen meinen Baum zu erklettern. Hätten sie beide Bäume zu gleicher Zeit erstiegen, so waren wir verloren, denn es wäre mir unmöglich gewesen, die drei zu gleicher Zeit heraufkletternden Neger, denen ebenso viele unmittelbar folgten, abzuwehren.

Als der Indianer sah, daß die Buschneger es auf mich allein abgesehen hatten, stieg er auf meinen Baum wieder herüber. Eben hatte ich einem Schwarzen, der auf der „Zauberhütte" stehend auf mich anlegen wollte, die rechte Hand zerschmettert; das Machete Coro's spaltete noch rechtzeitig den Kopf eines andern, der neben mir auftauchte; der dritte erhielt auch keine Zeit zu schießen oder sein Waldmesser zu gebrauchen: meine Kugel traf ihn in den Hals und riß im Fallen den zuerst Verwundeten mit hinunter. Ihr Sturz, statt Schrecken zu verbreiten, verdoppelte die Wuth der Neger. Ein Theil derselben erkletterte nun auch den andern Baum, während ich kaum Zeit fand, meine Büchse wieder zu laden.

In diesem Momente der höchsten Noth und Gefahr erscholl von der Palissade her ein dreifacher Pfiff und zugleich brach auf verschiedenen Seiten der Lichtung ein so fürchterliches Gebrüll und Geschrei los, daß es schien, als wären tausend wüthende Dämonen auf einmal losgelassen.

„Die Indianer!" riefen die Buschneger und schaarten sich rasch zu einem geschlossenen Trupp zusammen, um zu fliehen.

Es war zu spät. Hätten sie sich durch den Garten und die anstoßenden Pflanzungen geflüchtet, so wären sie vielleicht entkommen. Sie versuchten jedoch nach dem Flusse hin zu entwischen, und von dort her brach eben eine Schaar Indianer aus dem Walde hervor, während eine andere den Negern in den Rücken fiel.

Ein furchtbares Handgemenge fand statt. Die Neger gaben jedoch zuvor ihre Schüsse ab und tödteten drei Indianer, dann griffen sie zu ihren Machetes, um sich durchzuhauen.

Ich war inzwischen vom Baume herabgestiegen, um am Gefechte Theil zu nehmen. Coro befand sich schon unter den Kämpfenden und schlug eben einen Neger zu Boden.

„Fangt den portugiesischen Hund lebendig!" hörte ich jetzt die

Stimme Ricards rufen, der mit geschwungenem Gewehrkolben an der Spitze einer Abtheilung Indianer herbeistürzte.

„Er ist nicht darunter!" riefen mehrere Stimmen. Auf diesen Ruf sah ich Coro die Kämpfenden verlassen und den Pflanzungen zu fortrennen.

„Coro bringt den Portugiesen!" rief er mir im Vorbeilaufen zu.

Da die Neger geschlossen fochten, so gelang es ihnen, die zerstreut heranstürmenden Indianer zu durchbrechen und nach dem Hochwalde hin zu entkommen; sie ließen jedoch dabei über die Hälfte todt auf dem Platze. Die ganze Schaar der Indianer stürzte ihnen nach.

Noch eine Zeit lang hallte der Lärm der Verfolgung, Geschrei und Schießen, aus dem Hochwalde herüber; dann wurde Alles still um mich herum und ich befand mich allein. Vier todte Indianer lagen neben den gefallenen Buschnegern; es war kein Verwundeter da, dem ich hätte Hülfe bringen können.

Da mich nichts mehr an diesen Aufenthalt fesselte, so beschloß ich unverweilt zum Floße zurückzukehren und, was ich von den Hausthieren noch finden könnte, mitzunehmen.

Ich ging in die Pflanzung des Padre und ließ den Lockruf ertönen, womit die Thiere zum Futter gerufen wurden.

Mehrere der Hühner, Papagaien und Aras, welche sich dahin geflüchtet hatten, kamen herbei. Ich streute Futter in den mitgebrachten Hühnerkorb des Padre und schloß denselben hinter ihnen zu. Porthos fand ich nach vielem Suchen am Bache. Wo aber war der Affe? Die Schüsse und der Kampfeslärm mußten ihn tödtlich erschreckt und vielleicht in den Wald gejagt haben. Ich hatte keine Zeit noch Lust ihn dort noch zu suchen und nahm, mißmuthig über den Verlust meines Gefährten, den Korb auf meine Schulter.

Als ich meine Last am Carbet absetzte, sah ich auf einmal den kleinen Schelm unter der Gartenthüre auf dem Körper des von mir erschossenen Negers sitzen. Er war eifrig mit der Untersuchung seiner Taschen beschäftigt und verzehrte mit großem Appetit ein darin entdecktes Stück Mandiolabrod.

Ich wunderte mich, daß der Sapajou dabei so tolle Geberden

machte und konnte mir die Ursache nicht erklären. Da bemerkte ich beim Nähertreten, daß der Affe an einer Schnur die leergetrunkene Feldflasche des Negers trug, welche jedenfalls mit Tafia, vielleicht auch mit Rhum gefüllt gewesen war.

Nachdem ich in der Hängematte des Padre die wohlverdiente Siesta gehalten, kochte ich mir eine tüchtige Mahlzeit, wozu eins der Hühner herhalten mußte. Dann trat ich mit Feldkessel, Hängematte, Moskitonetz, Korb u. s. w. schwerbepackt, von Porthos gefolgt, den Weg zum Flusse an, wohin ich auch kurz vor Abend wohlbehalten gelangte.

Zur Abfahrt war es natürlich zu spät. Ich brachte meine Thiere auf das Floß, gab ihnen Futter und legte mich dann zum Schlafen wie Abends vorher neben den Mast, nur mit dem Unterschiede, daß der Sapajou auf der einen Seite und Porthos auf der andern friedlich neben mir ruhten. Das Moskitonetz hatte ich über mich und den Affen ausgebreitet und es leistete uns gute Dienste, denn wie überall an Flußufern waren die Plaggeister in Myriaden vorhanden.

Der Affe und Porthos waren zuerst wach; der Streit, den sie sofort anfingen, weckte mich. Ich aß zum Frühstück einige Fische, von denen die beiden streitsüchtigen Kameraden ihren Theil erhielten, nicht ohne daß der Sapajou dem langsamen Porthos den besten Bissen vor der Schnauze wegschnappte. Ich stieß dann ab und steuerte mit Hilfe einer Stange kräftig stromaufwärts.

Die Strömung war noch so stark und der Fluß noch so hoch, daß ich mit großer Anstrengung erst nach Verlauf einer Stunde die Einfahrt der kleinen Bucht, in welcher das Indianerfloß lag, erreichte. Rasch hatte ich von meinem kleinen Fahrzeuge alles an Bord desselben geschafft und war nicht wenig froh, mich jetzt verhältnißmäßig sicher zu fühlen.

Die Arbeit hatte mir Appetit gemacht. Ich besaß allerdings Vorrath an Chocolade, Kaffee und Maniot; auch konnte ich Fische genug haben; aber mein Magen forderte gebieterisch eine Abwechselung. Ich beschloß ein Wild zu schießen.

Wegen der noch ziemlich bedeutenden Höhe des Flusses stand das Ufer rings um die Bucht fußtief unter Wasser; ich wußte jedoch von meinem früheren Besuche des Floßes her, daß ein Pfad vom Ufer aus auf eine höher gelegene Waldstrecke führte. Es galt also diesen Pfad zu erreichen, das heißt, durch den Sumpf zu waten. Das ging aber aus mehreren Gründen nicht: hier zu Lande wird ein neugebildeter Sumpf, überhaupt jede unter Wasser gesetzte Bodenstelle, wegen der leicht aufzuweichenden dicken Humusschichte in kürzester Zeit grundlos: ich wäre darin stecken geblieben; ich hatte außerdem meiner Müdigkeit wegen keine Lust zu neuen anstrengenden Strapazen.

Da verfiel ich auf ein Mittel, welches ich auf meinen Jagden in Südfrankreich beim Ueberschreiten von Sümpfen mehrmals angewandt hatte. In dem Holzverschlage am Maste lagen einige Plankenstücke, wahrscheinlich Reste eines Fischbehälters, wie ihn die Indianer aus vier Brettern zu machen pflegen. Ich befestigte in deren Mitte einige Streifen Baumrinde, so daß mein Fuß darin paßte, und konnte nun wie die Norweger mit ihren Schneeschuhen langsam über den Sumpf schreiten. Die Bretterstücke waren so groß, daß sie mich fast gar nicht einsinken ließen.

Ich war jedoch froh, als ich aus dem Schlamme auf festen Boden trat. Der Pfad war bald gefunden. Wenn ich die Bucht wiederfinden wollte, durfte ich mich von derselben nicht entfernen; ich folgte ihm also fast eine halbe Stunde weit, ohne irgend ein Wild gesehen zu haben. Das steigende Wasser hatte alle Thiere verscheucht.

Endlich erblickte ich auf einer Waldblöße ein Rudel kleiner, kaninchenähnlicher Thiere, welche das Gras abweideten. Ich schoß deren zwei und brachte dann meine Jagdbeute über den Sumpf glücklich auf das Floß. Ich zog den Thierchen das Fell ab und kochte sie im Feldkessel. Das Fleisch schmeckte vortrefflich. Auf meinen späteren Reisen in Brasilien schoß und aß ich diese Thiere noch häufig. Es waren Agutis, eine Art Meerschweinchen, die überall zahlreich vorkommen und selbst als Hausthiere gehalten werden. Beim Essen fassen sie die Speisen wie die Eichhörnchen mit den Vorderfüßen; die Reste verscharren sie sorgfältig.

Sumpfwanderung (S. 142).

In der Floßhütte schlief ich ungleich besser als auf meinem kleinen Fahrzeuge, so daß ich erst spät erwachte. Ich verspeiste die Reste der Agutis, versorgte die Thiere und bereitete mich zur Abfahrt vor. Jetzt erst fiel mir das ängstliche Wesen des Pekaris und des Affen auf und ich sah mich vergebens nach einer Ursache um: die Hütte, das ganze Floß enthielt nichts Verdächtiges.

Da zeigte mir ein Blick auf die Wasserfläche die Köpfe und Glotzaugen von wenigstens sechs Kaimans, welche lauernd das Floß umschwammen. Ich wollte mein Pulver nicht verschwenden und stieß ab, wobei die Ungeheuer vor dem heranfahrenden Floß nach allen Seiten die Flucht ergriffen.

XII.

Eine gefahrvolle Viertelstunde. — Was List und eine gute Büchse
vermögen. — Begegnung mit zwei Onkas. — Eine indianische
Retterin. — Fahrt nach dem See.

Als ich aus der schmalen Einfahrt der Bucht in den Fluß gelangte, untersuchte ich zuerst mit der langen Steuerstange die Tiefe des Wassers. Die Stange reichte kaum hin, das ziemlich schwere Fahrzeug mühsam stromaufwärts zu bringen, obgleich der günstige Wind mir einige Unterstützung gewährte. Wegen der vielen Krümmungen des niedrigen, buschreichen Ufers kam ich nach vierstündiger angestrengter Arbeit in directer Richtung noch keine Stunde weit. Der Schweiß troff mir von der Stirne; ich mußte der drückenden Hitze wegen eine Pause machen.

Der Fluß war so breit wie ein See geworden, und ich erkannte an den hervorragenden Bäumen, daß derselbe hier eine ganze, niedrig gelegene Savanne bedeckt hatte.

Solche oft monatelang überschwemmte Ebenen, die später wieder austrocknen und Wiesen bilden, sind in Guyana, namentlich auf dem streitigen Gebiete zwischen dem Onapock und Amazonas sehr häufig; man nennt sie pinotières, während die beständig unter Wasser stehenden Mangrovensümpfe pripris oder piripris heißen.

In der Entfernung von einem Kilometer ungefähr stieß ein Miriti-Palmenwald an das Ufer, der wahrscheinlich mit dem in der Nähe der Mission zusammenhing. Ich steuerte hin, band mein Floß an einen Baum und stieg an das Land, um den willkommenen Schatten und die Waldeskühle zu genießen. Ich war von der Hitze so ermattet und bedurfte so sehr der Ruhe, daß ich selbst meinen brennenden Durst vergaß, und mich unter den ersten besten Baum zur Siesta auf den weichen moosbedeckten Boden hinstreckte. Mit unendlichem Behagen sog ich die erfrischende Waldluft ein und blickte entzückt zu den herrlichen Palmenkronen empor, deren breite Blattwedel hoch über mir die brennenden Sonnenstrahlen abhielten.

Mein Sapajou war mir an das Ufer gefolgt und mit allen Zeichen ausgelassener Freude auf die nächste Palme geklettert, deren herabhängende Fruchttrauben ihn zu reizen schienen. Bevor ich einschlief, hatte der Affe bereits oben seine Mahlzeit gehalten und warf nun die Früchte, die er erreichen konnte, herunter. Meinem Durste war abgeholfen; ich warf mich mit großer Begierde über das köstliche saftreiche Obst her und erquickte mich vollständig daran. Als der Affe sah, wie ich nach den Früchten griff und davon aß, gefiel ihm sein Spiel noch mehr; er schwang sich von Baum zu Baum und setzte das Herabwerfen der Früchte so lange fort, bis er müde war. Dann stieg er herunter und lehnte sich nach seiner Gewohnheit an meine Seite, um sein Mittagsschläfchen zu halten. Wir waren beide bald in tiefen Schlummer versunken.

Meine Ruhe wurde durch das Geschrei des Sapajous unterbrochen; ich schlug die Augen auf. Der Affe hatte sich ängstlich auf meine Brust gesetzt und blickte starr in den Wald hinein. Jedenfalls hatte er etwas Gefährliches gesehen. Ich folgte seinem Blicke, konnte aber nichts Verdächtiges erkennen.

Ohne mich jedoch lange zu besinnen, sprang ich rasch auf, eilte auf das Floß und band es los.

Ich hatte kaum abgestoßen und mich etwa dreißig Fuß vom Ufer entfernt, als ein Schuß im Walde fiel und eine Kugel hinter mir in den Mast schlug.

Kurz darauf stürzten zwei mit Flinten und Machetes bewaffnete Neger an das Ufer. Ich erkannte den einen sogleich an seiner kleinen, breitschulterigen Gestalt wieder: er war einer der Angreifer der Mission und bei der Flucht den Uebrigen vorangeeilt. Er lud sofort wieder seine Flinte, während der andere das Machete bei Seite warf und auf mich anlegte.

Ich war inzwischen schnell hinter die Floßhütte gesprungen und versuchte, um ihren Kugeln zu entgehen, so gut es ging, das Floß weiter zu bringen. Es ging nicht, ohne mich den Negern zu zeigen. Ich mußte mir also auf andere Weise helfen.

Meine Büchse, glücklicher Weise mit Kugeln geladen, lag in meinem Bereiche. Ich suchte eine Oeffnung in der Wand der Hütte, durch welche ich auf das Ufer blicken konnte. Bald fand ich eine, die selbst zum Schießen weit genug war. Jetzt war mir geholfen!

Beide Neger standen noch am Ufer, die Flinten im Anschlage. Das Floß war noch so nahe, daß wenn sie gute Schützen waren, die geringste Unvorsichtigkeit mir verderblich werden mußte. Allein ich war nicht umsonst ein ausgelernter Jäger. Die Kriegslist mit dem Hute war mir schon einmal gelungen. „Vielleicht geht's bei diesen leidenschaftlichen Natursöhnen noch einmal," dachte ich, machte aus meiner Jacke einen Kopf, setzte meinen Hut darauf und schob das neue Geschöpf, als wenn ich vorsichtig hätte spähen wollen, über den Rand der Holzwand hinaus. In demselben Momente knallten zwei Schüsse zugleich und Kopf und Hut von zwei Kugeln durchbohrt fielen zu Boden.

Mit einem Triumphgeschrei sprangen beide Neger in das Wasser und schwammen dem Floße zu. Ich trat ruhig vor und nahm den ersten kaltblütig wie am Scheibenstand auf's Korn. Als er mich erblickte stieß er einen entsetzlichen Fluch aus und wollte sich zur Flucht wenden. Es war zu spät; meine Kugel zerschmetterte ihm den Hinterkopf. Der andere Buschneger war indessen rasch an das Ufer zurückgeschwommen und kletterte eben daran empor, als ihn meine Kugel zwischen die Schultern traf. Er fiel in den Fluß zurück, zappelte noch einige Minuten und verschwand dann wie sein Genosse unter dem Wasser.

Ich steuerte nun mein Floß noch einmal an das Ufer und nahm die zurückgelassenen Waffen mit, zwei brauchbare Flinten belgischer Fabrik und die beiden Machetes, die sie vor dem Schießen neben sich

Auf dem Floße (S. 147).

gelegt hatten. Auch vergaß ich nicht, alle vom Sapajou herabgeworfenen Früchte unter die Floßhütte zu tragen. Beim Hin- und Hergehen hatte ich schon seit einer Weile in der Nähe des Floßes ein gewisses Plätschern gehört, dem ich aber keine Aufmerksamkeit schenkte. Ein Grunzen zog meine Blicke nach dem Rande des Floßes und ich sah jetzt den armen Porthos vergebliche Anstrengungen machen, dasselbe zu ersteigen. Wahrscheinlich hatte er, durch die Schüsse erschreckt, sich flüchten wollen und war in den Fluß gefallen. Ich zog ihn heraus und erquickte ihn durch eine reichliche Mahlzeit. Dann stieß ich ab.

Auf die seeähnliche Erweiterung des Flusses folgte ein wahres Labyrinth von großen und kleinen Inseln, zwischen denen ich bald jede Richtung verlor. Die Flußwindungen brachten mich mehrmals nach stundenlangem Steuern ganz in die Nähe der Stellen zurück, an denen ich früher gewesen war.

Endlich erreichte ich einen breiteren Arm, auf dem ich rascher weiter kam. Hier entdeckte ich auch die Ursache der allgemeinen Ueberschwemmung. Am linken Ufer ergoß sich ein lehmgelber, wohl 200 Meter breiter Strom in den Fluß, der oberhalb dieser Stelle dasselbe klare, durchsichtige Wasser zeigte, welches ich bei meiner ersten Fahrt nach der Mission bewundert hatte. Ich legte mein Floß fest und stieg an das Ufer, um die Sache zu untersuchen. Das Wasser dieses neuen Stromes hatte die Farbe und den Geschmack der mir wohlbekannten Amazonas-Strömung, auch bewiesen deutliche Spuren am Ufer, daß er sich sein Bett erst seit kurzem gewaltsam gebahnt haben mußte. Meine frühere Vermuthung war also bestätigt: die ganze Wasserrevolution war das Werk der von der Seefluth an das Land zurückgeworfenen Amazonas-Strömung.

Nicht weit vom Ufer befand sich eine etwas höher gelegene Grasebene, auf welcher Rehe weideten. Es gelang mir heranzuschleichen und eins der Thiere zu erlegen. Die Beute war für meine Küche höchst willkommen. Hierauf ergänzte ich meinen Vorrath an dürrem Holze und bereitete mir aus den besten Stücken des Rehes eine vortreffliche Mahlzeit, an welcher der Affe und das Pekari Theil nahmen.

Die Sonne stand schon tief; ich mußte vor einbrechendem Abend eine passende Stelle zum Uebernachten suchen. Eine halbe Stunde steuerte ich das flache Ufer hinauf; es dunkelte bereits; aber ich konnte keinen Ort finden, der mir hinreichende Sicherheit bot. Endlich zeigte sich hohes Gebüsch und die Einfahrt in eine Lagune, hinter welcher sich der Hochwald erhob. Hier konnte mein Fahrzeug vom Flusse aus nicht gesehen werden. Ich fuhr hinein, befestigte mit dem langen Anlegetau das Floß an einem Baum und stieß es dann so weit vom Ufer ab in die Mitte der Lagune, als das Seil reichte.

Beim Hineinsteuern hatte ich verschiedenes verdächtiges Geräusch in den unter Wasser stehenden Gebüschen gehört. Es ging darin nicht mit rechten Dingen zu; vielleicht hatte meine Ankunft eine Gesellschaft Kaimans aufgestört. Es war aber zu spät, um eine andere Uferstelle zu suchen; ich war müde und sehnte mich nach Ruhe.

Auf alle Fälle hing ich meine Hängematte so hoch als möglich in der Hütte auf. Ich schlief bald so fest ein, daß mich kein Donnerschlag geweckt hätte. Ich hörte deßhalb auch nur halb im Traume einen Lärm, der während der Nacht auf dem Floße entstand. Beim Erwachen erinnerte ich mich nur dunkel daran, doch sah ich sogleich, was geschehen war. Porthos und ein Theil des Federviehes waren verschwunden, wahrscheinlich von den Kaimans geholt, deren mehrere in der Lagune lauerten. Der Affe saß ängstlich auf dem Dache der Hütte, welche auch einen Besuch erhalten haben mußte, denn die Reste des Netzes waren nicht mehr vorhanden.

Ich machte, daß ich aus diesem Loche herauskam, und steuerte flußaufwärts, ohne an das Frühstück zu denken. Nicht lange behagte mir jedoch die Arbeit mit leerem Magen. Ich fand eine Uferstelle, wo ich das Floß festlegen konnte, und öffnete dann den Holzverschlag am Maste, worin sich noch unversehrt, außer meinen Sachen, ein Säckchen Maniok, ein kleiner Vorrath Cacao und ein von den früheren Besitzern des Fahrzeugs stehen gelassener Krug befanden, den ich noch nicht untersucht hatte. Ich zog ihn jetzt hervor, nahm den Stöpsel ab und entdeckte zu meiner Freude, daß er fast ganz mit Tafia gefüllt war. Schnell holte ich den Napf, goß ihn voll des köstlichen Zuckerbranntweins und schlürfte ihn langsam aus. Der Genuß war um so größer, da die erschlaffende Wirkung der Hitze mich schon längst das Bedürfniß nach einem stärkenden geistigen Getränke hatte fühlen lassen. Ich kochte mir nun in meinem Feldkessel eine tüchtige Portion Chokolade, worin ich einige Hand voll Maniok mischte, und setzte dann mit neubelebten Kräften meine Fahrt fort.

Die Flußwindungen hörten jetzt auf, und ich konnte wohl eine Stunde weit flußaufwärts sehen; auch nahm die Tiefe und die Stärke der Strömung bedeutend ab, so daß ich das Ufer verließ und in der Mitte weitersteuerte.

Plötzlich erblickte ich weit oben einen schwarzen Punkt auf dem lichten Wasserspiegel; einige Minuten nachher erkannte ich darin, beim Näherkommen, einen von zwei Menschen geruderten Nachen.

Es konnten Buschneger sein, und ich mußte meine Vorbereitungen treffen. Eine der zahlreichen Sandbänke gestattete mir, das Floß leicht auffahren zu lassen, damit ich, im Falle eines Angriffes, meine Vertheidigungsmittel ungehindert gebrauchen könnte. Ich machte meine Büchse schußfertig und erwartete, an der Hütte stehend, die Heranfahrenden.

Als sie so nahe waren, daß ich ihre Gestalt und ihr Gesicht genau unterscheiden konnte, wurde ich von einer mit Entsetzen gemischten Verwunderung ergriffen. Die beiden halbnackten Insassen des Kahnes, ein Mulatte und ein Neger, sahen kaum menschlichen Wesen ähnlich. Ihre unförmlich zu fast doppeltem Umfange angeschwollenen Gesichter mit röthlichen und weißlichen Flecken zeigten ebenso wie die übrigen Körpertheile scheußliche Fleischrisse und Wunden. Ihre Augen waren unter der Geschwulst der Augenlider fast ganz verschwunden; die Haare starrten wie die eines Löwen empor. Diese Elenden waren augenscheinlich so schwach, daß sie kaum ein Ruder bewegen konnten. Ich hatte nichts von ihnen zu befürchten und stellte meine Büchse bei Fuß.

Anfangs, als sie meine kampfbereite, drohende Haltung bemerkten, wollten sie seitwärts fahren, nach meiner friedlichen Bewegung jedoch kamen sie näher und hoben, wie Hilfe flehend, die Arme in die Höhe. Ich winkte ihnen, am Floße zu halten und rief:

„Wer seid ihr? Was wollt ihr?"

„Wir sind Gafos," sagte der Mulatte mit einer seltsam klingenden Stimme. „Wir kommen vom See des Manaye und haben die Flucht ergreifen müssen, weil alle uns tödten wollten, um nicht den Pian von uns zu bekommen."

Ich verstand daraus so viel, daß sie, mit einer ansteckenden Krankheit behaftet, hatten fliehen müssen. Mein Mitleid überwand meinen Abscheu.

„Wünscht ihr etwas, was ich geben kann?"

„Wir haben seit zwei Tagen nichts gegessen, haben keine Waffen, keine Angel; wir sterben."

„Dann will ich euch helfen. Habt ihr ein Gefäß?"

„Nur eine kleine Calebasse."

Ich ging zum Behältniß am Maste, holte ihnen eine für mehrere Tage ausreichende Quantität Maniok und goß ihnen die Calebasse voll Tafia, den sie mit unbeschreiblicher Gier sofort austranken. Zuletzt schenkte ich ihnen noch ein Machete und zwei meiner Angeln, worüber sie Thränen der Freude vergossen; dann aber stieß ich rasch ihren Kahn von meinem Floße ab, machte letzteres wieder flott und steuerte weiter. Die Unglücklichen waren bald meinen Blicken entschwunden.

Kein Bild der südamerikanischen Tropenwelt ist richtig und vollständig, wenn darin eine so entsetzliche Schattenseite fehlt, wie diejenige, die uns soeben vor die Augen trat und über welche ich Einiges bemerken will.

Man nennt am unteren Amazonas und im streitigen Gebiete von Guyana „G a f o s" die Aussätzigen, welche entweder an der Elephantiasis, jener monströsen Anschwellung der Extremitäten, oder an dem sogenannten Löwenaussatze (Lèpre Léonine) leiden, wie die beiden Menschen, denen ich begegnet war. Pian ist der Name, den die Neger und Mulatten dieser schrecklichen Krankheit geben, von welcher sie wegen ihrer Unreinlichkeit und verkehrten Lebensweise vorzugsweise befallen werden. In neuester Zeit hat man Heilmittel dagegen gefunden, die, wenn sie auch nicht die Krankheit beseitigen, doch deren Entwickelung hemmen und den Kranken eine bedeutende Linderung ihrer Leiden verschaffen. Die Aussätzigen leben in besonderen Pesthäusern isolirt, die im französischen Guyana von Soeurs de S. Joseph de Cluny mit wirklich anerkennungswerther Humanität geleitet werden, während sie in Brasilien einen Zustand der Verwahrlosung zeigen, der an ähnliche mittelalterliche Scheußlichkeiten in Europa erinnert.

Nach meiner unheimlichen Begegnung mit den Gafos setzte ich meine Fahrt drei Tage lang ohne einen nennenswerthen Vorfall fort: Jagd und Fischfang lieferten mir reichlichen Mundvorrath und durch die Erfahrung klug gemacht wählte ich sorgfältiger meine Nachtquartiere aus.

Gegen Abend sah ich auf einmal weit oben flußaufwärts einen breiten, schimmernden Wasserstreifen auftauchen. Ich kletterte den Mast soweit hinauf, als ich vermochte, und erblickte zu meiner Freude einen großen, von Wäldern eingefaßten See, der stundenweit seine Gewässer nach Nordwesten ausdehnte. Es war kein Zweifel: der Manaye-See, an dem sich die Indianerniederlassung befand, lag vor mir. Morgen sollte ich also wieder unter Menschen sein! Es stand mir jedoch noch ein Erlebniß bevor, welches diese Hoffnung zu vereiteln, ja durch den Tod meinen ferneren Fahrten ein Ende zu machen drohte.

Ich hatte bisher, um dem Fieber, welches hier zu Lande fast jeden nicht acclimatisirten Europäer befällt, vorzubeugen, so lange mein Vorrath reichte, täglich eine kleine Dosis Chinin genommen; meine kräftige Natur hatte mitgeholfen, und so war ich bisher einem Uebel entgangen, welches so manchen Ankömmling, der nicht vorsichtig lebt, hinwegrafft. Aber ich war auf meinen Wasserfahrten der Einwirkung der tropischen Hitze und der Sumpfausdünstungen zu lange ausgesetzt gewesen; ich mußte endlich auch dem Clima meinen Tribut zahlen. Ich brachte die Nacht in der Nähe einer Lagune zu und fühlte beim Erwachen die ersten Anzeichen des Fiebers. Kaum hatte ich noch Kräfte genug, um das Floß hinter einer nahen Insel festzulegen, als die Krankheit auch schon mit der größten Heftigkeit ausbrach. Ich sank vor der Hütte auf eine Matte nieder und während sich in meiner Fiebergluth alles um mich her zu drehen schien, verlor ich die Besinnung.

Wie lange ich so lag, weiß ich nicht. Ich fühlte plötzlich, wie eine Hand meinen bleischweren Kopf aufhob und mir eine süße Flüssigkeit einflößte. Ich trank davon halb unbewußt in langen Zügen und sah, wie durch einen Nebelschleier, dieselbe Hand einen Napf neben mich stellen. Ich merkte auch eine Bewegung des Fahrzeuges, wie wenn ein Besucher es betreten und wieder verlassen hätte; dann wurde alles still und ich schlief ein.

Als ich wie aus einem Traum erwachte, war ich so schwach, daß ich mich kaum zu bewegen vermochte; doch sammelte ich soweit meine Besinnung, um mich des genossenen Trankes zu erinnern. Mühsam hob ich den Kopf: ein fremder Napf stand neben mir. Es war kein Zweifel: Jemand hatte mich auf dem Floße besucht und mir diese Stärkung hingestellt. Begierig schlürfte ich den Trank ein und gewann dadurch soviel Kräfte, daß ich mit großer Anstrengung mich aufrichten und um mich blicken konnte.

Das Floß war augenscheinlich weiter gefahren worden, denn ich befand mich in einer andern Gegend, am Ufer eines kleinen See's, dessen glatte Wasserfläche die herrlichste Waldung wiederspiegelte. Die Sonne neigte sich dem Untergange zu, und ihre durch die Bäume dringenden Strahlen vergoldeten Land und Wasser. Das frische, saftige Grün, die Blumen auf allen Zweigen, der liebliche Blüthenduft, alles vereinigte sich, um meinen Sinnen das Bild eines Paradieses vorzuzaubern. Ueber meinem Haupte hingen von einer Akacie, an welche das Fahrzeug gebunden war, schöne rosige Blumen herab und ließen, gleichsam als wollten sie mich unter Blüthen begraben, bei dem Wehen des sammetweichen Windes oder beim Vorüberfluge eines Vogels Blumenkronen und Blättchen auf mich herabfallen. Buntfarbige Papagaien, Cottingas, Colibris und Schmetterlinge flogen umher und vermehrten die Farbenpracht dieser wundersamen tropischen Scenerie.

Ich betrachtete diese Zauberwelt mit Entzücken und zugleich mit Traurigkeit; fühlte ich mich doch so schwach und elend, daß ich glaubte, zum letzten Mal einen solchen Anblick zu genießen. Ein feiner Strohhut, den ich nicht weit von meiner Lagerstätte auf dem Floße liegen

Indianische Pflege (S. 152).

sah, gab mir neue Lebenshoffnung wieder. Eine weibliche Hand hatte sich mit mir beschäftigt; ich hielt mich schon für gerettet.

Der stärkende Trunk und das Bewußtsein, in den Händen guter Menschen zu sein, bewirkten, daß ich einige Stunden ziemlich gut schlief. Ich erwartete den Tag, ohne viel zu leiden, jedoch nicht ohne Ungeduld. Ich dachte mit Recht, daß meine Retterin zurückkehren und ihr Werk vollenden würde; auch lag ja noch ihr Hut da.

In der That hörte ich bei Tagesanbruch das Geräusch eines über das Wasser gleitenden Kahnes; gleich darauf erschütterten ein Anstoß und eine leichte Bewegung mein Floß.

Ich sah eine junge Frau von bräunlicher Gesichtsfarbe und mit angenehmen, jedoch etwas massiven Zügen von eigenthümlichem fremdartigem Ausdrucke sich mir nähern. Sie trug wie Mulattinnen ein gestreiftes Tuch um den Kopf gebunden.

Zuerst hob sie ihren Hut auf und richtete dann einige mir unverständliche Worte an Jemanden, der sich noch im Kahne befinden mußte.

Eine frische Stimme antwortete ihr in jenem Neger- oder Kreolen-Französisch, welches in Guyana und in dem streitigen Gebiete von den meisten Einwohnern gesprochen wird.

„Ich habe es ja gesagt. Wie geht's dem Kranken? Ist er todt?"

Die junge Frau war währenddessen an mein Lager getreten und bückte sich, um ihren Napf zu nehmen. Da ich zu schwach war, mich aufzurichten, reichte ich ihr die Hand und sagte:

„Dem Todten geht es besser. Ihre Hilfe hat mich gerettet. Ich danke Ihnen."

Sie ließ meine Hand los, hob beide Arme verwundert empor und rief:

„Komm her, Junge, komm her! Es ist ein Franzose, ein guter Weißer, kein Portugiese, ganz und gar nicht. Er spricht französisch, aber französisch wie ein Weißer von Paris."

Ein kräftiger Bursche von etwa 12 Jahren, welcher der jungen Frau äußerst ähnlich war, sprang auf das Floß, und beide begannen eine lebhafte Unterhaltung, in welcher die Worte: Bazileiro, Portuguèze, faux blanc, malo, maledetto, etc., jeden Augenblick wiederkehrten; ich schloß daraus, daß Mutter und Sohn, was beide offenbar waren, eine große Abneigung gegen Brasilianer und Portugiesen hegen mußten. Sie sprachen so rasch, daß ich dem Faden ihrer Unterredung nicht folgen konnte.

Ich versuchte daher, ihr Negerfranzösisch möglichst nachzumachen, um ihnen zu sagen, daß ich ihre Sprache nur schlecht verstände. Da sahen sie mich überrascht und argwöhnisch an und der Bursche sagte:

„Ich habe richtig gesehen. Er spricht nicht französisch; es ist ein Portugiese."

Die Mutter schien unschlüssig und sagte zu mir in ihrem Kauderwelsch, langsam und jedes Wort betonend:

„Diga, to Français ou Bazileiro?" (Sage, bist du Franzose oder Brasilianer?)

Ich lächelte, und das Patois, welches ich mir angequält hatte, bei Seite lassend, antwortete ich:

„Franzose, durch und durch Franzose, und zwar ein Pariser, Soldat im dritten Marine-Infanterie-Regimente."

Mutter und Sohn reichten mir beide zugleich die Hand mit den Zeichen der höchsten Freude."

„Wir wollen Sie zuerst versorgen," sagte die junge Frau, „nachher können Sie erzählen, auf welche Weise Sie hiehergekommen sind."

Ihr Sohn holte nun aus dem Kahne einen großen Doppelkorb, den man in Cayenne Pajara nennt, und sie nahm daraus eine Flasche voll Bouillon, Marupahi-Wurzeln als Arzneimittel gegen mein Uebel, wie sie sagte, einige Cassave-Plätzchen und endlich eine Flasche Zucker-Syrup.

Dann säuberte sie mit dem Knaben das Floß, warf alles, was nicht zu brauchen war, in das Wasser, machte Feuer an und kochte mir aus dem Mitgebrachten ein Frühstück, welches meine Kräfte neu belebte. Hierauf setzten sich beide nach indianischer Weise auf ihre Fersen neben mein Lager, und unsere Unterhaltung begann.

„Ich bin aus der Stadt Cayenne gebürtig," sagte die junge Frau; „mein Vater war ein Mulatte und meine Mutter Alida, deren Namen ich auch führe, eine Mestizin. Ich war auf der Pflanzung des

Herrn Lagrange am Ufer des Approuague bis zu meinem fünfzehnten Jahre, wo ich den Handelsmann José=François de Ricard heirathete."

„Ich habe Herrn Ricard vor einigen Tagen gesehen."

„Sie haben den Vater gesehen?" riefen beide zugleich und sahen mich mit großen Augen an. „Wo haben Sie ihn getroffen? Wie befindet er sich? Was machen seine Leute?"

Ich erzählte ihnen nun mein Zusammentreffen mit Ricard, meinen Besuch auf der Mission, den Ueberfall der Buschneger und das, was ich von Coro über Ricards glückliche Flucht erfahren hatte.

Die Spannung und Aufregung, mit welcher sie mir zuhörten, läßt sich nicht beschreiben; mehr als einmal griff der Bursche nach seinem Machete und rief aus: „O, wäre ich da gewesen!" während seine Mutter vor Gemüthsbewegung zitterte und Thränen vergoß.

Als ich meine Erzählung beendigt hatte, sagte Alida: „Dieser Portugiese ist unser böser Geist; er hat uns jetzt zum zweiten Male unglücklich gemacht, denn, hat mein Mann durch ihn seine Ladung von gesalzenen Fischen verloren, so sind wir ruinirt. Im vorigen Jahre, als wir noch in Mapa lebten, hatte Ricard ihm eine bedeutende Quantität Fische und Manati=Oel nach Para geliefert. Wir gingen hin, um das Geld dafür in Empfang zu nehmen, aber der Portugiese in Verbindung mit den Douaniers, welche die Ladung mit Beschlag belegt hatten, prellten ihn um alles; Ricard mußte froh sein, mit dem Leben, aber ohne einen Sou, davon gekommen zu sein."

„Wie kommt denn dieser Mensch mit den Buschnegern in Verbindung?"

„Nachdem es Ricard in Mapa so schlecht ergangen war, zog er fort und knüpfte mit den Aucuyenus, einem mit den Franzosen stets befreundet gewesenen indianischen Stamme, Verbindungen an. Wie jetzt leben wir oft Monate lang in ihrer großen Niederlassung am Manaye=See und mein Mann verschafft ihnen durch Tauschhandel alle ihre Bedürfnisse aus Cayenne. Darüber sind die Brasileiros schon längst erbost, und wenn Theodor Lecepo, so heißt der portugiesische Betrüger, unter den Buschnegern sich befindet, wie Sie von Coro erfuhren, so ist das der Grund: die Buschneger sind von ihm gegen die Aucuyenus aufgehetzt worden, und auch Padre Raphaelo wird dem Hasse der Brasilianer zum Opfer gefallen sein."

Diesen Inhalt ihrer Erzählung brachte ich erst nach vielen Wiederholungen vollständig heraus; aber ich war schon froh, so viel Verständniß des Negerpatois erlangt zu haben. In der That ist es nicht schwer zu verstehen, wenn man sich einige Eigenthümlichkeiten der corrupten Aussprache des Französischen gemerkt hat, namentlich die Elision des r oder dessen Verwandlung in l.

Ich war neugierig zu erfahren, wie sie mich aufgefunden hätten, und auf meine Frage erzählte Aliba:

„Wir waren den Manaye hinuntergefahren, um Ricard auf der Mission zu treffen, als die große Fluth uns überraschte. Da wir auf unserer Fahrt die Seeströmung, welche in das Land einbrach, noch nicht erreicht hatten, so konnten wir auf einen Hügel flüchten und die Beruhigung des Wassers abwarten. Mein Sohn stieg auf einen hohen Baum, um sich umzusehen, und da erblickte er in der Entfernung Ihr Fahrzeug, dessen Segel in der flachen Gegend weithin sichtbar war. Wir hörten auch die Schüsse und fürchteten, Ihr Floß trüge Buschneger. Ich beschloß mit meinem Sohne Sie auszukundschaften, um, wenn es nöthig wäre, den Vater und die heimkehrenden Aucuyenns zu warnen. Wir sind Ihnen daher mehrere Tage lang von weitem gefolgt, haben uns zuletzt durch das Ufergebüsch an Sie herangeschlichen und Ihren hilflosen Zustand gesehen. Mein Sohn hielt Sie Ihrer sonnenverbrannten Gesichtsfarbe wegen für keinen Europäer und wollte Ihnen keine Hilfe bringen, aber ich war überzeugt, daß Sie kein Brasilianer wären."

„Woran hatten Sie das erkannt?"

„Ich hatte gesehen, wie freundlich Sie mit Ihren Thieren und zuletzt mit den unglücklichen Gajos waren. Das hätte kein Brasilianer gethan. Mein Sohn zweifelte jedoch noch immer; er konnte sich die Schüsse, welche wir gehört hatten, nicht erklären."

Von meinem letzten Kampfe mit den beiden Buschnegern hatten meine Retter noch nichts erfahren. Ich erzählte ihnen jetzt denselben mit allen Umständen. Ihr Haß gegen diese Menschen mußte wohl sehr groß sein, denn sie gaben die lebhafteste Freude über den Tod meiner beiden Angreifer zu erkennen.

Der Bursche, dessen Augen von Kampfbegierde glänzten, sagte: „Tapferer Weißer! Du gehst mit zu den Rucuyennas. Wir werden die Neger angreifen und vernichten. Aber wenn sie einen französischen Soldaten sehen, werden sie in die Berge fliehen."

„Ich bin ja krank und kann nicht mein Floß steuern."

„Die Marupahi-Wurzel wird Sie wieder gesund machen," erwiderte die Mutter. „Auch haben die Rucuyennas einen Medizinmann, der alle Krankheiten heilt. Das Floß wollen wir schon ziehen; wir können noch vor Abend in der Niederlassung sein."

„Kann ich von dort nach Cayenne kommen und ein Pferd haben?"

„Wenn Sie wieder auf den Beinen sind, bringen wir Sie nach Mapa, wo Sie mit dem ersten Schiffe nach Cayenne gehen können. Pferde gibt es im Lande nicht; ich habe nur solche in Para gesehen, als ich meinen Mann auf seiner letzten Reise dahin begleitete."

Ich hatte keine Lust, mich mit den Negern noch weiter herumzuschlagen, doch sagte ich nichts; ich war ganz in ihrer Gewalt und froh, daß sie sich meiner annahmen.

Alida pflegte mich aber auch mit fast mütterlicher Sorgfalt. Alle fünf Minuten reichte sie mir Thee, den sie aus der Marupahi-Wurzel kochte und mit Syrup versüßte, und fragte jeden Augenblick nach meinem Zustande. Das Heilmittel mußte mir gerade zur rechten Zeit gegeben worden sein oder überhaupt energisch wirken, ich wurde zusehends besser, so daß mir Alida sagte, wir könnten Nachmittags die Fahrt nach der indianischen Niederlassung antreten. Noch bessere Fortschritte machte ich in der Erlernung des Patois, welches beide sprachen; selbst wenn es weniger leicht gewesen wäre, hätte ich es rasch lernen müssen, denn sie plauderten wie harmlose Kinder ohne Unterlaß.

Bevor wir uns auf den Weg machten, hatte ich noch Gelegenheit, die Geschicklichkeit des jungen Burschen im Fischfange und im Gebrauche des Blasrohrs zu bewundern. Ich schenkte ihm zum Fischen eine meiner Angeln, worüber er große Freude zeigte.

Die Blasrohre, deren sich die Indianer als Waffe und zur Jagd selbst auf Jaguare bedienen, sind 6—8 Fuß lang und bestehen aus zwei ausgehöhlten, im Innern polirten, auf einander gelegten Hölzern, die mit Baumrinden zusammengebunden und an der Außenseite mit Harz bestrichen sind. Jeder Indianer trägt in einem gestrickten Säckchen einen Topf Gift, Angeln, Feuerstahl und Suma=Uma=Seide für seine Pfeile. Letztere 7—10 Zoll lang, nicht dicker wie unsere Zündhölzchen, sind aus leichtem, aber außerordentlich hartem Holze gemacht. Die Pfeile sind mit Kügelchen aus jener Seidenwolle umgeben, damit der Athem den Pfeil fortblasen könne. Trifft ein solcher Pfeil einen Jaguar oder jedes andere Thier, so erfolgt in kaum einer Minute dessen Tod.

Die brasilianischen Indianer machen die Blasrohre aus jungen Stämmchen der Triartea=Palme. Ein solches zwei bis drei Zoll dickes Stämmchen wird 10 Fuß lang abgeschnitten, das weiche Mark daraus entfernt und der hohle Stengel des bambusartigen Curata (trundinaria Schomburgkii) hineingetrieben, sodann ein Mundstück aus Rohr an dem einen Ende, ein Schneidezahn von Pako als Visir an dem andern eingefügt.

Als Alida ihrem Sohne sagte, er solle für das Abendessen einige Vögel schießen, richtete er sofort sein Blasrohr auf die zahlreich umher= fliegenden Tauben und schoß deren drei nacheinander.

Einige Stunden vor Sonnenuntergang fuhren wir ab. Ich konnte bereits fortwährend aufrecht sitzen und die herrliche Landschaft genießen. Mein Floß war durch das Anlegetau an den Kahn oder Uba, wie sie ihn nannten, befestigt und kam rascher von der Stelle, als ich anfangs dachte. Eine solche Uba, das gewöhnliche Fahrzeug der Indianer, be= steht nur aus einem hohlen Baumstamme und wird mit außerordentlicher Geschicklichkeit gerudert. Auf dem Amazonas habe ich Ubas gesehen, welche 12 bis 18 Ruderer und vier Tonnen Waaren trugen.

XIII.

Schlangenabenteuer nach den Berichten von C. Carrey, Gardner, Boyer u. a. — Eine Sucuriju-Schlange. Schlangenungeheuer in Guyana und Brasilien. Kämpfe mit Anacondas. — Eine entsetzliche halbe Stunde.

Wir fuhren eine Zeit lang das waldreiche Ufer entlang und erreichten dann einen schmalen Kanal, der, wie ich vermuthete, zur Niederlassung führte. Die Einfahrt war so enge, daß mein Floß, an dem zu beiden Seiten ein Baumstamm weit hinausragte, nicht einlaufen konnte. Der Bursche besann sich nicht lange, nahm sein scharfes Machete*) und hieb in einigen Minuten die hindernden Stücke herunter. Zu beiden Seiten des Kanals erhob sich über zehn Fuß hohes Rohr, welches Alida canna brava nannte und Aehnlichkeit mit wildem Zuckerrohr hatte. Ich sah später, wie die Indianerinnen am Amazonenstrome aus diesem Rohr in fabelhaft kurzer Zeit Hütten machten. Sie stecken einfach eine Anzahl derselben in den Boden, knicken sie etwas über Kopfeshöhe und binden sie mittelst der Blätter zusammen, worauf sie die übrigen Rohre als Dach darüber legen. Ich habe manche Nacht in diesen Rohrhütten ruhiger geschlafen, als in einem Pariser Hotel.

Wir waren beinahe aus dem Rohrgebüsche herausgekommen und gelangten eben in die Nähe eines großen Baumes, dessen Fuß in das

---

*) Die Machetes, sabres d'abattis, Waldmesser, sind 2—3 Fuß lange starke und breite Säbelklingen, nur leicht gekrümmt, an der Spitze dicker und schwerer, mit einem hölzernen Griffe.

Wasser tauchte, als ein Schreckensruf Aliba's und die ausgestreckte Hand des Burschen meine Aufmerksamkeit nach dieser Seite hin lenkten. Trotz meiner Schwäche fuhr ich von meinem Lager auf und griff nach meiner Büchse.

Der Anblick war auch der Art, um einem Europäer das Blut vor Schrecken gerinnen zu machen. Eine ungeheure Schlange hatte ihren beinahe zwei Fuß dicken Körper um den Baum geschlungen und streckte über das Schilf ihren Kopf züngelnd nach mir aus.

Meine Büchse war wie immer geladen. Die Angst gab mir die fehlenden Kräfte wieder, ich legte schnell an und feuerte dem Unthier meine beiden Schüsse in den Kopf. Dann sank ich erschöpft auf mein Lager und hörte wie die Schlange prasselnd in das Schilf stürzte, das noch Minuten lang von den krampfhaften Schlägen ihres Schweifes wiederhallte.

Als Alles still war fuhren wir hinan, und ich konnte die Länge des Thieres abschätzen; sie betrug zwischen 30 und 40 Fuß.

„Es ist ein Sucuriju", sagte Aliba, „und wir dürfen den Indianern nicht sagen, daß Sie ihn getödtet haben. Sie erzeigen ihm fast abgöttische Verehrung und legen ihm täglich Futter hin, weil sie meinen, er sei der Herr der Savanne und könne ihnen Glück oder Unglück bringen. Ich denke aber nicht so, denn ich bin Christin.

„Richtet denn diese Schlange nicht vielen Schaden an?

„Sie frißt viele Fische, Meerschweinchen, Agutis und andere kleine Thiere, auch Rehe, welche zur Tränke kommen."

Ich betrachtete mir nun das riesige Thier etwas genauer. Der untere Theil des Leibes war grünlich-gelb, der obere schwärzlich olivenfarbig mit einer doppelten Reihe von dunkelbraunen Flecken. Sie glich durchaus nicht den Riesenschlangen, die ich in Menagerien gesehen hatte; eine echte Sucuriju-Schlange oder Anaconda ist noch nicht lebendig nach Europa gebracht worden; die amerikanischen Riesenschlangen, die man dort vorzeigt, sind Boa Constrictors.

Bei dieser Gelegenheit will ich ein späteres Erlebniß mit einer Sucuriju oder Anaconda*) einschalten und zugleich einige ergänzende

---

*) Émile Carrey. Huit jours sous l'Équateur.

Die Sucuriju-Schlange (S. 160).

Nachrichten über die südamerikanischen Schlangenungeheuer hinzufügen, welche gegenwärtig nach den übereinstimmenden Mittheilungen so vieler Durchforscher der brasilianischen Urwälder nicht mehr in das Reich der Fabeln gehören.

Don Henrique führte mich eines Tages auf seiner Fazenda*) umher. Wir schritten durch ein Ananasfeld; einige dieser Früchte kamen eben wie Artischoken ohne Stiel aus dem Boden hervor, andere waren schon höher gewachsen, aber noch grün unter den umhüllenden Blättern; sobald die Ananas gelb wird, ist sie reif und wird abgeschnitten.

An dem Gehege der Schweine und des Federviehs wollte ich rasch vorbeigehen, als Don Henrique stehen blieb.

„Sie haben in Peru und Nordamerika gelebt," sagte er. „Die Schweine müßten Sie daran erinnern."

„Allerdings", antwortete ich. „Ich bin dort in den Straßen der Städte und Dörfer so oft über diese Thiere gestolpert, daß ich nur mit Langweile daran denke. In den südamerikanischen Republiken kann man ihretwegen die Straßen der Städte zuweilen kaum passiren. Die Schweine haben sich dort große Löcher mitten in die Straße gewühlt, Barricaden, die sie mit ihren Hauern gegen die Vorübergehenden vertheidigen."

„Ein paar Sucurijus hätten die Städte in kurzer Zeit davon befreit. Vor vier Jahren hatte ich gerade hier an dieser Stelle durch eine dieser Schlangen den größten Schrecken meines ganzen Lebens.

Ich hatte in diesem Gehege eine Menge Thiere aller Art. In einer einzigen Nacht verschwand ein Theil derselben; das Ding war mir völlig unbegreiflich; Enten, Hähne, Hühner, Schweine, von allen hatte der Dieb einige mitgenommen oder gefressen. Es konnte weder ein Jaguar noch eine Mucura, jenes gefräßige stinkende Beutelthier sein, welches den Vögeln nachstellt; es fanden sich keine Spuren an dem Gehege, welches mit seiner hohen Palissade bis an den Fluß reicht. Kaimans haben wir auch nicht hier.

---

*) Eine Farm mit bedeutender Viehzucht heißt in Brasilien Facenda, in Guyana Hatterie.

Meine Neger wußten nicht, was sie sagen sollten, und ich hatte sie im Verdachte, auf meine Kosten einen nächtlichen Schmaus gehalten zu haben.

Endlich in der folgenden Nacht wurde ich plötzlich durch einen fürchterlichen Lärm geweckt; in dem Gehege schrieen alle noch übrigen Thiere wild durcheinander. Ich stand auf, nahm meine Flinte und lud sie mit Schrot, entschlossen, den Schuldigen zu züchtigen. Der Stimmenlärm dauerte fort, aber schwächer.

Geräuschlos näherte ich mich und erblickte beim Scheine des Mondes eine ungeheure Sucuriju=Schlange, welche eben ein Schwein verschlang.

Sie sah entsetzlich aus; mitten im Gehege ausgestreckt, glich ihr Körper einem jener colossalen grünlichen, halb mit Schlamm bedeckten Baumstämme, welche man den Amazonenstrom hinabtreiben sieht. Ihr scheußlicher, emporgehobener Rachen hielt halbverschlungen das Schwein, dessen Hinterbeine daraus herabhingen. Alle anderen Schweine in einer Ecke zusammengedrängt, außer sich vor Schrecken, drückten gegen die Palissade, um zur Flucht durchbrechen zu können; die auf die Orangenbäume geflüchteten Hühner, selbst die draußen frei umherlaufenden Hunde, meine Papagaien, stießen alle ein Geschrei des Schreckens und der Todesangst aus.

Aber ich bekam keine Zeit, dieselbe lange zu betrachten; sei es, daß sie mich bemerkt, oder daß ich beim Anlehnen an die Palissade Geräusch gemacht hatte, die Schlange drehte den Kopf und begann ihn rechts und links hin und her zu schaukeln, ohne das Schwein fahren zu lassen, mit jener wilden bestialischen Bewegung, welche man am weißen Bären in unseren zoologischen Gärten sehen kann.

Der übrige Theil ihres Körpers, welcher zehn Schritte von ihrem Kopfe in den Strom tauchte, gerieth in heftige Bewegung und peitschte das Wasser über das Ufer. Die Schlange gab sodann ihrem riesenhaften Leibe eine wellenförmige Bewegung, eine einzige, und fuhr dann, ohne ihre Beute loszulassen, gegen die Palissade, an welcher ich stand. Vor Schrecken zitternd sprang ich rasch zurück und setzte unwillkürlich zur Vertheidigung die Flinte an die Schulter. Hätte ich geschossen, so war ich verloren; aber zum Glücke war der Hahn nicht aufgezogen und während ich dieses that, erinnerte ich mich der schwachen Schrotladung derselben; mit einer solchen hätte ich besser nach dem Monde geschossen.

Ich eilte Hals über Kopf nach der Wohnung, nahm ein doppeltgeladenes Lefauchenr=Gewehr und kehrte zum Gehege zurück. Das Ungeheuer, von meiner Gegenwart befreit, setzte ruhig seine Mahlzeit fort und hatte das Schwein fast ganz verschlungen.

Ich legte ganz sachte an und sandte ihm meine beiden Kugeln zu. Durch den Pulverdampf sah ich seinen Kopf und den ganzen Vordertheil seines Körpers sich zehn bis fünfzehn Fuß hoch emporrichten; dann fiel es, wie ein gefällter Baum, mit einem matten, dumpfen Tone zu Boden.

Ich trat schnell zurück, um auf's neue zu laden, aber das Thier rührte sich nicht mehr, und ich sah aus seinem Kopf einen Blutstrom wie aus einem Spundloche fließen. Ich wartete noch eine Weile, noch immer in Besorgniß, das Gewehr im Anschlage; dann rief ich nach meinen Leuten.

Isidorio, Johannes und mehrere Neger, durch meine Schüsse schon aufgeweckt, stürzten auf meinen Ruf herbei. Wir drangen in das Gehege ein. Johannes berührte die Schlange; sie war todt. Meine Kugeln hatten ihr den Kopf zerschmettert. Ich ließ ihren Schwanz aus dem Wasser ziehen, und wollte die Schlange vor das Gehege schaffen, um ihre Länge zu messen; aber wir fünf Männer waren dazu nicht im Stande.

Da es kaum 10 Uhr war, beschloß ich bis zum Morgen zu warten und ihre Haut abzuziehen. Gleich nach Tagesanbruch kam ich mit meinen Leuten wieder hin, aber ich fand sie zum Theil schon aufgefressen: die Schweine hatten sich während der Nacht darüber hergemacht und lagen, übersättigt und grunzend, in einem Winkel des Geheges.

Man konnte sie jedoch messen; sie war 38 Fuß lang und 2 Fuß dick. Eine größere habe ich selbst noch nicht gesehen; aber in Peru tödtete eines Tages einer meiner Indianer eine noch größere Anaconda, die aber nicht so dick war. Johannes versicherte mir, daß man vor einigen Jahren bei Cameta, am Ufer des Tocantin, eine Riesenschlange getödtet hatte, die 47 Fuß lang, und so dick wie ein Faß von 300 Litres war.

„Das ist ganz richtig," sagte Carlos; „der Gouverneur, der Pfarrer und einige Notabeln des Districts haben ein Protokoll darüber aufgenommen, das ich gelesen habe. Die Schlange war, wie die Ihrige, durch einen Schuß in den Kopf getödtet worden, und es waren elf Männer nöthig, um sie aufzuheben."

„Das glaube ich wohl," nahm ich das Wort. „Man hat mir in Cameta versprochen, eines der Wirbelbeine dieser Schlange, woraus man ein Taburet gemacht hat, für mich nach Frankreich zu schicken. Ich habe allerdings nur Boas von 17—18 Fuß Länge getroffen, aber das beweist gar nichts, denn die Boa Constrictor ist viel kleiner als der Sucuriju; und in der Gegend von Santarem haben mir meine Indianer einen im hohen Grase gebahnten Weg gezeigt, der offenbar von einer colossalen Schlange herrührte."

Diese Angaben sind neuerdings von Em. Liais in seinem schönen Buche: „L'Espace céleste et la nature tropicale" bestätigt worden. „Man hat in Europa", sagt er, „noch keine Haut der großen Boa Scytale (Sucuriju) gesehen; daher irren sich auch die Naturforscher so oft über ihre Größe. H. Magalhaës de Pirapora hat mir versichert, deren gemessen zu haben von 22 Meter Länge; sie ist gewöhnlich 13 Meter lang." *)

Der Botaniker Georg Gardner**) durchforschte auch das Quellenland des Tocantins und berichtet darüber u. a. Folgendes:

„In den Sümpfen dieses Thales findet man häufig die Boa Constrictor von bedeutender Größe. Sie ist in der ganzen Provinz

---

*) Ich vermag nicht zu sagen, ob sich von Klödens Angabe auf diese Schlange bezieht: „Ein riesenhaftes Seeungeheuer in Schlangengestalt, dessen Bewegungen man nur Nachts vernimmt, ist noch nicht gesehen worden; am Ufer sich vorfindende mächtige Kothhaufen, die einen gräßlichen Gestank verbreiten, schreiben die Indianer ihm zu." B.

**) Reisen im Inneren Brasiliens. Aus dem Englischen von M. B. Lindau. Leipzig, 1848.

nicht ungewöhnlich), besonders an den bewaldeten Ufern der Sümpfe, Seen und Flüsse, und erreicht zuweilen die furchtbare Länge von vierzig Fuß. Ich sah hier die größte, die mir jemals vorgekommen ist; aber sie war nicht mehr lebendig. Einige Wochen vor unserer Ankunft in Saché war des Lieutenants Lieblingspferd von dem in der Nähe des Hauses befindlichen Weideplatze verschwunden; man suchte es auf der ganzen Fazenda, aber es blieb verloren. Bald darauf bemerkte ein Vaqueiro, indem er durch einen Wald am Ufer eines kleinen Flusses wanderte, eine ungeheure Boa, die in der Gabel eines über das Wasser geneigten Baumes hing. Sie war todt, hatte sich aber offenbar lebendig von der letzten Fluth herabtreiben lassen und in ihrem trägen Zustande nicht die Kraft gehabt, sich aus der Gabel zu winden, ehe das Wasser wieder zurückging. Man ließ sie von zwei Pferden aufs freie Land ziehen und fand, daß sie siebenunddreißig Fuß maß. Als man sie öffnete, kamen die zum Theil zerbrochenen Knochen und das halb verdaute Fleisch eines Pferdes zum Vorschein, während sich die Kopfknochen unverletzt vorfanden, und hieraus schlossen wir, daß die Boa das Pferd vollständig verzehrt haben mußte; denn im Verschlingen besitzen alle Arten von Schlangen eine wahrhaft erstaunliche Fähigkeit. Ich habe häufig gesehen, wie eine Schlange, die nicht dicker war als mein Daumen, einen Frosch ziemlich von der Größe einer Faust verschlang, und ich tödtete einst eine Klapperschlange von vier Fuß Länge und nicht bedeutender Stärke, die nicht weniger als drei große Frösche verschlungen hatte, deren einer ihren Leib zweimal so dick machte als die übrigen Theile: er war noch am Leben und hüpfte davon, als er befreit wurde. Eine sehr dünne Schlange, die man sehr häufig auf den Dächern der Häuser findet, verschlingt nicht selten Fledermäuse, die drei Mal so dick sind als sie selber. Ist dieß also bei kleineren Arten der Fall, so darf man sich nicht wundern, daß eine Schlange von siebenunddreißig Fuß Länge ein Pferd verschlingen könne, besonders wenn man weiß, daß sie dem Thiere, indem sie es umschlingt, zuvor die Knochen zerbricht und es mit dem schlüpfrigen Schleime benetzt, den sie in ihrem Rachen birgt."

Die widersprechenden Berichte einiger Reisenden über die Größe der Schlangen Brasiliens lassen sich alle daraus erklären, daß sie entweder nie eine Anaconda (Boa aquatica, Pr. Max. s. scytale et murina, Sucuriju) gesehen haben, oder dieselbe nicht von der gemeinen Riesenschlange des tropischen Amerikas (Boa constrictor, Abgottsschlange, Königs- oder Kaiserschlange, Länge bis 30 Fuß) unterscheiden, oder auch sie mit der Aboma (Boa Cenchris s. chenchria), die auch über 20 Fuß lang wird, verwechseln; nur die Anaconda geht in's Wasser und lebt an den Ufern der Flüsse und Seen. So sah Armand Inssclain nur eine Boa Constrictor und zuckte die Achsel, als man ihm in Cayenne von dem verzweifelten Kampfe eines Soldaten mit einer Riesenschlange erzählte, die denselben der Stadt gegenüber auf dem Wege von der Pointe de Macouria nach dem Dorfe Kourou überfallen hatte.

Zum Beweise, daß diese Schlangenungeheuer durchaus nicht immer so harmlos sind, wie manche Naturforscher sie schildern, berichtet Byoer in seinem interessanten Werke über Guyana folgende Thatsache aus eigener Erfahrung:

„Ich ließ mich eines Tages nach der Pointe aur Moustiques übersetzen, um zu jagen; ich war noch Neuling in Guyana und wünschte sehr den Wald mit seinen Jagdwundern kennen zu lernen. Mit einem Empfehlungsbillet seines Schwadronschefs versehen, suchte ich dort einen Unteroffizier auf, der für einen der besten Jäger der Gegend galt. Er nahm sofort seine Flinte und begleitete mich.

Es war ein Elsässer, groß, kräftig gebaut, mit einem energischen echt soldatischen Gesichtsausdrucke und röthlichem Schnurrbarte; er hinkte ein wenig, marschirte aber so schnell wie ich.

Das Wild war so häufig, daß wir innerhalb dreier Stunden fünfzehn Schnepfen, acht Rallen und zehn andere Vögel geschossen hatten.

Die Jagd wurde durch einen jener fürchterlichen Platzregen unterbrochen, wie sie in Guyana so häufig fallen. Als nachher die Sonne wieder schien, wurden ihre Strahlen, vielleicht in Folge der Feuchtigkeit so glühend, daß die Savanne einer Feueresse glich. Kluger Weise zogen wir uns zurück und suchten die Hütte des Negers Tagala, einen bekannten Sammelplatz der Jäger, auf. Wir nahmen einen Imbiß;

ich zündete meine Cigarre an; der Unterofficier stopfte seine Pfeife, und wir begannen ein gemüthliches Geplauder.

„Durch welchen Zufall sind Sie nach Guyana gekommen?" sagte ich zu meinem Gefährten.

„Durch meine Jagdleidenschaft, mein Capitain. Ich habe mich in die Colonial-Gensdarmerie versetzen lassen, um jagen zu können; denn in Frankreich ist dieses Vergnügen uns untersagt. Ich wäre dort auch ein schlechter Gensdarm geworden den Wildbieben gegenüber, für deren Jagdfrevel ich zu viel Sympathie hatte. Hier kann ich wenigstens schießen und schießen lassen, ohne gegen Delinquenten ein Protokoll aufsetzen zu müssen."

„Sind Sie im Kriege verwundet worden?"

„Nein, auf der Jagd; und zwar hier, vor einem Jahre. Ich wäre beinahe von einer Schlange verschlungen worden."

„Von einer Schlange?"

„Ich bin solid gebaut, nicht wahr? Ich fürchte keinen Menschen und habe davon meine Proben abgelegt. Nun, wenn ich an die Gefahr denke, die ich damals bestanden habe, so läuft mir noch der kalte Schweiß den Rücken herunter."

„Es war also eine Boa?"

„Wie es scheint; man nennt sie hier la grande couleuvre. Die Geschichte verhielt sich so: Rechts von der Savanne, wo wir heute gejagt haben, liegen Pri-pris*), die von Enten wimmeln; allein über Tag halten sich diese vertenfelten Vögel in der Mitte derselben, und dahin kann man nicht gelangen, ohne im Morast zu ertrinken. Erst bei der Morgendämmerung kommen sie an das Ufer. Ich war nun furchtbar darauf erpicht, eine Ente zu schießen, und begab mich deßhalb beim ersten Tagesgrauen an die Pri-pri. Ich trat bis an die Kniee in's Wasser, die Flinte schußfertig, und wartete bis die ersten Sonnenstrahlen mir die Vögel zeigten, die ich rings um mich her hörte.

Plötzlich fühlte ich mich gewaltsam an der Schulter gepackt . . . Ich wandte den Kopf und sah, zwei Zoll von meinem Gesichte, den offenen Rachen einer ungeheuren Schlange. Ich sprang zur Seite und

*) Siehe Seite 144.

befreite mich so von dem Thiere, welches mir ein Stück von meinem wollenen Hemde abriß."

„Sie mußten eine gehörige Furcht haben."

„Ich hatte keine Zeit dazu; es galt zu handeln. Nachdem der Schlange der erste Griff nicht gelungen war, stürzte sie von neuem auf mich los. Dieses Mal faßte sie mich beim Schenkel. Ihre Zähne drangen mir in das Fleisch und verursachten mir entsetzliche Schmerzen; ich fühlte wie mein Schenkel wie in einer Schraube gepreßt wurde.

Ich verlor jedoch den Muth nicht. Mit dem Kolben meiner Flinte schlug ich der Schlange dergestalt auf den Kopf, daß sie mich noch einmal losließ. Jetzt zog sie ihren Leib etwas zurück, um mich von neuem anzugreifen und mit ihren Ringen zu umschlingen.

Glücklicher Weise ließ ich ihr nicht die Zeit dazu. Ich hob blitzschnell meine Flinte und schoß ihr meine Kugel in den Kopf. Tödtlich getroffen fiel sie zu Boden. Ich machte, daß ich rasch aus dem Pri=pri herauskam, und that einige Schritte, um zu fliehen, da ich nicht wußte, ob mein Feind todt war. Meine Kräfte verließen mich jedoch, ich fiel ohnmächtig hin.

Als ich wieder zu mir kam, stand die Sonne schon hoch am Himmel. Meine Wunde machte mir gräßliche Schmerzen. Ich nahm meinen ganzen Muth zusammen und schleppte mich, oder kroch vielmehr weiter. Gegen Abend erreichte ich diese Hütte hier und wurde am andern Tag in das Hospital getragen, worin ich sechs Wochen blieb. Ich bekam das Fieber, das Delirium, kurz den ganzen Krempel; man hätte mir beinahe das Bein abgenommen. Schließlich genas ich doch, bin aber, wie Sie wissen, ein wenig Hinkebein geblieben."

„Und die Schlange?"

„Als ich das Hospital verließ, kehrte ich zum Pri=pri zurück; aber die Ameisen und die Urubus hatten mit der Schlange reinen Tisch gemacht; es war nur das Rückgrat übrig geblieben, und dieses hatte eine Länge von 25 Fuß. Der Fährmann an der Pointe hat mir jedoch versichert, es gäbe deren noch größere von 30—40 Fuß Länge."

Amerika ist bekanntlich das Land der Schlangen par excellence, und nicht blos Süd= und Centralamerika sind davon heimgesucht: Nord=

amerika besitzt deren eben so viele; die gefährliche Klapperschlange (crotolus duriosus), die bis 6 Fuß lang wird, findet sich noch hoch im Norden. Chateaubriand (Voyage en Amérique. 75) hatte einst, als er das Ufer des Eriesees entlang fuhr, einen über die Maßen scheußlichen Anblick:

„Der Eriesee ist berüchtigt durch seine Schlangen. Im westlichen Theile des See's von den Schlangeninseln bis zum Ufer des Festlandes dehnen sich mehr als zwanzig Meilen weit breite mit Seerosen bewachsene Flächen aus. Im Sommer sind die Blätter dieser Pflanzen mit ineinander verschlungenen Schlangen bedeckt. Wenn die Reptilien sich unter den Sonnenstrahlen bewegen, so sieht man azurblaue, purpurrothe, wie Gold und Ebenholz glänzende Ringe sich winden. Man sieht in diesen doppelt und dreifach geschlungenen Knäueln nichts als funkelnde Augen, Zungen mit dreifachem Stachel, feuerrothe Rachen, Schwänze die mit Stacheln und Klappern bewaffnet, wie Peitschen in der Luft hin und herfahren." — Folgendes, einem amerikanischen Berichterstatter (Jll. W. 1863) entnommene Schilderung eines Schlangen-Abenteuers in Canada, zeigt, daß hier diese Reptilien nicht minder gefährlich sind wie in Südamerika.

„In der Nähe unserer Farm befand sich ein See (wie es deren in Canada unzählige giebt), den wir häufig besuchten, entweder um auf ihm herumzusegeln oder zu fischen; denn wir besaßen eines der besten Segelboote, die je auf frischem Wasser schwammen. Wir wußten, daß in der Nähe des Sees, besonders um einen Theil desselben, der ganz besonders niedrig und die meisten Monate des Jahres sumpfig und mit hohem Gras und Schilf dicht bewachsen war, sich viele Schlangen aufhielten. Die meisten von denen, die ich sah, gehörten zu der gemeinen schwarzen Wasserschlange; doch waren sie nicht alle gleicher Art. Einige der größten hatten einen hellfarbigen Ring um den Hals; gerade diese sollten die stärksten und gefährlichsten sein.

„Eines Nachmittags sah ich eine Heerde schwarzer Enten über unser Haus fliegen. Da ich voraussetzen durfte, daß sie sich auf den See niederlassen würden, ergriff ich meine Doppelflinte und lief dem See zu. Als ich die Landung erreichte, sah ich die Enten nahe dem entgegengesetzten Ufer. Sogleich schnitt ich mit meinem Messer eine Menge Zweige ab, welche ich in zu dem Ende in das Boot gemachte Löcher steckte, wodurch es das Aussehen bekam, als wenn eine Menge Zweige oder Bäumchen daher geschwommen kämen; zugleich konnte ich mich hinter ihnen verbergen und auf die Enten zielen, ohne von ihnen bemerkt zu werden. Eben war ich nahe genug zum Schuß gekommen, als die Enten sich erhoben und davon flogen. Doch auch ich war mit meiner Doppelflinte schnell zur Hand, zielte und traf zwei, die aber nicht in's Wasser fielen, sondern noch weiter flatterten und endlich in dem hohen Grase niederfielen. Da jedoch das Wasser nach der Stelle hin niedrig und der Platz, wo die Getroffenen lagen, trocken war, so trieb ich meinen Kahn so weit als möglich, sprang dann heraus und watete die kleine Strecke. Kaum hatte ich das Ufer erreicht, so bemerkte ich auch eine der gefallenen Enten.

„Als ich hinlief sie aufzunehmen, sah ich den Kopf einer schwarzen Schlange nach meiner Beute fahren und sie bei einem Flügel fassen. Ich hatte blos den Kopf und den Hals des Reptils bemerkt, und war weit entfernt zu ahnen, wie groß es sei. Doch hätte ich das auch gewußt, so würde ich mich dadurch nicht haben abschrecken lassen, das zu thun, was ich wirklich that, denn ich fürchtete diese Thiere nicht. So lief ich denn rasch hinzu und riß dem Reptil den Vogel aus dem Rachen.

„Leider hatte ich meine Flinte in dem Boote gelassen und besaß nichts, womit ich den Dieb hätte tödten können. In dem Augenblicke, da ich die Ente ihm entriß, hatte ich meinen Fuß auf den Nacken desselben gesetzt. Der Boden war feucht und schlüpfrig, und da die Schlange ihren Körper unter die Wurzeln des Schilfs versteckt hatte, so war es ihr ein Leichtes, ihren Kopf so rasch, wie man einen Gedanken fassen kann, unter meinem Fuße hervorzuziehen.

„Meine Absicht war, nach dem Boote zurückzulaufen, meine Flinte zu nehmen und das häßliche Geschöpf zu tödten. Eben hatte ich mich zu dem Ende gewendet, als ich fühlte, daß mich etwas an mein Bein schlug, gerade so, wie wenn Jemand einen Strick um daßelbe geworfen hätte.

„Ich blickte nieder und fand, daß die Schlange ihren Schweif um mein Bein gewickelt hatte, und sie sich selbst vom Boden erheben wollte. Ich ließ meine Ente fallen und versetzte dem Schwanze ein paar derbe Hiebe, doch ohne Erfolg; der Schweif blieb fest am Bein. Ich versuchte nun meinen freien Fuß — es war der rechte — auf ihn zu setzen, und dann meinen linken herauszuziehen, doch das half mir eben so wenig, als wenn ich meinen Fuß auf einen niederfahrenden Blitz hätte setzen wollen. Und wie hatte ich mich getäuscht!

„Ich hatte die verhältnißmäßige Größe dieser Art von schwarzen Schlangen unbeachtet gelassen. Ich glaubte mit einer von etwa vier bis fünf Fuß Länge zu thun zu haben, statt dessen war sie acht und einen halben Fuß lang. Jetzt wünschte ich mir, zu Hause zu sein, obgleich ich noch keine große Angst empfand, denn ich glaubte, daß, wenn ich erst meinen Feind erfassen könnte, ich ihn wohl mit meinen ungewöhnlich starken Armen würde abthun können. Es waren nur wenige Sekunden nöthig für das Thier, um seinen Kopf in dieselbe Höhe mit dem meinigen zu bringen.

„Ich suchte seinen Nacken zu erfassen, aber gewandt wußte es auszuweichen, und dann im Nu sich unter meinen Arm um meinen Leib zu schlingen und sich heraufwindend mir wieder in's Gesicht zu sehen. Ich schlug mit meiner geballten Faust mit allen Kräften und so rasch hinter einander, als ich im Stande war, nach dem Kopf; umsonst, das Thier ließ sich in seinem Angriff nicht stören. Es schlang seinen Leib nur noch fester um mich, und der Schweif war nun an meiner linken Hüfte, und das Uebrige hatte sich doppelt um meine Brustrippen gewunden, so daß der eine Theil um meinen Magen und der andere oberhalb desselben zu liegen kam.

„Alles dieß war, man sollte es kaum für möglich halten, von dem Augenblicke an, da ich den Schlag am Bein verspürt hatte, in kaum einer halben Minute geschehen. Obgleich ich die Schlange an ihrem Nacken mit aller Kraft festhielt, und mit der andern Hand zu Hilfe kam, so versuchte sie, und nicht ohne Erfolg, mit ihrem Kopfe meinen Mund zu erreichen. Zu welchem Zwecke sie das that, weiß ich freilich nicht, vermuthete aber, sie wolle sich um meinen Nacken schlingen und mich stranguliren. Ich sagte, sie hätte nicht ganz ohne Erfolg einen Angriff nach meinem Munde gemacht: die Sache ist die, daß sie mich einmal recht derb darauf schlug, so daß er mich nicht wenig schmerzte. Während ich so mit dem Kopfe im Kampfe lag, und kaum ihn von mir fern zu halten vermochte, spürte ich, wie der Druck in meiner Brust- und Magengegend immer stärker und empfindlicher wurde, und ich schwerer zu athmen vermochte. Alles das war schneller vor sich gegangen, als ich es Ihnen darzustellen vermochte.

„Jetzt versuchte ich, da alles Schlagen und Zerren nichts genützt hatte, die Schlange von meinem Leibe abzuwickeln. Diese hatte sich von der linken zur rechten Hüfte um den Leib geschlungen und zwar so, daß ein Theil ihres Körpers zwischen meinen Beinen war. Von der rechten Hüfte schlängelte sie sich um den Rücken nach der linken Seite u. s. w., so daß ihre zweite Umschlingung meines Leibes damit endete, daß ihr Kopf unter meinem linken Arm hervorgekommen war und etwa in gleicher Höhe mit meiner Stirn sich befand.

„Ich hielt die Schlange jetzt mit der linken Hand, und meine Idee war, den Kopf um meinen Rücken so weit zu biegen, daß ich ihn mit meiner Rechten fassen konnte, um ihn dann so weiter von meinem Körper loszuwinden. Es gelang mir, ihren Kopf bis unter den Arm zu bringen, aber nicht so weit, daß ich ihn hätte mit der rechten Hand fassen können. Umsonst strengte ich alle Kräfte an, das Thier war am Ende doch stärker als ich. Glauben Sie nicht, daß ich diesen Versuch, mich zu befreien, bald aufgab, keineswegs, ich that es erst dann, als ich mich vollkommen überzeugt hatte, daß ich es auf diese Weise nicht im Stande sei. Mit einer Kraft, wie sie nur die Angst geben kann, obschon ich wußte, daß Niemand mir zu Hülfe kommen könnte außer vermittelst des Bootes, das aber diesseits des Seeufers lag, schrie ich.

„Ich faßte mit beiden Händen die Schlange und versuchte ihr den Kopf abzubrechen, ohne zu bedenken, daß ich einen Körper vor mir hatte, der eben so wenig zu brechen war wie etwa ein Strick. Inzwischen hatte sich der Körper der Schlange durch seinen steigenden Druck um meinen Leib so verlängert, daß sie Raum gewann, ihren

Kopf in einer freien und symmetrischen Kurve zu bewegen. Sie hatte sich meinen Händen entwunden, und als ich sie wieder faßte, fühlte ich, daß ich schwächer als früher war; ich konnte sie nicht mehr festhalten.

„Meine Aufregung hatte bisher diese Bemerkung verhindert. Einige Augenblicke lang befand ich mich im Zustande vollkommener Geistesverwirrung. Dazu gesellte sich ein steigender, bereits empfindlicher Schmerz. Das Schrecklichste aber war, daß ich sah, wie die Verlängerung der Schlange wuchs und bald im Stande sein werde, mich zum dritten Male zu umschlingen. Sie hatte sich so sehr gestreckt, daß die Mitte ihres Leibes nicht größer war als ihr Kopf. Der Feind, den ich Anfangs für so geringfügig gehalten, tödtete mich zwar langsam aber sicher, ohne daß ich dagegen etwas thun konnte; ich, der kräftige junge Mensch, war dem tödlichen Willen einer schwarzen Schlange verfallen!

„Mein Athem war jetzt kurz, schwach und rasch, und daß meine Wangen purpurroth wurden, fühlte ich deutlich. Meine Hände und Arme schwollen an und meine Finger wurden steif; sie hielten nicht mehr den Nacken des höllischen Reptils. Jetzt erhob es den oberen Theil seines Körpers in einer graziösen Kurve, während sein Kopf einmal hierhin, das andere Mal dorthin eine wellenförmige Bewegung machte, die nicht minder voll Grazie war. Endlich begann mein Leben zu weichen; meine letzten Kräfte schwanden rasch, und die Schmerzen wurden unerträglich.

„Die Haut der Schlange schien von der Ausdehnung schon durchsichtig geworden zu sein. Ich hatte sie oder sie mich getroffen im Zustande des Hungers, denn ihr Magen war frei von Nahrung und ihre Muskelkraft um so mächtiger. Ein Schauder durchzuckte meine Glieder, und die Gegenstände um mich her begannen zu verschwimmen. In meinem Kopfe wirbelte es und mein Herz pulsirte schwächer und schwächer, während ein tödlicher Schmerz meinen Körper durchdrang.

„Inzwischen war der Oberkörper der Schlange wohl um drei Fuß gewachsen. Sie steckte nun ihren Kopf unter meinen rechten Arm und brachte ihn über meine Schulter. Diese mit ihrem Unterkiefer pressend blies sie mich an, wodurch mir ein Schmerz bereitet wurde, der mich stöhnen machte. Gott weiß es, jeder Augenblick war eine Ewigkeit von Todesangst, jede Sekunde ein Schritt näher zum Tode.

„Mein Messer! könnt ich das erreichen! Warum nicht? Warum es nicht herausziehen? Meine Arme waren frei. Guter Gott, warum hatte ich nicht früher daran gedacht, da noch in meinen Händen Kraft war? Dennoch mußte ich mein Möglichstes versuchen. Alles, was ich noch an Stärke besaß, raffte ich zusammen, um meine Tasche irgendwie zu zerreißen und so zum Messer zu gelangen. Ich riß an der Naht mit meiner letzten Kraft, und — sie gab nach. Das flößte mir Hoffnung ein, und die Hoffnung gab mir Kraft. Noch einmal riß ich mit beiden Händen, und das Messer, das Leben rettende Messer lag in meiner Hand. In fieberhafter Ungeduld öffnete ich es. Mit einer raschen Bewegung preßte ich die Schärfe auf die ausgespannte Haut und fuhr damit quer über, und die Schlange fiel in zwei Stücke zerschnitten auf den Boden.

„Nach dem Boote mehr taumelnd als gehend erreichte ich es und fiel dann besinnungslos nieder. Wie lange ich gelegen weiß ich nicht, ich erwachte nicht eher, als bis mich Jemand bei meinem Namen rief. Matt die Augen aufschlagend erkannte ich meinen Vater, der sich voll Schreck über mich gebeugt hatte.

„Ich erzählte ihm was vorgefallen war, so gut es anging, worauf er davoneilte und die Ente und die beiden Stücke der Schlange holte. Er erzählte mir, daß er mich habe schreien hören, und daß er mir auch sogleich zu Hülfe geeilt wäre. Da jedoch das Boot gefehlt und er es auch nicht gleich erblickt habe, so sei eine kostbare Zeit verflossen und er zur Rettung zu spät gekommen. Umhersuchend habe er mich endlich im Boote gefunden.

„Mehr als ein Monat verging, bevor ich mich wieder erholt hatte, und heute noch ergreift mich ein Schauder, wenn das Wort Schlangen an mein Ohr schlägt."

Nach diesen Episoden, welche auch Nichtjäger interessiren werden, will ich den Faden meiner abenteuerlichen Erlebnisse wieder aufnehmen.

XIV.

Wie ein Indianer hundert Stunden weit reist. Das Leben auf einer indianischen Fischerei in Guyana. — Sittenzustände.

Wir setzten unsere Fahrt fort und gelangten in einen prachtvollen See von noch hellerem Wasser, als ich bisher gesehen. Meine Führerin sagte: „Hier ist's!" Und in der That, einige Minuten nachher hielten Kahn und Floß; wir waren am Ziel.

Meine Retterin stieg an's Land und kehrte bald darauf mit einem Rucuyenn-Indianer zurück. Er hatte die stark markirten Züge, die röthliche Haut, die niedrige Stirn und die straffen, schwarzen Haare, kurz den ganzen eigenthümlichen Typus, welcher die Rothhaut (homo americanus) von den Indogermanen so scharf unterscheidet. Er trug wie die meisten Indianer, welche mit den Weißen viel verkehren, bloß eine kurze Hose und war im Gesichte und an den oberen Körpertheilen tätowirt. Er brachte mit dem Burschen eine Art von Tragbahre aus geflochtenen Lianen, worauf sie mich legten und in ihre Behausung trugen.

„Es ist nur eine Fischerhütte," sagte Alida, indem sie den Trägern half; „eine ärmliche Wohnung für Sie. Wir haben unser Haus in Cayenne und dort werden wir Sie nach Ihrer Genesung empfangen."

Es war in der That kaum eine Hütte, ein einfaches Blätterdach auf Pfählen, wie jedes indianische Carbet, aber es war sehr geräumig, denn 40—50 Hängematten hingen rings herum.

Man hüllte mich in eine wollene Decke und meine Wirthin bat mich, eine Hängematte zu wählen. Ich bezeichnete die nächste. Es war gerade die schönste und gehörte der Familie selbst, wie ich später erfuhr; allein sie legten mich, ohne ein Wort zu verlieren, hinein und auch nachher, als ich meine Unbescheidenheit wieder gut machen wollte, gaben sie mir aus Zartgefühl keine andere.

Ich wurde unter einem neuen stärkeren Fieberanfalle so schwach, daß ich mehrmals die Besinnung verlor und endlich einschlief. Bei meinem Erwachen war es Nacht; zwei Indianer standen an meiner Hängematte und beobachteten mich mit mehr kalten als freundschaftlichen Blicken. Alida leuchtete ihnen mit einer Art Lampe, einem irdenen Töpfchen, über dessen Rand drei Baumwollendochte, mit Qualm brennend, herabhingen.

Als sie mein Erwachen bemerkten, sagte der älteste der beiden Männer in dem schon erwähnten Creolen- oder Negerfranzösisch:

„Der Weiße ist recht krank, aber er ist bei Freunden seiner Nation; er wird genesen."

„Sind Sie", frug ich, „der Herr dieses Hauses? In diesem Falle möchte ich Sie um einen Dienst bitten."

„Nein," erwiderte er. „Ich bin der Medizinmann, der Oheim Alida's. Aber der Weiße kann sprechen, wir werden thun, was er verlangt."

„Danke! Ich möchte einen Brief schreiben, um meinen Angehörigen in Frankreich Nachricht von mir zu geben, und ihn durch Jemanden nach dem nächsten Hafen tragen lassen. Ich werde es gehörig bezahlen."

„Wir haben kein Schreibzeug hier; aber morgen wird ein Mann nach Mapa gehen. Schlafe also und beruhige dein Gemüth; es ist das beste Heilmittel."

Ich verbrachte ein ruhige Nacht, fast ohne zu leiden; ebenso den ganzen folgenden Tag, nachdem ich aus den Händen Alida's einen vom Medizinmann verordneten Kräuterthee getrunken hatte. Am nächsten Morgen kehrte der Bote von Mapa zurück und brachte mir einen zerknitterten Bogen schlechtes Papier und etwas Tinte, was er nur nach vielem Umherfragen erhalten hatte, wie er sagte.

Ich schrieb einige Zeilen an meine Mutter, und der Indianer sah neugierig zu; mit noch gespannterer Theilnahme aber betrachtete er einige Dosen mit Angeln, die ich aus meinem Koffer genommen hatte, denn ich gedachte, mich sobald wie möglich mit dem wenig mühsamen Fischfange zu beschäftigen.

Als ich fertig war, sagte er: „Wenn Sie mir eine von jenen Dosen geben, so will ich Ihren Brief nach Cayenne tragen." Dieselbe war mit ihrem Inhalte höchstens sechs Franks werth, und ich erstaunte über die Mäßigkeit dieser Forderung.

„Wie viele Tagreisen ist denn Cayenne entfernt?" frug ich.

„Ueber die Savannen, die jetzt unter Wasser stehen, kann ich in sechs Tagen hinkommen; aber es ist ein schwieriger Weg. Indessen wenn Sie mir nicht soviel geben wollen, bin ich auch schon mit der Hälfte der Angeln zufrieden."

Ich versprach ihm eine ganze Dose und die Schnüre dazu. Er nickte blos mit dem Kopfe, als wenn er sagen wollte: abgemacht, nahm den Brief, steckte ihn in ein an seinem Halse hängendes Säckchen und ging fort.

Von meiner Hängematte aus konnte ich alles sehen, was am Ufer vorging, die Aussicht erstreckte sich selbst soweit über den See, als mein Blick reichte. Mit jener ängstlichen Besorgniß, die Kranken eigenthümlich zu sein pflegt, wenn sie etwas wünschen, folgte ich allen Bewegungen meines Boten.

Er ging zuerst in einen Winkel unserer gemeinsamen Hütte, wo er ein Machete und eine Pagaje, d. h. eine Art Schaufel mit langem Stiele, die den Indianern als Ruder dient, holte. Dann, ohne ein Wort zu sagen, ohne ein Abschiedszeichen, und ohne daß sich Jemand um ihn zu bekümmern schien, schritt er zum Ufer.

Dort zog er eine unter Wasser liegende Uba, d. h. ein fünf Fuß langes, höchstens zwei Fuß breites, ausgehöhltes Stück Holz an die Oberfläche, leerte es wie einen Kübel durch Umstülpen und setzte es auf's Wasser. Das Ding hatte weder Bank, noch Steuer, noch Kiel, noch sonst etwas zu einem Kahne Erforderliches. Dabei war es so klein und zerbrechlich, daß ich nicht den Gedanken zu fassen vermochte, einem Menschen könne es einfallen, sich darauf einzuschiffen.

Der Indianer warf nichtsdestoweniger sein Machete und sein

Ruder auf dessen Boden und setzte sich dann selbst mit ausgestreckten Beinen hinein. Der Vordertheil dieses merkwürdigen Kahnes ragte ganz aus dem Wasser hervor, während das Hinterstück dergestalt untertauchte, daß ich glaubte der Mann würde von seinem Fahrzeuge wie von einem Schnellbalken unfreiwillig in das Wasser purzeln, aber es geschah keineswegs. Im Gegentheil ist diese uns so seltsam scheinende Art von Kähnen für die Gewässer Guyana's die geeignetste; wenigstens gestatten sie eine sehr schnelle Fahrt.

Sobald mein Bote saß, zog er seine Pagaje mit den Füßen an sich, obschon er sich nur darnach zu bücken brauchte; aber es ist so indianische Gewohnheit. Da sie sich ihrer Füße fast ebenso gut wie ihrer Hände bedienen, so brauchen sie fast instinktmäßig jedesmal das Glied, welches dem anzufassenden Gegenstande am nächsten ist. Darauf hielt er das Ruder längs dem Kahne in das Wasser, lehnte sich darauf und schien ruhig auf etwas zu warten. Was dieses war, zeigte sich bald.

Nach einer Weile sah er aufmerksam auf den Boden seines Kahnes, stand dann auf und ging wieder an das Ufer. Dort lief er einige Schritte weit am Wasser hin, hob dann eine Handvoll Lehm auf und kehrte zum Kahn zurück, den er aus Land zog und aufrecht hinstellte. Ich konnte auf dem Boden desselben ein mehr als zwei Zoll langes Loch sehen. Er stopfte es mit seinem Lehme zu, machte den Kahn wieder flott und stieg hinein. Er zündete sich hierauf seine Pfeife an und rief eine Indianerin, seine Frau herbei, die in der Hütte eben einen Tragkorb mit Lebensmitteln, Fischen, Maniok, Bananen u. dgl. füllte. Er legte soviel in seinen Kahn als derselbe fassen konnte.

„Bringe mir einen Spiegel und Nadeln mit!" sagte die Indianerin mit schüchterner Stimme. Er antwortete mit keinem Worte, mit keiner Geberde, sondern ergriff seine Pagaje und trieb den Kahn mit einem einzigen Stoße zehn Schritt vom Ufer. Dann begann er langsam, ohne scheinbare Eile, aber mit solcher Gewandtheit zu steuern, daß sein Kahn rasch und geradeaus wie ein Pfeil über das Wasser schoß. Fünf Minuten nachher sah ich am fernen Rande des Horizontes nur noch einen schwarzen Punkt, der bald verschwand.

Abreise des Indianers S. 178.

Auf diese Weise trat der Indianer eine Reise von hundert Stunden an, die ihn durch nichts als Wasserwüsten und Urwälder führte; das war sein ganzer Abschied, seine ganze Vorbereitung. Er war kein Sonderling, sondern handelte, wie jeder Indianer an seiner Stelle gethan haben würde.

Der Indianer weiß nichts von unsern Betheuerungen der Freundschaft und Dienstbeflissenheit; er beginnt die schwierigsten Unternehmungen fast ohne Vorbereitung; handelt und spricht nur, wenn ihn ein bestimmtes, positives Interesse dazu veranlaßt. Hat er aber einmal etwas versprochen oder sich ein Ziel gesetzt, so vollzieht er seine Aufgabe mit einer Ausdauer, Intelligenz und Pünktlichkeit, die man bei vielen Weißen nicht finden würde. In allen Dingen, welche die Jagd, den Fischfang, die Kenntniß der Wildnisse betreffen, ist er ein unübertroffener Meister.

So zog auch mein Bote höchst wahrscheinlich die Gefahren seines langen Weges nicht in seine Berechnung; Strapazen, wilde Thiere, Feinde, reißende oder übergetretene Flüsse, undurchdringliche Wälder machen dem Indianer nicht die geringste Sorge. Als Sohn der wilden Natur, deren Gefahren er kennt, liebt er die Abenteuer ihrer selbst wegen, da er stets auf seinen Scharfsinn und seine Kraft rechnet, um über alles zu siegen. Er ist in Wahrheit der Herr der Wildnisse, die sein Fuß durchschreitet.

Der alte Wahrsager oder Medizinmann des Stammes pflegte mich augenscheinlich mit einer Aufmerksamkeit, die er in demselben Grade schwerlich einem der Seinigen erwiesen haben würde. Er brachte die Kräuter zu meinem Thee und gab meiner Wirthin alles an, was ich genießen durfte. Alida befolgte seine Anordnungen aufs pünktlichste, und wenn ich allmählig meine Gesundheit wieder erlangte, so verdanke ich es hauptsächlich dieser Mulattin. Durch sie wurde ich auch in die intimsten Verhältnisse der Umgebung eingeweiht und ich lernte dadurch und durch eigene Anschauung vielleicht genauer das indianische Leben kennen als mancher Reisende, der lange Zeit das tropische Amerika durchwandert hat.

Unsere Niederlassung war eigentlich eine Fischercolonie am östlichen Ufer des Manaye-See's, der mit Inseln jeder Größe besäet, von einer Menge mit ihm zusammenhängender Seen umgeben, durch den Fluß Manaye und einen schmalen Kanal mit dem Meere in Verbindung stand; doch werden durch die großen Fluthen, wie wir schon früher sahen, nicht selten alle Bodenverhältnisse der Gegend umgestaltet, neue Seen gebildet, alte ausgefüllt, die Küstenlinie verändert, u. s. w., so daß nach zehn Jahren die Karte der Gegend ganz anders aussieht als früher. Natürlich hinderte diese Unsicherheit des Bodens jede feste Niederlassung, und so war auch unsere Colonie nur zeitweilig durch die Thätigkeit Ricard's, der den Absatz ihrer Producte vermittelte, zusammengebracht worden.

Sie bestand zum größten Theil aus Indianern, fünf oder sechs Familien Mulatten, einigen Negern, Flüchtlingen aus Brasilien, und mehreren aus diesen drei Elementen gemischten Familien, die jedoch vorwiegend das indianische Gepräge trugen, das selbst bei den Mulatten nicht verwischt war.

Diese bunte Menschenmischung bildete eine Art von Republik ohne anerkanntes Haupt, ohne irgend eine andere Organisation oder Regel als die Laune eines Jeden. Indessen folgten alle aus Interesse den Anordnungen Ricard's, wie mir seine Gattin sagte. Den meisten Einfluß dagegen besaß ihr Oheim, der Medizinmann, der mich pflegte. Seiner geheimen Wirksamkeit war die Fernhaltung des Missionärs zuzuschreiben, obgleich sich auch einige christliche Familien in der Colonie befanden. Außer meiner Wirthin lebten noch einige andere der letzteren mit mir unter einem Dache, und ich konnte einiger Maßen von der Beschaffenheit dieses Christenthums Kenntniß nehmen; es war ein groteskes Gemisch von abergläubischen Meinungen und Praktiken der Indianer, Neger und Katholiken, wie es sich bei dem gänzlichen Mangel an Unterricht und nahen Beziehungen zu civilisirten Menschen bilden mußte. Einige schlecht gelernte und verstaubene Abstractionen konnten zwischen den christlichen Indianern und denjenigen, welche nur eine dunkle Vorstellung von dem „großen Geiste" hatten, keinen wesentlichen Unterschied bilden.

An festlichen Tagen ging mit der höchst primitiven Bekleidung der Leute eine komische Veränderung vor sich. Die Mulatten und alle, welche einen Tropfen weißen Blutes in ihren Adern zu haben glaubten, erschienen in Frack, Atlasweste, feiner Cravatte, Lackstiefelchen, schwarzer Hose und ohne Strümpfe. Die Frauen in Seide mit Shawls, Hüten, Kupfer- oder Goldschmuck — immer ohne Strümpfe; aber alles in den grellsten, himmelschreiendsten Farben, so daß ich manchmal eine Fastnacht-Mummerei zu sehen glaubte.

Die Indianer machten an solchen Tagen auch Toilette, nach ihrer Weise. Die Frauen schmückten ihre schwarzen Haare mit Blumen, färbten ihre Wangen roth, ihre Nägel und Zähne blau, legten Halsbänder von Goldperlen und ein schwarzes oder blaues Röckchen an. Die Männer bemalten sich den obern Theil des Körpers mit rothen Streifen, das Gesicht jedoch mit ganz besonderen Zeichnungen, für welche die Stutzer sogar hölzerne Formen besaßen. Oft erwischten die nackt umherlaufenden Kinder den Farbentopf und strichen sich gegenseitig vom Kopfe bis zu den Füßen roth oder blau an, was bei den Eltern jedesmal große Freude und Bewunderung erregte.

Die Hauptbeschäftigung der ganzen Colonie war der Fischfang, worin alle eine außerordentliche Geschicklichkeit zeigten. Sie hatten ein Dutzend verschiedener Netze, deren sie sich je nach den Fischen, die sie fangen wollten, nach dem Wetter, dem Fangplatze oder der augenblicklichen Laune bedienten. Häufig fischten mehrere Familien gemeinschaftlich; sie fuhren vor Tagesanbruch ab und kehrten Abends mit gefüllten Kähnen heim. Da der See und die Flüsse Fische in einem unglaublichen Ueberflusse enthielten (auch Seefische fanden sich massenweise durch den Kanal ein), so war die Hauptsache nicht, so viel wie möglich zu fangen, sondern bei diesem heißen Klima den Fang zu conserviren und für die Versendung zuzubereiten. Der See und die umliegenden Gewässer waren besonders reich an Lamantins (Seekühen, Meerweibern). Ich sah deren von 16 Fuß Länge, welche 8—10 Centner Fett und Fleisch lieferten, das wie Schweinefleisch schmeckte. Ebenso ergiebig war der Schildkrötenfang.

Sobald ich mich stark genug fühlte, nahm ich am Fischfange Theil, und meine alte Leidenschaft dafür erwachte auf's neue. So machte ich den ersten allgemeinen Fischfang mit, der einige Tage nach meiner Ankunft unternommen wurde.

Tages vorher wurde alles dazu vorbereitet, und nach Einbruch der Nacht fuhr die ganze Colonie in zehn Booten ab, deren jedes fünf oder sechs Leute enthielt. Wir fuhren nach einem kleinen See auf der Savanne, die eine Stunde von der Niederlassung begann. Die Hitze und Trockenheit der letzten Woche hatten den schmalen Kanal, durch welchen er sein Wasser erhielt, zum Theil ausgetrocknet und eine Masse von Fischen waren dadurch vom großen See abgesperrt, wie ein Flußarm durch eine Krippe.

Nach alter Erfahrung wußten die Indianer, daß das Ufer voll von Pacas und Fischottern war. Gleich nach der Ankunft umgaben wir den kleinen See mit Wachtfeuern, um die Fischottern von der Flucht abzuhalten; dann holten wir ein Schleppnetz aus einem der Kähne. Dasselbe war ungefähr 100 Meter lang und zwei Meter breit, das Netz wurde zuerst an einer Seite des Sees der Länge nach auf den Boden ausgebreitet, worauf die Frauen im nahen Walde Stöcke abbrachen, von denen so viele in die Maschen gesteckt wurden, daß das Netz eine lange, bewegliche Schranke bildete. Letzteres wurde nun aufgerichtet und Männer, Weiber, Kinder stellten sich dahinter. Jetzt traten fünf oder sechs Indianer dem Netze voraus in den seichten See und begannen mit Baumzweigen rechts und links mit großem Geräusch in das Wasser zu schlagen, so daß die erschreckten Fische vor ihnen her flohen.

Hinter diesem Vortrab kam nun die Hauptmacht mit dem Schleppnetze. Alle, die dahinter standen, traten, eine einzige Linie bildend, in das Wasser und schoben das Netz vor sich her. Nach einigen Schritten waren alle bis auf halben Leib im Wasser, die Kinder, welche den Boden verloren, folgten nichts destoweniger schwimmend und Fuß fassend, wo sich eine Gelegenheit bot. Die Männer und Weiber schritten immer gerade aus trotz der Wasserpflanzen oder Bodenvertiefungen. Manchmal verschwand einer unter dem Wasser mit dem Stocke und den betreffenden Theilen des Netzes; aber Niemand kümmerte sich darum. Der Taucher selbst blieb soweit die Vertiefung reichte unter Wasser

Das Paca (S. 183).

und fegte mit dem Netze den Boden, wobei er nur, wenn es nöthig war, an die Oberfläche stieg, um Luft zu schöpfen. Erst wenn er mit den Andern gleiche Tiefe hatte, erschien er wieder.

Sobald der Vortrab weit genug vorgedrungen war, begab er sich hinter das Netz und half es weiterschieben. Jetzt begann der eigentliche Fang, ein zuweilen höchst gefährlicher Kampf, denn es kam nicht selten vor, daß sich Stechrochen, Zitteraale, Wasserschlangen und selbst Kaimans vor dem Netze befanden. Aber Niemand schien an eine Gefahr zu denken, alle rückten schreiend und lärmend vor, so daß nach Verlauf einer halben Stunde eine Ecke des See's bis auf wenige Meter vom Ufer durch das Netz abgesperrt war. Jetzt wurde das größte der Boote geholt, die Männer hielten das Netz, während die Weiber und Kinder in den von Fischen aller Art wimmelnden Raum gingen und theils mit den Händen, theils mit Körben die Fische fingen und in den Kahn warfen. Waren die Thiere zu groß, so tödtete man sie mit dem Machete.

Die Fischottern, welche überhaupt äußerst schwer zu überlisten und zu fangen sind, waren alle entwischt; dagegen wurden drei Pacas vom Ufer vor das Schleppnetz getrieben und gefangen.

Das Paca, in Surinam Wasserhase, ist dem Hasen ähnlich, aber größer, ungefähr 2 Fuß lang, wird seines trefflichen Fleisches wegen in ganz Südamerika viel gejagt.

Eines dieser Thiere war von einem jungen Mädchen mit den Fischen in den Korb gerafft worden, beim Ausschütten entschlüpfte es jedoch und sprang in das Wasser. Die kleine Indianerin lief ihm nach, um es mit dem Korbe zu fangen. Das Paca, in die Enge getrieben, setzte sich zur Wehr und biß sich mit seinen scharfen Zähnen so fest in den Arm des Kindes, daß es daran hängen blieb, als letzteres sich aufrichtete. Ohne über das herabfließende Blut zu erschrecken, und ohne um Hülfe zu rufen, nahm das Mädchen das Machete, welches auf seinem Rücken hing, und spaltete dem Paca den Kopf, dann warf es das getödtete Thier zu den Fischen in den Kahn mit derselben Gleichgültigkeit, als wenn nichts vorgefallen wäre.

Das Kind ging darauf an das Ufer, holte eine Handvoll Blätter, die es zwischen den Händen zerrieb, wusch die Wunde, band mit dem Stopftuche einer der Mulattinen die Blätter darauf und half dann mit den Uebrigen den schwerbeladenen Kahn aus dem See schaffen; alles selbstständig, ohne Hülfe, ohne Theilnahme von Seiten der Eltern, die höchstens mit ihren Blicken dem ganzen Vorgange nicht fremd blieben.

Es kostete große Mühe den Kahn bis an die Niederlassung zu bringen; er enthielt 2—3000 Pfund Fische und mußte von den übrigen Booten gezogen werden. Der Rest des Tages und ein Theil der Nacht wurden dazu verwandt, die Fische zu zerschneiden, zu salzen, im Rauch oder in der Sonne zum Trocknen aufzuhängen.

Zum Schlusse fand eine Schmauserei statt, bei welcher der Tafia reichlich floß und die Guitarre zum Tanze aufspielte. Als kein Tropfen mehr in den Krügen war, stiegen alle in ihre Hängematten; nur zwei Frauen blieben wach und unterhielten die Nacht hindurch die Feuer, über welchen die Fische trockneten. Zwei Tage darauf war eine beträchtliche Ladung getrockneter und gesalzener Fische fertig, und mehrere Familien fuhren damit nach Macapa, an der Mündung des Amazonas, ab. Der Tafia war ausgegangen; man wollte die Rückkehr Ricards nicht abwarten.

Unter den Ruderern befand sich das verwundete Mädchen, welches mit bloßen Armen wie ein Mann die Pagaje führte, während ihr Vater, nachlässig am Hintertheile des Bootes ausgestreckt und mit den Füßen das Steuer führend, zum Abschied auf der Guitarre klimperte.

Die Wiederkehr meiner Kräfte ließ mein Stillleben unter den Indianern nicht lange dauern. Ich konnte mich meiner Jagdbleibenschaft wieder hingeben und durchstreifte bald im Kahne, bald zu Fuß, die ganze Gegend nach allen Richtungen.

XV.

Verfolgung der Buschneger.   Gefährlicher Rückzug.   Flucht der
Indianer und Kampf auf der Caimans-Insel. — Die alte
Portugiesen-Warte.   Rettung.

In der Niederlassung wurde man über das lange Ausbleiben Ricards besorgt, denn er hatte außer den Indianern der Mission noch fünfzehn der besten Jäger und Fischer zu dem Zuge gegen die Buschneger mitgenommen.

Endlich, gegen Ende der zweiten Woche, erhielten wir Nachricht. Ich lag gerade in der Hängematte, um von der Jagd auszuruhen, als ein Indianer, mit allen Zeichen der Angst auf den gewöhnlich so starren Zügen und vom Laufe zu Tode erschöpft, in das Carbet stürzte. Auf seinen Ruf eilte die ganze Niederlassung herbei, die Frauen und Kinder der Abwesenden drängten sich fragend um den Boten.

„Ich bin Ricard und den Unsrigen um einen halben Tagemarsch voraus", erzählte er. „Wir haben die Neger drei Tage lang verfolgt, obgleich viele von uns schon am zweiten Tage umkehren wollten. Allein diejenigen, deren Frauen die Neger getödtet hatten, wollten nichts davon wissen und so gelangten wir denn bis an die Berge, wo die Bonis ihre Dörfer haben. Wir waren ihnen stets dicht auf den Fersen, weil wir unterwegs Coro trafen, den die Verfolgung des Portugiesen und dessen Begleiter in dieselbe Gegend geführt hatte. Sie hatten ihn durch allerlei Kreuz- und Querzüge von der Spur abzubringen gesucht; er kannte jedoch diese Listen und das Land zu gut, um sich täuschen zu lassen. Er wußte noch nicht, daß die Buschneger auch seine Frau getödtet hatten, und seine Wuth war unbeschreiblich, als wir es ihm mittheilten. Unter seiner Führung waren wir mehr als einmal nahe daran, die Neger zu erreichen. Am Abende des dritten Tages schlugen wir ermüdet unser Nachtlager auf und bereiteten unser Essen, als Coro, der eine Strecke voraus war, um zu recognosciren, in der größten Hast zurückkehrte.

„Zu den Waffen!" rief er; „löschet das Feuer aus! die Buschneger kommen heran. Sie haben entweder Verstärkung aus den nahen Dörfern erhalten oder uns in einen Hinterhalt gelockt."

„In wenigen Augenblicken waren unsere Flinten schußbereit und das Feuer gelöscht. Wir warteten jedoch den Angriff nicht ab, sondern folgten Coro auf einem schmalen Pfade seitwärts in das Gebüsch und hatten, so geräuschlos wie möglich, kaum zweihundert Schritte zurückgelegt, als wir hinter uns von der Seite, woher wir gekommen waren, eine Schaar mit Kriegsgeheul auf den von uns verlassenen Lagerplatz stürzen hörten. Ein gleiches Geheul antwortete darauf von Seiten der von uns verfolgten Neger, die fast gleichzeitig auf derselben Stelle eintrafen. Augenscheinlich war ein Trupp Neger unbemerkt hinter uns gewesen oder hatte uns vielmehr umgangen.

„Inzwischen war die Nacht hereingebrochen. Es wurde so finster, daß wir nur tastend unsern Weg einhalten konnten. Wir erreichten jedoch bald das Ufer eines Flüßchens, welches unserer Flucht ein Ziel zu setzen schien. Coro, der an der Spitze marschirte, blieb nicht lange unschlüssig stehen, sondern lief suchend das Ufer entlang. Ich war dicht hinter ihm.

„Es muß eine Uba oder ein Floß zum Ueberfahren hier irgendwo liegen," sagte er und stieg in das Wasser, um unter einem überhängenden Buschwerk nachzusuchen. Sein Freudenruf zog alle herbei. Er hatte zwei große Ubas gefunden, welche für uns alle Platz genug boten.

„Wir stiegen sogleich ein und steuerten in die Mitte des Flüßchens, dessen starke Strömung uns rasch weiter trug. Es war die höchste Zeit gewesen, denn wir hatten kaum unsere Fahrt flußabwärts begonnen, als eine Schaar Neger mit Feuerbränden auf die von uns verlassene Uferstelle stürzte und ein Geschrei der Wuth und der Enttäuschung erhob, als sie uns im Besitze der Kähne sahen. Sie feuerten einige Schüsse auf uns ab, allein wir waren schon zu weit, um etwas befürchten zu müssen, und bald durch eine Flußkrümmung ihren Blicken entzogen. An eine Verfolgung das Ufer entlang war des dichten Gestrüppes und der Dunkelheit wegen nicht zu denken. Wir setzten so unsere Fahrt die ganze Nacht hindurch fort und hatten am Morgen eine große Savanne erreicht.

„Das Flüßchen nahm eine Richtung, welche uns der Gegend, die wir hinter uns hatten, in einem großen Bogen wieder zuführte, und Coro erklärte bald, daß die Neger auf dem kürzeren Landwege uns abschneiden könnten, wenn wir unsere Fahrt noch weiter fortsetzten.

„Ich kenne die Savanne und weiß jetzt, daß wir uns auf dem oberen Onapok befinden. Wir sind von unserer Niederlassung weit entfernt."

„In einer Entfernung von ungefähr einer Stunde stieß der Hoch= wald an das linke Ufer; wir mußten ihn jedenfalls zu erreichen suchen. Es wurde eine Berathung gehalten, um zu entscheiden, ob wir dieses auf dem Flußwege oder durch die Savanne versuchen sollten. Den Meisten schien der Flußweg, trotz der Gefahr, des schnelleren Fort= kommens wegen vorzuziehen zu sein. Die Fahrt wurde also fortgesetzt. Das Glück schien uns wieder zu begünstigen, denn wir erreichten den Wald, ohne daß sich auf der Savanne etwas Verdächtiges zeigte. Die Kähne wurden an das Ufer gezogen, die Waffen in Stand gesetzt und die kleinen Mundvorräthe, die wir noch bei uns hatten, verzehrt. Während dessen erstieg Coro eine Palme, um auszuschauen. Er war kaum oben, als er zu uns herabrief:

„Zwei Trupps Neger, der eine eine halbe Stunde oberhalb, der andere kaum eine viertel Stunde uns gerade gegenüber, kommen heran; der Portugiese ist bei ihnen.

„Nachdem er seine Beobachtung noch eine Weile fortgesetzt hatte, stieg er herunter und sagte:

„Der nächste Trupp zählt kaum zwölf Leute; wir können ihn vernichten, bevor der andere, weit stärkere Haufe heran ist."

„Es wurde Kriegsrath gehalten; Ricard wollte die Flucht fortsetzen, aber Coro, den die Gelegenheit, den Mörder seiner Gattin in seine Gewalt zu bekommen, alle Bedenklichkeiten vergessen ließ, wußte die Mehrzahl auf seine Seite zu ziehen und es wurde beschlossen, nach seinem Vorschlage rasch zu handeln.

„Wir fuhren alle an das andere Ufer und legten uns in einem kleinen Gebüsch am Ufer in den Hinterhalt, wohin zwei von uns durch eine verstellte Flucht die Neger lockten. Wie gewöhnlich stürzten sie mit Geheul heran, aber der feige Portugiese blieb zurück, denn ich und Coro, der im Busch neben mir stand, erspähten ihn vergebens auf dem von uns leicht zu überblickenden Terrain. Coro schlich sich daher von meiner Seite fort und verschwand bald in dem hohen Grase.

„Das Gebüsch, in dem wir lagen, befand sich auf einer Erhebung des Ufers und jeder von uns konnte daher seinen Mann auf's Korn nehmen. Wir hatten uns so aufgestellt, daß die Neger unsere größere Anzahl nicht sehen konnten, und ließen sie auf dreißig Schritt herankommen, dann gaben wir auf Ricards Commando zu gleicher Zeit Feuer. Sieben von den Negern fielen, die anderen wandten sich zur Flucht. Wir sprangen ihnen nach und unsere Machetes hatten bald alle auf den Boden gestreckt. Lecepo war leider nicht unter ihnen.

„Unsere Schüsse mußten die andere Negerschaar zur Eile getrieben haben; denn der Lärm ihrer Annäherung wurde immer deutlicher. Wir hoben die Waffen der getödteten Neger, Flinten und Waldmesser, auf und stiegen dann eilends in die Ubas, welche uns rasch den Fluß hinabtrugen. Hinter einer Flußkrümmung gingen wir ans Land und setzten unsere Flucht mit beschleunigten Schritten durch den Hochwald bis gegen Abend fort, ohne daß wir hinter uns von der Verfolgung der Neger das Mindeste hörten.

„Wir sollten indessen am nächsten Morgen erfahren, daß sie auf unserer Spur waren. Der Schnellfüßigste von uns war eine halbe Stunde weit hinter uns zurückgeblieben, um von jeder Gefahr schleunigst Nachricht zu bringen; derselbe kehrte gegen Morgen, als wir kaum unsere Lagerstätte verlassen hatten, zurück und meldete, daß er verschiedene Male sein Ohr auf die Erde gelegt und die Verfolger gehört habe; nach seiner Meinung bildeten sie eine lange Linie, und wir hatten trotz seines schnellen Laufes kaum einen Vorsprung von dreiviertel Stunden. Wir setzten daher unsere Flucht fort und wurden weder an diesem, noch an den beiden folgenden Tagen von den Negern erreicht.

„Am Nachmittage des dritten Tages gelangten wir aus dem Hochwalde auf die große Grasebene zwischen dem Oyapok und dem Manaye, die wir zu überschreiten hatten. Mehrere von uns kannten die Gegend und sagten, es müsse sich in der Nähe ein Dorf der Oyampi=Indianer am Ufer eines Nebenflüßchens des ersteren Flusses finden.

„In der That erblickten wir bald die Palmen und Ceiba=Bäume, welche das Dorf umgaben. Wir hielten uns schon für gerettet, denn die Oyampis waren immer in Fehde mit den Buschnegern, und wir hofften, durch ihre Hilfe den Negern die Spitze bieten zu können.

„Unsere Hoffnung wurde nur zum Theil erfüllt; denn als wir das Dorf betraten, bot sich uns ein Bild der Verwüstung dar. Mehrere Carbets waren verbrannt, andere zerstört, und aus den übrigen stürzten uns wehklagende Frauen entgegen. Auf ihrem Zuge gegen die Fischerei und die Mission hatten die Neger das Dorf überfallen und die meisten Einwohner niedergemacht. Ein Theil der Indianer, die vom Fischfange erst nach dem Ueberfalle zurückgekehrt waren, hatten sich noch retten können; es waren die Leute, welche wir vorfanden. Glücklicherweise befanden sich noch vierzehn wehrhafte Männer, worunter fünf mit Feuergewehren, unter ihnen.

„Der Ort schien uns zur Vertheidigung nicht geeignet; auch wirkte die Angst der Weiber fast ansteckend auf die Männer, und wir be=schlossen, nachdem wir uns durch eine tüchtige Mahlzeit gestärkt hatten, noch vor Einbruch der Nacht aufzubrechen.

„Vor der Dunkelheit legten wir eine große Strecke zurück und rasteten dann nur kurze Zeit, um noch einige Stunden landeinwärts zu marschiren, während es einige Oyampis unternahmen, durch Wacht=feuer auf dem anderen Ufer die Neger von unserer Fährte abzubringen.

„Ich kann mich jetzt kurz fassen. Es gelang uns, den Negern zu entwischen, besonders da wir auf französischem Gebiet bis in die Nähe der Missionen am Oyapok gelangten, wohin sie sich nicht wagten. Wir ließen unsere indianischen Begleiter, ohne deren Führung wir wahr=

scheinlich verloren gewesen wären, bei einem befreundeten Stamme zurück, ruhten einen ganzen Tag aus und setzten dann über den Fluß, um den geraden Weg hierher einzuschlagen. Wir hatten noch mehrere Tagemärsche zu machen und manchem von uns war der Schießbedarf gänzlich ausgegangen. Als Ricard erfuhr, daß wir kaum ein Dutzend Schüsse abzugeben hatten, sagte er kopfschüttelnd, wir wären nicht mehr kampffähig und müßten so rasch und vorsichtig als möglich die Niederlassung zu erreichen suchen. Seit vorgestern haben wir einige Anzeichen von der Nähe der Neger. Gestern habe ich alle Gefährten wohlbehalten aber äußerst ermüdet zurückgelassen und bin vorausgeeilt. Sie werden wohl gegen Abend eintreffen und —"

„Welches waren diese Anzeichen?" unterbrach ich den Erzähler.

„Zwei Schüsse kurz nach Tagesanbruch, allerdings in großer Entfernung, und Abends ein Feuer am Rande eines Prirri, dessen entgegengesetztes Ende wir eben erreicht hatten."

„Das können auch jagende Indianer gewesen sein," versetzte ich.

„Allerdings, und Ricard meinte das auch. Nichtsdestoweniger läßt er Ihnen sagen, in der Niederlassung keine Vorsichtsmaßregeln zu versäumen und jedenfalls einige Auspäher nach verschiedenen Seiten auszuschicken. Ich denke, Sie wissen jetzt genug, um darnach zu handeln."

Der Bote erquickte sich hierauf mit Speise und Trank und warf sich dann ermüdet in eine Hängematte.

Mir kam die Sache bedenklich vor und ich theilte unseren Leuten meine Besorgnisse mit:

„Die verfluchten Neger können die Verfolgung Ricards aufgegeben und dafür den Ueberfall der Niederlassung, wohin sie den Weg kennen, beschlossen haben. Wir müssen jedenfalls diese Möglichkeit annehmen und uns darauf vorbereiten. Wollt ihr mir vertrauen und meinen Anordnungen folgen?"

Ein einstimmiger Beifallsruf gab mir die Bereitwilligkeit aller zu erkennen.

„Wir haben zwar nur wenige Gewehre," fuhr ich fort, „aber Pulver und Kugeln genug; und im Falle eines Handgemenges zähle ich auf eure guten Machetes."

„Die thun," sagte Pedro, ein alter Mulatte, indem er grinsend seine weißen Zähne zeigte, „bei der Dunkelheit, die bald hereinbrechen wird, noch bessere Dienste als die Flinten. Mir scheint jedoch, daß das offene Terrain hier und unsere Carbets nicht die geringste Deckung gegen einen Angriff gewähren."

„Das ist auch meine Meinung," versetzte ich, „und ich denke, das Beste, was wir jetzt thun können, wird wohl sein, uns zunächst den Rückzug zu sichern, indem wir alle unsere Ubas (Kähne) und Balsas (Flöße) in Bereitschaft setzen und was wir von unseren Habseligkeiten retten wollen, auf dieselben schaffen. Von Fechten kann noch keine Rede sein, da wir die Stärke des Feindes nicht kennen. Also rasch an's Werk! In einer Viertelstunde müssen wir fertig sein."

In kurzer Zeit bot die ganze Ansiedelung das Bild einer fieberhaften Thätigkeit dar; Männer, Frauen und Kinder arbeiteten an den Fahrzeugen oder schleppten Hausgeräthe und Vorräthe an das Ufer. Ich sandte zwei Leute Ricard und seinen Gefährten entgegen. Der alte Mulatte erbot sich freiwillig auf Kundschaft gegen die Neger zu gehen und nahm dazu einige der kräftigsten Indianer mit.

Unter den Fahrzeugen befand sich eine ziemlich große Coberta, womit Ricard größere Reisen zu machen pflegte. Das ziemlich unförmliche, aber fest gebaute Fahrzeug hatte eine Cajüte über Deck, ein ordentliches Steuerruder und ein großes Segel. Ich wählte es zu meinem Hauptquartier und ließ meine Sachen hineintragen, nachdem ich zuvor die Leute, welche Flinten besaßen, aus meinem Vorrathe mit Schießbedarf versehen hatte.

Unterdessen war die Sonne unvermerkt hinter die Palmen hinabgesunken und warf lange Schatten auf das Ufer und den spiegelklaren See. Ich hatte eben die Coberta verlassen, um an der von den Frauen im Carbet bereiteten Mahlzeit Theil zu nehmen, als sich in der Entfernung rasche Ruderschläge vernehmen ließen und gleich darauf ein Kahn um einen Vorsprung des Ufers bog. Er enthielt zwei Gestalten, welche sofort die Blicke aller auf sich zogen.

Beim Näherkommen erkannte ich unsern Medizinmann, die ihn begleitende Indianerin dagegen hatte ich in der Niederlassung noch nicht gesehen. Es war, wie mir eine geschwätzige Indianerin ungefragt mittheilte, seine Tochter Nelló, mit welcher er weiter oben am See, getrennt von den Uebrigen, wohnte.

„Er hütet sie, wie seinen Augapfel", sagte die Indianerin, „und will sie keinem der vielen Bewerber unseres Stammes zur Gattin geben."

„Weshalb denn?"

„Der Medizinmann ist kein Rucuyenn", entgegnete sie. „Er ist der letzte des Volkes der Amikobaner, die in den Tumukumak=Gebirgen wohnten und im Kampfe mit den Rucuyenns vernichtet wurden. Ein einziger junger Krieger — der Medizinmann dort — blieb als Gefangener in den Händen der Unsrigen. Er war schön und tapfer wie der beste unserer Krieger. Er konnte gut reden und hatte Cayenne, Surinam und Para besucht. Eine der Töchter unseres Häuptlings schenkte ihm ihr Herz und an dem Festtage, als man den jungen Gefangenen an den Opferpfahl band, trat sie hinzu, legte ihre Hand auf seine Schulter und erklärte vor dem ganzen versammelten Stamme, daß sie ihn zum Gatten nehme. Es gab gewaltigen Lärm, aber die entrüsteten Eltern mußten sich dem alten Gebrauche unserer Nation fügen. Man befreite den Gefangenen, gab ihm Waffen und einen Kahn, und das junge Paar baute sich das Carbet oben am See, welches der Medizinmann nach dem Tode seiner Gattin mit der Tochter noch jetzt bewohnt."

Beide waren inzwischen an das Land gestiegen. Die Indianerin, welche elastischen Schrittes rasch herankam, war von wunderbarer Schönheit. Gewöhnlich verlieren die Indianerinnen, die rücksichtslos von ihren Männern zu den härtesten Arbeiten angehalten werden, frühzeitig die Reize ihrer Jugend und sind schon im Alter von dreißig Jahren nicht selten von einem abschreckenden Aeußern; wo dagegen Behandlung und Lebensbedingungen günstiger sind, bringt die tropische Sonne wahre Wunder von Eleganz und zugleich Fülle der Formen zum Aufblühen, von denen wir in unseren kalten Himmelsstrichen keine Vorstellung haben. Nelló trug einen mit Glaskorallen verzierten Cuju (indianische Schürze) und eine Art Diadem von glänzenden rothen und blauen Federn, welches die Schönheit der außerordentlich großen strahlenden Augen und der prachtvollen, langherabwallenden schwarzen Haare noch mehr hervorhob. Die Gesichtszüge, welche bei den Indianerinnen meistens eine fast marmorne Unbeweglichkeit und Apathie zeigen, trugen bei Nellé ein auffallendes Gepräge von Gefühl und Intelligenz.

„Es ist keine Zeit zum Essen," rief der Medizinmann schon von weitem. „Wir müssen eilen, Ricard und den Seinigen Hülfe zu bringen. Diesen Morgen, auf der Jagd, habe ich sie, zu Tode erschöpft, getroffen und vor den nachsetzenden Negern auf die Kaimansinsel in Sicherheit gebracht."

„Auf die Kaimansinsel?" riefen alle Indianer mit dem Ausdrucke des Schreckens.

„Allerdings", erwiederte der Medizinmann; „allein ich will eure Furcht zerstreuen. Ihr glaubt, daß der Chinan (Teufel)*) in der alten Portugiesenwarte auf der Insel hause und ich habe euch bisher absichtlich in diesem Wahne gelassen. Die Kaimansinsel war die Begräbniß= und zugleich Zufluchtsstätte meines unglücklichen Stammes und kein fremder Fuß hat sie bis jetzt betreten. Meine Dankbarkeit, noch mehr aber, wie ich gestehen will, die dringenden Bitten meiner Tochter haben mich bewogen, Ricard und seine Gefährten hinzubringen. Leider sind sie ganz ohne Lebensmittel und auch nur für kurze Zeit in Sicherheit, da die Neger bereits das Ufer erreicht hatten, als mein Kahn mit den letzten Flüchtlingen noch einen Bogenschuß weit vom Ufer der Insel entfernt war. Ihre Kugeln konnten uns freilich nicht erreichen, allein sie werden ohne Zweifel ein Floß bauen und hinübersetzen. Wir haben daher keine Zeit zu verlieren. Ich sehe übrigens, daß ihr schon zur Abfahrt bereit seid."

„Allerdings", sagte ich; „allein Pedro ist noch mit einigen unserer Leute auf Kundschaft aus."

---

*) Die Indianer Guyana's geben dem Teufel verschiedene Namen. Die Galibis nennen ihn Hyorokan, die Arruas Amignao, die südlich vom Oyapok wohnenden Völker Anahan. Sie haben für verschiedene Krankheiten auch spezielle Teufel und fürchten am meisten den Chinan, eine Art Vampyr, der die Indianer frißt oder ihnen alles Blut aussaugt. Wir Europäer brauchen darüber nicht zu lächeln, denn wir könnten die Teufelsnomenclatur durch mehrere einheimische sonderbare Spielarten vermehren. So glauben z. B. die Bretonen steif und fest an einen Schlafteufel, der den Leuten in der Kirche gerade bei den eindringlichsten Predigten die Augen zudrücke. V.

„Dann wollen wir noch eine halbe Stunde auf sie warten. Mein Fremder kann den Landeplatz auf der Kaimansinsel finden, und sie würden Tage lang vergeblich an dem dichten Ufergebüsch hin und her fahren. Wir werden jedenfalls doch noch vor Tagesanbruch hinkommen."

Alle beeilten sich inzwischen, ihre Mahlzeit zu beendigen und machten sich dann zur Abfahrt bereit. Glücklicher Weise traf in diesem Augenblicke Pedro mit den Indianern ein. Sie waren unterwegs auf Kundschafter der Karauer, Armagutus und Oyampis gestoßen, welche vereinigt den Kriegspfad gingen, um die Neger, die einige ihrer Dörfer geplündert und verbrannt hatten, zu vernichten. Sie wußten bereits, daß sich Ricards Schaar auf die Kaimansinsel geflüchtet und die Neger auf dem gegenüberliegenden Ufer ihr Lager aufgeschlagen hatten.

Der Medizinmann stieg mit seiner Tochter in meine Coberta, um den übrigen Fahrzeugen den Weg zu zeigen. Sechs kräftige Ruderer hatten sie bald an die Spitze gebracht und nun ging es rasch in den unter dem sternenhellen Nachthimmel funkelnden See hinaus.

Die Kaimansinsel lag an der Mündung des in den oberen See sich ergießenden Flusses und ihre merkwürdige Gestalt war mir beim Fischfange in jener Gegend mehrmals aufgefallen. Wir erreichten sie, als eben die Sonne aufgieng, fuhren aber an die entgegengesetzte Seite, wo wir den Blicken der Neger entzogen waren, an. Dort befand sich der Landeplatz.

Der Flußarm, welcher die Insel vom Lande trennte, war etwa an der schmalsten Stelle 150 Meter breit; die Insel selbst bildete ein an der oberen Spitze abgerundetes Dreieck, dessen dem See zugewandte steilere Seite eine Viertelstunde lang sein mochte, während die beiden anderen, kürzeren, in einen Sumpf, der Flußmündung gegenüber, zu verlaufen schienen. Es ließ sich das von Weitem an der Ausdehnung des Sumpfgebüsches erkennen. Was der Insel ihre merkwürdige Gestalt gab, war ein ungefähr 200 Fuß hoher Hügel, der von oben bis unten mit dichtem, buntfarbigem Laubwerk bedeckt, auf seinem breiten Gipfel eine Gruppe von einigen hundert jener colossalen Koffia-Palmen (R. taedigera) trug, welche das Staunen und die Bewunderung jedes Reisenden erregen, der sie in Guyana und den feuchten Niederungen des unteren Amazonas, ihrer ausschließlichen Heimath,*) antrifft. Ich hatte zwar früher schon einige Exemplare dieses echttropischen Wunderbaumes gesehen, aber in solcher Zahl und in solcher Größe waren sie mir noch nicht vorgekommen. Man denke sich den Anblick den diese Palmengruppe darbieten mußte, da jede Baumkrone, wie ich später durch Messung fand, aus einer Anzahl von fast senkrecht aufwärts stehenden, bis gegen 50 Fuß langen und 15—20 Fuß breiten Blättern bestand.

Die Insel schien übrigens dieser Palmenart besonders zuzusagen, denn auf allen Theilen derselben, selbst im Ufergebüsche, standen zahlreiche Gruppen dieser Bäume.

„Die Insel müßte eigentlich von den Palmen ihren Namen tragen," sagte ich zum Medizinmann.

„Sie werden bald gewahr werden," entgegnete dieser, „daß sie auch ihren jetzigen Namen verdient. Bei Tage habe ich es niemals gewagt hinüber zu fahren, ich würde mit meiner Tochter unfehlbar von den Kaimans, die zu Hunderten das Ufer bevölkern, gefressen worden sein. Zur Nachtzeit verscheuchen wir sie jedoch durch Feuerbrände und können, obschon immer noch mit großer Gefahr, landen."

Er sagte die Wahrheit, denn als wir das Gebüsch erreichten und in einen schmalen, sich allmählich erweiternden Kanal hineinfuhren, um an das Ufer zu kommen, sah ich es überall von diesen Ungeheuern wimmeln, und die Indianer mußten durch Schüsse, Lärm und Geschrei dieselben verscheuchen, da sie das Fahrwasser gänzlich versperrten.

Endlich lag der Landeplatz vor uns, fast am Fuße des Hügels, wo der Kanal sich zu einem kleinen Binnensee erweitert hatte. Ricard stand mit seinen Gefährten am Ufer, und ich brauche nicht zu beschreiben, mit welcher Freude wir empfangen wurden, mit welcher Begierde sie über die lange entbehrten Getränke und Speisen herfielen, die wir

---

*) Die Palmengattung Rophia weist bis jetzt drei Arten auf: R. vinifera und R. Ruffia in Afrika und R. taedigera am Amazonenstrom, von wo letztere als Seltenheit in die Gärten des südlichen Brasiliens verpflanzt worden ist. Der Fruchtstand hat eine Länge von 8 und einen Durchmesser von etwa 1 Fuß. Die einzelne Frucht hat die Größe eines Hühnereies, ist einfächerig und zeigt in ausgeprägter Weise den der ganzen Palmengruppe eigenen Charakter der von der Spitze nach der Basis gekehrten Schuppen, wodurch sie das Ansehen eines umgekehrten Tannenzapfens erhält. B.

sofort für sie ans Land schafften. Die Uebrigen nahmen Theil an der Mahlzeit, die sich, weil wir Tafia in Ueberfluß mitgenommen, bald zu einem Gelage gestaltete.

Ich bekam hier Gelegenheit zu sehen, welche fabelhafte Massen Getränke ein indianischer Magen vertragen kann, und ich muß gestehen, daß die berühmtesten Wein- und Biertrinker des Mittelalters, von denen unsere Chronikschreiber erzählen, vor diesen Tafiatrinkern die Segel streichen müssen.

Ich will hier einen weit verbreiteten Irrthum berichtigen. Die meisten Ethnographen schreiben die jetzt unter den südamerikanischen Indianern so allgemein herrschende Trunksucht der Einführung des europäischen Branntweins zu und gerathen dabei jedesmal in philanthropische Apostrophen. Diese Trunksucht ist allerdings dadurch für die Gesundheit der Indianer verschlimmert worden, allein sie hat in demselben Grade bei vielen Völkern lange vorher schon geherrscht. Der Botaniker Pierre Barrère, corresp. Mitglied der Akademie der Wissenschaften zu Paris schreibt darüber 1743 aus eigener Anschauung:

„Die Getränke, deren sich die Indianer bei ihren Festen bedienen, sind der Bicu, der Paya oder der Ouachiry, sie füllen damit große irdene Gefäße an, welche die französischen Kaufleute Canarys, die Galibis Turnas nennen. Alle diese Canarys, wovon das kleinste wenigstens hundert Kannen hält, sind von einem Ende des Carbet bis zum andern perspectivisch aufgestellt. Die Weiber tragen den Männern das Getränke in großen Schalen zu, welche sie stets nachfüllen. Und so trinken diese elenden Menschen drei oder vier Tage lang, ohne aufzuhören. Es ist unbegreiflich, wie sie so viel trinken können; denn Männer, Weiber und Kinder überschreiten darin alles Maaß, und es ist vielleicht kein Volk auf dem Erdboden, das mehr säuft, als diese Wilden. Kurz, sie machen sich eine Ehre daraus, alle Canarys auszuleeren, sollten auch noch so viele vorhanden sein. Ein jeder Indianer trinkt in diesen drei oder vier Tagen, so viel als ein großes Faß Wein ausmacht, und die Schwelgerei geht nur aus Mangel an Getränk zu Ende."

Ricard ließ den Indianern vorsichtiger Weise zwar ein gehöriges

Quantum Zuckerbranntwein geben, aber nicht so viel, daß ihre Kampf=
fähigkeit darunter hätte leiden können.

Ich stieg unterdessen mit dem Medizinmann den Hügel hinauf,
um zu sehen, wie weit er sich zur Vertheidigung eigne. Sein Kamm
bestand aus einer ungefähr 300 Schritte langen und 200 Schritte
breiten Fläche, deren Rand durch eine noch hier und da erhaltene
niedrige Mauer eingefaßt war, nach der Flußmündung hin fiel seine
breite Seite in einen Abgrund ab, einen Steinbruch, aus dem man
offenbar die Baumaterialien der Mauer und des Thurmes geholt und
den man zur Verstärkung der Festigkeit den ganzen Rand des Kammes
entlang benutzt hatte. Die von den Franzosen so genannte „Portu=
giesenwarte", ein runder 30—35 Fuß hoher Thurm mit Schießscharten
und Zinnen stand auf einem freien Platze in der Mitte der Palmen.
Er war anscheinlich von Schlingpflanzen sorgfältig rein gehalten
und mit Ausnahme der Zinnen noch wohlerhalten. Die eisenbeschlagene
Thüre, von Rost zerstört, hielt nicht mehr in ihren Angeln. Nichts=
destoweniger ließ sich der Thurm zur Vertheidigung vortrefflich ein=
richten, da die Treppen und die gewölbten Zimmerdecken von Stein
und fast unversehrt waren.

Ueber der Thüre war das portugiesische Wappen mit der Jahres=
zahl 1720 eingemauert.

Im Frieden von Utrecht 1713 hatte Frankreich den Portugiesen
den südlichen Theil von Guyana, zwischen dem Cap Nord und dem
Amazonenstrome, abgetreten. Guyana vom Orinoko bis an den Ama=
zonas hieß im 16. und 17. Jahrhundert la France équinoxiale, und
die Franzosen hatten seit 1555 eine ganze Reihe von unglücklichen
Colonisationsversuchen, namentlich von Rouen aus, gemacht. Die Un=
fähigkeit der Unternehmer dieser Versuche, sowie die fortwährenden
Angriffe der Holländer, Engländer und Portugiesen vereitelten überall
dauernde Niederlassungen der Franzosen, die selbst auf dem heutigen
engen Raum ihrer Colonie, worauf sie nach und nach beschränkt wurden,
nicht sicher blieben, denn die Portugiesen rückten gleich nach dem Vertrage
von Utrecht fast jedes Jahr weiter nach Norden vor; sie hatten auf der
Kaimansinsel als Stützpunkt für ihre Unternehmungen 1720 eine

Befestigung errichtet; ja die Annalen von Cayenne verzeichnen mit Entrüstung das Jahr 1723, wo die Portugiesen so frech waren, am Ufer des Oyapok, auf französischem Boden, einen Pfahl mit dem Wappen des Königs von Portugal aufzupflanzen. Frankreich fand jedoch Bundesgenossen an dem Sumpffieber und der Ruhr, welche mehrmals die Besatzung der kleinen portugiesischen Forts bis auf den letzten Mann hinwegrafften und zum Aufgeben der Posten nöthigten. So war denn auch die Warte auf der Maimansinsel bereits zehn Jahre nach ihrer Erbauung verlassen und darauf von den Indianern in Besitz genommen worden.

„Es ist Schade", sagte ich beim Hinaufsteigen der Wendeltreppe des Thurmes, „daß die umgebenden Palmen jede Aussicht versperren werden."

„Sie werden Ihre Vermuthung nicht bestätigt finden", erwiederte mein Begleiter, „denn nach der Flußmündung zu stehen die Palmen weniger dicht, und nach den andern Richtungen hin habe ich die Aussicht durch Abhauen einiger der großen Blätter frei gehalten. Wir können die ganze Gegend überblicken, ohne selbst bemerkt zu werden, es möchte denn ein ungewöhnlich scharfes, argwöhnisches Auge auf den Hügel gerichtet sein."

Es verhielt sich wirklich so. Von den Zinnen aus genoß ich den Anblick eines großartigen Panoramas. Der ganze See mit den ihn umgebenden Wäldern und Savannen lag vor mir ausgebreitet, den Rand dieses prachtvollen Gemäldes bildete am fernen östlichen Horizonte ein langer dunkler Streifen: der atlantische Ocean. Nach der entgegengesetzten Seite war die Aussicht nicht minder schön: der Fluß schlängelte sich von seiner Mündung an durch eine mit Baumgruppen besäete, unabsehbare Grasebene, welche bis zu einer langgestreckten, blauen Gebirgskette im Westen und Nordwesten reichte.

Während ich im Anblicke dieses herrlichen Landschaftsbildes alles um mich her, auch die Anwesenheit meines Begleiters, vergaß, hatte dieser seine Blicke unverwandt auf das gegenüberliegende Ufer gerichtet und zog plötzlich durch einen Ausruf der Verwunderung meine Aufmerksamkeit dahin.

Ich konnte das Lager der Neger deutlich sehen, da die Entfernung keine Viertelstunde betrug. Sie hatten mehrere Feuer, wahrscheinlich ihrer Mahlzeit wegen, angezündet, zwei gefällte Bäume lagen am Ufer. Es schien eine ungewöhnliche Aufregung unter ihnen zu herrschen, sie liefen mit großem Geschrei hin und her oder umstanden heftig gesticulirend eine Gruppe, deren Mittelpunkt ein großer halb europäisch gekleideter Neger zu sein schien. Er trug von allen allein eine Kopfbedeckung — einen Hut.

„Ich habe eben zwei der Schwarzen aus dem Walde in das Lager stürzen gesehen. Es müssen Kundschafter mit schlimmen Nachrichten gewesen sein, denn gleich darauf gerieth die ganze Bande in die Aufregung, welche Sie da sehen. Doch da ist die Erklärung ihres Lärmens."

Mit diesen Worten zeigte er auf die nicht weit davon beginnende Savanne an der Flußmündung, auf welcher drei ziemlich zahlreiche Trupps Indianer hereilten. Es waren jedenfalls die drei Stämme, welche Pedro Tags vorher, auf dem Zuge gegen die Neger begriffen, angetroffen hatte.

„Wir müssen durchaus an dem Kampfe Theil nehmen," sagte ich und stieg eilends die Treppe hinunter.

„Das meine ich auch," erwiederte der Medizinmann. „Unsere Feuergewehre können denselben rasch entscheiden. Wir werden uns dadurch für immer die Freundschaft dieser indianischen Stämme sichern."

Wie ich vorausgesehen, war unten das Gelage in vollem Gange und die Tasiavorräthe schon größten Theils vertilgt. Unsere Mittheilung fand jedoch sofort williges Gehör. Leider konnten sich von Ricards Begleitern nur einige an dem Zuge betheiligen, die übrigen waren zu erschöpft und wollten um jeden Preis zuerst sich einmal ausschlafen; doch bestiegen wir vierzehn Mann stark, mit Flinten und Schießbedarf wohl versehen, die Kähne und ruderten schnell dem Kampfplatz zu. Ricard, der Medizinmann und Nellé waren bei uns. Letztere wollte mit ihrem Blasrohre an dem Kampfe Theil nehmen.

Als wir um die Ecke fuhren und den Lagerplatz der Neger zu Gesicht bekamen, sahen wir, wie die Schwarzen eben denselben verließen und das Ufer entlang den Rückzug antraten. Es war das klug über legt, denn der Fluß hatte einen ziemlich breiten sandigen Uferstreifen wasserfrei gelassen, und sie konnten hier am schnellsten und sichersten ihre Flucht bewerkstelligen.

„Schneiden wir ihnen den Weg ab!" rief Ricard.

Wir folgten der von ihm angegebenen Richtung und näherten uns rasch dem Lande.

Als die Neger uns erblickten, stießen sie ein Wuthgeschrei aus und blieben dann zusammengeschaart stehen. Sie schienen sich zu berathen. Wir legten bei und feuerten alle zu gleicher Zeit mitten in den Haufen, der mit Zurücklassung von einigen Gefallenen nach allen Seiten auseinanderstob.

Die Neger flüchteten in das Ufergebüsch, von wo aus sie einzelne Schüsse auf uns richteten. Sie hatten jedenfalls keine Munition mehr, weßhalb wir wenig von ihnen zu fürchten hatten, wie wir meinten, und unverweilt an das Land stiegen.

Diesen Augenblick hatten die Schwarzen erwartet. Wie auf ein Zeichen stürzte die ganze zahlreiche Schaar aus dem Gebüsch und griff uns wüthend mit den Machetes und den Kolben an. Vier unserer Leute wurden sofort überrannt und niedergeschlagen, ein größerer Kahn von einer Anzahl Neger besetzt und abgestoßen. Ihr Plan war augenscheinlich, sich unserer Kähne zu bemächtigen; er konnte nur aus einem ebenso schlauen als verwegenen Kopfe kommen.

Mein Kahn war durch das übereilte Vorschieben eines anderen etwas zurückgeblieben; ich konnte daher diese in unglaublich kurzer Zeit am Ufer sich abspielende Scene vollständig sehen.

Die Indianer stürmten in diesem Momente auf den verlassenen Lagerplatz der Neger, einige derselben eilten bereits in großen Sätzen am Ufer herbei, das sie von ihrem Kriegsgeheul wiederhallen ließen. Es war hohe Zeit, denn die Unsrigen waren im Begriff, von der Uebermacht überwältigt, ja vollständig vernichtet zu werden. Die Neger hatten nicht blos, wie ich schon gesagt habe, vier von unserer kleinen Schaar niedergeschlagen, sondern auch zwei andere tödtlich verwundet und den Rest umzingelt, während zehn oder zwölf ihres Haufens zu den verlassenen Kähnen stürzte.

Ich wollte eben an das Ufer springen, als sich zwei Neger auf den Kahn neben mir warfen, aus dem Nellé ihre vergifteten Pfeile unter die Kämpfer schleuderte. Sie hatten rasch die Indianerin überwältigt und auf den Boden des Fahrzeuges geworfen, wo der eine sie gewaltsam niederhielt, während der andere nach dem Ruder griff, um abzustoßen. Allein ebenso schnell war ich mit meinem Kahne heran. Glücklicherweise war der eine Lauf meiner Doppelbüchse noch geladen; ich schoß dem Ruderer eine Kugel à bout portant in die Brust und versetzte dann mit dem Kolben dem andern, der mit seiner Machete nach mir schlug, einen so mächtigen Schlag auf den Wollschädel, daß er rücklings in den Kahn fiel. Nellé war bereits aufgesprungen, als ich zu ihr hinüberstieg. Der betäubte Neger hätte sich sicherlich wieder erholt, allein wir ließen ihm keine Zeit dazu und warfen ihn sammt seinem getödteten Kameraden in den See.

Während unseres Kampfes hatte sich die Scene am Ufer geändert. Die Indianer waren in großer Anzahl herangeeilt und hatten die Unsrigen gerettet. Die Neger hatten den Kampf mit den Rothhäuten nicht aufnehmen wollen und das Ufer entlang Reißaus genommen. Die meisten unserer Leute waren jedoch verwundet, und wir mußten den Indianern die Verfolgung überlassen.

Meine Aufregung war so groß, daß ich nicht bemerkte, wie mir fortwährend Blut aus dem linken Aermel träufelte. Nellé sah es zuerst, stürzte mit einem Ausrufe des Schreckens auf mich zu und zog mir die Jacke herunter. Ich hatte eine tüchtige Hiebwunde. Allerdings fühlte ich einen schneidenden Schmerz am linken Oberarm, als ich den Kolbenschlag führte, allein ich hatte ihn nicht beachtet, auch war der ganze Kampf zu schnell vor sich gegangen. Jetzt erst merkte ich, daß der Blutverlust mich zu schwächen begann und die Wunde nicht unbedeutend sein mußte.

Nellé verband nothdürftig die Wunde mit meinem Halstuche und eilte dann ihren Vater zu holen, der, selbst unverletzt, bereits einigen schwer verwundeten Indianern Hülfe leistete. Er war sofort mit seinem Medizinbeutel zur Stelle und untersuchte meine Wunde.

„Sie ist schwer, aber nicht tödtlich", sagte er. „In zwei bis

drei Wochen können Sie den Arm wieder gebrauchen. Ich will einige
Heilkräuter darauf legen, welche die Heilung beschleunigen werden."

Nachdem er dieses gethan und mich sorgfältig von neuem ver=
bunden hatte, verließ er mich, um nach den anderen Verwundeten zu
sehen, wobei Nelle ihm eifrig an die Hand ging. Beim Weggehen
warf sie mir einen Blick des tiefsten Dankgefühles zu und sagte:
„Pflegen Sie sich gut, damit Sie bald genesen."

Da manche Verwundete nicht ohne Gefahr fortgeschafft werden
konnten und der Platz auch schon der nahen Zufluchtsstätte wegen für
alle möglichen Fälle höchst geeignet erschien, so beschloß Ricard, der
nur eine Handverletzung davon getragen hatte, die Niederlassung für
längere Zeit hier aufzuschlagen. Er ließ die auf der Insel zurückge=
bliebenen Leute mit den Frauen und Kindern alle herüberholen und
sogleich den Bau eines Taboni*) und mehrerer kleinen Carbets be=
ginnen. Da das Material dazu in Ueberfluß zur Hand war und
Ricard einen großen Krug Tafia versprach, so war die Arbeit, bei
der Frauen und Kinder mithalfen, noch vor Abend vollendet. Ich
erstaunte über die fieberhafte Thätigkeit, über die Kraft und Gewandt=
heit, welche die am Morgen noch so erschöpften Indianer dabei ent=
wickelten. Es schien ein ganz anderer Geist in alle gefahren zu sein.

Der Charakter der Indianer zeigt in dieser Hinsicht überhaupt
Eigenthümlichkeiten, die uns Europäern fast unbegreiflich vorkommen.
Ich erlaube mir aus meinen langjährigen Erfahrungen unter ihnen
einige Bemerkungen darüber mitzutheilen.

Bei den meisten Indianern Brasiliens und Guyana's geschehen
alle Arbeiten ohne Ausnahme nicht nach einer bestimmten Regel und
Ordnung, sondern je nach der Laune eines Jeden, oder je nach Ge=
legenheit oder zwingendem Bedürfniß. Alsdann aber zeigen Männer,
Weiber und Kinder eine solche rastlose Thätigkeit, Kraft und Intelli=
genz, daß ich mich oft verwundert fragte, ob sich bei irgend einem
anderen Volke eine solche Vereinigung hervorragender Eigenschaften finde.

---

*) Taboni, großes Carbet, eine Art Halle von 40—50 Fuß Länge aus
Pfosten, die wie die anderen Carbets mit Baumzweigen oder Palmblättern
bedeckt sind. Diese Tabonis dienen bei den Indianern Guyana's zu gemein=
samen Wohnungen.

Eine Idylle (S. 203).

Ist die Arbeit gethan, so gibt sich Jeder einer Ruhe hin, die durch ihre Länge und besonderen Charakter Europäern ebenso auffallend erscheint.

Bei allen Indianern ist die Thätigkeit eigentlich nur ein Fieberanfall; das Nichtsthun, das dolce far niente dagegen, der normale, dauernde Zustand; der Mensch ein bipes otiosus, ein zweibeiniger Nichtsthuer. Lange Wochen hindurch dreht sich ihr Leben um nichts als essen, Tafia trinken und schlafen. Wenn ich sie so ganze Tage lang in den Hängematten träge liegen sah, wohllüstig Tabakswölkchen von sich blasend oder auf irgend einem Instrumente klimpernd (sie hatten außer Guitarren auch selbstverfertigte einsaitige Instrumente), so dachte ich unwillkührlich mit Mitleiden an unsere in dumpfe Stuben eingesperrten Fabrikarbeiter, denen Sonne und Nahrung so spärlich zugemessen sind.

Mit diesen Worten habe ich auch das Bild geschildert, welches unsere Niederlassung am nächsten Morgen darbot. Der Kampf, die Strapazen, alles war vergessen und das süße müßige Schlaraffenleben hatte wieder begonnen. Man denke sich dazu meine Wenigkeit, wie ich, an den Pfosten eines Carbets gelehnt, den wunden Arm auf eine Hängematte legend, träumerisch Nellé zuschaue, welche in dem langen Kleide, das auf Betreiben der Missionäre alle Frauen der Ansiedelung trugen, Mutterstelle an zwei durch die Hand der Neger verwaisten Kindern vertritt, einen Säugling in den Schlaf wiegt und dabei unzählige Mal den Refrain eines indianischen Liedchens singt, dessen Worte ich jetzt nach vielen Jahren noch wiederholen kann:

„Acoutipourou, ipourou néroupéré cimitanga, miri ouquéré ouarama."

d. h. Affe mit dem langen Schlafe, leihe mir deinen Schlummer, damit mein Kindlein schlafe wie Du.

Gegen Abend kehrten die Indianer von der Verfolgung zurück. Es waren nur wenige Neger entkommen, die meisten niedergemacht und nur zwei Gefangene mitgebracht worden. Sie wurden an Pfosten gebunden und sollten, ohne daß ich es ahnte, bei dem Siegesschmause eine entsetzliche Rolle spielen.

An diesem Schmause nahm die ganze Niederlassung Theil. Er erforderte nicht viele Vorbereitungen, Fische waren in Ueberfluß da, Ricard gab Maniot und, nolens volens, allen vorhandenen Tafia dazu, während die Indianer einige Agutis und Vögel, die sie unterwegs geschossen hatten, beisteuerten.

Ich sah von meiner Hängematte aus dem tollen Gelage zu. Ricard nahm auch keinen Theil daran. Er näherte sich mir und sagte:

„Was Sie auch sehen mögen, was auch vor Ihren Augen geschehen mag, hüten Sie sich verhindernd einzugreifen. Der Teufel ist nun einmal bei diesen Wilden losgelassen und es wäre um Ihr Leben geschehen; ja, Sie würden das Loos der Gefangenen theilen."

Die Bedeutung dieser Worte wurde mir bald klar. Ich will die Scheußlichkeit kurz erzählen: Die beiden Gefangenen wurden an ihren Pfählen verhöhnt, gemartert, mit Pfeilen und Kugeln bedeckt, dann in Stücke zerschnitten, gebraten und gegessen! Alle Indianer betheiligten sich an diesem entsetzlichen Mahle; doch sah ich mehrere Weiber sich während desselben bei Seite schleichen.

Ich will Declamationen der Entrüstung über diese Barbarei unterlassen. Es ist leider nur zu wahr, daß die Anthropophagie unter einigen indianischen Volksstämmen Brasiliens und Guyana's noch nicht hat ausgerottet werden können: diese Indianer fressen ihre Gefangenen, sie brauchen jedoch nicht das Menschenfleisch als Nahrungsmittel. Aber was wird der Leser dazu denken, wenn ich ihm sage und beweise, daß einige Stunden von der Stadt Cayenne in neuester Zeit Anthropophagie weit abscheulicherer Art unter Europäern (!) vorgekommen ist. Die Sache ist ethnographisch und anthropologisch von nicht geringem Interesse und der Leser wird mir daher wohl gerne gestatten, die wochenlange Lücke, die meine Verwundung in meinen Erlebnissen veranlaßte, durch eine Episode auszufüllen, die ich aus Frédéric Bouyers interessantem Werke (La Guyane française, notes et souvenirs de voyage. 4°. Paris, Hachette 1867) entnehme.

XVI.

Europäische Menschenfresser, eine Episode aus der jüngsten Geschichte Guyana's.

Die Insel Cayenne, an deren nordwestlicher Seespitze die Stadt desselben Namens liegt, ist von einem seltsamen hydrographischen Gewirre umgeben, welches durch nicht weniger als neun Arme und Kanäle des Cayenneflusses und des Mahuri gebildet wird. Ihre Grenze besteht im Norden und Nordosten aus der See, im Westen aus dem Cayenneflusse, im Süden und Südwesten aus dem vielfach verschlungenen Arme des Mahuri, le Tour-de-l'Ile, der beide Flüsse verbindet, und im Osten aus dem Mahuri, der an der Mündung des Tour-de-l'Ile den Namen Oyac annimmt und einige Meilen weiter hinauf sich in zwei Arme, Orapu und Comté de Gennes theilt. Der letztere heißt gewöhnlich abgekürzt Comté, und der Name stammt von dem Grafen von Gennes, der von Ludwig XIV. ein Stück Land am Oyac erhielt, welches 1698 zur Grafschaft erhoben wurde.

Die vom Könige so sehr begünstigte Niederlassung scheint nur schlecht gediehen zu sein, denn wir finden den Grafen von Gennes als Gouverneur von St. Christoph im Jahre 1702, zur Zeit, wo der französische Theil von den Engländern in Besitz genommen war. Der unglückliche Gouverneur wurde auf Martinique vor ein Kriegsgericht gestellt, der Feigheit überwiesen, und des Adels und des Kreuzes vom heil. Ludwig beraubt. Er appellirte dieses Urtheiles wegen und eilte nach Frankreich, wurde aber unterwegs von den Engländern gefangen und starb zu London. Der König rehabilitirte sein Andenken.

Im Jahre 1854 wurden auf dem rechten Ufer des Comté-Flusses zwei Sträflingskolonien, Saint-Augustin und Sainte-Marie, gegründet. Der ganze Landstrich zeigte sich jedoch bald für Europäer höchst ungesund. Der Fluß ist so schmal und vielfach gewunden, daß nur ganz kleine Flußdampfschiffe bis zu den Niederlassungen hinauffahren können; dafür ist aber die landschaftliche Scenerie um so großartiger, romantischer, und es läßt sich nichts Malerischeres und Prachtvolleres denken, als jene tropische Pflanzenwelt, die überall da sich zeigt, wo das Festland der Einwirkung der Salzfluth entzogen, statt der niedrigen Mangroven=Wälder die Riesen des Urwaldes hervorbringt.

Nicht selten kommt es vor, daß zwei dieser Baumcolosse sich wie zwei Freunde, welche sich die Arme entgegenstrecken, zu einander herüber=neigen, mit ihren Kronen sich vereinigen und so beide Ufer durch eine Brücke von Laubwerk verbinden. Dann hängen von den verschlungenen Aesten mit Blumen bedeckte Bündel von Lianen und Wucherpflanzen herunter, die der Wind über der klaren Wasserfläche hin und her schaukelt, während ringsum dichte Massen von Palmen und anderen mit unglaublicher Ueppigkeit emporgeschossenen tropischen Bäumen jeder Art das herrliche Landschaftsbild vervollständigen.

Nicht weit vom Ufer des Flusses, in einer Lichtung, auf welcher sich Spuren eines Indianerlagers zeigten, trug sich am 3. Januar 1855 Folgendes zu:

Zwei Männer unterhielten sich mit leiser Stimme, indem sie unruhige Blicke um sich warfen. Der eine saß auf einem vom Feuer geschwärzten Baumstumpf, der andere stand aufrecht. Beide trugen Hose und Hemd von grobem Leinen, Holzschuhe und einen Strohhut. Es waren zwei Europäer, zwei aus der Strafcolonie Sainte=Marie entflohene Sträflinge.

Der eine hieß Perroz, der andere Voirin.

Die Indianer hatten an dieser Stelle mehrere Monate gelagert. Das Carbet stand noch da; von den Wilden zurückgelassene Küchen=geräthe lagen auf dem aufgegebenen Lagerplatze, dessen die Flüchtlinge sich bemächtigt hatten. Einige Kleidungsstücke in einem Winkel, ein Paar Zwiebel, Speck, Kouat (Maniotmehl), noch blutige Schildkröten=

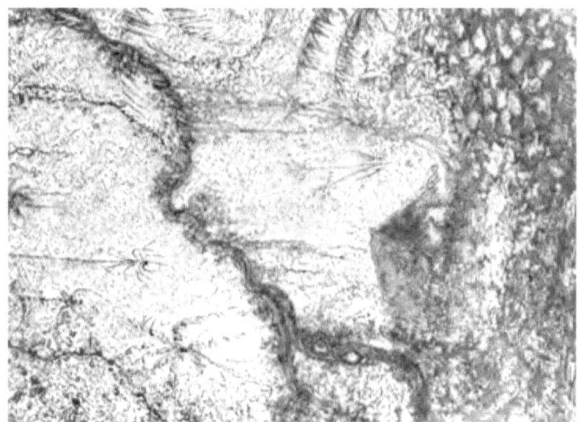

schalen und das aus einem Reiserhaufen emporqualmende Feuer verriethen die Anwesenheit des Menschen in der Wildniß.

„Wo ist Benoit?" sagte Voirin zu Perroz.

„Im Walde mit den andern; sie holen Palmkohl."

„Perroz", sagte Voirin, „bist du des Lebens, welches wir seit zwanzig Tagen führen noch nicht müde? Was mich betrifft, so habe ich den Wald satt, ich ziehe die Colonie vor."

„Ich auch; aber was sollen wir machen? Wenn wir dahin zurückkehren, so weißt Du, was uns bevorsteht. Meister Naisséguier, der Henker, wird uns mit fünfzig Peitschenhieben regaliren; und Kamerad Naisséguier schlägt unsanft darauf."

„Was liegt daran! Man stirbt nicht davon, während wir hier bald durch Hunger und Elend umkommen müssen. Wo sollen wir hin durch dieses Baumdickicht ohne Weg und Steg? Man sagte uns, wir würden wilde Früchte in Ueberfluß finden und die Wälder wimmelten von Wild. Nichts als Lügen: unsere Vorräthe sind erschöpft, das Wild flieht vor uns und läßt sich in unseren Schlingen nicht fangen."

„Aber die anderen haben doch ein Reh getödtet, das wir gegessen haben."

„Perroz, ich will dir etwas sagen," flüsterte Voirin, indem er zu seinem Gefährten herantrat: „hast du nicht gefunden, daß das Fleisch einen absonderlichen Geschmack hatte? Du hast so wenig, wie ich, dieses Reh gesehen, welches sie an Ort und Stelle zerlegt haben wollen. Und gerade an demselben Tage ist unser Kamerad Päris verschwunden. Seitdem hege ich einen entsetzlichen Verdacht. Die Furcht hat mich gepackt: Etienne hat einen so schrecklichen Blick; Vivien und Logé, diese beiden Busenfreunde, erfüllen mich mit Schauder. Glaube mir, wir wollen sie verlassen und nach Sainte-Marie zurückkehren."

„Allein wer sagt dir, daß Kamerad Päris . . ."

„Päris ist meuchlings ermordet worden, wie so eben Benoit," sagte eine zitternde Stimme, und ein dritter Bagnoflüchtling erschien neben den beiden ersteren.

„Gerechter Himmel! Benoit ermordet! . . . Was sagst du da, Gallois?"

Der Ankömmling war leichenblaß und zitterte; man sah ihm an, daß er irgend einer entsetzlichen Scene beigewohnt hatte. Er hatte keine Schuhe mehr und seine verwundeten Füße waren in schmutziges Leinen gewickelt, welches das Geräusch seiner Schritte gedämpft und ihm erlaubt hatte, ungehört in die Nähe seiner Fluchtgenossen zu gelangen.

„Ich war dabei", sagte er, „ich habe es gesehen! . . . Ich war im Walde beschäftigt am Fuße eines Cimarouba Schildkröten zu suchen, welche die Blüthen dieses Baumes lieben. Ein Neger von der Pflanzung Fleury hatte mir das mitgetheilt, und wirklich fand ich eine Schildkröte, die ich für unsere Abendsuppe bestimmte, als ich Geräusch und Stimmen hörte. Ich sah darauf durch eine Lichtung Etienne, Logé, Vivien und Benoit. Ich sah sie, aber sie konnten mich nicht sehen. Plötzlich sprangen Etienne und die beiden andern auf Benoit los. Etienne versetzte ihm einen Hieb mit seinem Säbel, Logé stieß ihm sein Messer in die Brust und Vivien stach ihn mit dem seinigen in den Rücken. Der arme Benoit schrie laut auf, dann stürzte er zu Boden. . . . Nun warf sich Vivien über ihn her. Ihr wißt, er ist Metzgergesell gewesen und kennt sein Handwerk. Er zerschnitt rasch den Körper, öffnete ihn, nahm Leber und Herz heraus und löste das Fleisch von den Gliedern. Logé half ihm bei seiner scheußlichen Arbeit und machte dabei ebenso scheußliche Witze; Etienne sah zu, ohne ein Wort zu sagen."

„O die Schurken! sie werden es mit uns eines Tages ebenso machen . . . ."

„Ich war mehr todt als lebendig, wie ihr wohl denken könnt. Wenn sie mich erblickt hätten, war ich verloren. Sie hatten nun einmal Blut gesehen, und es wäre mir wie Benoit gegangen. Ich verbarg mich daher hinter einem dicken Baum. Als Vivien fertig war, nahmen sie alle drei den Körper auf und trugen ihn in das tiefste Dickicht, wahrscheinlich, um ihn zu verscharren. Da bin ich denn fortgerannt, so schnell ich konnte. Ihr seid jetzt gewarnt, und wir müssen zusammen auf der Hut sein."

„Aber was können wir thun? Widerstand leisten, uns vertheidigen? Wir sind ja schwach, erschöpft und krank."

„Wir müssen uns verstellen und fliehen .... Aber, stille! da kommen sie ..."

In diesem Augenblicke traten Etienne, Logé und Vivien in das Carbet.

Etienne war ein hochgewachsener Mann in seinen besten Jahren, von dunkler Gesichtsfarbe mit braunem Barte, hervorstehenden Backenknochen, zurückgebogener Stirne und einem flachen Gesichte, welches mit seinen blutunterlaufenen Augen, seinem wilden erbarmungslosen Blicke einem Tigerkopfe glich. Sein offenstehendes Hemd ließ eine behaarte Brust und eine Muskelentwicklung sehen, die eine große Körperkraft bekundete.

Logé und Vivien nahmen neben dieser Hauptperson, welche sie durch physische und geistige Kraft beherrschte, nur eine untergeordnete Stelle ein; es waren zwei gewöhnliche Schurken, zwei cynische und blutdürstige Banditen niedrigsten Schlages; zwei Wölfe neben einem Tiger.

Vivien hatte noch die Hemdärmel hinaufgezogen und die Hände voll Blut. Er und Logé trugen, in Hemd und Hose des Benoit gewickelt, noch blutende Fleischstücke.

„He! ihr da, ihr Faulpelze!" rief Logé, „was habt ihr da zusammen zu schwätzen? Das Köpfezusammenstecken ist verboten. Herbei, zum Essen!"

„Eine schöne Jagd, meine Jungen, wir haben das Thier erwischt."

„Frisch geschlachtetes Fleisch, soviel das Herz verlangt! Logé wird uns das nach den Regeln der feinsten Kochkunst zurichten und uns einen famosen Braten liefern. Schade, daß wir nicht Speck und Zwiebeln dazu thun können."

„Nun, habt ihr denn die Sprache verloren? Warum macht ihr nicht das Eßgeschirr zurecht, während Logé den Braten besorgt; ihr seht ja aus, als wäret ihr in Bildsäulen verwandelt. Ich glaube gar, ihr wollt Papa Etienne Verdruß machen, er ist aber heute gar nicht sanftmüthigen Sinnes."

Etienne, der finster schweigend dastand, warf einen wilden Blick auf die drei Sträflinge, welche bei dieser Drohung mehr zitterten, als bei den cynischen Sticheleien der beiden anderen Banditen und sich beeilten, denselben bei der Zubereitung des Essens Hilfe zu leisten.

Unterdessen briet das Fleisch über dem Feuer. Logé schnitt mit entsetzlicher Kaltblütigkeit das scheußliche Mahl zu, an dem die sechs Sträflinge Theil nahmen.

Voirin, Perroz und Gallois waren kreideweiß; aber der Schrecken, den ihnen ihre fürchterlichen Gefährten einflößten, verhinderte sie, ihren Antheil zurückzuweisen; sie aßen mit.

Logé, Vivien und Etienne aßen mit großem Appetit; die beiden ersteren machten gemeine Witze.

Etienne war noch düsterer und schweigsamer als zuvor.

„Ein famoses Essen," sagte Logé.

„Wie man sich davon restaurirt fühlt!"

„Wie schade, daß Kamerad Benoit nicht hier ist und mit kosten kann."

„Benoit ist gar nicht übel," sagte Logé; und dieser abscheuliche Scherz erregte ein tolles Gelächter bei beiden Banditen.

„Und babei kennen wir ja noch drei Ochsen, die wir auf dieselbe Art schlachten können."

Ein boshafter Blick der drei Kannibalen auf ihre anderen Gefährten vervollständigte den Sinn des Satzes.

„Es werden Vorräthe sein, mit denen wir ganz gut nach Brasilien gelangen können."

„Ja, wann werden wir aber dahin kommen?" sagte Etienne...

Halten wir hier einen Augenblick inne. Aehnliche Scheußlichkeiten sind öfter, als man meint, unter flüchtigen Deportirten in den großen Urwäldern Guyana's vorgefallen. Wie viele den Menschen unbekannt gebliebene blutige Dramen haben sich so unter dem Auge Gottes in jenen Wildnissen, im Schatten jener hundertjährigen Bäume vollzogen! Unnütze Verbrechen, die nur um einige Tage Existenzen verlängerten, die dem Untergange geweiht waren; denn die Mörder folgten ihren Schlachtopfern auf dem Fuße. . . . .

Am Tage nach der abscheulichen Scene, der wir eben beigewohnt haben, waren Voirin und Perroz verschwunden. Ob Gallois ihnen gefolgt oder während der Flucht aus Hunger, Elend und Ermattung umgekommen ist, ob er vielleicht das Loos Benoits gehabt hat, vermögen wir nicht zu sagen; es ist ein unentschleiertes Geheimniß geblieben. Ich schreibe keinen Roman, sondern erzähle blos als treuer Geschichtschreiber.

Folgen wir also den drei Banditen, welche ihren Weg durch den Wald fortsetzten, ohne sich jedoch von dem Ufer des Flusses, der ihnen als Führer dient, zu entfernen.

Dieses Mal haben sie ihr Lager auf einer zerstörten Pflanzung aufgeschlagen. Es hat stark geregnet, der Boden ist durch das Wasser aufgeweicht, die Flüchtlinge haben seit dem vorhergegangenen Abende Halt gemacht. Wir sind am 7. Januar 1856.

Etienne und Vivien waren allein. Sie bereiteten Fallen für Agontis und plauderten mit einander. Logé's Namen kehrte mehrmals in diesem Gespräche wieder. Plötzlich hörte man Schritte und Logé eilte, Bestürzung im Gesichte, herbei.

„Auf!" rief er, „es kommen Leute heran; Collegen von unten am Flusse; es sind Freunde."

„Wie viele sind ihrer?" sagte Vivien.

„Fünf oder sechs; sie haben mich gesehen und sind mir auf den Fersen."

„Bagnogefährten sind nicht immer Freunde," sagte Etienne. „Wir werden übrigens sehen," setzte er mit entschlossener Miene hinzu; und alle drei schritten den Ankommenden entgegen.

Die neue Flüchtlingsbande bestand aus sechs Leuten.

Der erste, der Anführer, denn bei jeder Verbindung dieser Art gibt es einen, der ganz natürlich die übrigen dominirt und um den sie sich schaaren; der erste war ein Mann von mittlerer Größe, aber dessen breite Schultern und vollkommen proportionirte Formen eine ungewöhnliche Stärke und Gewandtheit kundgaben. Eine seltene Festigkeit und unerschütterliche Entschlossenheit prägte sich auf seinem energischen Gesichte aus, welchem kurzgeschnittene schwarze Haare, ein dichter Schnurr- und Backenbart einen ganz militärischen Ausdruck verliehen.

Dieser Mann war der Scharfrichter, der Büttel der Strafkolonie Sainte-Marie; er hieß Naisséguier.

Er trug in der Hand ein breites, starkes Waldmesser mit hölzernem Griffe.

Neben Raisséguier stand eine Art von Coloß, dessen niedrige Stirne unter einem Walde von rothgelben Haaren verschwand. Er war nackt bis zum Gürtel. Niemals hat ein Häuptling von einer der Inseln des stillen Oceanes einen ähnlichen Luxus von Tättowirungen aufweisen können. Der Künstler, welcher diesen Torso illustrirt hatte, mußte mit seltener Geduld zu Werke gegangen sein; denn er hatte eine vollständige Generalsuniform mit Epauletten und Orden geliefert, kein Knopf, keine Stickerei fehlte daran. Auf einem der Arme stand in rothen Schriftzügen: „Hilly für das Leben," auf dem andern unter zwei Dolchen: „Tod den Ungetreuen."

Dieser Herkules, der sich mit hundertpfündigen Gewichten auf Jahrmärkten hätte produziren können, hieß Robin; er stützte sich auf einen knotigen Stock.

Der dritte Flüchtling war der Pylades dieses wilden Orestes, der Gegenstand einer jener Bagnofreundschaften, wie sie Victor Hugo in seinem „Letzter Tag eines Verurtheilten" so meisterhaft geschildert hat. Es war ein junger Mensch von ungefähr 25 Jahren, mit bartlosem, weltem Gesichte. Sein Benehmen war fast weibisch geziert: er trug ein gewürfeltes Schnupftuch um den Kopf gebunden, sowie einen Gürtel mit gelben Franien um den Leib. Er hieß Hilly.

Die drei übrigen waren Araber, gebräunt, mager und von schwächlichem Aussehen, aber mit Sehnen von Stahl; es waren einige jener unermüdlichen Fußgänger aus der afrikanischen Wüste, Reggabs aus dem Sudan, welche im Marschiren Pferde und Dromedare müde machen. Sie hießen Ahmed Ben-ta'har, Mustapha Ben-Medyabi und Barbi-Ben-Jragna.

Das Zusammentreffen der beiden Banden war bei weitem nicht herzlich.

Die beiden Anführer traten einander entgegen; sie kannten sich seit langem und konnten sich nicht besonders gut leiden.

„Du hast also auch Reißaus genommen," sagte Etienne zu Raisséguier.

„Meiner Treue, ja. Ich langweilte mich dort unten, ich hatte Luft und Freiheit nöthig. Ich wäre unter diesen Aufsehern und Gendarmen erstickt. Die Arbeit zu bestimmter Stunde, Arbeit und Schlaf nach dem Trommelschlage, alles das lag mir centnerschwer auf der Brust."

„Wie hast Du es aber gemacht, um uns zu treffen?"

„Seit vier Tagen sind wir auf euren Spuren. Wenn diese Araber einmal eine Fährte erwischt haben, so lassen sie dieselbe nicht mehr fahren. Aber ihr seid ja zu acht geflohen, wo sind die anderen?"

„Die anderen," sagte Etienne, „die anderen!" ... und der Bandit näherte sich Raisséguier; „die anderen," sagte er langsam, „sind unterwegs geblieben. Du hast auf unserem Pfade Gräber finden müssen; aber die Todten müssen den Lebendigen dienen."

Raisséguier fuhr zusammen und wich einen Schritt zurück; er blickte Etienne an und sein Blick drückte eine so tiefe Entrüstung aus, daß der Bandit unfreiwillig die Augen zu Boden schlug, aber seine gewaltthätige Natur bäumte sich auf gegen diese vorübergehende Gemüthsbewegung.

„Ich sehe übrigens," fuhr er fort, indem er auf die Araber zeigte, „daß ihr eure Vorsichtsmaßregeln getroffen habt. Ihr schifft euch nicht ohne Zwieback für die Reise ein. Da haben wir ja drei schwarze Hämmel, mit denen man sogleich ein Wörtchen sprechen kann."

„Genug," sagte Raisséguier mit festem entschlossenem Tone, „ich verstehe Dich. Ich bin zwar Henker gewesen, aber niemals ein verworfener Meuchelmörder; ich habe nicht jedes menschliche Gefühl abgeschworen. Höre auf mit Deinen infamen Vorschlägen. So lange ich lebe, soll etwas dergleichen in meiner Gegenwart nicht geschehen. Du sollst mir keinen Kameraden anrühren. Verstehst Du mich? ich verbiete es Dir."

Die Blicke der beiden Anführer kreuzten sich wie zwei Degenklingen. Der Krieg war zwischen ihnen erklärt. Beide Partheien stellten sich zusammen, um einander zu unterstützen, aber einem ungleichen Kampfe gegenüber ließ Etienne den Geist des Hasses und der Rache, der in ihm überwallte, schweigen.

„Du nimmst ja schnell alles übel, Kamerad," sagte Etienne, „ich scherzte und Du wirst ärgerlich."

„Du scherzest ... unheimlicher Spaßmacher! Nun, meinetwegen," sagte Raisségnier; „aber gedenke meiner Worte, ich spaße nicht."

Die beiden Anführer brachen das Gespräch ab, aber von diesem Augenblicke an war Raisségniers Tod bei Etienne eine beschlossene Sache.

Nach diesem Zwischenfalle, der beinahe einen blutigen Zusammenstoß veranlaßt hätte, fand eine Art von Verschmelzung unter den Flüchtlingen statt. Man theilte einige Mundvorräthe. Die Ankömmlinge hatten noch etwas Zwieback. Die Araber, mehr an die Wildniß gewohnt, konnten besser darin Hülfsquellen finden. Sie hatten eine Jnguan-Eidechse auf einer Palme gefangen, wilde Früchte, Balatasnüsse, Palmkohl u. s. w. gefunden, wodurch, wenn auch keine vollständige Stillung des Hungers, wenigstens eine angenehme Erfrischung verschafft wurde.

Da die Ruinen der Pflanzung von Stechfliegen, Scorpionen und Schlangen heimgesucht waren, so ging man an die Errichtung von Carbets für die Nacht; man holte Palmkohl herbei, kurz, es gestaltete sich in der kleinen Colonie eine gewisse Thätigkeit, welche dem versöhnlichen Hasse der Einzelnen Schweigen gebot.

Aber das Feuer glomm unter der Asche.

Etienne nahm seine beiden Spießgesellen bei Seite und theilte ihnen seinen Plan mit. Die drei Schurken hatten sich rasch verständigt. Aber es blieb ein Hinderniß zu beseitigen, Robin, jener starke Leibwächter Raisségniers, der jeden Angriff gefährlich machte, wenn er letzterem die Kraft seines Armes lieh.

Vivien erhielt den Auftrag, die Stimmung Robins geschickt zu sondiren.

Die Unterhandlung dauerte nicht lange. Es gibt Leute, denen der Verrath wie ein Instinct angeboren ist; es gibt lasterhafte, verderbte Naturen, in welchen ein hingeworfenes schlechtes Wort eine Infamie zum Aufkeimen bringt.

„Es ist abgemacht", sagte Vivien, von seiner Sendung zurückkehrend. „Robin willigt ein; er ist der unsrige. Er will nur das Leben Hilly's gewährleistet haben."

„Man wird ihm seinen Hilly nicht essen," sagte Logé lachend.

„Später werden wir sehen müssen. Er ist dick und fett, der Junge. Es wird unser bester Bissen sein, den wir uns zu einem Capitalschmause aufsparen wollen."

Während dieses Bündniß sich gegen ihn bildete, arbeitete Naisséguier eifrig an der Lagerstätte. Das geistige Uebergewicht dieses Mannes war so groß, sein Muth so bekannt, er handhabte sein Waldmesser mit solcher Gewandtheit, daß seine vier Feinde es nicht wagten, ihn offen anzugreifen. Selbst Robin rieth zur Klugheit. Die Tapferkeit des Colosses stand nicht im Verhältnisse zu seinen Musteln.

Man beschloß also mit List zu Werke zu gehen.

Zuerst plante man, Naisséguier unter einem dicken Holzstamme, den man zu vieren tragen und in einem bestimmten Augenblicke auf ihn fallen lassen würde, zu Boden zu werfen. Läge er einmal verwundet am Boden, so würde man leicht mit ihm fertig werden.

Der Plan wurde ganz genau so ausgeführt, aber Naisséguier sprang mit einer raschen Bewegung bei Seite und entging dem Falle des Stammes.

Darauf benutzten Logé und Vivien den Augenblick, wo ihr Feind beim Fällen einer Maripa-Palme sich abmühte und baten ihn um sein Waldmesser, um ihm bei seiner Arbeit zu helfen; aber Naisséguier war auf seiner Hut und schlug es ab.

Robin meldete nun dem Etienne, daß ihre Versuche gescheitert seien.

„Schon gut," sagte Etienne, „dann wird es für diese Nacht sein."

Inzwischen kam diese Nacht heran, schwarz, ohne Mond noch Sterne, sie bedeckte den Wald mit dichter Finsterniß. Ein großes Feuer, das die Flüchtlinge angezündet hatten, um die Moskitos und die wilden Thiere zu verscheuchen, warf seinen röthlichen Schein auf die Bäume, während außerhalb des Bereiches dieses leuchtenden Herdes die Finsterniß noch schwärzer erschien.

Naisséguier ruht mit Robin in seinem Carbet; der so starke, energische Mann unterliegt der Ermüdung. Er wird von jenem gebieterischen Bedürfniß des Schlafes beherrscht, welches in gewissen

Augenblicken sich der kräftigsten und gestähltesten Naturen bemächtigt. Er muß schlafen, sollte ihm auch sein Schlaf das Leben kosten.

Aber düstere Ahnungen lassen ihm keine Ruhe; er begreift, daß eine schreckliche Gefahr ihn bedroht; er will sein Leben unter den Schutz eines Freundes stellen.

„Robin", sagte er, „ich bin mit meinen Kräften zu Ende, ich falle um vor Müdigkeit und Schlaf; ich bedarf durchaus der Ruhe. Ich weiß, daß man mich ermorden will; versprichst Du während meines Schlafes zu wachen? Blos einige Stunden genügen mir; dann werde ich schon selbst mich zu hüten wissen."

„Sei nur ruhig", sagte Robin, „man wird nur, wenn ich es erlaube, an Dich herankommen können; Du kannst in Frieden schlafen. Gute Nacht!"

„Ich danke Dir", sagte Raisséguier; „und vertraue Dir". Er drückte dem Verräther die Hand; einen Augenblick darauf war er in tiefen Schlaf versunken.

Die Rollen waren im Voraus für den Angriff vertheilt. Etienne sollte ihn mit dem Säbel, Logé mit dem Messer, Vivien mit dem Stocke anfallen, Robin dagegen sich auf das Opfer stürzen, es festhalten und wehrlos seinen Mördern überliefern.

Auf ein Zeichen Robins näherten sich die Banditen geräuschlos dem Carbet, indem sie wie Schlangen herankrochen. Sie umringen ihren Feind und greifen alle zu gleicher Zeit an: Logé stößt ihm sein Messer in die Kehle, Etienne versetzt ihm einen Säbelhieb an Brust und Kopf, Vivien zerschmettert ihm den Arm durch einen Schlag seines Stockes, während Robin seine Beine zu Boden drückt und seine Bewegungen paralysirt —.

In seinem Schlafe überrascht, macht Raisséguier eine übermenschliche Kraftanstrengung; er richtet sich auf und schüttelt die an ihm hängende Gruppe Mörder von sich ab; darauf, mit halbdurchschnittener Kehle, geblendet durch das von seiner Stirne herunterrieselnde Blut, mit verwundeter Brust und leblos herabhängendem Arme, nimmt er alle seine Kräfte zusammen, stürzt aus dem Carbet und flieht gerade aus, die blutdürstige Meute hinter ihm her.

Wie ich schon sagte, war die Nacht stockfinster; die Leuchtfliegen und Leuchtkäfer waren die einzigen Lichtpunkte im Walde.

Raisséguier floh auf dem ersten Pfade, der sich vor ihm öffnete. Etienne folgte ihm auf dem Fuße, so daß er ihm noch einige Stiche mit seinem Säbel beibringen konnte. Mit einem tüchtigen Satze will er sich endlich auf ihn stürzen, um ihm durch einen gewaltigen Hieb vollends den Garaus zu machen, aber sein Säbel fährt durch den leeren Raum. Raisséguier ist verschwunden.

Etienne stieß ein Wuthgeschrei aus; die andern Banditen eilten herbei; sie untersuchten den Boden, horchten, durchstöberten die Gebüsche; sie fanden keine Spur ihres Schlachtopfers, und ihr Aerger machte sich durch ohnmächtige Verwünschungen Luft. Jeder überhäufte den andern mit Vorwürfen. Robin war von allen am wüthendsten. Etienne suchte ihn zu beruhigen, indem er ihn versicherte, daß Raisséguier bei seinen vielen tödtlichen Wunden unmöglich mit dem Leben davon kommen könnte, und daß sie am folgenden Tage seinen Leichnam finden würden.

Einer jener fürchterlichen Platzregen, mit denen Guyana vorzugsweise gesegnet ist, unterbrach ihre Nachforschungen; sie kehrten zum Carbet zurück.

Aber der nächste Tag kommt und der Körper Raisséguiers wird nicht aufgefunden. Jetzt wird der Zorn Etienne's und Robins maßlos, es gesellt sich ein geheimer Schrecken dazu. Raisséguier ist entkommen: er wird sie anzeigen und die Gendarmen auf ihre Spuren führen.

„Es ist Logé's Schuld", brüllt Etienne in einem Paroxysmus der Wuth. „Du hattest versprochen den Henker zu tödten", sagte er zu ihm, „und Du hast Dich Deines Messers nicht bedienen können. Ich will Dir zeigen, daß man eines Messers nicht bedarf, um einen Menschen zu tödten. Du hast den andern verfehlt, ich werde Dich nicht verfehlen . . . ."

Sofort wirft er sich über Logé her, der zu Boden geworfen wird; Vivien hält ihm die Arme fest, Robin preßt ihm die Beine wie in einer Schraube zusammen, während Etienne ihn bei der Kehle packt und zu erdrosseln sucht.

In diesem Augenblick kommt Hilly herbei. Vivien entlehnt ihm seinen Gürtel, den er nicht zu verweigern wagt. Etienne legt ihn dem Logé um den Hals und der Mord wird vollzogen.

Dieser abscheuliche Bandit, der auf dem Schaffot hätte sterben sollen, kam so durch die Hände seiner Spießgesellen um. Die wilden Thiere zerrissen sich untereinander.

Aber die Mörder werden sich nicht damit begnügen, sie haben dem Menschenfleisch Geschmack abgewonnen, und wie sie Benoit gegessen haben, so werden sie auch Logé verzehren.

Der Körper wird mit dem Säbel geöffnet, Vivien nimmt das Amt des Metzgers in Anspruch. Die besten Stücke werden herausgeschnitten und man richtet eine Anthropophagenmahlzeit zu, an welcher Hilly zur Theilnahme gezwungen wird. Was die Araber betrifft, so hatten sie bald begriffen, mit welch' schrecklichen Gefährten sie zu thun hatten, und waren schon am vorhergegangenen Abend zurückgeeilt, da sie das Leben im Bagno den Gefahren einer solchen Existenz vorzogen.

Kehren wir zu Raisséguier zurück.

Im Augenblicke, wo Etienne den Säbel schwang, um ihm einen letzten Streich zu versetzen, hatte Raisséguier einen Seitensprung gethan; er hatte den Boden unter seinen Füßen verloren und war in eine tiefe Schlucht gefallen, wo er besinnungslos liegen blieb. Dieser gleichsam von der Vorsehung veranlaßte Fall rettete ihm das Leben, indem er ihn den Augen seiner Mörder entzog. Der Regen brachte ihn wieder zu sich, und in dem Maße als er seine Besinnung wieder erlangte, suchte er sich Rechenschaft abzulegen von dem erbitterten Kampfe, den er bestanden, sowie von dem entsetzlichen Ueberfalle, der seinen Schlaf unterbrochen hatte. Die fürchterliche Scene trat wieder wie ein schauerlicher Traum vor seine Augen: er würde an deren Wirklichkeit nicht glauben, wenn seine Wunden nicht davon Zeugniß ablegten.

Der Verlust des Blutes, das noch immer aus seinen Wunden rinnt, hat ihm seine Kräfte genommen. Er kann sich kaum bewegen, jedoch hat er Geistesgegenwart genug, seine Wunden mit Lehm zu überstreichen, um die Hämmorrhagie zu hemmen. Da er jeden Augenblick die Rückkehr seiner Mörder erwartete, so empfahl er Gott seine Seele und brachte den übrigen Theil der Nacht in Todesangst zu.

Als der Morgen zu dämmern begann, bemerkte er, daß er am Ufer des Flusses war. Wie er so seine Blicke über die Wellen schweifen ließ, gewahrte er plötzlich eine treibende Holzmasse, die der Strömung folgend sich langsam ihm näherte.

Die Vorsehung, die er angerufen hatte, schien ihm zu Hilfe zu kommen.

Einige durch einen Sturz des Ufers halb entwurzelte Bäume neigten sich in der Nähe seines Standpunktes über das Wasser. Durch Lianengeflecht mit noch aufrecht stehenden Stämmen verbunden und festgehalten, bildeten sie eine Art von luftiger Brücke, unter welcher das Treibholz durchkommen mußte.

Raisséguier nimmt seinen ganzen Muth, seine ganze Energie zusammen. Dieser halbtodte Mann, der nur einen Arm gebrauchen kann, bringt es fertig, sich auf jener schwebenden Brücke fest zu halten und sich glücklich auf die herantreibenden Baumstämme fallen zu lassen. Sie werden ihm zu einem rettenden Floße, auf dem er fast bewegungs- und leblos nach dieser seine letzten Kräfte erschöpfenden Kraftanstrengung liegen bleibt.

Seine Willenskraft hatte ein Wunder vollbracht.

Gegen Ende des Tages erreichte Raisséguier die Pflanzung Bellane. Eine Frau begegnete ihm und ergriff, bei seinem Anblicke von Entsetzen ergriffen, laut schreiend die Flucht. Vergebens fleht der arme Flüchtling sie an, sich nicht zu fürchten und einem unglücklichen Verwundeten beizuspringen, der, wenn er nicht baldigst Hilfe erlange, sterben müsse.

Es erscheint ein mit einer Flinte bewaffneter Neger. Raisséguier wiederholt seine Bitte, welche dieses Mal besser aufgenommen wird. Man bringt ihn vom Ufer in die Wohnung, verbindet seine Wunden, stärkt ihn durch Speise und Trank und führt ihn dann, auf sein Verlangen, nach der Sträflingscolonie zurück.

Dort erregte die Erzählung der Greuelthaten der Kannibalen die lebhafteste Entrüstung, selbst unter der schwarzen Bevölkerung und bei den Indianern der Nachbarschaft. Man beschloß, alle Mittel anzuwenden, um sich jener Banditen zu bemächtigen. Ein braver Indianer bot sich zur Mitwirkung an und übernahm es, sie in eine Falle zu locken. Die nöthigen Maßregeln wurden demgemäß getroffen.

Dieser Indianer bestieg allein seinen Kahn, nachdem er einen Fisch und andere Lebensmittel, um die Begierde der Banditen zu erregen, hineingelegt hatte. Er fuhr den Fluß hinauf und suchte die Lagerstätte der Flüchtlinge. Nach den Angaben Raisséguiers wurde ihm das nicht schwer. Eine zwischen den Bäumen aufsteigende Rauchsäule zeigte ihm den Schlupfwinkel, in dessen Nähe er beilegte und sich scheinbar gleichgültig dem Fischfange hingab.

Die Sträflinge erblickten ihn und riefen ihn herbei.

Der Indianer folgte dieser Einladung mit einem sichtbaren Gefühle des Zwanges und der Furcht, und zwar mit Recht, denn das Erste, was die Räuber thaten, war, auf die Lebensmittel im Kahne Beschlag zu legen.

„Ich kaufe Dir Deinen Fisch ab, rother Junge," sagte Vivien lachend; „aber ich habe keine kleine Münze bei mir; ich werde Dir einen Wechsel auf meinen Notar geben."

„Du sollst Gold bekommen, mein guter Wilder, wenn wir unsere Renten beziehen werden; aber woher kommst Du denn so?"

„Ich komme aus der Pflanzung Bellane."

„Wo in der Welt liegt die Pflanzung Bellane? bei Versailles oder Saint Cloud, an der Bastille oder auf dem Hippodrom? Sind viele Leute auf der Pflanzung?"

„Ein kleiner Neger," sagte der Indianer in seinem Kauderwelsch, „ein alter Herr, eine Mamsell und noch zwei andere Leute."

„Ei, ei! Es sind also Mundvorräthe dort, Leinwand und vielleicht auch Geld?"

„O ja! Der Herr ist reich, sehr reich sogar. Er hat viele goldene Sous verdient."

„Es sind also reiche Leute," sagte Vivien, „die viel Geld haben."

„Wie wäre es," versetzte Robin, „wenn wir ihnen einen kleinen Besuch machten?"

„Dieser Indianer hintergeht uns," sagte Etienne, „er legt uns eine Falle; ich mißtraue ihm."

„Ei was; das kupferfarbige Schafsgesicht sieht zu harmlos und gutmüthig aus. Seit Naisséguier verschwunden ist, bist Du ein Hasenherz geworden, Du siehst überall Gefahren."

„Naisséguier wird uns verderblich werden."

„Naisséguier ist todt; er ist in den Fluß gefallen und die Kaimans haben ihn aufgefressen. Ich stimme für den Besuch der Pflanzung; ich möchte einmal dem Fräulein meine Aufwartung machen."

„Ich auch; ich denke, wir gehen hin."

„Vorwärts," sagte Robin, indem er dem Indianer einen furchtbaren Blick zuwarf, „Du nimmst uns alle in deinen Kahn. Parbleu! Wir werden schon sehen; wenn das rothe Topfgesicht uns täuscht, so mache ich ihm seine Rechnung."

Der Indianer verzog keine Miene unter dieser Drohung, und die vier Sträflinge bestiegen den Kahn, der sie kaum fassen konnte.

Gegen Abend landeten sie in der Nähe der Pflanzung Bellane. Nichts fällt ihnen auf oder erregt ihren Argwohn. Nichts rührt sich rings um die Wohnung, worin Alles ruhig in Schlaf versunken scheint. Vivien geht auf Recognoscirung aus und meldet, daß man sich ohne Furcht nähern könne. Die Banditen rücken vorsichtig auf einem schmalen zu beiden Seiten mit Gujava- und Flaschenbäumen besetzten Wege heran. Etienne und Robin haben den Indianer zwischen sich genommen. Sie halten den Säbel in der Hand und überwachen ihren Führer.

Plötzlich glaubten sie unter ihren Füßen das Zischen einer Schlange zu hören. Instinktmäßig springen sie seitwärts, und der Indianer, welcher diese List angewandt hat, benutzt diesen Augenblick, um mit der Schnelligkeit des Blitzes zwischen ihnen durchzuschlüpfen und mit einem lauten Ruf zu verschwinden. Dieser Ruf ist ein Signal. Die vier Banditen sehen sich plötzlich von einem Kreise von Säbeln und Bajonnetten umringt. Sie wollen Widerstand leisten, allein sie werden schnell zu Boden geworfen und an Händen und Füßen gebunden.

Die Gefangennahme des Perroz, Voirin und der drei Araber war leichter; man fand sie auf dem Heimwege zur Colonie begriffen.

Später wurde Benoits Leichnam gefunden und die Untersuchung seiner verstümmelten Ueberreste, die ein erfahrener Arzt vornahm, bestätigte, ebenso wie das Verhör der Angeklagten, die entsetzlichen Einzelnheiten, welche wir oben mittheilten. Logé's Körper wurde nicht gefunden, er war in den Fluß geworfen worden. Was Päris und Gallois betrifft, so kamen sie nie wieder zum Vorschein; ihr tragisches Ende blieb in Geheimniß gehüllt.

Dank dem Muthe und der Gewandtheit des Indianers sollten die Frevelthaten, die wir eben erzählt haben, nicht ungestraft bleiben und die Mörder von dem vergossenen Blute Rechenschaft ablegen.

Ihr Prozeß wurde schnell eingeleitet und durch eine Verurtheilung folgenden Inhalts beendigt:

Etienne und Vivien, für schuldig erklärt ohne mildernde Umstände: 1) des Mordes an Benoit; 2) des Mordversuchs an Raisséguier; 3) des Mordes an Logé, werden beide zur Todesstrafe verurtheilt.

Robin, für schuldig erklärt ohne mildernde Umstände: 1) des Mordversuchs an Raisséguier, 2) der Mitschuld und Theilnahme an dem Morde Logé's wird zum Tode verurtheilt.

Die Mitschuld von Perroz, Voirin und Hilly wurde nicht anerkannt, und diese drei Sträflinge erhielten für ihre Flucht die gesetzliche Strafe von fünf Jahren Zwangsarbeit. Da sie jedoch schon auf Lebenszeit verurtheilt waren, so wurde diese Strafe in zwei Jahre doppelter Kette nach dem Gesetze vom 30. Mai 1854, Artikel VII, Paragraph 3 verwandelt.

Die Banditen gaben während der Debatten den grauenhaftesten Cynismus kund und theilten abscheuliche Einzelnheiten über ihre Verbrechen mit. Als ein Richter einen von ihnen frug, was sie mit dem Kopfe und dem Gehirn Benoits angefangen hätten, sagte der Elende: „Es ist jammerschade, wir haben beim Essen nicht daran gedacht."

Alle drei wurden auf der Sträflingscolonie Sainte-Marie, nicht weit von dem Schauplatze ihrer Unthat, hingerichtet.

Raisséguier genas wieder von seinen Wunden. Die Entrüstung, mit welcher er die Vorschläge der Kannibalen zurückgewiesen, sowie der von ihm dabei bewiesene Muth wurden berücksichtigt: man erließ ihm die Strafe, und die Behörde behandelte ihn seitdem mit besonderem Wohlwollen.

Eine ganz ähnliche Episode fand im November 1858 statt, und zwar ebenfalls am Comtéflusse bei der Strafcolonie Sainte-Marie.

Es ist dort so leicht zu entfliehen, da man keine Mauern zu übersteigen, keine Wächter zu bestechen, keine Schlösser aufzubrechen oder Gitter auszuheben braucht; man kann ganz einfach während der Arbeit davonlaufen; der Namensaufruf am Abende constatirt dann die Abwesenheit.

Am 1. November 1858 entwischten die Deportirten Sigural, Courageur, Goulvin und Martaineville.

Im Laufe des Monats wurden die drei ersteren nach einander aufgegriffen und zur Colonie zurückgebracht; der vierte erschien nicht wieder.

Goulvin machte Enthüllungen, woraus sich ergab, daß Martaineville von den drei andern ermordet und gegessen worden war.

Sigural, Courageur und Goulvin wurden zum Tode verurtheilt, welche Strafe für letztern in Zwangsarbeit auf Lebenszeit umgewandelt wurde; dagegen mußte er der Hinrichtung seiner Mitschuldigen beiwohnen und dann ihre Köpfe zur anatomischen Untersuchung nach Cayenne tragen. Er war seitdem halb irrsinnig, wurde später nach der Colonie St. Georges geschickt, wo er dem Klima zum Opfer fiel.

Soweit geht der Bericht von Frédéric Bouyer. Fast gleichzeitig theilten Armand Jusselain*) u. a. diese Geschichte mit. Jusselain erzählt:

„Die Wälder am Comtéflusse wurden der Schauplatz entsetzlicher Scenen in Folge der häufigen Fluchtversuche der Deportirten.

„Eines Tages erschienen vor dem Tribunal maritime spécial zu Cayenne, welches die Sträflinge abzuurtheilen hat, acht Deportirte von Sainte-Marie. Sie hatten auf ihrer Flucht zwei der ihrigen, kaum einige Stunden von der Colonie entfernt, verzehrt. Man fand grauenhafte Ueberreste, welche an die Festmahle der Kannibalen erinnerten.

„Die Guillotine wurde zu Sainte-Marie aufgerichtet mitten im Urwalde, und drei Köpfe fielen an demselben Tage."

*) Un Déporté à Cayenne. Souvenirs de la Guyane. Paris. M. Lévy, 1867.

Bevor ich den Faden meiner eigenen Erlebnisse wieder aufnehme, erlaube ich mir einige Bemerkungen über die eben mitgetheilte Episode, die leider nur zu sehr auf dem Boden der Wirklichkeit steht.

Die Verbrecherwelt sinkt überall auf den Zustand der Barbarei zurück, und diese Barbarei ist vorzugsweise ein Product großer Städte, wo unter den Proletariermassen ganze Generationen in sittlichem und physischem Elende verkommen können. Die Verbrecher in Berlin, London und New-York stehen in dieser Hinsicht keine Stufe höher als die, welche die großen französischen Städte hervorbringen, und ich nehme an, daß sie unter gleichen Verhältnissen ganz gleich geartete Kannibalen, wie auch ganz ähnliche Petroleurs, liefern würden; ich gehe nicht so weit, zu behaupten, wie schon mehrmals geschehen ist, daß in der germanischen und anglo-germanischen Race die Extreme der Laster und Tugenden weiter auseinander liegen, als bei den Romanen und Slaven. Es ist ein gefährliches Spiel mit solchen Gemeinplätzen. Haben doch die Franzosen schwer dafür büßen und bezahlen müssen, da sie sich einzig und allein in allen Dingen an der Spitze der Civilisation wähnten! Selbstkenntniß und ruhige objective Beobachtung der Thatsachen ist vor allem nöthig.

Die Anthropophagie, nicht aus Noth oder Rache, sondern aus Leckerei und Lüsternheit nach Menschenfleisch, besudelt leider zur Schande der Menschheit noch viele Länder. Nach Pigafetta und du Chaillu werden bei mehreren Völkern in Congo Menschen förmlich ausgeschlachtet. Magnar, Bleek, Beddoe, Bowler fanden Menschenfresser in Südafrika; Schweinfurth am obern Nil; Friedmann, Junghuhn und Ida Pfeiffer auf Sumatra; Arbousset u. a. auf Neuseeland und den Fidschi-Inseln. Noch im vorigen Jahrhunderte über einen großen Theil Amerika's verbreitet (selbst die edlen Mohikaner Coopers aßen das Fleisch ihrer Feinde), kommt die Anthropophagie gegenwärtig nur bei wenigen amerikanischen Völkerschaften vor, namentlich in den Quellengebieten der nordbrasilianischen Flüsse und in den unbekannteren Landstrichen zwischen dem Orinoko und Amazonenstrome. —

Die Maraner und Armagutus, welche mit den Onampis vereinigt die Ansiedelung von den Buschnegern befreit hatten, waren noch dieser barbarischen Sitte ihrer Väter ergeben. Es ist aber nur zu wahr, daß der Rachedurst, jene gemeinsame Eigenschaft aller Indianer vom nördlichen Eismeer bis an das Cap Horn, auch die mehr civilisirten Cyampis und selbst einige Indianer der Ansiedelung bei dem Siegesfeste veranlaßte, an dem scheußlichen Mahle sich zu betheiligen. Wohl mochte der Rausch auch dazu beitragen, allein ich sah selbst Nellé mit freudestrahlenden Augen zuschauen. Obgleich sie, wie ich später erzählen werde, länger als alle andern Indianer mitten unter Christen verweilt hatte, konnte sie ihren Ursprung vom Stamme der Amicobaner, der bis zu seiner Ausrottung durch die Rucuyenns seine Feinde an den Opferpfahl zu stellen und zu essen pflegte, nicht verläugnen.

XVII.

Meine Krankheit. — Sanitätsverhältnisse in Guyana. — Die Dyssenterie, der Vomito-Negro, die tropische Anämie. — Maniok und Chicha. — Eine verfehlte Bekehrung. — Coro's abenteuerliche Rückkehr.

Am nächsten Morgen zogen die fremden Indianer nicht ab. Sie wollten einige ihrer Vermißten, die jedenfalls noch einzelnen flüchtigen Buschnegern nachsetzten, erwarten und zugleich die günstige Gelegenheit einer ergiebigen Jagd benutzen. Ohnehin sind die meisten Indianerstämme auf steter Wanderung begriffen und fühlen sich überall zu Hause.

Meine Genesung wurde durch das Hinzutreten einer heftigen Dyssenterie verzögert und es war ein Glück für mich, daß ich in der Pflege des erfahrenen Medizinmannes und seiner Tochter die ersten Anfälle dieser gefährlichen Krankheit durch energische Heilmittel überwinden konnte.

Die Dyssenterie ist überhaupt die wahre Geißel des tropischen Amerika's, sie verschont kein Alter noch Geschlecht, die Acclimatisirten so wenig wie die Neuangekommenen, und man wird keinen Menschen in den Colonien finden, dessen Leben sie nicht wenigstens einmal in Gefahr gebracht habe.

Bei dieser Gelegenheit will ich einige Erfahrungen über die Sanitätsverhältnisse Guyana's mittheilen.

Das Klima Guyana's, mit Ausnahme der Sumpfstriche an der See und an einigen Flüssen ist für Europäer erträglicher als das mancher anderer tropischer Gegenden, z. B. der Tierras calientes (Küste) von Merico. Die heiße Jahreszeit ist gerade die gesundeste. Obgleich bei stets wolkenlosem Himmel die Sonne mit ihren senkrechten Feuerstrahlen die Erde calcinirt, so daß sie wie glühende Asche unter den Füßen knistert, erfrischen doch unabläßig Seewinde die Luft und machen die Hitze erträglich.

Die gefährlichsten Jahreszeiten sind die Uebergangszeiten. Sobald im Juni oder Juli die Regengüsse aufhören und der überschwemmte Boden wieder zu Tage tritt, entwickeln sich unter der Sonnengluth aus den Massen faulender Pflanzenabfälle, die überall den Boden bedecken, pestilentialische Miasmen, welche jene fürchterlichen, todbringenden Sumpffieber hervorrufen, die so manche Colonisationsversuche der Franzosen an den Ufern der Flüsse Guyana's vereitelt haben. Ist der Boden einmal trocken, so verschwinden diese gefährlichen Influenzen und machen gewöhnlichen periodischen Fiebern Platz.

Der Uebergang von der heißen zur nassen Jahreszeit ist für die Gesundheit nicht minder nachtheilig. Allerdings sind die wieder auftretenden Sumpffieber dann nicht so häufig; allein die außerordentlich feuchte und zugleich heiße Atmosphäre erzeugt die Dyssenterie, welche besonders Europäer rasch hinwegrafft.

Das gelbe Fieber (Vomito=Negro) verheert bekanntlich periodisch fast die ganze amerikanische Ostküste. Guyana ist demselben ebenfalls ausgesetzt und es starben daran nach Blair's Beobachtungen von 1827 bis 1855 von 100 Menschen:

Eingeborne 6,9
Franzosen und Italiener . . 17,1
Engländer, Irländer, Schotten . 19,3
Deutsche und Holländer . 20,9
Skandinavier und Russen 27,7

Trotzdem würde das gelbe Fieber und auch die Cholera nicht hindern, aus Guyana eine blühende Colonie zu machen, da die Mündung des Mississippi fast jährlich von jenen Fiebern heimgesucht wird und New-Orleans nichtsdestoweniger eine reiche und blühende Stadt geworden ist. Die dem Boden anhaftenden Krankheiten sind Colonisten am verderblichsten; so starben in Guyana von 1000 französischen Soldaten in den ersten 5 Jahren 377, in den folgenden 5 Jahren 525; und man konnte nur Truppen daselbst in der nöthigen Zahl erhalten, indem man sie nie länger als 3 Jahre an demselben Orte ließ und Kranke jedesmal an gesündere Stellen der Küste schaffte.

Die tropische Anämie ist der Hauptfeind der Europäer und man hat dieser Krankheit wegen die Niederlassungen im Distrikt La Comté aufgeben müssen. Nach einem mehr oder weniger langen Aufenthalte fühlt der kräftigste Europäer allmählich seine Kräfte abnehmen; seine Gesichtsfarbe wird krankhaft blaß, Lippen und Zahnfleisch werden farblos, die Gliedmaßen magern ab, während der Bauch übermäßig anschwillt. „Gros boudin kó jambes fines!" Dickbauch auf dünnen Beinen, sagen die Neger, wenn sie einen solchen Patienten sehen. Der Mann schleppt sich einige Jahre so hin und unterliegt dann einem frühzeitigen Tode.

Die Frage der Möglichkeit einer dauernden Colonisation Guyana's ist noch nicht gelöst, obgleich sie vielfach debattirt worden ist. Wenn auch in neuester Zeit die Niederlassungen am Maroni von gefährlichen Fiebern frei geblieben sind, wenn auch der Vomito-Negro in seinem Auftreten Pausen von 9 bis 10 Jahren macht, so werden doch alle Colonisten oder deren Kinder der tropischen Anämie nicht entgehen können. Dr. Rufz de Lavison, der frühere Direktor des Acclimatisations-Gartens in Paris, welcher die Antillen längere Zeit bewohnt und deren Sanitätsverhältnisse genau studirt hat, versichert, daß selbst die Antillen, der gesundeste Theil des tropischen Amerikas, Europäern bei längerem Aufenthalte gefährlich werden. „Derjenige, welcher dahin auswandert," sagt er, „darf nicht vollständig mit Europa brechen. Er muß von Zeit zu Zeit dahin zurückkehren, um seine Kräfte wieder aufzufrischen. Es ist unmöglich, Truppen daselbst zu acclimatisiren; man muß sie in kurzen Zwischenräumen erneuern, weil sie sonst bis auf wenige Leute zusammenschmelzen würden." Dr. Rochour, der Guadeloupe studirte, erklärt, daß Familien, welche nicht durch Heirathen mit europäischen Ankömmlingen regenerirt werden, in der dritten oder vierten Generation erlöschen. Daher kommt es, daß die weiße Race in Guyana, wie auf den Antillen, stationär geblieben ist, ja daß man, wie Jusselain berichtet, auf Martinique keine einzige Familie weißer Landbauer zählt. Von den Sanitätsverhältnissen am Amazonas, die etwas verschieden sind, spreche ich später. —

Durch meine Krankheit fortwährend an die Hängematte gebannt, konnte ich um so besser meine Beobachtungen des indianischen Lebens fortsetzen und ergänzen.

Ich erhielt zunächst die Gelegenheit, die Zubereitung des Maniok, dessen Vorräthe unsere vielen Gäste bald aufgezehrt hatten, vollständig kennen zu lernen.

Den Frauen liegt nicht bloß das Pflanzen der Schößlinge, sondern auch das Ausreißen und Einsammeln der Wurzeln ob, die zur Bereitung des Mehles dienen. Schon früh am Morgen schleppen sie schwere Bürden dieser Wurzeln herbei, während der Mann noch, seine Pfeife rauchend, in der Hängematte liegt.

Die nächste Operation ist nun, die Wurzeln auf einem Reibeisen zu pulverisiren. Besitzt der Indianer kein solches, was bei den wenig-civilisirten meistens der Fall ist, so bedient er sich dazu eines, mit steinhart gewordenem Harze bestrichenen und mit hervorragenden kleinen Knochensplittern dicht besetzten Brettes, das ganz dieselben Dienste thut. Der so geriebene Maniok sieht wie durchgeschlagene Kartoffeln aus.

Man nimmt hierauf den Tipiti, einen vier bis fünf Fuß langen und vier Zoll im Durchmesser haltenden Schlauch, aus geflochtenen Uarumá-Miri-Rinden, die so stark wie Eisendrähte und elastisch wie Kautschuk sind; an jedem Ende befindet sich ein ebenfalls geflochtener starker Ring. Der geriebene Maniok wird hineingefüllt und durch einen Stößer von Holz so lange zusammengestampft, bis der elastische Schlauch, sich ausdehnend, die Gestalt eines Luftballons angenommen hat. Nun wird er an den Balken des Daches mit dem einen der beiden Ringe aufgehangen, während ein Indianer den andern mit beiden Händen erfaßt und sich daran hängt wie ein Glöckner, der eine Glocke in Schwung setzen will. Natürlich verlängert sich jetzt der Schlauch und drückt den Maniok zusammen, dessen Saft durch die Maschen des Schlauches herabzurinnen beginnt. Nachdem so aller Saft herausgepreßt ist, wird der Schlauch geleert: das Mehl ist fertig. Der Saft ist giftig, allein die Creolen behaupten, daß die Wurzelrinde, die man vor dem Zerreiben entfernt, ein Gegengift sei, man könne ohne Nachtheil die Rinde mit der Wurzel reiben und sofort essen. Ich habe allerdings verschiedene Thiere (Tapire, Kühe u. a.) die Maniokwurzel mit ihrem Safte ohne Schaden essen sehen, glaube jedoch, daß, wenn der menschliche Magen es ebenso vertragen könnte, die Indianer es schon längst gefunden hätten.

Eine Maniokart, die Youka macachera, ist nicht giftig. Die Indianer machen aus ihren Wurzeln ein angenehm schmeckendes, in Südamerika weit verbreitetes Getränk, die Chicha.

Die Zubereitung der Chicha ist ein indianisches Sittengemälde, das seiner Eigenthümlichkeit wegen mitgetheilt zu werden verdient.

Man stelle sich zuerst das Bild mit Rembrandt'schen Farbeneffecten vor, welches ich eines Abends von meiner Hängematte aus genoß: in der Mitte des Carbets, welches nach allen Seiten den Blick in den Wald frei läßt, lodert ein mächtiges Feuer, über dem vier oder fünf große, mit Wasser und Maniok gefüllte, irdene Töpfe hängen; ringsherum hocken oder stehen, grell beleuchtet, halb bekleidete Frauen und Mädchen, deren aufgelöste schwarze Haare über die Schultern herabfallen; sie überwachen die Töpfe aufmerksamen Auges, ziehen die Wurzeln, sobald sie dieselben für hinlänglich gekocht halten, heraus und werfen sie in eine neben dem Feuer stehende Uba*); beim Sprechen oder Lachen zeigen sie zuweilen ihre vom Kauen der Rifajipflanze schwarzgefärbten Zähne.

Abwechselnd verläßt die eine oder die andere ihren Platz am Feuer, tritt ernsthaft an die Uba und wirft ihren Speichel hinein ganz mit der Geberde und der Fertigkeit eines tabakkauenden Matrosen. Sind alle Wurzeln gekocht und in die Uba geworfen, so knieen alle Frauen um letztere herum, wie Wäscherinnen um einen Backtrog, kneten und zerquetschen die Wurzeln mit ihren Händen, kauen sie und werfen sie dann wieder in ihren Behälter. Der Saft soll dadurch in Gährung gerathen, wie sie sagen.

*) Die Indianer gebrauchen ihre Uba's (Kähne aus ausgehöhlten Baumstämmen) zu Wasser- und Oelbehältern, Sitzen u. dgl.

Wenn die ganze Masse genugsam verarbeitet ist, steht die älteste Frau auf und gibt das Zeichen zur Vertheilung: jede Frau holt ihren Vorrathskrug, der meistens ebenso seltsam tättowirt ist, wie seine Trägerin, wirft fünf oder sechs Handvoll des Monkateiges hinein und eilte dann an den Fluß, um den Krug mit Wasser zu füllen. Hierauf trägt sie ihn in das Carbet und bedeckt ihn mit Bananenblättern. Acht Tage nachher ist die Chicha fertig; und wer ihren moltenähnlichen Geschmack liebt, kann sie trinken.

Alida und Nelle theilten sich in meine Pflege und letztere besonders war fast ängstlich besorgt um die geringsten meiner Bedürfnisse. Sie vertrieben mir die Zeit durch ihr Geplauder und hatten mich bald in alle kleinen Geheimnisse und Skandalgeschichten der Niederlassung eingeweiht. Daß letztere nicht selten waren, hätte ich ohnehin aus dem äußerst sinnlichen Temperamente der Indianer und Kreolen folgern können. Am meisten interessirte mich eine Episode aus Nelle's eigener Geschichte, die ich größten Theils aus Alida's Munde erfuhr.

Die Franzosen hatten am Manaflüßchen eine Niederlassung angelegt, um von dort aus die zahlreichen Indianer der Gegend zu civilisiren. Die Schwestern vom h. Joseph errichteten daselbst ein kleines Kloster, theils um die Dienste von Krankenwärterinnen zu thun, theils um die Kinder der Colonisten und, wo möglich, die der Indianer zu unterrichten. Nelle kam mit ihrem Vater häufig hin, um Fische und Wildpret zu verkaufen und andere Gegenstände dafür einzutauschen. Dem naiven Mädchen erschien in dem Kloster alles so neu und interessant, daß, als die Schwestern ihr den Vorschlag machten, eine Zeit lang bei ihnen zu wohnen, Nelle sofort darauf einging und ihren Vater um seine Einwilligung bestürmte.

Anfangs wollte er gar nichts davon wissen; als ihn aber Nelle daran erinnerte, daß er Häuptling der Anticobauer gewesen, daß sie ein besseres Loos verdiene und durch ihren Aufenthalt unter den Weißen erlangen könne, wurde sein Ehrgeiz wach und er gab seine Erlaubniß.

Die Neuheit der Umgebung, die vielen Fragen, welche sie zu thun hatte, die Freundlichkeit der Nonnen veranlaßten, daß die Indianerin sich in den ersten Wochen ganz glücklich fühlte. Sie ließ sich die

Unterweisungen der Schwestern gefallen und zeigte gegen den Versuch, sie zur Christin zu machen, kein Widerstreben.

Ihr scharfer Verstand und ihre gesunde, durch des Vaters Belehrung geschärfte Urtheilskraft bereitete jedoch den guten Nönnchen durch die unabläjsigen, oft höchst bedenklichen Fragen über die religiösen Dinge, welche sie lernen sollte, manche Verlegenheiten, aus denen sie nicht immer mit Glück herauskamen.

„Weßhalb hat der liebe Gott den Cascavel im Paradiese nicht getödtet?" frug sie unter anderem. „Weßhalb hat er den Adam hinausgejagt und den Cascavel darin gelassen?"

Die Erklärungen der Schwestern konnten sie nicht überzeugen.

„Mein Vater würde keinen Cascavel im Carbet dulden," entgegnete sie auf alle Erklärungsversuche; zuletzt sagte sie mit Kopfschütteln:

„Ja dieser Cascavel muß sehr stark sein und größer als ein Sucuriju!"

Nichtsdestoweniger brachten die Schwestern sie so weit, daß sie getauft werden konnte. Das auf den wilden, naturwüchsigen Stamm gepfropfte Christenthum hielt jedoch das Wiedererwachen der indianischen Naturtriebe nicht zurück. Die Nonnen wurden dessen bald inne, zumal Nellé eines Tages in den nahen Wald gelaufen war und dort bis zum Abende die lang vermißte Freiheit genossen hatte. Sie beschlossen daher, sie ähnlichen Rückfällen in die Wildheit für immer zu entziehen und sie nach Frankreich zu schicken.

Obgleich sie diese Absicht geheim hielten, so bekam Nellé doch durch eine unvorsichtige Aeußerung Wind davon und ihr Entschluß stand sofort fest. Noch am selbigen Abend stieg sie über die Mauer des Klosters und befand sich am nächsten Morgen schon im Carbet ihres Vaters. Alle späteren Bemühungen der Schwestern, sie wieder in ihre Gewalt zu bekommen, waren vergeblich.

Die Charakterverschiedenheit meiner beiden Pflegerinnen war für mich ein Gegenstand interessanter Beobachtung.

Alida, die Mulattin, war eine offenherzige, hingebende und sympathische Natur, immer in Bewegung, plaudernd, scherzend und lachend, wie ein Kind, keinem Eindruck dauernd nachgebend, jeden Augenblick ihre Launen und Einfälle wechselnd, aber überall und gegen die ganze Umgebung eine Herzensgüte und eine Harmlosigkeit zeigend, die mich bezauberte.

Die Indianerin dagegen war eine tief angelegte, in sich concentrirte Natur, zurückhaltend, schweigsam, alles sehend ohne den Anschein davon zu haben, jedenfalls großer Tugenden, wie großer Leidenschaften fähig. Neben der Mulattin sah sie trotz ihrer Schmucklosigkeit fast vornehm aus, denn die massiven, wenn gleich schönen Körperformen Aliba's, ihr kurzes, fast wolliges Haar, ihre großen, etwas hervortretenden schwarzen Augen, ihre wohlgebildeten, aber etwas starken rothen Lippen konnten das Negerblut in ihren Adern nicht verläugnen.

Ich wäre kein Franzose gewesen, wenn mein Herz solchen Pflegerinnen gegenüber gleichgültig geblieben wäre, und muß gestehen, daß Nellé einen tiefen Eindruck auf mich machte, der um so mächtiger und, ich möchte sagen, poetischer wurde, als ich bemerkte, daß die schöne Indianerin ihrer unbewußt meine Gefühle theilte. Es ist die süßeste Erinnerung, die ich aus meinem langen Urwaldsleben bewahrt habe.

Als meine Genesung fortschritt und ich bereits Pläne für die Zukunft faßte, trat ein Ereigniß ein, welches mich aus meinen platonischen Träumen riß und die Idylle in ein Drama verwandelte, dessen Ausgang eine rasche Trennung bildete.

Es handelt sich um einen Act indianischer Barbarei und Rachsucht, welcher beweist, in welch unglaublichem Grade den blos von ihren Naturtrieben geleiteten Wilden alles menschliche Gefühl abhanden kommen kann.

Zum bessern Verständniß des Zusammenhanges müssen wir fast zwei Wochen zurückgreifen und Coro auf seiner während des letzten Kampfes mit den Buschnegern begonnenen Verfolgung des Portugiesen Lecepo begleiten.

Coro, der wohl wußte, daß sein Feind nur in der Richtung nach den Negerdörfern hin entfliehen konnte, hielt sich nicht lange im Walde mit Suchen auf, sondern eilte auf die angrenzende Savanne, wo er innerhalb einer halben Stunde auf die Spuren Lecepo's und zweier ihn begleitender Neger stieß. Er hatte bei sich beschlossen, ihn lebendig zu fangen; allein das war äußerst schwer und ohne seine indianische Hartnäckigkeit und Ausdauer hätte jeder Andere die Verfolgung hundert Mal aufgegeben.

An offenen Kampf konnte Coro nicht denken: er hatte drei gegen sich; auch durfte er sich nicht sehen lassen; denn der Portugiese hätte sich dann zu sehr gehütet und seinen Plan vereitelt.

Nichtsdestoweniger war er stets auf dessen Fersen; Nachts schlief er oft keine hundert Schritte von dessen Lager, aber er fand keine günstige Gelegenheit zur Ausführung seines Vorhabens.

So gelangten alle vier an das erste Negerdorf am oberen Araguari, wo Lecepo sich zunächst einer mehrtägigen Ruhe hingab. Bei Tage beobachtete Coro, von der Höhe eines Baumes aus, alles, was in der Niederlassung vor sich ging, in der Nacht stieg er herab und schlich sich in die Nähe der Negerhütte, in welcher Lecepo Quartier genommen hatte.

Endlich am vierten Tage kam die lang ersehnte Gelegenheit. Früh Morgens gingen fast alle Neger auf die Jagd. Der Portugiese, der bis in den hellen Tag hinein schlief, trat endlich aus der Hütte hervor und richtete seine Schritte nach dem Ufer hin. Er war wie immer mit Büchse und Pistolen bewaffnet und wollte wahrscheinlich Wasservögel schießen. Schnell stieg der Indianer von seinem Baume herunter und schlich sich auf einem Umwege durch das Dickicht weiter unten an das Ufer, wo er sich bald ein geeignetes Versteck gesucht hatte. Er mußte die äußerste Vorsicht gebrauchen, aber eine Flußkrümmung, welche ihn den Blicken des Portugiesen entzog, kam ihm dabei zu Hilfe.

Nicht lange dauerte es, so schritt sein tödtlich gehaßter Feind, ein häßlicher, unheimlich aussehender Bursche heran; er hatte die Büchse über den Rücken geworfen und war beschäftigt, einige unterwegs gepflückte Früchte zu essen.

Coro's Blut kochte in seinen Adern, er verlor aus Spannung fast den Athem, allein er blieb unbeweglich.

Lecepo ging an seinem Versteck vorüber, ohne einen Blick darauf zu richten und trat etwas weiter unterhalb an das Gebüsch, um neue Früchte zu pflücken.

In demselben Augenblicke hatte ihn Coro mit eiserner Faust bei der Kehle gefaßt und auf den Boden geworfen, wo er ihn durch einen fürchterlichen Schlag an die Schläfe betäubte, und mit seinem eigenem Halstuche knebelte. Hierauf schnürte er ihm Arme und Beine mit Lianen so zusammen, daß der Portugiese mehr todt als lebendig wie ein Bündel unbeweglich da lag.

Seine Fortschaffung konnte nur zu Wasser geschehen, und Coro lief daher flußaufwärts, um sich einen Kahn der Negeransiedelung zu verschaffen. Da letztere wegen der Ueberschwemmungen während der Regenzeit weit ab vom Ufer auf einer höher gelegenen Stelle sich befand, so gelang es dem Indianer, sich eines Fahrzeuges zu bemächtigen, obgleich in der Nähe einige Negerinnen Wasser holten und eine Schaar von Kindern sich lärmend im Wasser tummelte. Ihr Geschrei zog allerdings die zurückgebliebenen Männer herbei; allein Coro war schon weit genug. Er hatte den Portugiesen auf den Boden des Kahns geworfen und mit Blättern bedeckt. Mit seiner eigenen Flinte und der Büchse und den Pistolen Lecepo's besaß er jetzt Waffen genug, um es mit einem halben Dutzend Neger aufnehmen zu können. Es galt jetzt, mit seinem Gefangenen aus dem Bereiche der Feinde zu entkommen, und man kann sich denken, daß er alle seine Kräfte dazu einsetzte.

Der gewundene Lauf des Flusses flößte ihm jedoch Besorgnisse ein, die sich nur zu bald rechtfertigen sollten. Er war noch keine halbe Stunde weit den Fluß hinuntergeflogen, als ihn an einer besonders schmalen Stelle vom linken Ufer aus Geschrei und Schüsse einer Schaar Neger begrüßten, von denen zwei sich in das Wasser warfen, um ihn schwimmend zu erreichen. Coro trieb seinen Kahn dem andern Ufer zu, legte sich auf dessen Boden und ließ, während das Fahrzeug von der reißenden Strömung rasch weiter getragen wurde, die Schüsse über seinen Kopf hinwegfliegen.

Die beiden Schwimmer waren indessen herangekommen. Coro nahm eine Pistole Lecepo's und zerschmetterte dem nächsten den Schädel, worauf der andere blitzschnell untertauchte und zurückschwamm.

Coro konnte nun zwei Tage lang seine Fahrt ungestört fortsetzen, seine Mühen und Gefahren waren jedoch noch nicht zu Ende.

Um in den Manaye-See zu gelangen, mußte er an einem Militärposten vorbei, den die Brasilianer am Araguari auf dem sogenannten streitigen Gebiete errichtet hatten. Coro trieb die Verwegenheit so weit, daß er dicht an den Hütten der Colonie vorbei fuhr, ohne daß Jemand auf ihn geachtet hätte.

Größere Gefahren drohten ihm von den zahlreichen Stromschnellen und kleinen Wasserfällen, welche er passiren mußte.

Der Araguari führt nicht direkt in den Manaye-See. Coro mußte daher seinen Kahn an das Land ziehen und mehrere Stunden weit schleppen, bis er den Fluß erreichte, welcher jenem See den Namen gegeben hat. Seine indianische Hartnäckigkeit überwand alle Hindernisse.

Ich war eben, von meiner doppelten Krankheit noch entkräftet, aus meiner Hängematte aufgestanden und an den See gegangen, als ich Coro mit Windeseile heranfahren sah. Gegen die Gewohnheit der sonst so stillen Indianer erhob er schon von weitem ein lautes Jubelgeschrei, welches alle Bewohner der Niederlassung an das Ufer zog.

„Ich bringe Lecevo!" rief er beim Landen, zog den Gefangenen aus seiner Blätterumhüllung hervor und warf ihn wie ein Stück Holz auf den Ufersand. Der Mann war dem Tode nahe; er machte keine Bewegung, sein Gesicht war bläulich, wie das einer Leiche.

Coro hatte ihn während der ganzen Fahrt kein einziges Mal weder aus seinem Blättergrabe herausgenommen, noch auch mit Speise und Trank versorgt. Man mußte den Unglücklichen eine Viertelstunde lang mit Wasser begießen, um ihm seine Besinnung wieder zu geben.

Er schlug die Augen auf und seine Züge nahmen den Ausdruck des höchsten Entsetzens an, als er sich von den drohenden, höhnischen oder frohlockenden Gesichtern seiner Feinde umgeben sah; er ahnte nur zu sehr, daß es um sein Leben geschehen sei.

Man flößte ihm einige Nahrungsmittel ein und warf ihn dann in den Schildkrötencoral, einen von Pfählen umgebenen, schlammigen Raum, der zum Aufbewahren der Schildkröten dient. Seine Bande wurden nicht gelöst, damit er nicht entfliehen könnte. Er blieb dort

Der gefangene Portugiese (S. 237).

die ganze Nacht, mit einer Anzahl Schildkröten eng zusammengepfercht liegen und wurde übel zugerichtet, da bei dem zu beschränkten Raume und wegen der Gegenwart eines fremden Wesens die Thiere in beständiger Unruhe waren.

Am Morgen wurde er an einen Pfosten in der Nähe meines Lagers gebunden. Alle Indianer, mehr als breihundert, denn die Oyampis hatten die Niederlassung noch nicht verlassen, sammelten sich um ihn; wie überall, wo es ein Schauspiel gibt, waren die Weiber und Kinder am eifrigsten, um den Gefangenen zu sehen und sich an seiner Angst, an seinen Qualen zu ergötzen. Leider sollte bei dieser Gelegenheit eine schöne Illusion, die sich bereits zu einem Zukunftstraume bei mir gestaltet hatte, bis auf die letzte Spur zerstört werden.

Der Portugiese sah kaum einem Menschen mehr ähnlich. Er war mit Schlamm bedeckt und konnte nicht aufrecht stehen; seine Glieder waren von einer dicken Liane so fest umwunden, daß sie an einigen Stellen bluteten. Man wusch ihm den Schlamm aus dem Gesichte und befreite ihn von einem Theile seiner Bande. Ich konnte nun seine Züge erkennen. Es war ein Mann von ungefähr fünfzig Jahren, der seiner Hautfarbe nach mehr einem Nordeuropäer als einem Portugiesen glich. Seine Gesichtsbildung zeigte wegen der zurückgebogenen Stirne und den grünlich-grauen, hervorstehenden Augen etwas so offenbar Amphibienartiges, daß die Indianer ihm den Namen Jacaré, d. h. Kaiman, gegeben hatten, womit sie auch zugleich seine Habgier und Grausamkeit bezeichneten.

Bei dem Anblicke ihres Todfeindes machte die umstehende Menge durch einen ohrenzerreißenden Ausbruch von Geschrei, Verwünschungen und Drohworten ihrem Haßgefühle Luft.

Nellé stand, allen Indianern voran, dicht bei dem Portugiesen. Ihr sonst so ruhiges Gesicht war durch den Ausdruck des Hasses und der Rachsucht gänzlich verändert. Sie glich einer Furie.

Meinen Arm krampfhaft ergreifend, zeigte sie mit der andern Hand auf Lecepo und rief:

„Ich habe der Seele von Coro's Gattin versprochen, sie an ihren Mördern zu rächen. Sie war die Schwester meiner Mutter und liebte mich. Jetzt hören ihre armen Kinder da und ich ihre Stimme nicht mehr."

Darauf riß sie ihren Kamm, ihr kostbarstes Kleinod, aus den Haaren, brach einen Zahn heraus, dessen Spitze sie auf ihrem Daumen prüfte, sprang dann zu dem Portugiesen hin und stieß ihm den Zahn bis an das Ende in das Auge. Ohne auf den fürchterlichen Schmerzensschrei des Elenden zu achten, zog sie den blutigen Zahn heraus, bohrte ihren Zeigefinger in das Auge, riß es heraus und warf es zur Erde, wo ihr Fuß dasselbe zertrat. Darauf wandte sie sich mit einem von befriedigter Rachsucht strahlenden Gesichte zur Menge und rief:

"Ich habe auch versprochen, das andere Auge auszureißen, und das werde ich essen!" *)

Die Handlung Nell''s war so rasch vor sich gegangen, daß ich in meiner Entrüstung darüber keine Zeit fand, dieselbe zu verhindern. Bei den letzten Worten der Indianerin sprang ich jedoch trotz meiner Schwäche mit einem französischen Fluche auf, um dem Gefangenen zu Hilfe zu kommen.

Ricard kam mir zuvor; auf ein Zeichen des Medicinmannes hatte er bereits Nell''s Arm ergriffen. Er schleuderte sie gewaltsam unter die Menge zurück mit den Worten:

"Jacaré gehört mir. Es soll keiner ihn berühren."

Alle Indianer schwiegen. Ich war von der Gemüthsbewegung so angegriffen, daß ich, einer Ohnmacht nahe, erschöpft in meine Hängematte zurücksank und von dem, was weiter vorging, nichts mehr gewahrte.

*) Ich muß bemerken, daß ich mich hier und in dem Folgenden an die Erzählung Carren's halte. Es sind eben indianische Sitten, die nach der Natur geschildert werden. Zu Grelles habe ich übrigens gemildert oder abgekürzt. B.

XVIII.

Indianische Rache.   Ein Circus auf dem Wasser.   Ein Caimans-
fressen. —   Nächtliche Orgie im Urwalde.

Als meine Kräfte wiederkehrten, sah ich, daß Lecepo noch immer an dem Pfosten stand. Das Gesicht nach meiner Seite hin gewendet, sprach er mit einer schwachen, flehenden Stimme portugiesisch zu mir. Mit seinem blutenden Auge bot er einen entsetzlichen Anblick dar.

Ich bedeckte meine Augen mit den Händen, um ihn nicht zu sehen. Meine Bewegung täuschte den Unglücklichen; er machte vergebliche Anstrengungen, zu mir zu gelangen. Ich hätte ihm ja doch nicht helfen können.

Die Menge brach darüber in ein höhnisches Gelächter aus und begann von neuem, den Gefangenen mit Verwünschungen und Schimpfworten zu überhäufen.

Ich stand zum zweiten Male auf, allein der Medicinmann trat zu dem Portugiesen und durchhieb mit seinem Machete dessen Fesseln. Lecepo fiel kraftlos zu Boden. Sogleich ergriffen ihn auf ein Zeichen Ricard's zwei in der Nähe stehende Mulatten und trugen ihn in den Coral, wo er die Nacht zugebracht hatte.

Man stellte zwei bewaffnete Indianer zur Bewachung an die Gitterthüre, und nun konnte Jeder den Unglücklichen nach Herzenslust verhöhnen und quälen.

Ricard hinderte dieses Treiben nicht. Ich stellte ihn darüber zur Rede.

„Ich darf und will den Gefangenen seiner verdienten Strafe nicht entziehen," erwiederte er.

„Sie können aber wenigstens diese unnöthige Menschenquälerei abstellen," sagte ich.

„Keineswegs," entgegnete er. „Es war schon viel, daß ich ihn in den Coral bringen lassen konnte. Weiter darf ich nicht gehen, ohne meinen ganzen Einfluß, ja mein Leben auf das Spiel zu setzen. Unsere Indianer haben ihre Lynchjustiz wie die Nordamerikaner, und ich muß, Sie mögen als Europäer darüber denken was Sie wollen, meine Freude darüber eingestehen, daß jetzt einmal an einem jener portugiesischen Hallunken ein gerechtes, wenn auch wahrscheinlich fürchterliches Gericht geübt wird."

„Sie scheinen ja alle Portugiesen zu hassen."

„Zwischen dem Oyapok und dem Amazonenstrome werden Sie keinen Indianer, keinen weißen Handelsmann finden, der die eingewanderten handeltreibenden Portugiesen nicht haßte. Von dem was sie mir angethan haben, will ich schweigen; vielleicht hat Aliba es Ihnen schon erzählt. Diese Portugiesen sind meistens Speculanten oder Abenteurer, welche nach Amerika kommen, um rasch und um jeden Preis ihr Glück zu machen. Sie betrügen und brandschatzen die armen Indianer, beuten die Seringueiros aus, welche sie nicht selten um ihre ganze Kautschukernte bringen, und schrecken vor keinem Mittel des Gelderwerbes zurück. Einer dieser Menschen schlug mir sogar eines Tages vor, mit ihm Indianer zu tödten, um deren Köpfe zu präpariren und an ethnographische Sammlungen zu verkaufen.*) Lecepo hat das Loos, welches seiner wartet, hundertfach verdient."

Länger als eine Stunde blieb so die aufgeregte Menge um den Coral wie um einen Thierkäfig stehen. Aliba, welche während der

---

*) Ich bemerke zu dieser Charakteristik von C. Carren, daß andere Reisende, namentlich Gardner, ein günstigeres Urtheil über die Portugiesen fällen. Vieles muß man auf die Rechnung des alten Hasses der Colonie gegen das Mutterland schieben. B.

ganzen Zeit neben mir stand, verdolmetschte mir, was ich nicht verstand, und machte ihre erklärenden Bemerkungen dazu. Es war manchmal ebenso grauenhaft als ungeheuerlich.

„Du hast meinen Vater wegen eines Topfes Mehl tödten lassen," schrie ein junger Indianer. „Der alte Mann ist unter den Hieben deines Negers gestorben. Ich werde dir zur Entgeltung das Herz aus dem Leibe reißen und mit deinem Blute werde ich mich bemalen."

„Du hast mich um die Hälfte des Preises eines goldenen Halsbandes geprellt," sagte ein Weib; „ich will dir die Zunge mit meinem Halsbande binden und ausreißen, um Pfeffer damit zu reiben, was dich noch nach deinem Tode schmerzen soll."

„Die Buschneger," sagte ein Ancuyenu, „haben den Körper meines Bruders mit Maniok gekocht und den Hunden gegeben. Ich werde dich lebendig kochen und den Kaimans im See vorwerfen; denn du bist nicht werth, den Hunden als Speise zu dienen."

Bei solchen Reden schwieg jedes Mal die Menge, hörte zu und beobachtete die Wirkung derselben auf den Gefangenen. Dieser flehte in seiner Todesangst fortwährend um Erbarmen: „Ach Jesus! Jesus! Laßt mich frei, ich will euch alles, was ich besitze, geben! Laßt mich frei! Ich will Mönch werden und Niemanden mehr ein Leid anthun!" Aber seine Klagen und Versprechungen fanden nur taube Ohren: die Verwünschungen, Schimpfreden und Würfe mit allen möglichen Dingen dauerten fort. Die beiden Wächter begnügten sich damit, die Menge, besonders die Weiber zu verhindern, ihre Hände durch die Umzäunung zu stecken.

Ich bat vergebens Aliba, sich für die Abkürzung dieser Quälereien zu verwenden; vergebens beschwor ich den Medicinmann, weitere Unmenschlichkeiten zu verhindern und den Gefangenen nach Cayenne oder Para zur Verurtheilung bringen zu lassen. Er erwiederte mir:

„Der Weiße versteht nichts von den Verhältnissen an unsern Seen. Werden denn in deinem Lande nicht diejenigen getödtet, welche getödtet haben? Der Portugiese hat Geld; zu Cayenne wie zu Para würde ihn sein Geld retten; er soll hier sterben."

Darauf wandte er mir den Rücken und trat an den Coral. Die

Frauen machten ihm ehrerbietig Platz, damit er sich dem Gefangenen nähern konnte.

Der Indianer beugte sich über ihn und sagte zu ihm mit leiser Stimme, die ich jedoch von meiner Hängematte aus vollständig verstand:

„Was hast du mit dem Manne gemacht, den du vergangenes Jahr von Lago-Real fortgeschleppt hast?"

„Erbarmen! Gnade!" sagte der Elende. „Gnade! Ich will seiner Wittwe eine große Flasche Goldstaub geben."

Der Greis richtete sich wieder empor und sagte zu Aliba, welche mir eben seine an Lecepo gerichteten Worte verdolmetscht hatte:

„Erzähle dem Weißen, daß der Mann, von dem ich sprach, im Kerker vor Hunger gestorben ist, und zwar wegen einer Schuld von weniger als zwei Francs."

Darauf hatte ich keine Antwort. Der alte Indianer bückte sich von neuem über den Gefangenen und sagte zu ihm:

„Wer hat die Buschneger gegen uns und die andern Indianer aufgehetzt? Wer hat sie die Carbets verbrennen und Weiber und Kinder tödten lassen?"

„Erbarmen! Gnade! Ich hatte Auftrag vom Gouverneur von Macapa; ich führte nur seine Befehle aus. Gnade! Ich will dir mein Haus zu Belem schenken. Gnade!"

Ich sah, daß meine Vermittlung jetzt den Gefangenen nicht retten konnte; der allgemeine Haß gegen ihn war nur zu sehr gerechtfertigt. Ich schwieg; allein ich gedachte, den Sturm vorüber gehen zu lassen, um eine neue Anstrengung zu machen und ihn vielleicht dem bevorstehenden qualvollen Tode zu entziehen.

Inzwischen war es beinahe Mittag geworden. Die Hitze trieb nach und nach alle Indianer vom Coral weg, um die gewohnte Siesta zu halten.

Während der Mittagszeit, von 11 bis 2 Uhr, scheint man am Aequator unter den glühenden Strahlen der Sonne, deren Intensität noch durch die Feuchtigkeit der Luft vergrößert wird, Ruhe nöthig zu haben. Wie erschöpft und entnervt schlafen Menschen, Vierfüßler, Vögel, Fische, Insekten; man sieht kein einziges Wesen in Bewegung,

keinen Vogel in der Luft, keinen Fisch an der Oberfläche des Wassers;
selbst die Moskitos, jene rastlosen Quäler alles Lebendigen in den
Ebenen am Aequator, haben sich zur Ruhe begeben. Der Mittag hier
ist wie der Regen in Neapel; tritt dieser ein, so folgt eine allgemeine
Ruhe; Jeder kehrt heim, um zu schlafen; es gibt kein menschliches
Beruhigungsmittel, welches ihm an schlafbringender Wirkung gleich käme.

Auch der Gefangene schlummerte im Coral, den Rücken an die
Umzäunung gelehnt; seine beiden Wächter lagen laut schnarchend vor
der Gitterthüre ausgestreckt auf dem Boden.

Ich kam auf den Gedanken, die allgemeine Ruhe zu benutzen,
um den Gefangenen zu befreien, und überlegte, wie ich es anfangen
sollte. Allmählich übten jedoch die Hitze und meine Schwäche ihren
Einfluß aus; ich verfiel, wie alle, in einen tiefen Schlaf.

Einige Stunden nachher weckte mich plötzlich ein Geräusch. Ein
Indianer hieb mit der Art am nahen Ufer einen Baumstamm zurecht,
der noch zur Hälfte in das Wasser tauchte. Er hatte sich nicht die
Mühe gegeben, ihn ganz herauszuziehen, und bearbeitete ihn, ohne sich
um dessen Bewegungen bei jedem Hiebe zu bekümmern. Bei uns
würde jeder Zimmermann den Baum vor der Bearbeitung an das
Ufer gezogen und mit vieler Mühe und Sorgfalt festgelegt haben.
Daran dachte der Indianer nicht einmal, weil er es nicht nöthig hatte.
Da sein Land nur ein von Seen durchschnittener ungeheurer Wald ist,
so übt Jeder sein Handwerk als geborener Holzhauer von Jugend auf
und versteht es besser als irgend ein Europäer.

Mit dem Erwachen kehrten die Scenen vom Morgen in meine
Erinnerung zurück und mir schien, die Arbeit des Indianers müsse mit
den noch bevorstehenden Qualen des Gefangenen in Verbindung stehen.
Ein Rucuyenn öffnete die Thüre des Corals und zog den Portugiesen
ohne Umstände, als wäre er eine Schildkröte, bei einem Beine aus
dem Gehege. Der Unglückliche machte keine Bewegung, keine Zuckung
mehr; doch war er nicht todt, wie ich beim Gedanken an das Kommende
mit einer gewissen Befriedigung wähnte.

Zwei Indianer faßten ihn nun bei den Füßen und dem Kopfe,
trugen ihn an das Ufer und warfen ihn neben den Baumstamm, dann,

um seine Kräfte zum Aushalten zu stärken, gaben sie ihm eine Suppe mit Fleisch, die er mit der größten Begierde verschlang.

Da augenscheinlich die letzten Augenblicke des zum Tode Verurtheilten naheten, so wollte ich noch einen Versuch zu seinen Gunsten machen. Aliba saß mit einer häuslichen Arbeit beschäftigt unter dem Carbet in meiner Nähe. Ich verdankte ihr mein Leben, stand ihr deßhalb näher und glaubte mehr über sie zu vermögen als über ihren Mann und über Nelle's Vater, die beide übrigens nicht da waren. Ich rief sie mit leiser Stimme herbei.

Dienstfertig und lächelnd, wie immer, kam sie sofort und setzte sich auf meine Bitte neben meine Hängematte. Länger als eine Viertelstunde bot ich nun alle erdenklichen Vorstellungen, Bitten und selbst Versprechungen auf, um sie zu bewegen, mit mir etwas für den Gefangenen zu unternehmen; ich entwickelte einen ganzen Plan, um den Vollzug der Todesstrafe wenigstens um einen Tag zu verschieben. Sie hörte mich lächelnd an und sagte: "Kannst du unsere Todten wieder lebendig machen?"

Hierauf ging sie an das entgegengesetzte Ende des Carbets, als wollte sie mir zeigen, daß jedes Gespräch darüber überflüssig sei.

Meine letzte Hoffnung verschwand damit. Leider hatte ich nicht die nöthige Kraft, um selbst den Portugiesen zu befreien. Meine Aufregung hatte die aus meiner zweifachen Krankheit folgende Schwäche so vermehrt, daß ich erschöpft auf mein Lager zurücksank. Hier verfolgten mich die Erinnerungen an die Lectüre von Cooper, Chevalier, Aimard u. a., welche die Höllenqualen beschreiben, unter denen die Indianer ihre Feinde sterben lassen. Ich wollte Aliba nicht fragen, zu welcher Todesart man den Gefangenen bestimmt habe, und ich malte mir das Entsetzlichste vor, obschon ich keine Vorbereitung, kein Instrument erblickte.

Sobald der Unglückliche, soviel er verlangte, gegessen hatte, trug man ihn auf den zugehauenen Baumstamm. Vergebens wehrte er sich mit dem Reste seiner Kräfte dagegen; der schwache Mann wurde mit leichter Mühe überwältigt und mittelst einer Liane an den Baum gebunden; man ließ ihm Kopf, Arme und Beine frei. Ich dachte mit einem Schimmer von Hoffnung, man wolle ihm dadurch eine Möglichkeit der Vertheidigung oder der Flucht lassen.

Nachdem die Indianer ihn so wie einen Sattel auf ein Pferd festgebunden hatten, gaben sie ihm eine zerbrochene, fast wie eine Keule aussehende Pagaje in die Hand und befestigten an beide Enden des Stammes zwei mehrere hundert Meter lange Seile. Hierauf bestiegen sie mit beiden Enden des Seiles zwei Kähne, die ihrer am Ufer harrten.

In diesem Augenblicke erblickte ich weit oben in der Bucht des See's zwischen der Kaimansinsel und dem Ufer eine Reihe sich rasch bewegender schwarzer Punkte, worin ich beim Näherkommen eine Anzahl von dreißig bis vierzig Kähnen erkannte, welche auf einer Linie, wie in Schlachtordnung, heranrückten. Es waren die Indianer unserer Niederlassung.

Die beiden Kähne stießen jetzt vom Ufer ab und steuerten, den Baumstamm mit dem Portugiesen hinter sich schleppend, der Linie langsam entgegen, die sich inzwischen zu einem großen Halbkreise, in dessen Centrum sie sich befanden, gestaltete. Obgleich beide Kähne gleichmäßig steuerten und die Seile dieselbe Länge hatten, so zeigte der Stamm dennoch beim Bugsiren unregelmäßige Bewegungen und der Körper des Portugiesen tauchte jeden Augenblick unter Wasser.

Dieser Uebelstand, welcher durch baldigen Tod des Unglücklichen ihr Vorhaben zum Theil vereitelt hätte, war schon von den übrigen Indianern bemerkt worden. Auf ihren Zuruf fuhr einer der Kahnführer zurück und stellte durch einige Axthiebe das Gleichgewicht des Stammes her, der sich nun mit dem Gefangenen mehr als einen Fuß hoch über das Wasser emporhob. Man konnte den weißen Körper vom Ufer wie von den Kähnen aus sehen.

Der Stamm kam der Kahnlinie immer näher. Augenscheinlich sollte er zu einer Todesart dienen, welche an Gräuenhaftigkeit die am Marterpfahle weit übertraf. Mein ganzes Wesen empörte sich dagegen; ich zitterte vor Entrüstung; allein meine Schwäche bannte mich an das Lager; ich konnte nichts thun, als athemlos, mit starrenden Augen dem sich vor mir entwickelnden Drama zuzuschauen.

Etwa zweihundert Schritte vom Ufer stellten die beiden Kähne, welche den Gefangenen hinter sich schleppten, das Rudern ein. Als wenn man diesen Augenblick erwartet hätte, begann sofort der Halbkreis sich enger zusammenzuschließen, um den Portugiesen ihrer Mitte näher zu bringen.

Jetzt erst fiel mir auf, daß in dem von den Fahrzeugen gebildeten Umkreise eine große Anzahl schwarzer Baumstämme an der Oberfläche des Wassers erschienen und in unruhigen Bewegungen bald hier bald dort durcheinander glitten. Sie schienen ohne bestimmte Richtung zu schwimmen, bald nach den Seiten, bald nach dem Mittelpunkte des sich immer enger schließenden Kreises; keiner näherte sich jedoch den Kähnen.

Ich konnte nicht begreifen, durch welche Mittel jene Baumstämme in Bewegung gesetzt würden, und frug eine Indianerin, wie es zugehe, daß dieselben gleich lebendigen Wesen hin und her führen.

„Es sind keine Bäume," sagte sie; „es sind Jacarés."

Jetzt errieth ich alles.

Wie ich schon gesagt habe, wimmelte der obere Theil des See's an der Flußmündung und der gegenüber liegenden sumpfigen Inselspitze von Kaimans. Die Kahnflottille war auf der andern Seite um die Insel gefahren und hatte durch Lärm und lange Stangen die während der Tageshitze schlafenden Thiere aufgescheucht und in der Richtung der Niederlassung vor sich her getrieben. Es war für die Kaimans ein schon bekannter Weg; denn allabendlich verließen sie ihre Sumpflager und schwammen über den Seearm nach unserm Ufer, wo sie die fortgeworfenen Reste unseres Fischfanges und unserer Mahlzeiten wegschnappten. So hatte ich zwei- oder dreimal eine Anzahl derselben gesehen, welche meinem Carbet gegenüber ihre grünlich schwarzen Rücken an der Oberfläche des Wassers zeigten, und eines Tages nach einem großen Fischfange mehr als fünfzig gezählt, die am Ufer auf Beute lauerten.

Die Erinnerung daran trat in diesem Augenblicke gar nicht vor mein Gedächtniß; denn ganz von dem Gedanken an das entsetzliche Loos des Portugiesen befangen, schienen meine Augen nur den Baumſtamm, der ihn trug, genauer zu ſehen, während ich alles Andere wie durch einen Schleier erblickte.

Nach und nach hatte der weite Halbkreis der Kähne die Kaimans enger eingeſchloſſen. Anfangs gaben die gräulichen Amphibien, da ſie noch einen breiten Waſſerraum um ſich herum frei ſahen, wenig Acht auf dieſes Manöver und ſchwammen dem Lande zu weiter; als aber ihr Geſichtskreis durch die heranfahrenden Kähne immer kleiner wurde, begann die Unruhe unter ihnen Platz zu greifen. Sie entfernten ſich eilends von den nächſten Fahrzeugen und flohen nach der entgegengeſetzten Seite, wo ſie wieder auf die drohende Linie ſtießen. Dort wandten ſie ſich raſch wieder um und ſuchten einen andern Ausweg.

Mit der Klugheit erfahrener Fiſcher und Jäger zogen die Indianer ihren Halbkreis nur ſehr langſam zuſammen, ſo daß keiner der Kaimans Furcht genug bekam, um einen verzweifelten Entſchluß zu faſſen, unterzutauchen und unter den Fahrzeugen weg einen Fluchtweg zu ſuchen; ſie waren nur unruhig und hielten ſich von ihren Verfolgern fern. Obſchon ſie ſich dem Ufer bereits näherten, ſo befürchteten die Indianer dennoch nicht, daß die Kaimans an das Land ſteigen und ſich dort ihrer Verfolgung entziehen würden. Die ſüdamerikaniſche Panzereidechſe iſt zu feige und wagt es nie, in Gegenwart des Menſchen, des einzigen Weſens, welches ſie noch außer dem Jaguar fürchtet, an das Land zu gehen.

Die Kaimans ſetzten alſo ihre Flucht dem Ufer zu fort, welches, von Menſchen leer, ihnen weniger Unruhe verurſachte als die hinter ihnen herankommenden Kähne.

Die ganze Schaar gerieth jetzt in das Fahrwaſſer des Gefangenen. Der Unglückliche, der ſchon längſt die ihm bevorſtehende Todesart wußte, hegte noch einige Hoffnung und mit der klugen Vorausſicht eines Mannes, der gründlich die Gewohnheiten ſeiner Feinde kannte, ſtellte er ſich ſchon ſeit einiger Zeit todt, wie ein von den Hunden erwiſchter Fuchs. Er erhielt ſich unbeweglich und gerade ausgeſtreckt, in der Erwartung, daß die Kaimans, von den Kähnen erſchreckt, endlich, ohne ihn erblickt zu haben, untertauchen und fliehen würden.

In der That gelang ihm dieſe Taktik ſchon ſeit mehreren Minuten.

Obschon ihn auf eine Entfernung von höchstens hundert Meter vielleicht sechzig dieser Ungeheuer umgaben, hatte ihn noch keines derselben entdeckt. Aber die seinen Stamm bugsirenden Indianer begannen denselben nach verschiedenen Richtungen zu ziehen und hin und her zu bewegen, wie man einen Köder vor Fischen auf und ab zieht. Bei einem Ruck, den Lecepo auf diese Weise erhielt, machte er mit einem Arme eine Bewegung, nur eine einzige; drei oder vier Kaimans gewahrten dieselbe sofort und schwammen geraden Weges auf den Baumstamm zu. Schleunigst setzten die Indianer die Ruder ein und schleppten den Stamm hinter sich her, um das Ufer zu erreichen. Aber die übrigen Kaimans waren auch aufmerksam darauf geworden! sie hatten den Mann wahrscheinlich ebenfalls gesehen, und bald zog ihre ganze Schaar hinter dem vor ihnen fliehenden Stamme her. Man sah allenthalben ihre glotzäugigen Köpfe die Wasserfläche durchfurchen. Es waren Thiere von der verschiedensten Größe, Ungeheuer, dicker wie der Baumstamm des Verurtheilten, und junge Kaimans, fast von der Kleinheit unserer Hechte.

Als die Kahnführer glaubten, dem Ufer nahe genug zu sein, hielten sie plötzlich inne und überließen den Portugiesen seinem Schicksale.

Wie eine Meute hungriger Hunde auf das Wild, so stürzten sich die Kaimans auf den Stamm. In weniger als einer Minute waren die größten heran. Der erste hob seinen gräßlichen, weit aufgerissenen Rachen über das Wasser und warf sich auf den Baum; aber er hatte die Entfernung schlecht berechnet, denn er erreichte den Gefangenen nicht. Der im rechten Momente sich hebende Rand des Baumes schützte den Mann vor einer Verwundung, und das scheußliche Thier fiel wieder in das Wasser zurück.

Nach ihm kam ein anderer, dann ein dritter, hierauf zehn: alle schnellten sich aus dem Wasser, streckten ihre Rachen über den Stamm, rissen hier und dort mit der Spitze der Schnauze ein Stück Fleisch ab und plumpten in den See zurück. Mit kaltblütiger Grausamkeit hatten die Indianer richtig berechnet, daß wenn sie den Portugiesen in der beschriebenen Weise auf den das Wasser überragenden Stamm fest-

Indianische Rache (S. 219).

bänden, die Kaimans mehr Mühe hätten, ihr Schlachtopfer zu erreichen, und so das Schauspiel länger dauern würde.

Der Unglückliche stieß ein entsetzliches Geschrei aus und wehrte sich mit verzweifelten Anstrengungen. Dreimal gelang es ihm, durch Hiebe mit seinem Ruderstücke die ihn anfallenden Kaimans zurückzutreiben, aber für einen abgeschlagenen Feind kamen zwanzig andere, die beim Anblicke des vor ihren Augen sich bewegenden, lockenden Fraßes mit noch größerer Begierde ihre Angriffe erneuerten. Bald blieb der Arm des Portugiesen, an der Schulter glatt abgebissen, in dem Rachen eines Ungeheuers, dem ein anderes sofort dieses Beutestück streitig machte.

Während dieser Zeit hatten die Indianer den Baumstamm unmerklich bis auf wenige Schritte vom Ufer gezogen, so daß ich die von Schmerz verzerrten Züge des Schlachtopfers sehen konnte. Zuweilen hob er noch den Kopf und versuchte mit dem ihm übriggebliebenen Arme die immer wüthender angreifenden Kaimans abzuwehren; der Arm verschwand mit dem Holze in einem Rachen. Vor Schmerz sich windend, hob er die Schulter über den Stamm und in demselben Augenblick sprang einer der größten Kaimans fast ganz aus dem Wasser und faßte Kopf und Schulter, während mehrere andere zugleich auf den Stamm stiegen, der nun mit dem Unglücklichen unter der gedrängten Masse der Ungeheuer verschwand. Als er wieder auftauchte, war er leer.

Inzwischen hatten die Kähne der Indianer ihr langsames Vorrücken fortgesetzt und das Ufer beinahe erreicht, ohne daß die mit ihrer Beute beschäftigten Kaimans es bemerkten. Ein Hagel von Pfeilen und einige Flintenschüsse belehrten sie jetzt, daß sie gefangen waren. Das seichte Wasser und der enge Raum, auf dem sie sich noch bewegen konnten, machten das Entrinnen unmöglich. Die meisten blieben auch unbeweglich; einige wühlten sich in den Grund hinein, wo sie mit Stangen aufgescheucht und wie die übrigen durch Schüsse in ihre Glotzaugen, ihren verwundbarsten Theil der oberen Körperhälfte, getödtet wurden. Kein einziges der Ungeheuer vertheidigte sich, und von mehr als fünfzig gelang es blos fünf oder sechs großen und einigen der kleinsten unter den Kähnen hinweg zu entschlüpfen. Ich zählte bald am Ufer, wohin sie gezogen wurden, drei und dreißig Leichname.

Nach beendigter Jagd stiegen Männer, Weiber und Kinder, von der Blutarbeit und der Hitze ermüdet, aus den Kähnen und warfen sich einige Schritte von dem getrübten, blutigen Wasser in den See, um zu baden; hierauf begaben sich alle unter das große Carbet und das Abendfest begann.

In schlauer Vorausberechnung des Nutzens, den er daraus ziehen würde, hatte Ricard schon Vorsorge getroffen und noch am vorhergegangenen Abende in Mapa das unumgänglich nothwendige Material jedes indianischen Festes vom Laplata bis zum Orinoko, Tafia und Feuerwerkskörper, so viel nur dort zu bekommen war, holen lassen. Das Fest wurde also vollständig: man ließ Raketen steigen, tanzte und trank Zuckerbranntwein, bis kurz vor Tagesanbruch der letzte der Trinker berauscht an der Seite seiner schon längst umgefallenen Gefährten einschlief. Das Geschrei, das Gelächter, der Lärm des Tanzes, die Trink- und Spottlieder waren verstummt; ich konnte meine Gedanken wieder sammeln und verließ meine Hängematte, um am See mich der wohlthuenden Stille und Morgenfrische zu erfreuen.

Die sternenhelle Nacht war noch nicht ganz zu Ende, die Luft duftete balsamisch und ein leichter Wind wehete Kühlung vom See herüber, während die scheinbar übermäßig große Mondscheibe mit ihren letzten Strahlen die Wasserfläche und den nahen Urwald erhellte.

Ich setzte mich auf einen umgestürzten Kahn und überließ mich meinen Träumereien. Der Gedanke an das Vaterland, an alle jene schönen Einrichtungen und Gewohnheiten, welche das civilisirte Leben so unerschöpflich an Genüssen für Geist und Herz machen, trat vor meine Erinnerung; ich fühlte, daß ich des Anblickes der Barbarei satt war und faßte den Entschluß, nach wiedererlangten Kräften den nächsten Weg nach Frankreich einzuschlagen, über Para in Brasilien, wenn es über Cayenne zu lange dauern sollte. Die vorher geschilderten Scenen hatten so mächtig auf mich gewirkt, daß ich das Vorübergehende dieser Empfindung nicht ahnte und eine Wette mit jedem eingegangen wäre, der mir das Prognosticum gestellt hätte, es würde bald nach meiner

Heimkehr die Sehnsucht nach dem zauberischen Tropenlande mich ergreifen und wiederum auf lange Jahre an die Ufer des Riesenstromes ziehen.

Als ich so, gedankenvoll, über die spiegelglatte Fläche des See's starrte, sah ich plötzlich dieselbe sich kräuseln und anfangs leichte, dann stärkere Wellen werfen. Ein Kaiman schoß heran, dann zehn, dann zwanzig, dann hundert, so daß ich keine Zeit mehr hatte, sie zu zählen. Woher kamen sie? Schweigend wie immer, dicht an der Oberfläche schwimmend, wandten sie sich alle geraden Weges nach der Uferstelle, wo die Körper der getödteten Kaimans in einer langen Reihe lagen. Da ich ähnliche nächtliche Scenen schon oft gesehen, so fiel es mir nicht ein zu fliehen; ich blieb unbeweglich sitzen, um zuzusehen, wie sie ihre Gefährten fraßen, was augenscheinlich ihre Absicht war; allein sie blieben alle im Wasser und bildeten einen großen Halbkreis, gerade als wenn sie dazu abgerichtet wären.

Diese Zurückhaltung kam mir einiger Maßen unbegreiflich vor; ich suchte vergebens nach einer Ursache. Keiner konnte mich sehen, da der Schatten eines Strauches mich verbarg, und selbst wenn sie mich erblickt hätten, so war ich doch zu entfernt, um sie zur Enthaltsamkeit von dem vor ihren Augen liegenden üppigen Mahle zu nöthigen.

Ein leichtes Geräusch veranlaßte mich, den Kopf zu wenden. Ein schwarzer Jaguar, auf dem mondbeglänzten Ufer in riesenhaften Umrissen sich abzeichnend, schritt eben mit abgemessenen Schritten den Leichnamen zu, faßte mit vollem Rachen einen beim Schweife wie ein Hund einen Hasen, warf ihn mit einer raschen Bewegung über die Schulter und floh im Galopp davon. Sofort stürzte die hungerige Schaar, welche der Anblick ihres gefürchteten Feindes allein zurückhielt, auf das Ufer, und bald gab mir ein fürchterliches Getöse arbeitender Kinnladen den Beginn des Festmahles zu erkennen. Ich stand auf und trat etwas näher, um es besser zu sehen; sie ließen sich dadurch gar nicht stören. Da holte ich aus dem Feuer unter dem Carbet einen Feuerbrand und schleuderte ihn mitten unter sie. Der plötzliche Schrecken wirkte: sie sprangen alle in das Wasser. Ich setzte mich wieder auf meinen Kahn; aber zehn Minuten nachher hatte die Mahlzeit wieder angefangen. Es wäre vergeblich gewesen, sie noch weiter daran hindern zu wollen; ich ging daher zu meiner Lagerstätte zurück, um den lange entbehrten Schlaf nachzuholen.

Als ich erwachte, stand die Sonne schon hoch. See und Ufer waren still wie ein Kirchhof; kein Hauch bewegte die Luft; ein dichter Nebel umhüllte die ganze Landschaft mit einem Leichentuche. Das Marterholz, der mit der blutgefärbten Liane umwickelte Stamm, lag am Ufer unter den Gerippen der Kaimans, die eben von Millionen Ameisen, welche in einem langen schwärzlichen Zuge aus dem Walde sich herausbewegten, in Besitz genommen wurden.

Unter den Carbets lag noch alles in tiefem Schlafe.

Es war ein trostloser Anblick, der das Gefühl meiner Vereinsamung und Hilflosigkeit noch vermehrte. Eine namenlose Traurigkeit überfiel mich; ich wünschte das Ende meiner Leiden herbei und hätte fast das Loos des Portugiesen beneidet. Allmählich wich jedoch diese zur Verzweiflung führende Gemüthsstimmung einer ruhigeren und richtigeren Auffassung meiner Lage. Ich sagte mir, daß ich, wenn auch noch schwach und leidend, dennoch einer sicheren Genesung entgegengehe, daß meine Wunde fast geheilt und die Gefährlichkeit der andern Krankheit beseitigt sei. Mein Muth kehrte wieder, aber auch der Entschluß, so bald wie möglich und um jeden Preis den Rückweg nach der Heimath anzutreten.

XIX.

Eine starke Versuchung. — Indianische Zauberer. Lächerliche Gebräuche. — Eine urkomische Schöpfungsgeschichte. — Entdeckung des Grundes, weßhalb schöne Frauen so selten sind. — Meine Abreise von der Niederlassung. Das brasilianische Sebastopol.

Der Bote, den ich mit Briefen an meinen Capitän und meine Angehörigen nach Cayenne geschickt hatte, kehrte zwei Tage nach den eben geschilderten Begebenheiten zurück und übergab mir einen Brief von meiner Mutter. Der Mann sah so verändert aus, daß ich ihn nicht wieder erkannte. In Cayenne durch einen Anfall des gelben Fiebers einige Tage aufgehalten, hatte er nichtsdestoweniger gleich nachher den Rückweg angetreten und Wälder und Savannen in fast gerader Richtung durcheilt. Ich gab ihm außer seinem ausbedungenen Lohne, den Angelwerkzeugen, noch eine alte Pistole, worüber er vor Freude außer sich gerieth.

Der Brief meiner Mutter, welche alle Erinnerungen an die Familie und die Heimath wieder wach rief, bestärkte mich in meinem Entschlusse abzureisen um so mehr, als ich mich jetzt kräftig genug fühlte. Ricard, dem meine Mißbilligung seiner Verfahrungsweise bei Lecepo's schrecklichem Tode unangenehm zu sein schien, hatte nichts dagegen einzuwenden; doch sagte er mir, es würde vielleicht noch Wochen dauern, ehe ein Schiff aus Cayenne in Mapa eintreffe; er erwarte dagegen in einigen Tagen eine brasilianische Coberta, welche Tauschhandel treibe.*)

„Mit diesem Schiffe," fügte er hinzu, „können Sie nach Caviana oder Marajo fahren und von dort leicht nach Para gelangen. Ich rathe Ihnen, diesen Weg einzuschlagen. Durch den lebhaften Dampfschifffahrts-Verkehr nach Para werden Sie höchst wahrscheinlich schon in den ersten zwei Wochen nach ihrer Ankunft eine Fahrgelegenheit finden, während in Cayenne der französische Dampfer vielleicht schon abgefahren ist, und Sie dann längere Zeit zu warten haben."

Ich dankte ihm für diese Mittheilung und erklärte, mit der Coberta abreisen zu wollen.

Mein Vorhaben war bald in der ganzen Niederlassung bekannt. Manche Indianer äußerten ihr Bedauern darüber; aber keiner bemühte sich, mich davon abzubringen. Ihre gewohnte Apathie ließ das nicht zu. Nur der Medizinmann machte einen Versuch, der vielleicht bei einem Andern gelungen wäre. Er kam Nachmittags nach der Siesta zu mir und lud mich ein, mit ihm nach der Kaimansinsel zu fahren.

„Der junge Krieger wird es nicht bereuen," sagte er. „Ich habe Dir etwas Wichtiges mitzutheilen."

Da ich keinen Grund hatte, seine Einladung abzuschlagen, so fuhren wir hinüber und landeten in der Nähe der Portugiesenwarte, ohne von den Kaimans, die nach der letzten Metzelei sich seltener unter dem Ufergebüsch zeigten, etwas fürchten zu müssen.

Zu meiner Verwunderung empfing uns Nelló am Ufer. Ich hatte sie seit Lecevo's grausamem Tode nicht mehr angesehen und mir den Kräutertrank, den sie mir jeden Morgen zu reichen pflegte, von Aliba bereiten lassen. Ihre so häßlich zu Tage getretene barbarische Natur hatte mich mit einem unüberwindlichen Widerwillen gegen sie erfüllt, und ich war glücklicher Weise noch zu unverdorben, um meine Vernunft durch ihre Schönheit bestechen zu lassen.

Nelló trug den indianischen Schmuck, der ihre schlanke, plastisch geformte Gestalt fast unverhüllt zeigte. Beim Aussteigen begegnete ich

---

*) Die kleinen Küstenfahrer zwischen Para und Cayenne heißen in Creolenfranzösisch Papouilles: sie haben wie die Cobertas Cajüten über Deck.

dem tiefen, schwermüthigen Blicke aus ihren großen, schwarzen Augen; ich wandte kalt den Kopf weg und schritt mit ihrem Vater den Hügel hinauf, nicht wenig neugierig, seine Mittheilung zu hören.

Wir setzten uns auf die verfallenen Zinnen, und der Medizinmann begann die Unterredung. Durch seinen langen Verkehr mit Ricard und den französischen Posten hatte er das in Guyana gebräuchliche Creolenfranzösisch vollständig gelernt und konnte sich mir geläufig verständlich machen.

„Du bist ein tapferer junger Krieger," hub er an, „und gefällst mir. Du hast meiner Tochter das Leben und die Freiheit gerettet, Du kennst alle Künste der Weißen. Die Karaner, Oyampis und Armagutus, welche uns gegen die Buschneger Hilfe geleistet haben, achten Dich hoch und wollen Dich zum Häuptling haben. Nur mußt Du eine indianische Frau nehmen."

Als ich eine verneinende Geberde machte, stand er auf und sagte:

„Schlag es nicht aus, junger Mann. Meine Tochter, welche unter allen Häuptlingen von der See bis an das Gebirge wählen kann, will ihre Hängematte neben die Deinige anbinden; und ich kann Dir Gold geben, um so viel Krieger mit Flinten und Munition auszurüsten, als Palmen hier auf der Insel stehen."

Nach diesen Worten entfernte er einen Haufen Schutt von einer Stelle des Fußbodens, hob einige der schweren Steinplatten heraus und legte dadurch einen ausgemauerten Behälter von etwa zwei bis drei Fuß Länge und Breite frei; derselbe war mit Goldstaub und Goldkörnern fast bis zum Rande gefüllt.

„Die Amitobaner", fuhr er fort, „kannten mehr als einen Fundort des Goldes; sie haben jedoch, wie manche andere indianische Stämme aus Furcht vor dem Verluste ihrer Unabhängigkeit den Weißen niemals etwas davon gesagt. Wenn Du unser Häuptling wirst, kannst Du so viel Gold, als Du verlangst, bekommen, aber Du wirst unser Geheimniß bewahren. Willst Du?"

Die Versuchung war stark, doch schwankte ich keinen Augenblick: der Gedanke, mein Leben unter diesen barbarischen Horden zubringen zu müssen, trat so lebhaft vor meine Seele, daß ich entrüstet ausrief:

„Niemals! Es kann zwischen einem Christen und Menschenfressern keine Gemeinschaft geben! Kein Wort mehr davon!"

Ohne ein Wort zu entgegnen, legte der Indianer die Steinplatten wieder über die Oeffnung, und wir gingen schweigend hinunter. Nelló war verschwunden. Als wir in den Kahn stiegen, um zur Niederlassung zurückzukehren, hörte ich in der Ferne ein Plätschern wie das eines Ruders. Es mußte Nelló sein. Hatte sie vielleicht gehorcht? — Erst beim Landen fand der Medizinmann die Sprache wieder und nahm mir das Versprechen ab, von dem was ich gesehen und gehört hatte, Niemanden etwas zu sagen.

Die Tage, welche bis zur Ankunft der Coberta verstrichen, benutzte ich, um meine Beobachtungen des indianischen Lebens zu vervollständigen, namentlich bei den zurückgebliebenen, noch ganz rohen Indianern.

Ich bemerkte zunächst, daß die Zauberer, welche die Armagutus und Maraner bei sich hatten, mit ihren Kranken in ganz anderer Weise verfuhren als unser halb civilisirter Medizinmann, der von dem Missionär und dem Chirurgen in Mapa Manches gelernt hatte. Diese Gaukler, Piayes genannt,*) heilen die Krankheiten durch Beräuchern, Anblasen und Aussaugen. Hält der Zauberer den Patienten für kräftig genug, um die Unannehmlichkeiten, die Aufregung, den Lärm und den dabei angewandten Tabaksqualm zu ertragen, und bemerkt er außerdem ein Anzeichen der Genesung, so erklärt er, daß er die Ursache des Schmerzes durch Saugen aus der betreffenden Stelle entfernen wolle. Nach vielen vorangegangenen Ceremonien spuckt er dann irgend einen Gegenstand, z. B. einen Dorn, einen Kieselstein, eine Fischgräte, eine Vogelkralle, einen Schlangenzahn oder ein Stück Draht aus und gibt vor, das Ding sei durch irgend einen bösen „Mauhahn" in das kranke Glied gebracht worden. Zuweilen, bei besonderen Gelegenheiten, wird die große Zauberei angewandt. Man baut in dem Carbet des Kranken eine kleine Zauberhütte, worin der Gaukler sich einschließt und woraus dann zum Schrecken der Indianer allerlei Lärm, fremdartige

---

*) In Brasilien, wo sie dieselbe Curmethode brauchen, heißen sie Paye. Einzelnheiten s. in Brett's Indian Tribes of Guiana I. p. 364.

Stimmen und Beschwörungen erschallen, welche die Krankheit vertreiben sollen. Natürlich glauben alle Indianer steif und fest an die Macht ihrer Zauberer.

Es erinnert das an den Bericht des Prinzen von Neuwied, der bei den Crih-Indianern einen berühmten Zauberer traf, an dessen wunderbare Leistungen sogar die Weißen glaubten. Derselbe ließ sich mit fest gebundenen Armen und Beinen in ein Zelt einschließen, und bald darauf hörte man aus demselben Trommeln und Klappern, Stimmen von Büffeln, Bären und andern Thieren, das Zelt wankte und zitterte, und die Indianer glaubten, es sei der böse Geist herabgestiegen. — Man sieht, die Gebrüder Davenport haben Vorgänger und Concurrenten unter den Indianern.

Das unsinnigste und unvernünftigste Zeug wird von den Indianern geglaubt und veranlaßt Gebräuche, welche durch ihre Absurdität Gelächter erregen müssen. So darf z. B. eine Frau, die ihrem Manne einen Nachkommen schenken will, kein Aguti essen, damit das zu erwartende Kind nicht mager werde, wie dieses Thier, keinen Haimara, damit es nicht die schlechten Augen dieses Fisches erhalte. Am lächerlichsten ist die auch in Brasilien verbreitete Sitte, daß nach der Geburt eines Kindes nicht die Mutter, sondern der Vater sich in die Hängematte legt, sich als Kranker darin einige Tage pflegen läßt und die Glückwünsche und Beileidsbezeugungen seiner Freunde entgegennimmt.*)

Von den Indianern Guyana's sind manche Stämme noch jetzt ganz religionslos; sie haben für den Begriff der Gottheit nicht einmal ein Wort, und wenn hier und da unbestimmte Vorstellungen von einem Unheil stiftenden Wesen vorhanden sind, wie bei den Wilden am Manaye, die ich genauer kennen lernte, so kann man diese doch nicht mit dem Namen Religion bezeichnen.

---

*) Auch Brett (Indian Tribes of Guiana, II. vol. p. 101) erzählt davon: „Ich selbst beobachtete diese Sitte einmal bei einer Gelegenheit, wo der Vater bei vollkommener Gesundheit und vortrefflichem Wohlsein in der spotterregendsten Weise in seiner Hängematte lag und auf's ehrerbietigste und sorgfältigste von den Frauen gepflegt wurde, während die Mutter des Neugeborenen sich mit Kochen beschäftigte — und sich anscheinend Niemand um sie bekümmerte."

Martius, Spix, Bates und Wallace fanden ebenso bei vielen brasilianischen Völkerschaften vollständige Religionslosigkeit, die nach anderen Forschern auch bei nordamerikanischen Wilden, bei den Hottentotten, einem Theile der Polynesier u. m. a. vorhanden ist. Hieran knüpft sich eine wichtige culturhistorische Beobachtung. Da die meisten niederen Racen stationär sind, so veranschaulichen ihr Leben und ihre religiösen Begriffe uns die ältesten Cultur- und Geistesstufen der Menschheit, sie bilden so zu sagen die geologischen Flötzschichten der Culturgeschichte, und wir schöpfen daraus die feste, tröstreiche und zum weiteren Schaffen aufmunternde Ueberzeugung, **daß im Großen und Ganzen die Menschheit fortschreitet**, daß aber auch die sittlich und religiös stationären Racen untergehen, um den fortschreitenden Platz zu machen. Das göttliche „Werde", das Gesetz unaufhörlicher Neubildung ist das Lebensprincip, wie der ganzen Natur, so auch aller menschlichen Cultur.

Das Erwachen der mythologischen Phantasie bei den Wilden ist schon ein Uebergang zum Denken, zum Fortschritt. Burton hält daher mit Recht den Atheismus für den Urzustand eines wilden, der Bildung verschlossenen Gemüthes, für die Nacht des geistigen Lebens. In Brasilien haben die Ethnographen die Erfahrung gemacht, daß alle Stämme, bei denen Vorstellungen über Gott, Schöpfung und jenseitiges Leben existirten, mochten sie auch noch so absurd sein, der Civilisation schon weit näher standen, als die Indianer, bei welchen dieselben fehlten. Agaisiz machte diese Beobachtung bei den Munburucus. Die köstliche „Schöpfungsgeschichte" dieser Indianer, die er dabei erzählt, verdient hier eine Stelle:

„Im Anfange war der Gott Caro Sacaibu — der erste Mensch, der mit seinem Sohne seine Macht theilte und durch einen Untergott Rairu seine Befehle ausführen ließ. Caro Sacaibu haßte diesen Rairu und, um sich seiner zu entledigen, verfiel er auf eine List. Er machte eine Eidechse aus Lehm, vergrub sie in den Boden, so daß nur der Schwanz herausragte, den er mit einem sehr stark klebrigen Harze bestrich. Nun befahl er dem Rairu, ihm das Thier zu holen. Dieser faßte die Eidechse beim Schwanze; aber in demselben Augenblicke erhielt sie von Gott Leben und zog den an ihrem Anhängsel klebenden Rairu in den Schooß der Erde. Rairu fand jedoch Mittel wieder herauszukommen. Nach seiner Rückkehr erzählte er Caro Sacaibu, es wimmele da unten von Menschen; es wären genug da, um das ganze Land zu bebauen. Da legte Gott ein Körnchen in die Erde und die erste Baumwollenstaude entstand. Aus den Fasern der Frucht machte er einen langen Faden, woran Rairu festgebunden und in dasselbe Loch hinabgelassen wurde, durch welches er früher in das Innere der Erde gekommen war. Nun wurden die Menschen an die Oberfläche gehißt: zuerst kamen kleine und häßliche heraus, nach und nach größere und besser gestaltete, endlich schöne Frauen. In diesem Momente riß aber der vielgebrauchte und für die Last zu schwache Faden, so daß eine große Anzahl schöner Frauen in das Loch zurückfiel; — weshalb sie auch auf Erden so selten sind. Gott aber sonderte die kleinsten und häßlichsten Menschen von den andern ab, machte ihnen einen rothen Strich auf die Nase mit den Worten: „Ihr seid nicht würdig, Männer und Weiber zu sein. Geht hin und werdet Thiere!" — Sie verwandelten sich in Vögel, in rothschnäbelige Mutums, die seit der Zeit wehklagend in den großen Wäldern umherirren."

Agassiz sagt nicht, ob die Munducurus mit Strenge auf einen steifen und festen Glauben an diese Histörchen halten; in allen Ländern und leider auch in dem civilisirten Europa haben sich wegen ähnlicher „Glaubenswahrheiten" die Völker und die einzelnen Menschen zu allen Zeiten verfolgt und gemordet — und sind auch noch jetzt dazu mehr disponirt als unsere Ethnographen träumen mögen. —

Die Coberta langte endlich an. Es war ein hübsches, originell aussehendes Fahrzeug, dessen zwei große Segel eine schnelle Fahrt versprachen. Es hatte einen Theil seiner Ladung schon in Mapa gelöscht, der Rest wurde von eifrigen Händen bald an das Land geschafft: es waren ja Vorräthe an Tafia, Tabak, europäischen Waaren u. dergl. Eben so rasch ging das Hinüberschaffen der Erzeugnisse der Niederlassung, besonders der getrockneten Fische, von statten, so daß am nächsten Morgen alles zur Abfahrt bereit war. Mit mir bestiegen Ricard, der alte Mulatte und der Medizinmann das Schiff, letzterer als Begleiter Ricards, der die günstige Gelegenheit, ein gutes Geschäft zu machen, benutzen wollte. Der Capitän und Eigenthümer des Schiffes, ein alter Geschäftsfreund Ricards, gedachte nämlich nicht direkt nach Para zurückzufahren, sondern unterwegs in den Rio Xingu einzulaufen und in Pombal und Souzel eine Ladung von Kautschuk, Cacao, Copahu- und Andiroba-Oel einzunehmen. Die der Fieber wegen wenig besuchten Ufer dieses Flusses sind außerordentlich reich an allen jenen Producten, die den Handel auf dem Amazonas so gewinnreich machen.*)

Unsere Fahrt bis an das Meer zuerst auf dem Manaye-See, dann auf dem Flusse bot nichts Bemerkenswerthes dar. Wir fuhren an dem Posten Mapa ohne Aufenthalt vorbei; es waren zwei niedrige hölzerne Häuser und einige Carbets, von Anpflanzungen umgeben. Kein Mensch war zu sehen, da die ganze Colonie, wie der Capitän mir sagte, auf den Fischfang gegangen war.

Wir hatten kaum die Mündung des Flusses hinter uns, als die Schwierigkeiten der Fahrt begannen, welche durch die starke Küstenströmung außerordentlich verzögert wurde. Außerdem mußten wir jeden Augenblick befürchten, auf Untiefen und Sandbänke festzulaufen. Der Capitän benützte daher den günstigen Westwind, der unsere Segel schwellte, um aus der Küstenströmung herauszukommen und südlich an der Insel Maraca vorbei, die hohe See zu gewinnen. Nach langem Laviren befanden wir uns endlich dem Aestuarium des Amazonenstromes gegenüber. Hier mußten wir geduldig den Moment abwarten, wo die Fluth zu steigen begann; denn es wird Segelfahrzeugen erst möglich, den mächtigen Strom hinaufzufahren, wenn das Meer und der Fluß

---

*) Nach Montravel ergießt sich der Xingu (Chingou) durch vier Arme (die u. A. dem Hauptstrom angehören) in den Amazonas. Der Hauptarm ist für große Schiffe fahrbar. Porto-de-Mos, Beiros, Pombal und Souzel sind kleine Dörfer oder Niederlassungen am Ufer dieses Flusses, dessen Wasser so klar ist, daß man es noch 10—15 Stunden unterhalb des Zusammenflusses von dem trüben Wasser des Amazonas unterscheidet. Nach den Versicherungen der Indianer stehen der Xingu und der Rio Tapajos durch einen Canal in Verbindung. B.

Vor Macapa (S. 261).

mit gleichen Kräften gegen einander ringen und die verminderte Strömung den Schiffen gestattet, sich der Segel zu bedienen.

Wir fuhren an den Inseln Curua und Maniatuba vorbei in den Canal Braganza zwischen Caviana und dem Festlande. Der Amazonenstrom bietet hier den Anblick eines ungeheuren Binnenmeeres von mehr als 20 Stunden Breite und 40 Stunden Länge in Mitte eines Archipels von zahlreichen Inseln.

Da der Wind uns begünstigte und unsere Leute die Ruder rüstig gebrauchten, so ging es rasch vorwärts. Ich stand auf dem Dache der Cajüte neben dem Maste, um die Frische des Seewindes und den Anblick der herrlichen, tropischen Scenerie zu genießen, als rechts von mir in Palmen und Bananen halb versteckt, die Festungswerke eines Forts auftauchten. In diesem Augenblicke trat der Medizinmann, der unbemerkt heraufgestiegen war, zu mir heran, ergriff meine Hand, zeigte mit feierlicher Miene auf die sonnenglänzende Feste und sagte:

„Blicke hin! Deine Väter haben dieses Fort gegründet. Ehemals wehte auf jenem Thurme statt des grünen Lappens die ruhmbedeckte Flagge Deiner Nation. Fühlst Du denn nichts, wenn Du dieselbe dort nicht mehr erblickst?"

„Gewiß! aber ich kann es nicht ändern. Was soll Deine Frage bedeuten?"

„Höre mich an und überlege, ohne Dich zu ereifern! Zur Zeit meiner Väter gehörte das ganze Land vom Oyapock bis an den großen Strom Deiner Nation. Die Brasileiros, die verhaßten Feinde auch der Indianer, haben sich mit List und Gewalt nach und nach des Erbes Deiner Väter bemächtigt und hausen jetzt an dem schönen Strome, der so breit ist, daß von der Mitte aus der Adler nicht dessen Ufer erblickt, so tief, daß die größten Schiffe Deines Landes ihn befahren können, und so lang, daß man bis zur Quelle drei Monden lang zu reisen hat. Zahllose Völker bewohnen seine Ufer und beziehen durch seine Mündung ihre Bedürfnisse. Warum sollen die verfluchten Brasileiros sie länger in ihrer Gewalt haben? Deinen Vätern haben sie diese Festung genommen; nimm Du sie ihnen wieder ab!"

„Wie könnte ich, selbst wenn ich diesen tollen Gedanken hätte?"

„Höre mich an. Macapa ist in Deiner Gewalt, sobald Du es willst. Haben die Indianer nicht vor einigen Jahren die große Stadt Belem (Para) genommen? Wenn Du willst, so stehen in acht Tagen einige Hundert Indianer in den Wäldern hinter Macapa und sie werden kämpfen, wie die, welche Du am Manaye hast fechten gesehen. Du wirst uns befehligen, und wir werden die französische Fahne auf jene Mauern aufpflanzen."

Ich hatte große Mühe, ihm begreiflich zu machen, wie thöricht und aussichtslos es sei, auf eigene Faust einen Krieg mit Brasilien anzufangen; wie Frankreich denselben unmöglich billigen könnte und schließlich die Indianer allein den Kampf mit der ganzen brasilianischen Macht aufzunehmen hätten. Als er endlich begriffen hatte, seufzte er tief auf, wie bei einer zerstörten Hoffnung, zog dann eine in Blätter sorgfältig eingewickelte blaue Blume hervor und überreichte sie mir, als Abschiedsgruß seiner Tochter, wie er sagte. Hierauf stieg er in den Schiffsraum hinunter und ich sah ihn nicht mehr wieder.

Wir näherten uns jetzt dem Städtchen, das seines ansehnlichen Forts wegen das brasilianische Sebastopol genannt wird. Das kleine Nest mit einer Bevölkerung von höchstens 2000 Seelen: Negern, Mestizen, Indianern und einigen Brasileiros würde jedoch keine zwei Tage lang einer unserer Panzerfregatten widerstehen; die Bai ist zu groß, um irgend ein Schiff am Einlaufen in den Amazonas hindern zu können; außerdem ist der nahen Ufersümpfe wegen das Klima so mörderisch, daß Besatzungen von Weißen in kurzer Zeit von Fiebern und Dyssenterie hinweggerafft würden. Die bewaffnete Macht besteht daher fast nur aus Negern, die den ganzen Tag unter der Aequatorsonne verschlafen oder in den zahlreichen Lojas (Schnapsbuden) des Ortes mit Branntweintrinken zubringen.

Ich fuhr mit Ricard und Pedro hinüber, um eine Gelegenheit nach Para zu fahren dort zu suchen, da die Coberta, wie ich schon früher sagte, einen für mich viel zu großen Umweg zu machen hatte.

Macapa steht in beständigem Verkehr mit der Stadt, wie Para oder Belem am ganzen unteren Amazonas genannt wird.*) Es lagen

*) Vor einigen Jahren ist auch ein Telegraphendraht von Para über

am Landungsplatze mehrere Fischerboote mit röthlichen Segeln, wie sie auf dem Strome gewöhnlich sind, sowie eine Anzahl größerer Fahrzeuge, von denen einige, mit Schlachtvieh beladen, zur Abfahrt sich anschickten. Die Fazendas in der Nähe von Macapa versorgen nämlich, nicht minder wie die auf Marajo befindlichen, Para mit Rind- und Ochsenfleisch, welches von dort nach allen Seiten ausgeführt wird, sogar nach Cayenne, obschon die Savannen Guyana's Fleisch für einen colossalen Export liefern könnten, wenn die Hatterien vervielfältigt und vernünftiger bewirthschaftet würden.

Wir ließen den Kahn unter der Obhut Pedro's und gingen durch die ungepflasterten, staubigen Gassen bis zur Kirche, die ein kleiner Platz umgab. Hier fanden wir eine, im Vergleich zu den anderen, ziemlich anständig aussehende Loja, an deren Fenster ein Papier mit der Aufschrift: Vins d'Espagne unsere Aufmerksamkeit erregte. Wir traten ein. In der Stube neben dem Laden saßen zwei brasilianische Offiziere und ein hochgewachsener, sonnenverbrannter Mann in der am Aequator gewöhnlichen Pflanzerkleidung: Hemd, Hose und Strohhut. Für schweres Geld erhielten wir eine Flasche vortrefflichen Xeres, den ich mich nicht enthalten konnte, laut zu loben. Kaum hatte der Pflanzer meine französischen Worte gehört, so stand er auf und begrüßte mich herzlich als compatriote.

Die Unterhaltung war bald im Gange. Als ich ihm meine Absicht, nach Para zu gehen, mitgetheilt hatte, sagte er:

„Sie konnten es nicht besser treffen. In einigen Tagen bringe ich eine Ladung Oel und Kautschuk nach Para und nehme Sie mit. Ich wohne auf Caviana und meine Geschäfte hier in Macapa sind beendigt. Ich hatte die Absicht, in einer halben Stunde abzufahren. Da hier durchaus nichts zu sehen ist, was auch nur den Aufenthalt von fünf Minuten verdiente, so kann ich wohl hoffen, daß Sie mit mir gehen werden."

Ich nahm mit Freuden sein Anerbieten an. Eine halbe Stunde später hatte ich von der Coberra Abschied genommen und flog in einem

Macapa nach Cayenne gelegt worden, so daß jetzt mittelst der schon vorhandenen Drähte Rio de Janeiro mit New-Orleans correspondiren kann.

leichten Fischerboote der Insel Caviana zu, deren Wälder und niedrige Ufer erst nach und nach am äußersten Rande des nordöstlichen Horizontes über die weite, gelbe Wasserfläche auftauchten. Ich überzeugte mich hier wiederum von der wirklich unglaublichen Masse Pflanzen aller Art, die der Amazonenstrom dem Meere zuführt; zuweilen waren es schwimmende Gärten von großer Ausdehnung. Befanden sich Bäume darunter, so trugen diese häufig Wasservögel und selbst andere Thiere. Agassiz berichtet, daß eines Tages ein vor Anker liegendes englisches Schiff den Besuch einer solchen schwimmenden Insel erhielt, worauf sich zwei Hirsche befanden, deren man sich mit leichter Mühe bemächtigte.

Während der Fahrt erzählte ich dem Pflanzer meine Erlebnisse, die seine höchste Theilnahme zu erregen schienen.

„Ich bin Pariser wie Sie," sagte er, als ich geendigt hatte, „und könnte Ihnen mit einer Reihe ähnlicher Abenteuer aufwarten. Ich bewohne Südamerika seit zwanzig Jahren. Nachdem ich längere Zeit die spanischen Republiken und Brasilien durchwandert, lebe ich jetzt seit fünf Jahren als Pflanzer und Seringueiro auf Caviana, treibe Jagd und Fischfang nach Herzenslust und lasse meine Leute Kautschuk und Andiroba=Oel machen. Ich habe dort eine Wohnung, Weib und Kinder, ein reichliches Auskommen und befinde mich gesund und wohl, wie Sie sehen. Vergangenes Jahr war ich in Paris. Ich werde jedenfalls meine Kinder dort erziehen lassen."

Don Henrique, so nannte sich mein Landsmann (die Leser kennen ihn schon aus der Seite 161—164 erzählten Episode), war offenbar ein feingebildeter, den höchsten Ständen angehörender Mann, wie seine ganze Ausdrucksweise, sein Benehmen, die Form seiner Hände bewiesen.

Ich war zu discret, um ihn genauer zu befragen.

Man kann sich denken, daß unsere Unterhaltung sich nachher hauptsächlich um Paris, dessen Theater, Salons, Schriftsteller u. s. w. drehte und unsere Aufmerksamkeit so in Anspruch nahm, daß das Boot an das Ufer stieß, ohne daß wir es bemerkten.

Don Henrique war erwartet worden.

XX.

Das Aestuarium des Amazonas. — Eine Pflanzung auf der Insel
Caviana. — Ein Lucullus unter dem Aequator.

Die Insel Caviana, der Schauplatz der folgenden Episoden, ist in mehr als einer Hinsicht interessant.

Vor dem Hauptausflusse des größten Stromes der Erde liegend, sollte man meinen, sie müßte mit Marajo und den übrigen Inseln des Archipels ein Product der Flußschlammablagerung sein. Wie ungeheuer diese sein müssen, läßt sich schon daraus schließen, daß der Amazonas aus einem Stromgebiet von 130,000 deutschen ☐ Meilen eine Wassermasse in das Meer wälzt, welche die des Rheines 2000 Mal übertrifft und hunderte von Meilen weit eine Tiefe von 100 bis 240, auf einigen Strecken selbst 360 Fuß hat (Herndon). Wenn der Rhein Holland ablagern konnte, warum sollte der Amazonas nicht Caviana, Marajo (größer als Sicilien) und die übrigen Inseln zwischen Salimas und dem Cap Norte abgesetzt haben?

Wir verdanken die definitive Verneinung dieser Frage erst den Untersuchungen von Agassiz, welcher nachwies, daß mit Ausnahme einiger angeschwemmten, das Niveau des Meeres nie überragenden Inselchen, der ganze Archipel die geologische Bildung des Festlandes besitzt, von dem er durch die doppelte Einwirkung des Stromes und der See getrennt wurde.

Caviana und Marajo sind Fortsetzungen der großen Thalebene des Amazonenstromes, welche sich in vorhistorischer Zeit noch einige hundert Kilometer weiter nordöstlich erstreckte und die ganze heutige Bai von Marajo ausfüllte. Die Unterwaschungen und Wegspülungen der ganzen Küste vom Cap S. Roane bis Cap Norte sind noch gegenwärtig so bedeutend, daß Agassiz mit der größten Wahrscheinlichkeit behauptet, die ganze Küste habe sich von der äußersten Nordspitze Südamerika's bis Cap Norte auf einem Streifen von 400 Kilometer Breite weiter als heutigen Tages erstreckt. Innerhalb eines Zeitraums von höchstens 20 Jahren ist in der Bai von Vigia eine 1600 Meter breite Insel verschwunden; unterseeische Wälder sind noch jetzt an dem Ausflusse des Para sichtbar. Hier und an andern Stellen nimmt die See unablässig mehr weg, als die Uferströmung an der Küste von Guyana ablagert.

Caviana ist mit Urwäldern und Sümpfen bedeckt. Wo die höhere Bodenlage Pflanzenwuchs gestattet, entfaltet sich derselbe in einer unglaublichen Ueppigkeit und Pracht. Der größte Theil des nördlichen Ufers ist zwölf Tage jeden Monat der Seefluth ausgesetzt und ganz unnahbar. Hier kann man die ganze Großartigkeit und Gewalt der Pororokka in nächster Nähe, aber nicht ohne Gefahr, bewundern.

Aus diesem Grunde befanden sich die spärlichen Ansiedelungen, auch Don Henrique's Pflanzung, auf dem südlichen Ufer der Insel.

Die landschaftliche Scenerie, welche in den Strahlen der scheidenden Sonne vor meinen Augen lag, war von einer unbeschreiblichen Schönheit. Unweit des Ufers, auf einer ausgedehnten Bodenerhebung dehnte sich rechts in seiner ganzen tropischen Pracht einer jener brasilianischen Wälder aus, welche durch ihre geradezu unendliche Mannigfaltigkeit des Baumschlages und der Pflanzengruppen die Bewunderung aller Reisenden erregen; links erhob sich eine bedeutende Anpflanzung von Bananen, denen der fruchtbare Boden außerordentlich zu behagen schien. Auch auf meinen späteren Reisen sah ich sie nirgendwo in gleicher Anzahl beisammen, obschon die außerordentliche Ergiebigkeit dieses Baumes an Nahrungsstoffen bekannt ist. (Nach Humboldt gibt es keine Pflanze auf der Erde, welche auf einem bestimmten Raume eine gleiche Quantität Nahrungsstoff: auf hundert Quadratmeter 2000 Kilogramm, d. h. 133 Mal mehr als der Weizen, liefert.)

Im Vordergrunde stand die Wohnung Don Henrique's: ein sehr geräumiges Carbet, dessen Blätterdach auf 15 bis 20 Pfosten ruhte, nach allen Seiten offen, mit einigen durch Vorhänge von Blätterfasern abgetheilten Gemächern im Innern; ringsum Hängematten; als Boden glatt behauene Palmenstämme; das Ganze auf einem naturwüchsigen Pfahlwerk von Bäumen ruhend, die man fünf Fuß über dem Boden abgesägt hatte; zwei ungeheure, als Treppen zugehauene Balken führten hinauf. Ganz in der Nähe der Wohnung erhoben sich, mit Früchten beladen, Gruppen von Orangen- und Citronen-Bäumen, während auf einer Lichtung hinter derselben sich blühende Felder von Reis, Mais, Maniok und Zuckerrohr zeigten.

Eine Anzahl von Negerhütten und Indianercarbets stand rechts in einiger Entfernung unter einer Reihe colossaler Mangobäume, aus deren dunklem Laubdache die goldenen Früchte, die Pfirsiche der Tropenländer, wie Dufour (Propriété des végétaux) sie nennt, hervorglänzten.

Hier sah ich zum ersten Mal eine Anzahl von Tupis-Indianern beisammen, welche am Amazonas stark verbreitet sind und deren Sprache als lingua geral brasilica das allgemeine Verständigungsmittel in Nordbrasilien geworden ist. Die Tupis waren mit der Zubereitung ihrer Mahlzeit beschäftigt (s. Abbildung) und gaben mir, obschon es ihrer nur sieben waren, Gelegenheit zu einer interessanten Beobachtung, welche ich nachher auch von andern Forschungsreisenden bestätigt fand. Beim ersten Anblick scheinen nämlich die brasilianischen Indianer einem und demselben Typus anzugehören: sie haben meistens eine gedrungene Gestalt, ein breites Antlitz mit flach zurücktretender Stirne, etwas schräg nach Außen gezogene Augen, vorspringende Backenknochen und stark entwickelten Unterkiefer; kurz eine fast mongolisch aussehende Bildung, obgleich die heutige Ethnographie die Abstammung der Indianer von Mongolen, überhaupt von Asiaten als eine unwissenschaftliche Hypothese mit Recht verworfen hat. Auch die Tupis trugen dieses Gepräge, aber zwei von ihnen näherten sich durch ihren längeren, schlankeren Wuchs, durch höher gewölbte, geradstehende und scharf berandete Augen, stark entwickelte, fast adlerartige Nase und edlere Formen des untern

Gesichtstheiles, gleichsam durch einen männlicheren Gesichtsausdruck der europäischen Bildung in einer auffallenden Weise; bei einem derselben bemerkte ich sogar eine lichtere Hautfarbe.

Auf dem Ufer tummelte sich eine ganze Schaar nackter kleiner Neger und Indianer umher. Als wir ausstiegen, eilten sie mit allen übrigen Insassen der Pflanzung herbei, um ihren Herrn zu begrüßen und den fremden Gast zu sehen.

Don Henrique's Gattin, eine schöne Creolin, deren lange schwarze Haare über die braunen Schultern herabwallten, empfing uns am Ufer. Sie führte an der Hand ihre beiden Kinder, kräftige Knaben von 5–10 Jahren, sonnengebräunt, nicht mehr bekleidet als ihre Spielkameraden, mit den edeln Zügen ihres Vaters, aber mit den schwarzen Haaren und Augen der Indianer.

Das war das Gemälde, welches sich, von den Strahlen der untergehenden Acanatorsonne übergossen, meinen entzückten Augen darbot. Noch jetzt steht dieses Paradies am Rande einer Wüstenei mit denselben glänzenden Farben in meiner Erinnerung.

Don Henrique stellte mich seiner Gattin vor, die mich sehr freundlich empfing. Wir stiegen zur Wohnung hinauf. Eine Indianerin servirte uns Kaffee, während ein Negerknabe Brasero (Kohlenpfännchen), Pfeifen und Cigarren brachte. Wir hatten es uns mit Recht nach der ermüdenden Fahrt in den Hängematten bequem gemacht und setzten unsere Unterhaltung, die sich Anfangs wieder um unsere Pariser Erinnerungen drehte, fort. Donna Carmen, die Gattin Don Henrique's, hörte aufmerksam und schweigend zu. Sie lag halb in ihrer Hängematte und wiegte sich mit jener gleichförmigen, sanften Bewegung, welche den Creolinnen ebenso eigenthümlich ist, wie der Gebrauch der Fächer den Spanierinnen. Sie benutzte eine kurze Pause, um uns den Assaï anzubieten.

Assaï ist halbflüssiger, gekochter Palmkohl mit oder ohne Zucker, eine in ganz Amazonien beliebte Leckerei, die man gewöhnlich nach der Siesta nimmt. Zu Para gehen Negerinnen mit großen Eimern von Blech auf den Köpfen durch die Straßen, locken mit ihrem Rufe: Assaï! Assaï! Erwachsene und Kinder heraus und bleiben an den

Tupis, mit der Zubereitung ihrer Mahlzeit beschäftigt.

Thüren stehen, um ihnen für einen Vintem (brasil. Son = 6 Centimes) von ihrem Lieblingsgetränke zu geben.

Der Assai sieht wie Weinhefe aus und schmeckt fast wie Kaffeesatz; die meisten Fremden gewöhnen sich jedoch bald daran und trinken ihn mit demselben Vergnügen, wie die Eingeborenen.

Da mir das Nationalgericht nicht besonders zu schmecken schien, so ließ mir Don Henrique ein Glas Porto und einige Früchte bringen.

Wir kamen bald auf die brasilianischen Verhältnisse zu sprechen und ich frug Don Henrique, weshalb er trotz seiner genauen Kenntniß von ganz Südamerika gerade Brasilien zu seinem dauernden Aufenthalt gewählt habe.

„Gerade diese genaue Kenntniß," sagte er, „hat meine Wahl veranlaßt. Ich will Ihnen einmal ein offenes Wort darüber sagen, obschon ich von Ihrer politischen Gesinnung nichts weiß. Die heutigen Zustände in den spanischen Republiken Südamerika's und selbst in Nordamerika sind unwiderleglische, nicht selten himmelschreiende argumenta ad hominem, daß die republikanische Verfassung bei unserer so äußerst complicirten Civilisation für größere Culturstaaten nicht paßt. Wem dieses nicht einleuchtet, der kennt Amerika nur höchst oberflächlich oder er hat sich durch eine vorausgefaßte Theorie die Augen verschlossen."

Ich versuchte alle Gründe geltend zu machen, welche sich gegen die Aufstellung eines so allgemeinen Satzes anführen ließen; ich schilderte ihm die großartige Culturentwicklung in Nordamerika und wollte ihm nachweisen, daß die südamerikanischen Zustände ein Erbe der Vergangenheit und deßhalb vorübergehend seien. Er ließ mich kaum ausreden.

„Unter den spanischen Vicekönigen," sagte er, „waren Mexiko und Südamerika glücklicher und in geordneteren Zuständen als gegenwärtig. Nordamerika beginnt im Handel, in der materiellen wie in der geistigen Production zurückzugehen. Ohne die großartige Einwanderung würde das schon längst in noch höherem Maße zu Tage getreten sein. Bei der Herrschaft einer maß- und gewissenlosen Concurrenz ist es heute dort eben so schwer eine Existenz zu gründen, als in den alten

Culturstaaten Europa's; es ist das Eldorado für Gauner und Schwindler. Die meisten südamerikanischen Republiken haben nur Ruinen der besseren, monarchischen Vergangenheit und nichts Neues geschaffen, als Revolutionen und neue Trümmerhaufen. Nirgendwo in ganz Amerika kann ich ruhig leben und hoffen, meinen Kindern so leicht eine gesicherte Existenz zu schaffen, wie in Brasilien."

„Was Nordamerika betrifft," wandte ich ein, „so dürfte Ihre Behauptung schon dadurch widerlegt werden, daß die nordamerikanische Handelsflotte, der Zahl ihrer Schiffe und des Tonnengehaltes nach unmittelbar nach der englischen kommt."

„Das ist für jetzt noch wahr," entgegnete er, „aber erstens steht die Ausfuhr in Folge des dem Freihandel feindlichen und die Production erschwerenden Zollsystems der Einfuhr bedeutend nach und zweitens geht die Handelsflotte allmählich zurück, während der französische und der deutsche Handel so rasch zunehmen, daß in nicht ferner Zukunft Amerika an die vierte Stelle kommen muß."

Einmal im Zuge, ließ Don Henrique seinem lebhaften Temperamente die Zügel schießen.

„Die ganze angelsächsische Krämer- und Speculantenrasse," fuhr er fort, „Nordamerikaner wie Engländer, kann ich in der Seele nicht leiden. Die Gewissenlosigkeit, mit der sie Länder und Völker verschlingen, ihre augenverdrehende, religiöse Heuchelei in weißer Cravatte, ihre tödtlich langweilige Sonntagsheiligung mit heimlichem Schnapstrinken, ihre gepriesenen Gesetze, jenes Arsenal von Advokatenkniffen zu Diensten der Reichen, dieses alles ist mir unbeschreiblich zuwider."

„Ich sehe," warf ich ein, „Sie sind mit Ihren Antipathien noch immer Franzose geblieben trotz Ihres langen Aufenthaltes in Brasilien."

„Allerdings," versetzte er, „wir können es den Engländern noch immer nicht verzeihen, daß sie uns unsere schönen Colonien entrissen haben, wenn wir auch an Revanche für Waterloo nicht mehr denken. Als Privatmann ist der Engländer oft ein Gentleman im vollsten Sinne dieses Wortes; in der Politik ist er wie der Amerikaner der rücksichtsloseste Vorkämpfer des Rechtes des Stärkeren, der Annexion um jeden Preis. Wie die Engländer mit den Hindus, so verfahren die Nordamerikaner mit den Indianern. Die Geschichte der englischen Raubgier in Indien ist das scheußlichste Blatt in den Annalen der Menschheit. Ich muß gestehen, daß ich sogar unsern Robespierre und Danton für edlere Menschen halte, als die Beglücker Indiens, Lord Clive und Warren Hastings. Ihre beredten Ankläger vor dem Parlamente, Burke, Erskine, Sheridan und Fox, würden mir Beweise dafür in Fülle liefern. Und das System hat sich auch heute noch nicht geändert. Wie die Nordamerikaner die Indianer mit List und Gewalt um ihr Land bringen, das werden Sie wohl wissen. Ihre Raubgier hat sich auch schon Brasilien zur Beute ausersehen und macht jetzt mit dem absurden Satze: die Thalebene des Amazonas sei die unzertrennliche Schwester des Mississippithales, Propaganda. Vor einigen Jahren beschloß eine Volksversammlung zu Memphis, vom Congresse zu verlangen, daß die Regierung — nöthigen Falles mit Gewalt — die Schifffahrt auf dem Amazonenstrome frei mache.*) Aber Brasilien ist auf seiner Hut; es läßt seit dem 1. Januar 1854 den Strom durch seine eigenen Dampfschiffe befahren, hat aber trotzdem 1867 die Schifffahrt allen Flaggen freigegeben.

Ich ließ ihn sich aussprechen und begann meine Widerlegung seiner, namentlich über die Nordamerikaner in ihrer Allgemeinheit etwas zu weit gehenden Behauptungen damit, daß ich ihm eine Reihe von Amerikanern aufzählte, welche durch ihre Geistesgröße und ihren Charakter, ebenso wie durch ihr Wirken für die Zwecke der Humanität ewig die Zierden der Menschheit bleiben werden. Er unterbrach mich:

---

*) Die Versuche der Nordamerikaner, in Brasilien Fuß zu fassen, und deren kluge Abwehr durch die Kaiserliche Regierung schildert eingehend H.-Marie Martin. La vallée de l'Amazone et ses récents explorateurs. R. Contemp. T. XXVII. Dieser gründlichen Arbeit sind auch die späteren Notizen über Belem entnommen, welche ich durch Zusätze von Marcou, Agassiz, Wappäus u. a. ergänzt habe. B.

„Wie jedes Volk haben auch die Nordamerikaner edle, tüchtige Charaktere hervorgebracht, aber nehmen Sie gleich den allerbesten, Franklin. Er war auch keine spontane und freie Natur, sondern durch und durch ein kalt calculirender Yankee, der selbst mit seinem Gewissen Buch führte und wie ein Gewürzkrämer mit seinem Kaffee und Zucker wöchentlich seine Bilanz mit Soll und Haben notirte."

Während unseres lebhaften Wortgefechtes hatte sich Donna Carmen unbemerkt entfernt; sie kehrte zurück und lud uns zum Essen ein, als ich mich eben anschickte, meine Reminiscenzen aus Laboulaye's Paris en Amérique zu einer längeren Apologie der Nordamerikaner zu verwerthen.

Donna Carmen hatte gleich nach meiner Ankunft ihrem schwarzen und rothbraunen Küchenpersonale spezielle Vorschriften gegeben, welche vorzüglich ausgeführt worden waren; denn es erwartete uns ein Diner, wie es dem raffinirtesten Lucullus in seinen culinarischen Träumen nicht üppiger und köstlicher hätte vorschweben können.

Der Leser möge einen Augenblick seine europäischen Begriffe bei Seite lassen.

Zunächst hockten wir nicht auf unbequemen Stühlen, dicht gedrängt, wie an einer table d'hôte in einem Hotel, gezwungen jede Speise nach der Reihe zu essen und allerlei durch den sogenannten guten Ton vorgeschriebene Unbequemlichkeiten zu erdulden.

Der Tisch war mit Silberzeug, feinem Leinen u. s. w. comme il faut, wie zu Paris gedeckt, aber -- auf dem Erdboden, und wir lagerten daneben auf Tigerfellen und Kissen in Hemdärmeln und leichten leinenen Hosen; hinter jedem von uns stand zur Bedienung eine aufmerksame Negerin. Alle Gerichte, alle Fleischspeisen, zuvor zerschnitten und zurecht gemacht, standen zusammen auf dem Tische, sowie vor einem Jeden seine Wasserflasche, seine verschiedenen Weine, seine Gewürze, englischen Pikles, Pasteten und Kuchen. Jeder griff nach Belieben zu, oder ließ sich von der Negerin serviren; machte Einer eine Pause, so ließ Donna Carmen, welche mit creolischer Gastlichkeit die Honneurs machte, etwas anbieten.

Wir hatten vor uns stehen: gebratene oder frische kleine Austern aus den Mangrovenwäldern oder tellergroße Austern von Vigia; Bouillon von Fischen oder Wildpret; Camaroes oder Flußkrebse, Tampaquis vom Amazonenstrome, die besten Fische der Welt; geröstete Schildkrötenbrust und köstliche kleine Schildkröten, die noch so zart sind, daß man sie mit ihrer Schale ißt; Viado, welches wie Rehfleisch schmeckt; Jucupi, den feinsten Senf; gebratene Cujubis, wie Fasanen schmeckend; Hocco und Mutu-assu, ähnlich dem welschen Hahne und Jacami, welcher dem Perlhuhn an Geschmack gleich kommt; sodann Palmkohl, der wie Artischocken und Caras, die wie Kartoffeln schmecken; 2c. 2c.

Unsern Durst löschten wir mit englischem Ale, Madeira, Portwein, Setubal und echtem Champagner.

Hierauf wurde der Tisch abgetragen und mit den verschiedenartigsten und köstlichsten Früchten bedeckt, deren Aufzählung ich unterlasse, sowie mit Backwerk aller Art, Liqueuren u. s. w.

„Es ist eine Mahlzeit unter dem Aequator," sagte Don Henrique zu mir. „Ich denke, Sie werden jetzt einen kleinen Begriff von dem bekommen, was unsere brasilianische Küche liefern kann."

„Ein wahrhaft fürstliches Mahl, wie dieses," erwiederte ich, „würde man schwerlich in Paris zusammenbringen können."

„Jeder thatkräftige Mann, der es will," fuhr Don Henrique fort, „kann in Brasilien so leben, wenn er nur einige Jahre darauf verwendet, dem wunderbar fruchtbaren Boden Amazoniens seine vegetabilischen Schätze zu entlocken. Wenn die Brasilianer in den Ortschaften am Strome schlecht essen (fast nur gesalzene Fische) und trinken, worüber ja bekanntlich alle Reisende klagen, so ist es die Schuld ihrer eigenen Faulheit und Bornirtheit."

Er lud mich hierauf ein, mit ihm im Freien eine Tasse Kaffee zu nehmen und eine Cigarre zu rauchen. Donna Carmen hatte schon unter einem großen Mangobaume einige Hängematten anbringen lassen, worin wir bald, behaglich ausgestreckt, das aromatisch duftende Getränk aus den Händen der Negerinnen empfingen und uns dann, eine Habana im Munde, einer jener heiteren und gemüthlichen Plaudereien überließen, welche unter Franzosen einem langen und vortrefflichen Mahle zu folgen pflegen.

Wir geriethen schließlich auf das ernstere Thema der Vorzüge und Unannehmlichkeiten des Lebens in den Tropen und tauschten unsere beiderseitigen Erfahrungen darüber aus. Manche Mittheilung Don Henrique's, die mir damals auffallend erschien, fand ich später bei meinem dreijährigen Aufenthalte am Amazonas vollständig richtig.

XXI.
Licht- und Schattenseiten des Lebens in den Tropenländern.

Es sind unter den Gebildeten in Europa noch so viele Vorurtheile über das Leben in den Tropenländern verbreitet, es stehen noch so viele verkehrte Anschauungen darüber dem Unternehmungsgeiste entgegen, der dort ein unerschöpfliches Gebiet finden würde, daß ich glaube nicht wenigen meiner Leser einen willkommenen Dienst zu leisten, wenn ich ihnen einmal nach meinen damaligen und späteren langjährigen Erfahrungen, die ich durch Beobachtungen zuverlässiger Forschungsreisender aus neuester Zeit ergänze, das Leben am Amazonenstrome in einem Gesammtbilde zeige.

Merkwürdiger Weise herrschen darüber, wie Agassiz berichtet, selbst in Rio de Janeiro noch Vorurtheile. Der berühmte Naturforscher mußte 1865 wegen Kränklichkeit sein Lehramt in New-Cambridge niederlegen und ein anderes Klima aufsuchen. Er unternahm daher mit seiner Gattin eine längere Reise nach Brasilien, befand sich während der ganzen Zeit wohl und kehrte gesund heim. „Wenn Jemand zu Rio de Janeiro," sagt er, „seine Absicht, den großen Strom hinaufzufahren, kundgibt, so sehen ihn seine brasilianischen Freunde mit einer mitleidigen Bewunderung an. Man bedroht ihn mit Fieber, Hungersnoth, Hitze, Moskitos, Kaimans und Indianern. Die Aerzte rathen ihm sehr dringend, einen großen Vorrath Chinarinde mitzunehmen und, um dem Wechselfieber u. dergl. vorzubeugen, täglich eine Dosis zu nehmen; was natürlich eine noch schlimmere Krankheit erzeugen würde. Während eines Aufenthaltes von acht Monaten hat Keiner von unserer zahlreichen Reisegesellschaft eine ernsthafte, dem Klima zuzuschreibende Unpäßlichkeit gehabt, und die Fälle von Wechselfieber, die wir gesehen, waren weit weniger häufig, als die auf den nordamerikanischen Flüssen. Die Fahrt auf dem Amazonas ist heute eine leichte Sache für Jeden, der die Moskitos und etwas Hitze ertragen will, um den größten Strom der Welt und die unbeschreiblich prachtvolle, tropische Pflanzenwelt seiner Ufer zu sehen. Die gesundesten und trockensten Monate sind Juli, August, September und October."

Ich selbst habe abwechselnd in Europa und in Amerika gelebt; ich kenne das Urwaldleben neben und unter Indianern eben so genau wie das civilisirte, ich spreche also mit vollständigster Sachkenntniß: es vergeht keine Woche, wo ich nicht lebhaft bedauere, nach Europa zurückgekommen zu sein, wo ich nicht das Geräusch unserer Städte, die Unannehmlichkeit unseres Klimas, die einfältigen Künsteleien unseres gesellschaftlichen Lebens verwünsche und mich nach jener physischen und moralischen Ruhe zurücksehne, welche die reiche, sorgenbannende Natur der Tropenländer über die ganze Existenz verbreitet.

Das Klima ist wundersam milde. Tag und Nacht, den Winter wie den Sommer hindurch, ist man in einer gleichförmigen, angenehmen Wärme gebadet. Nie oder wenigstens nicht lange herrscht jene ausdörrende Hitze der anderen Tropenländer; denn fast beständig wehen Land- oder Seewinde, so sanft jedoch, daß sie nicht einmal den feinen Sand am Ufer emporheben. Von der See bringen sie eine die Hitze mildernde Feuchtigkeit, zu Lande die Düfte des nahen Urwaldes oder der Savanne, und unter ihrem Hauche versinken Geist und Körper in eine schlummerähnliche Ruhe und Behaglichkeit, in der man immer leben möchte. *)

Der englische Naturforscher Bates, welcher 1850—55 den Amazonenstrom bereiste und 1864 in London darüber ein höchst gediegenes und interessantes Werk veröffentlichte, sagt, der untere Lauf des Stromes bis zum Rio Negro, wohin noch der Passatwind bringe, sei seines im

---

*) S. Einzelheiten über das Klima in den Zusätzen am Schlusse des Werkes.

Ganzen trockenen Klimas wegen gesund. Auch am oberen Amazonas, obgleich 14 Tage Trockenheit eine Seltenheit seien und man sich in einem fortwährenden Dampfbade befinde, sei es nicht ungesund. Der Humus=boden habe oft eine Mächtigkeit von 30 Fuß, die Fruchtbarkeit sei un=glaublich. Ueber die Ufer sagt er besonders: „Indem ich wochenlang an den bewaldeten Flußufern hinfuhr, lernte ich drei ganz ver=schiedene Arten der Küste und der damit im Zusammenhang stehenden Wälder unterscheiden. Zunächst die niedrigen Alluvial=Ab=lagerungen, die aus einer Mischung von Sand und Schlamm bestanden und mit breitblätterigen, hohen Gräsern bewachsen waren, unter denen sich das Pfeilgras mit seinen 14 bis 15 Fuß hohen, federartigen Blüthenstengeln auszeichnete. Als einziger größerer Baum zeigt sich auf diesem Boden der Trompetenbaum (Cecropia peltata), dessen Blätter denen der Roßkastanie ähneln, nur daß sie größer sind. Zwei=tens unterschied ich die mäßig hohen Ufer, die nur theilweise in der Regenzeit überfluthet werden; sie sind mit verschiedenartigen Bäumen bedeckt, unter denen Palmenarten und breitblätterige Marantaceen vor=herrschen. Der Blattschmuck ist meistens von lichtgrüner Farbe. Drei Viertheile des Landes, das den oberen Amazonenstrom begrenzt, gehören zu dieser Klasse. Die dritte Abtheilung wird durch den noch höher liegenden, wellenförmigen Lehmboden gebildet, der aber nur in großen Zwischenräumen auftritt und sich dann einige englische Meilen lang hinzieht. Der Wald, der auf diesem rothen und verschiedenartig gefärbten Thone wächst, bietet einen ganz anderen Anblick als der in den Niede=rungen, seine äußere Form ist mehr abgerundet, Palmen sind in ihm seltener oder von eigenthümlicher Art, wie die mit einer bauchartigen Erweiterung am Stamme versehene Iriartea ventricosa und die schlanke Bacaba=i (Oenocarpus minor); auch das Thierleben tritt in diesen Wäldern sehr in den Hintergrund.

Ich will auch nicht die Schattenseiten dieses Tropenlandes ver=schweigen. Sie gehören mit zu einem richtigen und vollständigen Bilde desselben. Sie sind allerdings groß genug, dürfen aber keinen Euro=päer abschrecken, der gesund und kräftig, sich vor Unvorsichtigkeiten zu hüten weiß, die Landessprache versteht und keine Familie mit sich führt.

So weit ich es habe beurtheilen können ist das Land an allen Küsten, sowie an den niedrigen oft unter Wasser stehenden Flußufern selbst für Eingeborne ungesund, obgleich die Brasilianer dieses nur für Ausländer behaupten. Auch Gerstäcker will nichts von Ansiedelungen der Europäer nördlich von Rio de Janeiro wissen, soweit es das Küstenland betrifft, was den oben angeführten Beobachtungen von Bates nicht widerspricht. Es ist das natürlich in einem Lande, wo alljährlich ungeheure Strecken Landes unter Wasser gesetzt werden und dann zu gleicher Zeit trocknen, wo solche Massen von Pflanzen verfaulen und Miasmen zu gewissen Zeiten die Luft erfüllen, wo Tag und Nacht, wie ich schon früher sagte, eine solche Feuchtigkeit herrscht, daß in 24 Stunden das Eisen mit Rost, das Leder sich mit Schimmel bedeckt. Epidemien steigen daher häufig die Flußthäler hinauf und raffen Menschen und Thiere hinweg. Ueberall, wo die Bodenbeschaffenheit ein Stagniren von Gewässern herbeiführt, wo sich morastige Ufer von Flüssen oder Binnenseen befinden, sind Sumpffieber und andere Krankheiten häufig. Aber selbst niedrig gelegene Gegenden, wo nur ein ungehemmter regelmäßiger Abfluß der Ueberschwemmungen stattfindet und die Luft durch Winde beständig erneuert wird, sind nicht selten recht gesund; dagegen gibt es höher liegende Landstriche, die für Europäer verderblich sind, weil der Wind ihnen regelmäßig die pestilentialischen Dünste eines Sumpflandes zuführt. Trotzdem ist am Amazonenstrom die Mortalitätszahl geringer als in vielen anderen tropischen Ländern und selbst als in manchen europäischen Städten.

Man darf jedoch dabei nicht außer Acht lassen, daß Jeder dort den häufigen Fiebern und den gastrischen Krankheiten hilflos gegenübersteht. Es gibt nur in einzelnen Hauptstädten Aerzte. Alle Krankheiten verlaufen äußerst rasch: heute legt man sich nieder, morgen ist man todt; man hat keine Zeit lange zu leiden, man geneset oder stirbt sofort. Jede Unvorsichtigkeit ist gefährlich und straft sich; jeder Rückfall ist tödtlich.

In Zwischenräumen von 5 zu 5 Jahren höchstens werden die Kinder aller Farben, weiße, rothe, schwarze, durch irgend eine Epidemie, Keuchhusten oder Rothlauf, hinweggerafft und sterben zahlreicher als die Fliegen an den ersten kühleren Tagen. Alte Leute sind selten; kurz der Mensch macht es wie die ihn umgebende Vegetation, die rasch und üppig blüht und dann zum Dünger wird.

Wenn wegen der häufigen Fieberepidemien manche Orte am Amazonas für ungesund gelten, so liegt der Grund allein in der gedankenlosen Indolenz der Bewohner, welche lieber in der Nähe befindliches schlechtes Trinkwasser aus Seen holen, statt gesunderes aus entfernteren Quellen oder Bächen (so in Ega und Manaos). Dazu kommt noch die für Einheimische wie Fremde äußerst nachtheilige schlechte Kost. Am Amazonas leben die meisten Bewohner von getrockneten und schlecht gesalzenen, übelriechenden Fischen (Pirarucu) und Mandioccamehl (Farinha d'Agoa), welches, um es in dem heißen und feuchten Klima vor dem Verderben zu bewahren, dem Anfang einer Gährung ausgesetzt und dadurch dichter und etwas wohlschmeckender, aber auch seiner nahrhaften Substanz mehr beraubt worden ist, wodurch die Entstehung von Fiebern begünstigt wird. Als Fett benutzt man die thranig schmeckende sogenannte Schildkrötenbutter, oder eine von England oder Nordamerika eingeführte schmierige und ranzige Substanz. Niemand denkt daran, wie leicht es wäre, die beste Butter durch die Zucht von Rindvieh und Reis wie Gemüse in Hülle und Fülle selbst zu gewinnen. Man kann sich denken, welcher entsetzlichen Enttäuschung und Trostlosigkeit mancher Europäer anheimfällt, der, ohne diese Verhältnisse zu kennen, mit der überspannten Hoffnung ein pures Paradies zu finden, an den Amazonas kommt. In den größeren Ortschaften, selbst in Para ist die Nahrung der Bewohner nicht viel besser.

Das Amazonas-Gebiet hat außerdem einige Landplagen, von denen wir Europäer keinen Begriff haben. Während eines Theiles des Jahres sind, wie ich schon früher beschrieb, Milliarden von Mosquitos vollständig im Besitze der Luft, so daß selbst die Indianer nicht ohne Netz schlafen. An gewissen Stellen bilden sie förmlich Wolken, durch die man das Ende seines Flintenrohrs nicht sehen kann.

Die lästigsten Arten sind: die Pium's, die Marnim, und die Carapanas. Keine Worte reichen hin, sagt von Martius über die ersteren, die Qual zu beschreiben, welches dieses furchtbare Insect über

den Reisenden verhängt, wo es in dichten Schwärmen auf ihn nieder=
fällt. Haben eine große Anzahl Stiche irgend einen Theil getroffen,
so verbreitet sich über ihn ein brennender Schmerz, der nur einiger=
maßen durch ein kühles Bad gelindert wird. Sind die Stiche dicht
gefallen, so verursachen sie Geschwüre, die bei dem fortwährenden Jucken
und Hautreiz gefährlich werden können. Nach v. Martius ist der
Pium des Amazonas wahrscheinlich identisch mit dem durch Humboldt's
Schilderungen so berüchtigt gewordenen Mosquito der Spanier am
Orinoco.

Die Stiche der Marium verursachen einen eindringlichen Schmerz
und die Stelle, wo sie verwunden, unterläuft mit Blut, in der Größe
eines Stecknadelkopfes. Sie erscheinen besonders um Sonnenuntergang
und verweilen nur kurze Zeit bei den Reisenden, indem sie sich mit
Eintritt der dunklen Nacht in die Wälder zurückziehen, um der Cara=
vana, dem eigentlichen Feinde der nächtlichen Ruhe, Platz zu machen,
so daß diese drei Insecten, wenigstens auch am Amazonas, einander
in sicherer Succession folgen, nach einander „auf Wache ziehen," wie
es nach Al. v. Humboldt in den Missionen am oberen Orinoco heißt.

Die Carapanas fliegen die ganze Nacht hindurch und sind
außer durch ihre schmerzhaften Stiche auch noch durch ihr Gesumse bei
der Verfolgung des Menschen widerlich. In Brasilien scheint die Plage
durch diese Insecten am größten an und auf dem Amazonas zu sein.
Dort kommen alle diese Mücken und Schnaken zusammen vor und
außerdem noch mehrere andere lästige Fliegenarten.

Auf alle diese Unannehmlichkeiten muß der Reisende gefaßt und
gerüstet sein; sie haben bis jetzt noch keinen gesunden und kräftigen
Europäer gehindert, Jahre lang am Amazonas zuzubringen. Das
dortige Leben hat aber auch seine heiteren Seiten, wie die folgenden
Bilder zeigen werden.

XXII.

Sommerleben am Amazonas. — Die Regenzeit, eine drei Monate dauernde Kirmeß.

In dem brasilianischen Binnenlande ist das Leben von dem unsrigen so durchaus verschieden, daß mancher meiner Leser geneigt sein möchte, die Wahrheit der Einzelnheiten, die ich darüber mittheilen werde, zu bezweifeln. Ich gebe indessen nur eine Photographie des von mir selbst Jahre lang Gesehenen und Erlebten.

In Brasilien beherrscht die Natur dergestalt die Existenz des Menschen, daß mit Eintritt des Sommers, nicht wie bei uns blos einzelne bevorzugte Leute, sondern ganze Bevölkerungen ihre Wohnsitze wechseln und eine andere Lebensweise führen, und zwar die sorgenloseste und glücklichste, die man sich denken kann.

Sobald der Regen nachläßt und die Ströme fallen, scheint die Natur, wie bei uns mit den ersten Knospen des März, aufzuwachen. Es gibt allerdings keinen Frühling, weil kein Winter da ist, allein der Boden legt doch seine Decke von schmutzigem Wasser ab; in einer Woche treten Landstrecken Hunderte Meilen weit hervor, auf denen sich ebenso schnell das reichste Thier- und Pflanzenleben entfaltet. Der Wald wird laut von tausendfachen Thierstimmen, der Strom und dessen Ufer bevölkern sich mit bunten Vögeln.

Alsdann beginnt in den dorfähnlichen Städtchen, Dörfern und Hütten ein Jeder seine Vorbereitungen zu treffen: die Netze werden ausgebessert, die Boote calfatert, die Töpfe geputzt, Maniok und andere

Mundvorräthe bereit gemacht; Jeder sieht auf den Strom, der die Zeit der Abfahrt bestimmt.

Kaum wird das benachbarte flache Ufer vom Wasser frei, so fährt alles um die Wette ab; alle Häuser und Hütten leeren sich, der Amazonas und dessen Nebenflüsse wimmeln von Booten. An der Stelle des Ufers, die am besten gefällt, wird angelaufen und für den Sommer das Lager aufgeschlagen.

Selbst den culturfeindlichsten Indianern des Urwaldes ist diese Sommer-Villegiatur ein alljährlich wiederkehrendes Bedürfniß geworden, obgleich sie dabei jedesmal von den Weißen ausgebeutet und gebrandschatzt werden.

Für Reiche und Arme ist das Leben und Treiben ganz gleich, wie das Haus, das Carbet, d. h. einige Stangen mit darüber gelegtem Blätterdache. Die Möbel bestehen für alle nur aus einigen Hängematten, Netzen, Kochgeschirren und der unvermeidlichen Guitarre. Die allgemeine Bekleidung ist in diesem Eden nur wenig von der des Paradieses verschieden.

Früh Morgens fliegt der männliche Theil der Colonie zur Jagd aus, theils mit Flinte oder Blasrohr, theils mit Angeln und Netzen, zu Fuß oder im Kahne. Bevor die Sonne hoch steigt, kehren sie schon zurück mit mehr Beute, als eine ganze Familie bedarf; ja, Netze und Kähne sind oft so mit Fischen gefüllt, daß die Knaben sich damit spielend werfen. *)

Während dieser Zeit haben die Frauen das Ufer und die Hütte gehütet, Maniot, das Brod für den Winter gepflanzt, Schildkröten und Eier gesucht, Holz für den Herd gesammelt. Gegen 8 oder 9 Uhr, je nach Beendigung der Jagd, wird die erste Mahlzeit hergerichtet. Es geschieht das ziemlich rasch, denn vor jeder Hütte brennt Tag und Nacht ein Feuer, welches kurz vor dem Essen gewaltige Verhältnisse annimmt. Zwei große irdene Kessel sieden darauf, der eine mit Wildschwein-, Hirsch-, Tapir- und Affenstücken, ganzen Enten und Hottos

---

*) Während der Regenzeit und in ihren Ortschaften begnügen sich die Einwohner mit gesalzenen Fischen und Maniotamehl, obgleich sie frische Fische in Ueberfluß haben könnten.

u. dgl., der andere mit den schmackhaftesten Fischen; alles gewürzt mit verschiedenartigen Früchten. Rings um beide Töpfe braten andere Stücke Wildpret oder Fische. So sieht man, wenn die Familie zahlreich oder Besuch da ist, nicht selten ganze Eber, oder Pirarucus, Fische, sechsmal größer als unsere schwersten Hechte, über dem Feuer.

Unter den meisten Hütten dienen Blätter als Teller, Muscheln als Löffel, die Finger als Gabel, der Boden als Tisch und ein gemeinsamer Wasserkrug zum Trinken für alle. Beschäftigt sich die Familie mit Kautschuksammeln, so wird diese überreichliche Mahlzeit, welche gegen Abend in gleicher Weise wiederholt wird, durch Hinzufügung europäischer Weine, Liqueure und Conserven noch verbessert. Portugiesische und brasilianische Händler versorgen sie nämlich schon lange vor Beendigung der Kautschukernte mit europäischen Produkten, die sie, überall anlegend, in ihren Booten Hunderte von Stunden weit flußaufwärts bringen. — So speist am Amazonas und dessen Nebenflüssen der ärmste Brasilianer oder Indianer jeden Tag zweimal.

Nach diesem Frühstück Bad im Flusse; dann Siesta bis drei Uhr; hierauf Kahnfahrt zum Fischen, wobei die Frauen rudern, und die Männer langhingestreckt, Cigarren rauchen; kurz vor Einbruch der Nacht Essen wie Morgens, Plätschern und Spiel im Flusse, und zum Beschluß Guitarrespiel mit Gesang oder Tanz auf dem Ufersande.

Lange Monate hindurch dauert dieses Schlaraffenleben, bis es einige Wochen vor Beginn der Regenzeit einer fieberhaften Thätigkeit Platz macht: es gilt für diese Jahreszeit Vorrath an Maniok, Früchten, Gewürzen, getrocknetem und gesalzenem Fleisch, an Fischen u. s. w. zusammenzubringen. Das ganze Ufer gleicht bald einem ungeheuren Stapelplatze.

Jede Nacht kommen Jaguare, Affen, Muenrras ꝛc., bald heulend bald schweigend, herangeschlichen und stehlen, was sie können. Beim Scheine des Mondes oder der vor den Hütten brennenden Feuer sieht man hier und dort eines dieser Thiere auf dem Ufer, furchtsam aber beutegierig, beim geringsten Geräusche verschwinden. Vor jeder bewohnten Uferstelle, vor jeder Hütte schwimmen, wie große Baumstämme, die glotzenden Augen über dem Wasser, Morgens und Abends häßliche

Kaimans, die nicht selten mehr als hundert an einer Stelle, wie eine Bettlerschaar vor einer Kirchthüre, darauf warten, daß etwas ihnen zugeworfen wird oder in den Fluß fällt. Wird es finster, so steigen sie auch wohl an das Ufer, um Beute wegzuschleppen. Alle Thiere jedoch, Kaimans, Jaguare, Geier, fliehen sobald der Mensch, ihr Gebieter, sich gegen sie wendet.

Nach dem ersten Regengusse, oft schon an demselben Tage, bedeckt sich der ganze Strom mit schwerbeladenen Booten, die nach den Städtchen, Dörfern und Hütten der Heimath zurückkehren. Eine Woche nachher ist vom Ufer alles abgezogen.

Mein ethnographisches Gemälde würde nicht vollständig sein, wenn ich nicht auch in einigen Zügen das Winterleben in den brasilianischen Ortschaften und Städtchen schilderte. Zuvor muß ich jedoch den Leser nochmals bitten, seine ganze Glaubenskraft zusammenzunehmen, damit er nicht meine, ich erzähle ihm ein Capitel aus Rabelais und keine Thatsache.

Nach der Rückkehr von der Sommerreise treten zuerst einige Tage der Ruhe, gleichsam der Sammlung für die kommenden Freudenanstrengungen, ein. Die Frauen sind allein beschäftigt: sie bringen die Wohnung in Ordnung und pflanzen die nöthigen Gemüse und Bananen.

Mit Ungeduld erwartet, kommen bald die Ubas und Egariten (Boote) der Tauschhändler den Strom herauf oder herunter und bringen Waaren oder Produkte aus Europa und Peru: Stoffe, Geräthe, Schmucksachen, Kleidungsstücke, besonders aber große Quantitäten von Weinen, Liqueuren und Conserven. Die Einwohner holen ihre reichen Vorräthe an Oel, Fleisch, Fischen, Kautschuk, Jaguarfellen u. s. w. hervor, und bald hat jedes Haus in Ueberfluß seinen Bedarf. Der Negocijo, d. h. das Amusiren, die Festivität, kann losgehen.

Der Brasilianer vergnügt sich jedoch nicht wie andere Sterbliche auf's Gerathewohl hin, wie Zeit, Gelegenheit und Laune es bringen. Er treibt es gewissenhaft, mit Ordnung und wohlüberlegt. Alles ist nach einem bestimmten Programme geregelt, welches sich genau so im nächsten Jahre wiederholt. Am Aequator nimmt aber alles riesenhafte

Verhältnisse an: statt unserer Blindschleichen hat man dort Schlangen von 40 Fuß Länge, statt unserer Frösche Kaimans, die Flüsse sind sechsmal größer, die Thiere tausendmal zahlreicher als die unsrigen. Es liegt daher ganz in der Natur, daß unser mageres dreitägiges Patronatsfest in diesem üppigen Lande zu einer drei Monate ohne Unterbrechung dauernden Kirmeß ausgewachsen ist. Die tropische Sonne brütet ja noch andere Ungeheuerlichkeiten im Menschenleben aus, von denen man im zahmen Europa keine Ahnung hat.

Ich will nun, nach meinen Aufzeichnungen an Ort und Stelle, erzählen, wie es dabei zu Olivença am oberen Amazonas zugeht.*)

Das Fest ist in Abtheilungen von je 6—12 Tagen getheilt, zwischen denen keine Pausen stattfinden.

An dem feierlichen Tage der Eröffnung begibt sich die ganze weiße Bevölkerung, wozu sich auch nicht wenig röthliche und schwarz= braune Familien rechnen, in Festkleidern auf den größten Platz des Ortes und wählt zunächst die Festhäuser, d. h. die, in welche an den bestimmten Tagen jeder Einwohner ohne Umstände eintritt, um nach Herzenslust Wein, Liqueure und Speisen zu sich zu nehmen. Keiner schlägt diese kostspielige Ehre aus, welche natürlich die Wohlhabenden vorzugsweise genießen. Hierauf wird als fortordnendes Comité zur speziellen Leitung der Lustbarkeiten und Schmausereien eine Präsidentin mit mehreren Assistentinnen gewählt, welche den Namen „Richterinnen" führen.

Nun wird eine Deputation an den Pfarrer, der selbst dem Bür= germeister oder Gobernador an Ansehen vorangehenden Hauptperson des Ortes, gesandt, um den „Christo" zu verlangen. Der Padre mit Küster und Chorknaben in vollem Ornate, empfängt sie gnädig unter der Kirchthüre. Das große Crucifix wird geholt; in Prozession mit Trommelschlag, unter Glockengeläute mit Böllerschüssen nach dem Sammelplatze und von dort in Begleitung der ganzen Festgesellschaft, d. h. aller durstigen Kehlen des Ortes nach dem ersten Festhause getragen.

Unter der Thüre wartet die Dame des Hauses, als eine der „Richterinnen"; das Kreuz tritt ein und dahinter der Padre, der

*) Emile Carrey. La meilleure des existences.

männer, die Trommler, die Behörden und soviel Leute als das Haus fassen kann. Jeder ißt und trinkt nach Belieben. Der Zug geht hierauf nach einander zu den übrigen Festhäusern der Liste, und wer aushalten kann, macht mit bis zum letzten.

Gegen Abend wird das Crucifix zur Kirche zurückgetragen und man begibt sich in das Haus des Pfarrers. Er gibt den ersten Capital-Schmaus und hat schon seit Wochen die besten Sachen dafür gekauft oder als Geschenk erhalten. Das Haus ist daher auch bis zum letzten Winkel gefüllt, die Trinker und Schmauser sitzen sogar im Hof, in den Ställen, im Garten, vor der Thüre, es ist eine wahre Hochzeit des Gargantua.

Bei diesem Festmahle werden nun die Vergnügungen der kommenden Monate, Bälle, Hochzeiten, große und kleine Banquetts, Spiel- und Trinkpartieen u. dgl. festgesetzt, ein vollständiger Arbeitsplan entworfen, um sich methodisch zu betrinken, denn Letzteres ist für die Brasilianer die Hauptsache. Es wird die ganze Nacht hindurch gegessen und getrunken, auch musicirt und gesungen, aber nicht getanzt.

Das Bisherige war die Einleitung, so zu sagen nur das Ausspülen der Kehlen, die Tonangebung zu der langen Orgie, die mit dem nächsten Tage erst wirklich beginnt. Es findet zuerst wieder eine Prozession wie Tages vorher statt, aber feierlicher, mit Gesang vor der Thüre, wobei die Dame des Festhauses mit dem Weihrauchfaß begrüßt und ein großer, mit Blumenkrone und Bändern verzierter Mast (ganz der Kirmeßbaum am Niederrhein und in Holland) aufgepflanzt wird.

Das Haus ist nun wenigstens eine Woche lang für alle, die eintreten wollen, Brasilianer, Fremde, Indianer offen. Auf langen Tischen steht Kaffee, Thee, Chocolade, Tafia und Liqueur. Alles ist reichlich und in bester Qualität vorhanden, denn mit Ausnahme der europäischen Producte hat jeder Hausbesitzer auf seinem Sitio (Waldlichtung mit Wohnung) alles selbst gebaut. Jeder bedient sich selbst nach Belieben. Das Trinken geschieht nicht ohne mit den stets anwesenden Damen ein Tänzchen, eine mit der spanischen Cachucha verbundene Quadrille, zu machen, welches zuweilen bis zum Morgen fortgesetzt wird.

Jedes neue Festhaus, welches an die Reihe kommt, wird auf dieselbe Weise eingeweiht und mit dem Festmaste bezeichnet. So dauert das Trinken und Tanzen drei Monate lang, ohne andere Unterbrechung als einige Stunden Schlaf. Den Beschluß macht ein Carneval von 8—10 Tagen. Dann stehen alle Häuser und Hütten offen; große und kleine Gesellschaften, Männer, Weiber und Kinder, ziehen in Verkleidungen mit Trommeln und Guitarren von Haus zu Haus. Ueberall wird Tafia und Liqueur getrunken und, wenn Platz ist, getanzt. Eine allgemeine Trunkenheit, vom Greise bis zum Kinde, bildet das Finale am letzten Tage.

Die Brasilianer behaupten, diese Excesse seien zur Erhaltung der Gesundheit in ihrem Klima nöthig. Ich sehe darin eine Hauptursache der unter ihnen herrschenden Krankheiten; Mäßigkeit und Vorsicht schützen auch hier wie überall gegen die klimatischen Einflüsse. Man darf indessen diese Sitten nicht zu strenge beurtheilen: die erschlaffende Wärme der Aequatorial-Gegenden führt zu leicht, ja fast nothwendig zum Genusse stimulirender Getränke, und bei der außerordentlichen Mangelhaftigkeit des öffentlichen Unterrichtes steht ein großer Theil des Volkes dem unzurechnungsfähigen Naturzustande näher als der Civilisation.

Nach diesem Ausfluge an den Amazonenstrom nehmen wir den Faden unserer Erzählung wieder auf.

XXIII.

Seringueiros und Banditen auf Caviana. Episode aus dem Leben an der Amazonasmündung.

Als ich im Verlaufe unseres Gespräches seine Pflanzung als ein Eden pries, wurde Don Henrique ernsthaft und sagte:

„In vieler Beziehung mögen Sie recht haben, aber jedes Ding, auch ein Eden, hat seine Schattenseiten. Wir haben darin noch schlimmere Mitbewohner als Schlangen und Tiger, die man sich mit Lebensgefahr vom Leibe halten muß."

Ich bat ihn, sich genauer zu erklären.

„Nicht selten," fuhr er fort, „kommen Flüchtlinge aus Cayenne nach Caviana herüber, um von dort nach Marajo und dem Festlande von Brasilien überzusetzen. Unter den 4—5000 Deportirten Cayenne's befinden sich aber mehr Banditen und Mörder als politische Verbrecher, und Sie können sich denken, daß diese Bagnoflüchtlinge den Pflanzern gefährlicher sind, als Schlangen und Tiger. Ich habe mit einer Rotte derselben kürzlich ein Zusammentreffen gehabt, welches Ihnen beweisen würde, wie wenig harmlos zuweilen das Leben hier auf dieser Insel werden kann."

Meine Bitten, die Geschichte zu erzählen, vereinigten sich mit denen Donna Carmens.

„Es ist ein Stück brasilianischen Lebens," sagte die schöne Creolin, „welches unsern Gast um so mehr interessiren wird, da er einige der handelnden Personen des kleinen Drama's vor Augen hat und die

Scenen desselben sich jeden Augenblick wiederholen können. Nicht wahr? Du wirst es erzählen. Ich bitte Dich darum."

Don Henrique war zu galant, seiner reizenden Gattin etwas abzuschlagen, und erwiederte:

„Du hast, wie immer, Recht, meine Liebe. Mein Landsmann wird sich jedoch mit einer höchst schmucklosen Erzählung begnügen müssen; denn ich bin gewohnt zu sprechen, wie mir der Schnabel gewachsen ist."

Ich weiß nicht, ob die Umgebung mit ihrem tropischen Pflanzenwuchse, die prachtvolle südliche Sternennacht, das Gefühl wiederkehrender Kräfte dazu beitrug, ich lauschte mit Vergnügen und Spannung seiner einfachen Darstellung bis zu Ende und will jetzt versuchen, sie mit denselben Worten wiederzugeben:

Vor ungefähr drei Monaten, begann Don Henrique, kehrte ich eines Morgens vom Fischfange auf den Sandbänken von Cura bei steigender Fluth zurück. Ich hatte meinen Neger Johannes und den Indianer Isidorio bei mir. Letzteren nehme ich immer mit, wenn ich weite Fahrten mache; er ist auf meiner Pflanzung aufgewachsen, stark wie ein altrömischer Ringer, und mir, wie ich glaube, aufrichtig ergeben.

Die Prororotta stand nahe bevor, und Sie wissen, daß die ihr vorhergehenden Fluthwellen entsetzlich sind. Mein Kahn glitt dahin, von einer dieser Strömungen getragen und durch einen starken Nordwest wie der Wind vorwärts getrieben.

Das Steuer mit der einen Hand, das Segel mit der andern lenkend und je nach den Windstößen das Seil anziehend oder freilassend, schoß ich dahin, während die Wellen das Bord entlang Schaum warfen und dasselbe zuweilen überspülten. Jedesmal wenn ich so in einem meiner Hand gehorchenden Boote dahin fliege, fühle ich mich berauscht, gerade wie ein Jäger, der, das Wild vor sich sehend, begierig es zu erreichen, mit Sporn und Peitsche sein Roß antreibt. Wie oft ist so mein Fahrzeug umgeschlagen, und ich werde sicherlich eines Tages dabei umkommen; allein es ist die einzige fieberhaft aufregende Freude, die ich noch leidenschaftlich suche. Zu Lande jage ich jetzt wie ein alter

Förster und reite auch nicht mehr; denn Marajo hat allein dazu passende Ebenen, und diese Insel liegt mir zu weit.

Plötzlich glaubte ich weit oben im Strome unter dem Winde einen Hilferuf zu hören. Ich sah Isidorio an; er hatte auch gehört und horchte. Ich durchlief mit dem Blicke den ganzen Gesichtskreis; aber die Nacht brach herein, ich konnte nicht weit sehen. Ich horchte noch einige Minuten. — Lautlose Stille.

Da ich Eile hatte, nach Hause zu kommen, so setzte ich meine rasche Fahrt wieder fort. Aber bald erhob sich ein zweiter deutlicher Schrei. Es war fast der Warnungsruf des Caiarara, der damit alle Vögel am Strande zu wecken pflegt, nur etwas dumpfer. Ich wandte sogleich den Kahn nach der Richtung, woher die Stimme zu kommen schien, und ließ Isidorio meine Doppelbüchse schußfertig machen.

Ein dritter Ruf erhob sich einige Kabellängen von uns entfernt. Ich zog das Segel ein und wir blickten hin. Es war eine indianische Uba*), die querliegend von der Strömung fortgerissen wurde. Sie tanzte und wirbelte auf den Wellen herum, offenbar ohne jede Leitung. Wir fuhren heran.

Sie enthielt zwei Männer, von denen der eine sich halb aufrichtete und uns um Gottes willen anflehte, ihnen zu Hilfe zu kommen. Johannes warf ihm ein Seil zu, welches er mit beiden Händen ergriff und anzog, so daß beide Fahrzeuge Bord an Bord zu liegen kamen.

Die halb mit Wasser gefüllte Uba bot einen traurigen Anblick dar. Ein Mann lag nackt und starr wie eine Leiche auf dem Boden in dem Wasser, welches bei jeder Schlagwelle, die den Kahn herumwarf, ihn von einer Seite zur andern rollte, so daß man das dumpfe Anschlagen seines Körpers gegen die Holzwände hörte. Der zweite, hohläugig, abgemagert, wie ein Epileptischer im Fieber sich schüttelnd, mit durchnäßten, an den Schläfen klebenden Haaren, bloß in einen zerlumpten Rock gehüllt, kniete in dem engen Kahne, der sonst leicht

---

*) Uba bedeutet „Holz" in den indianischen Sprachen am untern Amazonas. Es gibt Ubas, die 18 Ruderer und 4 Tonnen Waaren tragen, obschon sie nur, wie wir schon früher sagten, aus einem einzigen ausgehöhlten Baumstamme bestehen.

hätte umschlagen können, und flehte um Essen mit einer durch das viele Schreien heiser und tonlos gewordenen Stimme.

Ich nahm meine Feldflasche und gab ihm einige Schluck Portwein in einem Coui*); dann sprangen ich und Jsidorio in die Uba und trugen den Leichnam in mein Boot. Ich bückte mich über den Körper und hielt die Hand auf das Herz: es schlug noch mit sehr schwachen, aber regelmäßigen Schlägen. Sofort hielt ich ihm die Feldflasche an den Mund und es gelang mir, ihm durch die zusammengebissenen Zähne einige Tropfen Wein einzuflößen.

Sein Gefährte war mit Hilfe des Negers schon in mein Boot gestiegen. Jsidorio schöpfte das Wasser aus der Uba und band sie an den Hintertheil unseres Fahrzeuges. Ich orientirte mich nach den jetzt in vollem Glanze strahlenden Gestirnen, ergriff dann das Steuer, und bald flog das Boot wieder mit der früheren Schnelligkeit über die Wasserfläche. Der Schiffbrüchige, der uns angerufen hatte, ächzte beständig und wandte sich in einem halb spanischen, halb französischen Kauderwelsch bald an Jsidorio, bald an Johannes.

— Sennores Caballeros, um der guten heiligen Jungfrau willen, geben Sie mir ein Stück Brod, nur ein einziges Stück. Es schmerzt mich hier, stöhnte er, auf seine Brust zeigend.

Meine Leute hörten ihm kalt zu. Sie kennen ja den Indianer; seine mißtrauische Klugheit verläßt ihn nie. Der Neger spricht in der Gegenwart seines Herrn nur, um eine Antwort zu geben.

— Jsidorio, gieße ihm noch einen Schluck Wein ein, aber nur einen Schluck.

Er glaubte zu verstehen, daß ich verböte, ihm etwas zu geben, und warf sich mit gefalteten Händen mir zu Füßen, indem er schrie:

— Um Gottes willen, gnädiger Herr, um Gottes willen!

Schmerzgewinsel habe ich nie ausstehen können; es bekundet meistens schwächliche Naturen oder beabsichtigte Täuschungen. Große Schmerzen sind immer stillschweigend. Ohne die Ursache zu begreifen,

---

*) In ganz Brasilien dienen die Couis als Tassen, Gläser und Teller. Sie werden aus verschiedenen kürbisartigen Früchten gemacht, die man in zwei gleiche Hälften schneidet.

mißfiel mir dieser Mensch. Mein langes Leben unter den Wilden hat bewirkt, daß ich, was plötzliche Eindrücke und instinktartiges Mißtrauen betrifft, ein Indianer geworden bin. Ich sagte auf aueschisch zu meinen Leuten, welche beide die alte Sprache der spanischen Indianer verstanden:

Dieser Mensch ist aus meiner Heimath, sagt ihm jedoch nicht, wer ich bin. Du Johannes sprichst französisch mit ihm. Frag ihn, wer sie sind, woher sie kommen und was ihnen zugestoßen ist. Du kannst es mir darauf portugiesisch wiederholen.

Da Johannes eine Reise nach Frankreich mit mir gemacht hat und ich fast nur französisch mit ihm spreche, so versteht er es ein wenig.

Er antwortete mir aueschisch:

— Jawohl, Herr!

Dann wandte er sich zu dem Schiffbrüchigen und richtete die angegebenen Fragen an ihn.

— Wir kommen von Cayenne, erwiederte dieser. Wegen politischer Meinungen nach Guyana deportirt, sind wir aus der Colonie entwichen und irren nun seit vierzehn Tagen rathlos umher. Wir wollen nach Brasilien gehen. Den Kahn haben wir am Strande gefunden und bestiegen, um das gegenüberliegende Land zu erreichen; aber weder ich, noch mein Gefährte verstehen ein Fahrzeug zu steuern; die Strömung hat uns ergriffen, und so treiben wir seit zwei Tagen, ohne zu wissen wohin. Das Wasser ist süß und dennoch sieht man keine Ufer. Welches Land! Seit zwei Wochen leben wir von wilden Früchten und zwei Tage und zwei Nächte lang sind wir, ohne gegessen zu haben, auf dem Wasser. Um Gottes willen, sagen Sie doch dem Herrn, er möge uns ein Stück Brod geben.

Johannes wiederholte mir einen Theil seiner Worte. Ich hatte kein Brod an Bord, wohl aber Maniokmehl, und hätte ihm sogleich etwas gegeben, wenn ich nicht gefürchtet hätte, ihn zu tödten. Ich habe einen Mann ersticken sehen, der nach einem langen Fasten plötzlich aß.

Ich ließ mich jedoch zuletzt durch sein Flehen bewegen und ihm eine Hand voll Mehl reichen, welches er verschlang; dann einen Coui voll Wein, wobei ich ihm durch Zeichen bedeutete, seinem Kameraden auch etwas zu geben.

Allein er wandte sich gegen Johannes und, indem er mit einer unbeschreiblich wegwerfenden Geberde den neben ihm ausgestreckten Körper anstieß, sagte er:

— Es verlohnt nicht die Mühe; der Ténébreur (Finstere) hat seine Rechnung bekommen. Morgen wird er todt sein; es ist also besser, daß ich alles trinke. Sagen Sie das dem Herrn.

Und indem er dem Worte die Handlung folgen ließ, trank er die Schaale mit einem Zuge aus.

Die politischen Flüchtlinge waren nichts als Bagnosträflinge.

Meine Leute begriffen oder erriethen wie ich, mit wem sie zu thun hatten; ich sah Isidorio's Augen funkeln; allein er sprach kein Wort. Johannes ließ den Sterbenden von neuem trinken. Einige Augenblicke nachher sah ich diesen die Arme bewegen und verwundert um sich blicken. Ich ließ ihm Brust und Glieder mit Tafia einreiben. Er murmelte einige Worte und schien wieder Leben zu bekommen.

Sein Kamerad schwindelte inzwischen dem Neger eine Geschichte seiner Erlebnisse vor. Man hatte ihn aus Frankreich verbannt, weil er die Sklaverei abschaffen wollte. Seine sehr reiche Familie hatte, um ihm zur Flucht zu verhelfen, alles geopfert. Er wollte den Neger loskaufen, wenn er ihn nach Brasilien brächte.

Dabei nahm er eine würdevolle Miene an. Er ordnete mit seinen zitternden Händen seine durchnäßten Haare und zog über seine Brust die Fetzen des Rockes, die der Wind beständig auseinander wehte.

Dieser Elende mußte ein Seiltänzer oder ein Schauspieler gewesen sein, und in der That vernahm ich später, daß er bei irgend einer herumziehenden Schauspielerbande Heldenrollen gespielt hatte.

Der Neger sah ihn nicht einmal an. Zuweilen bückte er sich über den Kranken und gab ihm zu trinken. Nach Verlauf einer Stunde konnte letzterer sich aufrichten und sprechen. Ich ließ ihm etwas Mehl mit Wein geben.

Als er damit fertig war, streckte er den Arm aus, umfaßte mein Knie und murmelte ein: „Danke, gnädiger Herr!" mit einem Aus=

drucke, der meiner Erinnerung noch nicht entschwunden ist und der in Folge dessen mich vor zwei Monaten hinderte, ihn wie einen Hund zu tödten.

Der andere wurde mir durch seine Lügen überdrüssig; ich sagte dem Neger, er sollte ihm Schweigen gebieten.

Inzwischen meldete Isidorio, es zeige sich Caviana auf der Leeseite. Ich band die Ilba, welche die Fahrt verzögerte, los und ließ sie treiben, da ich sicher war sie am Morgen bei der Ebbe auf dem Strande zu finden.

Ich fuhr geraden Weges auf das Land zu und segelte dann das Ufer entlang, um mich zurecht zu finden und den Canal, der zu meiner Pflanzung führt, nicht zu verfehlen. Wir waren ganz in der Nähe. Ich lief jedoch an der entgegengesetzten Seite in den Flußarm ein und landete an der sogenannten Kassavaspitze.

Hierauf sagte ich zu Isidorio:

— Steige hier aus und gehe zur Pflanzung; sage aber Niemanden etwas. Laß dir von meiner Gattin Wein, Tafia, einen Korb Mehl, zwei Matrosenjacken, zwei Hosen und zwei Negerhüte für mich geben und bringe es mir hierher. Ich erwarte dich.

Der Sträfling wollte auch aussteigen. Ich sagte Johannes, er solle ihm befehlen, ruhig an Bord zu bleiben. Der andere hatte sich aufgerichtet und an die Seitenwand des Bootes gelehnt; er sah allem zu ohne ein Wort zu sagen.

Ich legte mich hinten in das Boot und zündete mir eine Cigarre an.

Kurz darauf hörte ich, wie der Comödiant zu Johannes sagte:

— Euer Herr ist nicht höflich. Wenn man eine Standesperson wie mich zu Besuch hat, so bietet man ihm Cigarren an; du kannst ihm das meinerseits sagen.

Der Neger übersetzte es.

Sage ihm, er soll den Mund halten; er langweile mich.

Der Sträfling murmelte seinem Kameraden einige Worte in das Ohr und schwieg.

Ich sagte auschisch zu Johannes:

— Passe genau auf, und wenn einer von beiden Schuften sich rührt, um zu fliehen, so werfe ihn in's Wasser. Darauf stieß ich mit der Pagaje das Boot zwanzig Schritte vom Lande ab und warf den Anker aus.

Eine Stunde später kehrte Isidorio zurück. Ich nahm ihn an Bord und segelte nach der Insel Jurupari (d. h. Teufelsinsel), wo ich gegen Ende der Fluth ankam. Ich besaß dort eine Hütte, welche meine Seringueiros (Kautschuksammler) erst kürzlich verlassen hatten und die noch mit allem Nöthigen zur Gewinnung des Gummi versehen war. Wir landeten vor dieser Hütte.

Isidorio und der Neger trugen den Sträfling, der noch nicht zu gehen vermochte, dahin; der andere schleppte sich allein auf das Ufer. Ich zeigte ihm schweigend die Hütte und gab ihnen alles, was Isidorio mitgebracht hatte, indem ich ihnen sagen ließ, daß ich sie am folgenden Tage besuchen würde.

Der tragische Held brach in einen Schwall von Danksagungen aus und bat mich flehend ihn nach Brasilien zu bringen, wo er mir ungeheure Summen auszahlen und mich dem Präfecten des Departements vorstellen würde. Johannes übersetzte seine Worte.

Ich antwortete nicht einmal.

Isidorio machte Feuer in dem Carbet an und wies ihnen das Feuerzeug, die Waldmesser, die Angeln, die Pfeifen, den Tabak, kurz alles, was zu den Lebensbedürfnissen in der Einöde gehört. Wir bestiegen dann wieder unser Boot, und einige Stunden nachher war ich hier.

— Kein Wort von diesem Zusammentreffen! sagte ich zu meinen Leuten. Ich wollte meine Gattin nicht erschrecken und sagte ihr nichts davon; als Halbindianerin that sie auch keine Fragen.

Am andern Tage fuhr ich bei steigender Fluth mit Isidorio und Johannes nach Jurupari. Ich fand den Schauspieler die Pfeife rauchend, den andern auf dem Boden liegend. Als er mich sah, stand er auf; ich trat auf ihn zu, ohne dem andern zu antworten, der mich wie ein Theaterheld pathetisch begrüßte. Johannes spielte fortwährend den Dolmetscher.

— Woran leiden Sie noch?

Bloß an Hunger.

Sind Sie denn genesen?

Ich werde es morgen sein. Ich bin schon aufgestanden.

Wollen Sie hier bleiben und arbeiten?

Wir sind zu nahe bei Cayenne; wir gingen lieber nach Brasilien.

Sie sind ja in Brasilien.

Wo ist denn die Stadt? Man sieht nur Wasser und Bäume.

Hundert Stunden von hier.

— Lassen Sie uns hinbringen.

Ich kann nicht; denn ich habe dazu weder ein Boot noch einen Führer.

In der That hatte ich damals kein Fahrzeug zur Verfügung, da fast alle meine Leute fort waren, um Andiroba=Oel zu holen.

Dann wollen wir arbeiten. Wieviel werden wir verdienen?

Je nach eurer Arbeit.

Was haben wir zu thun?

Kautschuk zu sammeln. Johannes wird euch zeigen, wie es geschieht. Wenn ihr fleißig arbeitet, könnt ihr täglich 6 Piaster (30 Frcs.) verdienen*) und Maniotmehl und Tafia soviel ihr bedürfet, bekommen.

Sechs Piaster! Das ist nicht eben viel.

Wenn ihr nichts thun wollt, weiß Gott was aus euch wer=
den wird.

— Wir werden arbeiten.

Gut. Ihr habt schon Mehl, zwei Schildkröten, einen Koch=
topf und Angeln zum Fischen. Ihr sollt auch noch einige Liter Tafia bekommen. Bedürft ihr sonst noch etwas?

Sie wollen uns also nicht nach Brasilien bringen?

Nein. Eine Woche später werden wir sehen.

Der Schauspieler begleitete mich bis an das Boot. Unterwegs hörte ich ihn zu Johannes sagen:

Kann man denn bei einer solchen Hitze hier bleiben? Setze

---

*) Im Jahr 1858 konnte ein tüchtiger Arbeiter beim Kautschuksammeln täglich 100—120 Francs verdienen. Jetzt, wo die Preise dieses Ausfuhrartikels beträchtlich gesunken sind, verdient er immer noch 25—30 Francs. E. C.

doch deinem Herrn einmal auseinander, wie ein Mann meines Ranges keine Handarbeit thun kann.

Der Neger wiederholte es und ich erwiederte:

— Sage ihm, daß er alsdann wie ein Faulenzer und Taugenichts umkommen wird.

Er hörte die Antwort an, hob die Hände gen Himmel und kehrte zur Hütte zurück.

Für diesen Elenden war Brasilien das Eldorado, das seinen Lastern verheißene Land, nur eine Stadt und andere Menschen zu ungestörtem Ausbeuten. Die Einöde und die Arbeit erschreckten ihn; er hätte das Leben im Bagno vorgezogen. Je verdorbener der Mensch ist, je mehr zittert er vor der Einsamkeit.

Ich ließ Johannes, der ihnen die Verfertigung des Kautschuk zeigen sollte, zurück, und fuhr nach der Südspitze der Insel, um dort, wie gewöhnlich, Wasserschnepfen zu schießen.

Ich tödtete ein Dutzend und kehrte dann, nach Verlauf einer Stunde zurück, um meinen Neger mitzunehmen. Dieser erzählte mir, daß sie ihn nicht einmal hätten anhören wollen. All ihr Sinnen und Trachten ginge nur dahin, sobald wie möglich nach Brasilien zu kommen. Sie hätten Versprechungen und selbst Drohungen angewandt, um ihn zu bewegen, sie dahin zu bringen.

— Wohlan, sagte ich zu ihm, willst du sie hinführen?

— O Herr! erwiederte er mit vorwurfsvollem Tone. Ich gab ihm eine Cigarre, um ihn wegen meiner Frage zu trösten, legte mich auf den Boden des Bootes und überließ mich dem Schlafe bis zur Ankunft an meiner Pflanzung.

Ich kehrte acht Tage nachher nach Jurupari zurück. Das Carber war leer. Alles was ich den Bagnoflüchtlingen zurückgelassen hatte, war mit ihnen verschwunden. Auf dem Strande zeigten halbverwischte Spuren, daß seit wenigstens einer Nacht eine Einschiffung bewerkstelligt worden war; denn die Schritte verschwanden unter den Eindrücken von Tigern, welche seit ihrer Abfahrt das Ufer entlang gelaufen waren. Ich segnete den unbekannten Zufall, der mich von meinen gefährlichen Gästen befreit hatte und kehrte zur Pflanzung zurück.

Einige Tage darauf wurde ich Nachts durch das Gebell meiner Hunde geweckt. Ein Tiger schien mir den Lärm zu verursachen. Ich ergriff meine Büchse, ebenso wie Isidorio, der auch geweckt worden war. Wir gingen zu den Hunden, die noch fortwährend heulten und überall herumspürten. Wir konnten jedoch nichts sehen noch hören.

Am nächsten Morgen meldete ein Neger, daß er in der Nähe der Maniotpflanzung ganz frische und deutliche Spuren von Schuhen gesehen habe. Ich ging hin. Augenscheinlich waren Männer mit europäischer Fußbekleidung während der Nacht gelandet und auf meinen Pflanzungen gewesen. Ich konnte deutlich im Uferschlamm die Spuren ihrer Landung und ihrer Abfahrt erkennen. Im Verlaufe des Tages theilte mir meine Gattin mit, daß vier Hämmel sich nicht mehr vorfänden.

Ich ließ einen meiner Leute in der folgenden Nacht Wache halten und schlief nur mit einem Auge. Wir erhielten keinen andern Besuch als den eines Jaguars, welcher zwei Nächte hintereinander um die Hütten der Neger herumschlich und sich bei Tagesanbruch davon machte. Vergangene Woche hat mein Neger Domingo deren zwei getödtet, welche seit einem Monate jede Nacht auf die Insel kamen.

Drei Tage später heulten die Hunde wieder, aber nur auf kurze Zeit; am Morgen fehlte ein Drittel meiner Hühner, sowie ein Dorkinghähnchen, Carmens bevorzugter Liebling, welches ich zu London gekauft hatte. Spuren von Schuhen und nackten Füßen im Ufersande bekundeten unzweifelhaft einen nächtlichen Diebstahl. Wenigstens vier Männer waren gelandet und ohne jede Vorsichtsmaßregel durch die neuen Anpflanzungen gegangen. Ein gebratenes Hammelviertel, von dem noch einige Stücke neben dem Hühnerstalle lagen, erklärte genügend die Stille der Hunde. Die erste Beute hatte als Lockspeise beim zweiten Diebstahl gedient.

Ich rief Isidorio, Johannes und noch einen andern Indianer, Antonio, und bestieg mit ihnen zwei Stunden vor Tagesanbruch das Boot. Wir nahmen Hängematten, sechs Körbe Mehl, gesalzene Fische, Tafia, zwei Flinten, einen Revolver und einige Jagd- und Waldmesser mit. Es galt, die Banditen zu entdecken. Vor der Abfahrt schärfte ich noch meinen Negern ein, im Falle sich etwas Verdächtiges zeigte, als Signal für mich ein großes Feuer anzuzünden.

Ich war entschlossen, erst zurückzukehren, wenn ich mit den Spitzbuben ein Wörtchen gesprochen hätte. Ich fuhr zuerst nach Jurupari und suchte in zwei Tagen ringsum, die ganze „Teufelsinsel" ab. Während zweier Nächte kochte ich mein Abendessen in dem Walde fern vom Strande, um die Blicke nicht auf uns zu ziehen; meine Leute schliefen indessen zur Seite des an das Ufer gezogenen und sorgfältig verborgenen Bootes im Grase. In der ersten Nacht schlug ich meine Hängematte in der von den Bagnoflüchtlingen verlassenen Hütte auf; in der zweiten unter den Bäumen des Waldes.

Bei Tagesanbruch des dritten Tages kehrte ich nach Caviana zurück, entschlossen es ebenfalls ringsum abzusuchen. Ich fuhr, wie ich es an Jurupari gethan, das Ufer entlang, jede kleine Bucht, jeden Bach, jede Bodenerhebung durchforschend, wo eine Hütte Schutz vor der Seefluth finden konnte. Nichts war zu sehen.

Endlich, ungefähr eine Stunde von meiner Pflanzung, zeigte Isidorio auf den Hintergrund einer kleinen Bucht mit den Worten:

Sehen Sie den Rauch da, Herr?

Man mußte Indianer sein, um ihn zu entdecken. Ich war bereits vorbeigefahren, ohne ihn zu sehen, und war genöthigt, umzukehren und von neuem jene Uferstrecke zurückzulegen. Eine leichte, fast unbemerkbare Rauchsäule stieg in der That über das Mucu-mucus-Schilf empor, welches einen breiten Uferstreifen bedeckte; sie erhob sich gen Himmel, vor dem starken Südwinde durch große Miriti-Palmen geschützt, deren Laubwerk sie mit einer durchsichtigen grauen Färbung überzog.

Ich hielt mich mit dem Boote am Ufer und landete, hundert Schritte davon entfernt, in der von Schilf überfüllten Bucht. Bekanntlich steht das Mucu-Mucus-Schilfrohr oft 12--15 Fuß tief im Wasser, über welches seine mächtigen mit breiten Blättern beladenen Stängel noch hoch hervorragen. Man kann stundenlang durch das biegsame Rohr fahren, welches vor dem Kahne sich öffnet und dahinter wieder zusammenschließt, wie ein grünes Kornfeld im Frühling über eine Wachtel.

Wir fuhren hinein. Der grüne Vorhang schloß sich hinter uns. Wir wandten uns dem Lande zu in der Richtung des Rauches. Der jetzt unnütze Mast wurde in das Boot niedergelegt; meine Leute zogen sich schweigend am Schilfe weiter, und bei jedem Ruck kamen wir vorwärts. Man hörte nur das leise Rauschen des Kieles, wenn er beim Durchfahren die Blätter und Stängel des Rohres bei Seite schob. Die Biegsamkeit und Dünne des Schilfes bekundeten wenigstens zehn Fuß Tiefe des Wassers; denn es ragten darüber nur vier bis fünf Fuß hohe Halmspitzen hervor.

Nach Verlauf einiger Minuten gab mir der vorn im Boote knieende Indianer durch ein Zeichen zu verstehen, daß wir uns dem Ufer näherten. Ich hielt die Barke an, bückte mich über ihn und zeigte ihm das Land, indem ich ihm in's Ohr flüsterte:

Gehe hin und spähe sie aus!

Antonio nahm schweigend einen Dolch, ließ sich, um kein Geräusch zu machen, ganz sachte in das Wasser gleiten und tauchte unter.

In dem mich umgebenden äquatorialen Pflanzenmeere so zu sagen begraben, konnte ich das Land nicht erblicken, sondern nur errathen; denn ich sah nur die säulenartig emporstehenden, wie Palissaden sich aneinander drängenden Stämme der Miriti-Palmen. Am Fuße einer derselben tauchte jetzt der Kopf des Indianers hervor. Langsam und geräuschlos stieg er aus dem Wasser; man hätte ihn in unmittelbarster Nähe nicht gehört. Auf dem Lande rieb er sich den Körper mit dem Uferschlamm, so daß ich selbst ihn von den grauen Stämmen der Palmen kaum unterscheiden konnte, schlüpfte zwischen zwei Bäume und verschwand.

Kaum zehn Minuten später hörten wir unter dem Wasser ein Geräusch wie von einem am Boote vorüberschwimmenden Fische. Ich griff zu meinem Revolver, Isidorio und der Neger zu ihren Pagajen; wir waren zu allem bereit. Es war jedoch der Kopf des Indianers, der, aus dem Wasser tauchend, den Kahn berührte. Er hatte lange untertauchen müssen; denn seine Augen waren blutunterlaufen, sein Gesicht übermäßig geröthet. Lautlos blieb er im Wasser, indem er sich am Boote und an einem Rohre festhielt. Ich beugte mich zu ihm hinab; er blickte nach dem Lande hin und sagte mit kaum hörbarer Stimme:

— — Weiße!

— Wie viele?

Er hob fünf Finger in die Höhe.

— Lenke still unsere Barke dahin!

Er tauchte unter und erschien wieder am Vordertheile, wo er das Fahrzeug mit der einen Hand faßte, während er sich mit der andern an den Mucu=mucus weiterzog. Unsere Pagaien halfen ihm dabei, so daß wir einige Minuten nachher mit ihm landeten.

Man hörte Stimmengeräusch. Ich schritt gebückt vorwärts und erkannte bald die stets heisere Stimme des Schauspielers. Er erzählte eben eine scherzhafte Geschichte, denn man lachte. Da uns ein breiter, offener Raum von der Hütte trennte, so durfte ich, um nicht gesehen zu werden, nicht weiter gehen.

Ich kehrte zum Boote zurück und sagte zu Isidorio:

— — Nimm eine Flinte, verberge dich der Hütte gegenüber und erwarte mich. Schieße aber nur im äußersten Nothfalle und wenn du deiner Kugel sicher bist. Antonio wird dir folgen.

Ich sah nach, ob mein geladener Revolver in Ordnung sei, und steckte ihn in eine innere Brusttasche meines Hemdes, ebenso untersuchte ich den Zustand meines Dolchmessers und seiner Scheide, gab dann meinem Neger das Zeichen, mir zu folgen, und drang nach der den Stimmen entgegengesetzten Richtung hin in den Wald ein, um von da aus näher an die Banditen herankommen zu können.

Zunächst wollte ich sehen, mit wem ich zu thun hätte; die Bagno=flüchtlinge von Jurupari waren da; aber welche Gefährten hatten sie bekommen? Es waren, so dachte ich mir, wahrscheinlich Eingeborene, deren ich mich leicht entledigen würde, wenn ich die ersteren durch irgend einen Ruf in den Wald locken, ergreifen und nach Belem spe=diren könnte. Es galt, die Geschichte sofort abzumachen; denn sonst würden die Sträflinge sie mit leichter Mühe verführen und dressiren, so daß ich in weniger als drei Monaten einen ganzen Schwarm von Banditen auf den Hals bekäme.

Ich gelangte so von Baum zu Baum schlüpfend auf die andere Seite, der Hütte gegenüber. Der Schauspieler war noch immer am Sprechen; durch die Bäume sah ich, wie er gesticulirte und sich in seiner Hängematte hin und her wiegte; aber ich konnte weder seine Worte verstehen, noch seine Spießgesellen erblicken.

Endlich, bald kriechend, bald mich hinter einigen Gummibäumen verbergend, erreichte ich den Stamm einer Miriti-Palme, woran sich die Hütte lehnte. Johannes war mir auf dem Fuße ganz in derselben unbemerkbaren Weise gefolgt.

Ich suchte nun zu erkennen, wo Isidorio und der andere Indianer steckten, und erblickte beide in einiger Entfernung zur Rechten, Isidorio vom Gebüsche verdeckt, knieend, das Gewehr im Anschlag, drei Schritte von ihm Antonio auf dem Boden liegend und im Grase versteckt. Die Indianer glichen so mit ihren funkelnden Augen und weit aufgerissenen Nasenlöchern zwei Tigern, welche, zusammengekauert, im Begriffe stehen, auf ihre Beute loszuspringen. Neben mir stand Johannes mit einer Pagaie aus Itaubaholz, so schwer, wie eine Herkuleskeule. Wir konnten es mit zehn Feinden aufnehmen.

Ich legte einen Finger auf meinen Mund, um Isidorio einen Wink zu geben, trat etwas näher und blickte in die Hütte. Zwischen ihrer Blätterwand und der Palme befanden sich einige Lücken. Ich konnte den Feind sehen. Antonio hatte Recht gehabt: es waren fünf Männer, die Sträflinge von Jurupari und drei Fremdlinge. Ich sah und hörte sie drei Schritte vor mir; wenn ich den Arm an der Miriti-Palme vorbei ausstreckte, hätte ich den das Wort führenden Bagnoflüchtling berühren können. Bei jeder Schwankung der Hängematte erblickte ich sein Profil: seine scharf ausgeprägten Züge, seine fahle Haut, sein rastloses Auge, seinen röthlichen Bart. Mit der pathetischen Stimme und Geberde eines Bänkelsängers, vollendete er eben eine Geschichte, die mit Beifall aufgenommen wurde; denn die Zuhörerschaft klatschte in die Hände und schrie: Bravo, bravo, la Fouine.*)

Neben ihm lehnte sich, die Pfeife rauchend, der Ténébreur an

---

*) La Fouine, Marder, einer der unter französischen Dieben gebräuchlichen Spitznamen.

einen Baumstamm; ich erkannte ihn an seinen abgelebten Zügen, an seinem glanzlosen Auge, wodurch sein Gesicht das Gepräge des Elendes und der Liederlichkeit erhielt. Er behielt selbst beim Lachen das finstere Aussehen, welches ihm seinen Spitznamen verschafft hatte.

Dem Schauspieler gegenüber lagen zwei neuangekommene Männer auf einem Haufen Palmblätter. An ihren Gesichtern konnte man sie sogleich als Bagnoflüchtlinge erkennen; auch tragen diese Menschen fast alle an ihrem Körper irgend ein scheußliches Mal, welches sie als Verbrecher kennzeichnet. Der eine hatte auf dem rechten Arme eine blau tättowirte kleine Guillotine; es war ein kräftiger Mann mit Vollbart, Stumpfnase, niedergedrückter Stirne und runden Eulenaugen, kurz mit einem wahren Galgengesichte. Der andere war blaß, schwächlich gebaut, mit rothen Haaren, noch jung, aber mit einem kühnen und cynischen Gesichtsausdrucke. Im Hintergrunde saß ein alter Indianer, John, den ich wegen seiner Trunksucht von der Pflanzung fortgeschickt hatte. Er verstand kein Wort, lachte aber dennoch mit den andern.

Das Carbet hatte das gewöhnliche Hausgeräth der Seringueiros (Kautschuksammler); aber alles war wild durcheinander geschmissen. In der Mitte desselben hing eine Schildkröte über dem Feuer, dessen Rauch die Banditen verrathen hatte. Die Felle meiner Hämmel sah ich an einer Stange zum Trocknen aufgehangen. Die Hütte war nach allen Seiten offen, und ein fast fünfzehn Fuß langes Palmblatt hatte sich von den übrigen des Daches abgelöst und hing bis zum Boden herunter.

Der Schauspieler stand auf und mit dem graziösen Anstande eines Theaterregisseurs kündigte er dem Publikum eine Veränderung des Programms auf dem Theaterzettel an: mit Erlaubniß des Parterres wolle er vor dem Diner eine zu Paris verfaßte Romanze singen.

Ich verhielt mich noch abwartend und suchte ein Mittel oder eine günstige Gelegenheit, um ihn aus der Hütte zu locken, zu überwältigen und dann mit meinen Leuten vor den andern zu erscheinen. Ich dachte, wenn er einmal in meiner Gewalt wäre, seine Genossen leichter zum Verlassen der Insel zwingen zu können; denn John war mir in dieser Hinsicht eher nützlich als gefährlich. Sie benutzten ihn als Führer nach Belem, und ich kannte ihn zu genau, um ihn zu fürchten. Ich war auch im Nothfalle seines Gehorsams sicher.

Der Sträfling sammelte sich einige Augenblicke, welche mir nicht weniger als seiner Zuhörerschaft Jahrhunderte dauerten; denn der kleine Blonde schrie: „der Vorhang! der Vorhang!" gerade als befände er sich im Paradies*) des Gaîtétheaters, und fing an zu pfeifen. Endlich begann der Sänger. Seine heisere, häßliche Stimme und seine sogenannte Romanze klingen mir noch in den Ohren: es war ein obscönes, dummes Bagnolied. Seit drei Monaten verfolgt mich das verwünschte Lied wie ein Alp, ich kann es nicht vergessen und weiß die Strophen auswendig: doch ich will Ihnen das Anhören derselben ersparen.

Die Zuhörerschaft war zufrieden. Die Stumpfnase trampelte vor Vergnügen auf seinem Blätterhaufen und der Rothkopf schrie: „Bis! bis!"

Es war für meinen Ekel schon zu viel. Das scheußliche Lied erregte mir fast eine Uebelkeit; dieser Mensch besudelte mir die Insel. Ich mußte dem Ding ein Ende machen, trat hinter den Palmen hervor und dem Sänger gegenüber in die Hütte.

Er schwieg und eine leichte Blässe überflog sein Gesicht.

Aber er faßte sich sofort wieder und sagte, indem er sich hin und her schaukelte:

— Ei, da ist ja der Spanier!

Der Rothhaarige hob sich halb in die Höhe und sagte:

— Welch ein Kopf!**)

Die beiden andern sahen mich an, ohne etwas zu sagen.

John wollte fort.

— Bleib hier, sagte ich englisch zu ihm.

---

*) Paradies, das Amphitheater, der 4. Rang. („Parce qu'on y mange des pommes.") Man nennt es auch poulailler (Hühnerstall), wegen der Hühnerstiegen ähnlichen Stufen und wegen des Krähens und Gegackers der „habitués".

**) Quelle tête soll nicht bloß ein Witz sein; es bedeutet im Argot auch quel air rogue et orgueilleux. B.

Er setzte sich wieder und sagte zu mir in derselben Sprache:

— Herr, es ist nicht meine Schuld; ich bin nicht mit ihnen auf der Pflanzung gewesen.

Ich gab ihm keine Antwort.

Johannes war mir gefolgt. Ich klopfte ihm auf die Schulter und sagte spanisch zu ihm:

— Frage sie, weßhalb sie mich bestohlen haben.

Der Neger wiederholte es.

Der Schauspieler war wieder kühn geworden. Sie waren fünf Mann stark; ich mit meinem Neger allein; und sie hielten uns für unbewaffnet.

Sage deinem Herrn, daß ich ihm seine Hämmel genommen habe, weil er sie mir nicht gegeben hätte. Was seine Hühner betrifft, so liegen da ihre Federn, wenn er sie haben will.

Alle fingen an zu lachen. Mein Zorn begann zu steigen; ich fühlte, daß ich erblaßte; indessen je mehr mir der Kamm schwillt, desto größer wird meine scheinbare Ruhe.

Sage ihm, ich sei hierher gekommen, um ihm zu sagen, daß ich ihn tödten werde, wenn er es nochmals thut.

Johannes übersetzte es.

Ei, entgegnete der Bagnosträfling, der Spanier wird böse. Ich danke schön; er hat keine Ursache; seine Hühner und Hämmel waren gut. Neger, wenn dein Herr noch von dem Weine hat, den er mir neulich gab, so sage ihm nur, er solle mir einige Flaschen davon bringen. Ich und der Ténébreur haben ihn vortrefflich gefunden. Wir sind hier Gesandte Frankreichs, und die Wilden sind uns tributpflichtig. Sage ihm das.

Indem er diese Worte mit pathetischer Stimme sprach, war er aufgestanden und hob mit beiden Händen den Kragen seines groben Matrosenhembdes in die Höhe wie ein Spießbürger oder Dorfbürgermeister.

Johannes sagte zu mir:

— Herr, Sie können fortgehen. Isidorio und ich werden schon diesen vier Leuten den Garaus machen.

Nein; sage ihm, es sei um sein Leben geschehen, wenn er innerhalb einer Stunde nicht die Insel verlassen habe.

Der Neger wandte sich gegen sie um und wollte meine Worte wiederholen; aber der Schauspieler trat auf ihn zu und sagte zu ihm:

— Hör einmal, Schwarzkopf. Wenn du mit einer Geberde, mit einem einzigen Worte deinem Herrn verständlich machst, was ich jetzt sagen werde, so mache ich dich kalt.

Darauf wandte er sich zu seinen Genossen.

— Liebe Collegen, sagte er zu ihnen, der Wilde da (hierbei machte er einen Bückling vor mir) besitzt vortrefflichen Wein und wahrscheinlich einige krausköpfige Fräuleins. Da er uns aus dem Wasser gezogen hat, so möchten der Ténébreur und ich ihn dieses ganzen Krames entledigen; aber er scheint an unserer Nachbarschaft keinen Gefallen zu finden. Ich denke nun die Sache glücklich abzumachen. Wir verschaffen ihm ein gutes Unterkommen — für die Ewigkeit.

Und er machte mir einen neuen Bückling.

Wir werden sein Boot, das in der Nähe sein muß, nehmen und seinem Keller einen Besuch abstatten. Der Neger wird uns hinführen. Für seine Mühe wollen wir ihm ein Glas Wein und den Laufpaß geben. Ich bin ja ein Negerfreund.

Er that mit der Hand, als suche er auf der Brust eine Waffe und machte dabei ein grimmiges Gesicht.

— Angenommen! schrie der Rothhaarige.

Der Schauspieler wandte sich zu Johannes:

Negerjunge, melde deinem Herrn, daß wir seinen Vorschlag überlegen. Kein Wort mehr; ich verstehe das Spanische und höre alles.

Aber der Ténébreur erhob sich und sagte:

— Ich will nicht, daß man ihn tödte. Er hat mir das Leben gerettet. Binde ihn, wenn du willst.

— Tarrlata, tarrlata! Da fängt ja der Ténébreur auf einmal an zu faseln. Ich habe keinen Strick. Und dann, seitdem ich in diesem Hundelande bin, kömmt meine Hand scheußlich aus der Uebung;

ich kann nicht einmal mehr einen Hammel abstechen. Einverstanden, ihr Andern?

— Jawohl, jawohl, sagten die beiden auf dem Boden liegenden Sträflinge.

— Alsdann bekümmere ich mich um nichts mehr, versetzte der Ténébreux.

— Gut, du sollst dich dann auch nicht um den Wein und die Frauen zu bekümmern haben.

— Nun, meinetwegen, aber macht dem Dinge rasch ein Ende.

— Einen Augenblick Geduld! Setzen wir die Ordnung und den Marsch fest. Du, Neger, wenn du dich rührst, so weißt du.....!

Johannes verzog keine Miene. Er hatte das gleichgültige, kalte Gesicht eines Sclaven aufgesetzt.

Ich war blaß und sagte nichts, aber der Zorn erstickte mich beinahe. Ich wollte indessen bis an's Ende warten, um nicht zuerst loszuschlagen.

Der Bagnosträfling dachte einen Augenblick nach und sagte:

— Ténébreux und Monte-à-regret, ein jeder von euch packt das Huhn bei einem Flügel; ich will es dann ganz säuberlich abstechen.

Er zog seine Hemdärmel in die Höhe.

— Ich darf das Kleidungsstück, welches der gute Wilde mir geschenkt hat, nicht beschmutzen. Du, Poil-de-carotte, überwachst den Neger — der Rothe den Schwarzen. Sobald ich das Wort gratias spreche, vorwärts!

Die beiden auf den Palmblättern liegenden Sträflinge standen auf.

Ich erfaßte unter dem Hemde meinen Revolver.

Der Schauspieler wandte sich nach mir um und indem er vor mir einen Bückling bis zur Erde machte, sagte er in seinem halb-spanischen Kauderwelsch:

— Wollen Sie die Friedenspfeife rauchen?

Er nahm seine an dem Knopfloche seines Hemdes hängende Pfeife und bückte sich über das Feuer, als wollte er sie anzünden, hob aber mit scheinbar gleichgültiger Miene ein daneben liegendes Waldmesser auf und schürte das Feuer.

Siehst du, sagte er lachend, ich lasse das Eisen warm werden, um dich nicht zu erkälten;*) ich bin gütig gegen dich.

Ich verlor keine seiner Bewegungen aus den Augen. Er schürte so noch einige Augenblicke, richtete sich dann auf, stützte sich auf das Waldmesser und sagte zu mir, indem er mit den Augen blinzelte:

Du willst also nicht die Friedenspfeife rauchen? Nun denn, gratias!

Und er schritt mit gleichgültiger Miene auf mich zu.

Die beiden andern machten ebenfalls eine Bewegung. Ich stützte mich mit der linken Hand auf meine Pagaje und that einen Sprung rückwärts.

Dann zog ich meinen Revolver und zielte auf den Sträfling. Ich sehe noch sein bleich werdendes Gesicht; er wich zurück, den Kopf nach hinten werfend.

Ich feuerte zweimal nacheinander; er fiel. Ich wandte mich um und sah nach seinen Genossen. Der eine, der Ténébreux, durch einen Schlag mit dem Ruder zu Boden gestreckt, lag fast regungslos unter Johannes, der ihn erdrosselte; den andern hatte ein gleichzeitiger Schuß Isidorio's mit blutender Stirne niedergeworfen.

Antonio kauerte wie ein Jaguar auf dem Rothhaarigen und drückte ihm mit seinen beiden Knieen die Arme auf den Boden. Man sah nur die zappelnden Beine und Füße des Sträflings, der sich aufzurichten trachtete, während Antonio mit der einen Hand sein Schlachtopfer bei den Haaren packte und mit dem Dolche in der andern die Schlagader am Halse suchte.

— Tödte ihn nicht, rief ich ihm zu; binde ihn. Ich gab darauf Isidorio ein Zeichen, und dieser holte aus einem Winkel der Hütte ein Paket zusammengerollter Lianen, um Antonio beim Fesseln des Banditen zu helfen.

Ich ging nun zu Johannes. Der Ténébreux röchelte unter ihm.

Laß ihn aufstehen, sagte ich zu ihm.

Der Neger ließ ihn los. Der halb erdrosselte Sträfling griff

---

*) Ein abscheuliches Wortspiel; denn im Argot der Bagnos bedeutet faire froid oder refroidir, wie unser deutsches „kalt machen", tuer, tödten.

sich zuerst mit beiden Händen nach dem Halse, athmete tief auf und richtete sich dann halb in die Höhe.

Ich bückte mich über den Schauspieler. Er war todt; eine meiner Kugeln war durch ein Auge eingedrungen und oben am Kopfe herausgekommen; die andere hatte ihm die Nase zerschmettert.

Was den vierten betrifft, so hatte ihm die Kugel Isidorio's die Stirne nur etwas tief gestreift. Er lag aus bloßer Furcht auf der Erde. Ich rief Johannes und sagte zu ihm:

Binde ihn!

Gnade! schrie er; ich war es nicht; La Fouine hat alles angestiftet.

Schweige!

Johannes, von Isidorio unterstützt, band ihm die Hände zusammen. Der Rothhaarige, der schon wie ein Paket zusammengeschnürt war, fluchte und schäumte vor Wuth.

Inzwischen hatte der Ténébreur sich wieder erholt. Er stand auf. Plötzlich sprang er auf die Flinte zu, welche Isidorio auf dem Boden liegen gelassen hatte. Ich richtete meinen Revolver auf ihn; aber in einer Secunde hatte ihn der Indianer schon gepackt.

Soll ich ihn tödten, Herr?

Nein, nimm ihm nur die Flinte ab.

Der Bagnosträfling zappelte und wand sich unter den Händen Antonio's.

— Wenn du nicht aufhörst, sagte ich französisch zu ihm, so zerschmettere ich dir den Hirnschädel.

Er ließ dem Indianer seine Flinte und setzte sich auf den Boden.

Johannes hatte inzwischen dem dritten die Hände gebunden.

Jetzt, sagte ich zu ihnen, werdet ihr weit von hier gebracht werden. Wenn einer von euch jemals auf diese Insel zurückkehren sollte, so schieße ich ihn nieder wie einen Hund. Heute schone ich euch noch, weil ich Franzose bin, wie ihr; aber ich habe alles gehört.

„Eine schöne Lüge!" murmelte halblaut der Rothhaarige und fügte mit lauter Stimme hinzu:

Als Landsmann verlange ich, daß man mir wenigstens die Beine frei lasse.

Wo ist John? Antonio bring ihn hierher
John erschien in demselben Augenblicke.
— Hast du einen Kahn?
Jawohl, Herr.
Hole ihn und fahre ihn neben den meinigen; Antonio wird dich hinführen.

Was dich betrifft, sagte ich zum Ténébreur, so sollst du diesen Leichnam nehmen und vor mir zum Boote tragen. Wenn du dich muckst oder nur eine Bewegung machst zu fliehen, auf Edelmanns Wort, so schieße ich dich nieder.

Er faßte ohne ein Wort zu sagen den Leichnam auf beide Arme und trug ihn an das Ufer.

Der Kahn Johns langte eben an. Ich ließ ihn von Isidorio und Antonio mit den beiden gefesselten Sträflingen besteigen und den Leichnam, sowie die Geräthschaften für Kautschuksammler aus der Hütte hineintragen. Johannes zündete letztere an; ich nahm John und den Ténébreur an Bord und so steuerten wir aus dem Mucu=mucus= Schilfe heraus.

In der Nähe befand sich eine von Sand= und Schlammablage= rungen umgebene Insel, wo ich landete und den Körper des Sträflings an das Land bringen ließ.

Ich wandte mich nun zu den Gefangenen mit den Worten:

— Wenn einer von euch noch an etwas glaubt und ein Gebet weiß, so möge er es hersagen.

Der Rothhaarige erwiederte:

— Ich will, wenn Sie es wollen, geistliche Worte über La Fouine's Körper sprechen; aber Sie werden mir dafür sein Matrosen= hemd überlassen.

Auf meinen Befehl band ihm der Ténébreur die Hände los. Er stand auf, streckte einen Augenblick seine Arme nach allen Richtungen aus, wie wenn er seine Kräfte versuchen wollte, und fing dann an. Es war ein verstümmeltes Gebet, welches er vielleicht als Kind auf dem Schooße seiner Mutter gelernt und das sich durch sein Verbrecher= leben hindurch wie ein Vergißmeinnicht aus vergangenen Zeiten erhalten hatte. Aber die Lippen allein sprachen die heiligen Worte, das Herz hatte alles vergessen.

Ich sah ihn plötzlich einen Fuß auf den Rand des Bootes setzen; darauf blickte er mit einem unbeschreiblichen Ausdrucke befriedigter Schlauheit um sich und that einen mächtigen Sprung, wie ein Jaguar. Der Wald begann einige Meter von uns: er hoffte ihn in drei Sätzen über die Schlammbank zu erreichen; aber an dieser Stelle hätte ein etwas schwerer Vogel nicht hinüber gehen können. Er sank ein bis zur Mitte des Leibes, mühete sich einige Augenblicke ab und wandte sich dann entsetzt zu mir hin:

— Mein Herr, ich bitte Sie flehentlich, mich zu retten. Ich will nicht mehr fliehen; ich werde alles thun, was Sie verlangen und selbst nach Cayenne zurückkehren, wenn Sie es wünschen.

So zeigte sich dieser kaum halb erwachsene Zögling des Bagno einerseits verwegen wie ein Bandit, andrerseits feige wie ein Kind; seine großstädtischen Laster hatten keine seiner Eigenschaften zur Entwicklung kommen lassen.

Ich ließ ihm eine Pagaje zuwerfen und Johannes reichte ihm einen Bootshacken, an dem er sich herauszog. Er hatte seine ganze Fassung, seine ganze Maulfertigkeit verloren.

— Nimm eine Pagaje, sagte ich zu ihm, und begrabe deinen Gefährten.

Der Sträfling bückte sich über den Leichnam und zog ihm das Matrosenhemd aus. Wegen der Steifheit der Glieder gelang ihm dieses nur nach einigen Anstrengungen. Es war ein widerwärtiger Anblick, der auf's neue zeigte, wie weit die Verbrecher alles menschliche Gefühl abstreifen lernen.

— Hast du mich verstanden, sagte ich zu ihm. Du sollst ihn sofort begraben.

Er machte mit einem Ruder in dem Schlammboden neben dem Leichnam eine Grube, stieß ihn hinein und drückte mit beiden Händen darauf, als er nicht rasch genug untersank.

Die Sonne stand während dieser traurigen Scene im Zenith und schoß ihre glühenden Strahlen senkrecht auf uns herab; ringsum herrschte tiefe Mittagsstille; nur über unsern Häuptern kreiste eine Schaar Urubus. Diese hungrigen Todtengräber Südamerika's hatten die Leiche schon in großer Entfernung gewittert und warteten nur auf unsere Entfernung.

Einige Minuten nachher hatte der Sträfling seine Arbeit beendigt und die Schlammfläche wieder ihr glattes und glänzendes Aussehen. Ein menschliches Wesen, vor kurzem noch so voll von Leben und Leidenschaften, war in einem Grabe verschwunden, von dem schon keine Spur mehr sich zeigte.

Im Amazonenstrome und besonders an seiner Mündung sind Bänke weichen Schlammes sehr häufig. Manchmal verändern sie sich oder verschwinden nach einigen Ebben und Fluthen; sie sind auch häufig nicht gefährlich: man sinkt hinein, wie im Wasser, stößt aber zwei Fuß tief auf festeren Boden. Häufig sind sie jedoch tiefer, und es ist immer gerathen, sie zu vermeiden, oder wenigstens nicht allein auf die Jagd zu gehen; denn steckt man einmal bis unter die Schulter im Schlamme, so ist es äußerst schwer, sich ohne Hilfe herauszuziehen, und in diesen Wüsteneien sind Vorübergehende selten. Es gibt außerdem auch bodenlose Schlammlöcher, die sich von den übrigen Ablagerungen nicht unterscheiden lassen. Diese gefährlichen Stellen finden sich namentlich im Gapo (Caá-ygapo) d. h. Wald=Sumpf in der Tupisprache. Auf einer Fahrt mit zwei Indianern durch einen solchen Sumpfwald (S. Abbildung) sprang ich eines Tages an das Ufer um einen geschossenen Vogel zu holen und konnte nur mit der größten Mühe von meinem Gefährten aus der Sandbank, in die ich versank, gerettet werden.

Ich ließ dem Ténébreux und dem Rothhaarigen von neuem Arme und Hände binden, was sie lautlos duldeten; dann nahm ich Isidorio bei Seite:

Du sollst mir diese Menschen nach Marajo bringen, und zwar westlich von Chavès, wo die meisten Gummibäume stehen. Du kannst ihnen sechs Körbe Mehl und alle Seringueiros=Geräthschaften lassen.

Ich ließ Johannes und John in mein Boot, den Ténébreux

Cayuga.

mit seinem Genossen in den Kahn steigen und sagte dann zu den Sträflingen:

— Ihr habt zuerst als Diebe und nachher als Meuchelmörder gegen mich gehandelt. Ich könnte dafür euch alle drei niederschießen. Man wird euch jedoch auf eine Insel bringen mit Maniokmehl für drei Monate. Fangt Fische und macht Kautschuk; ich werde euere Ernte gegen Bezahlung abholen lassen. Isidorio und der andere Indianer werden euch hinbringen. Wenn ihr unterwegs nur eine Miene macht zu fliehen oder euch aufzulehnen, so haben sie Befehl, euch ohne Erbarmen zu tödten. Behaltet im Gedächtniß, daß ich niemals zum zweiten Male verzeihe; und laßt euch nie wieder in der Nähe meiner Pflanzung finden.

Heimgekommen, ließ ich John in eine Negerhütte einsperren. Isidorio und Antonio kehrten drei Tage nachher zurück; sie hatten meine Befehle vollzogen. Während der einen Tag und eine Nacht dauernden Fahrt hatten die Bagnosträflinge sich nicht gerührt; sie sangen und plauderten mit einander. Antonio band abwechselnd einen los und ließ ihn zwei bis drei Stunden frei; dann fesselte er ihn von neuem. Gleich nach ihrer Ankunft hatten sie die Geräthschaften und die Sträflinge an das Land geschafft, die Stricke des Ténébreux gelöst und dann sofort zur Rückfahrt die Ruder eingesetzt.

Ich gab John seinen Kahn zurück und ließ ihn laufen, nachdem er mir vorher mitgetheilt hatte, mit welchen Leuten ich eigentlich zu thun gehabt hatte.

Die Bagnosträflinge, erzählte er, waren aus der Colonie Montagne-d'Argent an der Mündung des Oyapok entlaufen. Zu dreien hatten sie sich einen ganzen Tag lang, ohne zu essen, im Schlamme eines Teiches bis an den Hals steckend, am Fuße des Berges verborgen gehalten; hierauf während der Nacht sich durch das Mangrovegebüsch gearbeitet, den Oyapok durchschwommen und mitten durch die Wälder die Ufer des Cassipurflusses erreicht.

„Sie setzten nun eine Zeit lang flußaufwärts ihre Flucht fort, stießen auf indianische Carbets und stahlen einen Kahn, worauf sie sich einschifften und mittelst einer Stange weiterarbeiteten. So erreichten sie, nichts als Wurzeln und wilde Früchte essend, den Mapa-See, wo sie in einer Hütte von den Tapuyas erwischt wurden, welche einen derselben an die französischen Behörden auslieferten, während die beiden andern entkamen. Sie mußten nun vierzehn Tage lang auf die elendeste Weise ihr Leben fristen, da sie meist nur Früchte und Flußkrebse zu essen hatten, und waren nahe daran umzukommen, als John sie antraf und rettete.

Ihre Genossen waren ebenfalls Flüchtlinge aus der französischen Colonie. Einer jener Abenteurer, die sich auf allen Grenzdistricten als Schleichhändler umhertreiben, je nach ihren Interessen oder lichtscheuen Geschäften bald der einen, bald der andern Nationalität angehörend, hatte sie nach der Insel Meriana gebracht. Dieser Mann, der zu Para als Flüchtling von Cayenne, zu Cayenne als Ueberläufer von Para lebte, war den Bagnosträflingen bei ihrer Flucht behilflich gewesen, unter der Bedingung daß sie eine Zeitlang am Amazonas Kautschuk für ihn sammelten. Sie begannen auch wirklich mit dieser Arbeit, geriethen aber bald in Händel mit den Seringueiros der Insel, denen sie am hellen Tage Kautschuk stahlen. In einigen Wochen waren sie der Schrecken der Insel geworden. Als sie nun gar einen Brasilianer, der ihnen zu widerstehen wagte, ermordeten, wandten die Seringueiros sich an den Polizei-Inspector des Districts. Allein dieser unternahm nichts gegen die Banditen, da ihm der Schleichhändler zu verstehen gab, er könne ihm eine Summe von 1200 Francs, die er ihm schuldete, nicht bezahlen, wenn er die für ihn arbeitenden Kautschuksammler arretiren ließ. Uebrigens, selbst wenn der Polizei-Inspector die Banditen hätte festnehmen wollen, so würde er Niemanden als Beistand bei diesem gefährlichen Unternehmen gefunden haben. Man ließ sie also unbehelligt; nur bat man sie freundschaftlichst, nach Caviana zu gehen, wo die Kautschukernte reichlicher wäre. John, der sich seines Schleichhandels wegen in der Nähe befand, brachte sie hin. Er fuhr eben mit ihnen längs dem Ufer der Insel hin, um einen günstigen Landungsplatz zu suchen, als er auf der Insel Jurupari Rauch erblickte. In der Meinung, Gelegenheit zum Plündern zu finden, fuhren sie hinüber und trafen die beiden Bagnosträflinge von Montage-d'Argent.

Sie vereinigten sich und setzten alle nach Caviana über, wo ihnen John — ganz unfreiwillig, wie der Schelm sagte — seinen Kahn geliehen hatte, um mich zu bestehlen. So weit ging der Bericht des Indianers.

Was die von mir auf Marajo ausgesetzten Bagnosträflinge betrifft, so sind sie seitdem nach Caviana zurückgekehrt; aber sie hausen auf der entgegengesetzten Seite der Insel am Ufer des Oceans. Ich bin durch unüberschreitbare Sümpfe von ihnen getrennt und glaube nicht, daß sie jemals die Versuchung verspüren werden, mir einen neuen Besuch zu machen. Uebrigens sollen sie wieder für den Schleichhändler arbeiten und mit Kautschuksammeln 40—50 Francs täglich verdienen.

— Sie sehen, mein lieber Gast und Landsmann, schloß Don Henrique seine Erzählung, daß unser Leben hier zuweilen durchaus nicht idyllisch ist; aber jedes Ding muß ja seine Schattenseiten haben.

Es war schon spät. Wir begaben uns unter das Carbet, wo ich bald, durch ein Mostitonetz vor lästigen Besuchern geschützt, die wohlverdiente Ruhe genoß und von der fernen Heimath träumte.

XXIV.

Indianer im Handel. — Civilisationsfähigkeit der Wilden. — Eine Amazonas-Flottille. Zusammentreffen mit Goldgräbern. — Zweihundert Quadratmeilen Goldfelder in Guyana. — Die Insel Marajo. — Para und der Urwald. Abschied von Brasilien.

Don Henrique's Pflanzung lag an einer Espera. Man nennt so an der Amazonas-Mündung kleine, vor der Prororokka geschützte Buchten, worin die zwischen Para und Macapa an der Nordküste von Marajo fahrenden Schiffe das Ende der Fluth abwarten. Sie befinden sich alle an der südlichen Seite der Inseln und machen auch kleinern Booten die sonst so gefährliche Fahrt möglich. An allen diesen Punkten haben sich gegenwärtig Ansiedelungen gebildet, da die Fahrzeuge jedesmal den ganzen Verlauf der sechs Tage dauernden Prororokka abwarten müssen.

Die Bucht an dem Flußarme vor der Wohnung meines gastfreien Landsmannes war durch eine kleine, waldbedeckte Landzunge von einer andern getrennt. Wie mir Don Henrique beim Frühstücke mittheilte, lag sie voll von den verschiedenartigsten Fahrzeugen, theils Küstenfahrern, theils Booten und Kähnen, die ihm selbst oder Tauschhandel treibenden Indianern angehörten.

„Ich bin nicht bloß Seringueiro," sagte er, „sondern auch Pflanzer und Viehzüchter. Im Innern der Insel besitze ich eine Fazenda mit 300 Stück Vieh, womit ich meine Ausfuhr nach Macapa, Cayenne und Para bestreite. Außerdem treibe ich lebhaften Tauschhandel mit den Indianern, welche oft aus großer Entfernung mich aufsuchen; auch gehen meine Boote bis zum Ucayali den Strom hinauf."

Als ich äußerte, der Tauschhandel müsse wohl sehr gewinnnreich sein, da er ganz ohne Risico, weil ohne Creditgebung sei, erwiederte er: „Sie haben nur zum Theil Recht. Der Tauschhandel mit den Indianern wirft enorme Procente ab; aber ich muß oft Credit bis auf 9 oder 10 Monate geben. Risico ist dabei jedoch nur bei den civilisirten und getauften Wilden."

„Das wäre merkwürdig."

„Durchaus nicht. Seit zwanzig Jahren verkehre ich mit wilden Indianern und noch nie hat mir ein einziger sein gegebenes Wort gebrochen. Die civilisirten dagegen haben mich auf jede Weise betrogen und geprellt. Dieselbe Erfahrung ist von Reisenden auf den Inseln der Südsee gemacht worden. Oft kommen Wilde zu mir, die weder das Portugiesische, noch die Queschsprache, noch die lingoa geral*) verstehen, und mit denen ich mich nur durch Zeichen verständigen kann. Es sind gerade die ehrlichsten und treuesten. Der Dialog ist gewöhnlich nicht lang. Ihr Kahn, voll nackter Männer, Weiber und Kinder, läuft geräuschlos in die Bucht ein und hält am Ufer. Der älteste Indianer steigt aus und zeigt mir schweigend ein Beil, einen Säbel, ein Waldmesser, einen Spiegel, oder was er sonst wünscht. Ich führe ihn dann in das Vorrathshaus, wo er aus den Werkzeugen, Geräthschaften und Waaren, was ihm gefällt, aussucht und es in den Kahn trägt, alles ohne ein Wort zu sagen. Hierauf kommt er zurück und sucht schweigend nach allen Seiten, bis er Kautschuk, Kayaknüsse, Castanhas der Marahao u. dergl. erblickt. Er legt davon verschiedene Haufen zusammen, und zwar so viel, als ihm die erhaltenen Gegenstände werth

---

*) Die Queschsprache besteht aus indianischen und einigen spanischen Wörtern und wird in den ehemals spanischen Provinzen gesprochen. Die im ganzen Becken des Amazonenstromes verbreitete lingoa geral (allgemeine Sprache) besteht aus einer Vermischung portugiesischer Wörter mit der Tupi- oder Tupinambaisprache, einem der drei Hauptdialecte der Guaranisprache, welcher nach Balbi die Buchstaben F, R, L und S fehlten. Es existiren Wörterbücher und Grammatiken der lingoa geral. B.

zu sein scheinen. Nun sieht er nach meiner Miene: mache ich eine verneinende Geberde, so vermehrt er den Haufen so lange, bis eine bejahende Bewegung folgt. Die Ablieferungsfrist bezeichnet er, indem er den Mond ansieht und zwei, drei, vier oder selbst zehn Finger in die Höhe hebt; bei Sonnenschein kehrt er der Sonne den Rücken und macht dieselben Zeichen, um mir zu sagen, daß er in zwei, drei, vier oder zehn Monaten die bestimmte Quantität Kautschuk, Nüsse oder Kastanien abliefern werde. -- Hierauf zieht er eine Pfeife hervor und blickt mich schweigend an; ich lasse ihm Tabak geben, den er mit in den Kahn nimmt, nachdem er sich vorher im Carbet ein brennendes Holzstück geholt hat. Das Segel wird aufgezogen, und die ganze Sippschaft fährt ab ebenso lautlos, wie sie gekommen ist. Man sollte sagen, die Andern hätten von der Verhandlung nichts verstanden, und doch ist Keiner unter ihnen, der nicht den abgeschlossenen Handel vollkommen kennte. Genau zu der bestimmten Zeit erscheint derselbe Kahn wieder ganz in derselben Weise; die versprochenen Tauschwaaren werden an das Land geschafft; der Aelteste zeigt mir wiederum seine Pfeife, zugleich aber auch einen Cou, der soviel wie ein großes Trinkhorn faßt. Ich lasse ihn mit Tafia füllen, und Männer, Weiber und Kinder trinken ihn nach der Reihe aus. Dann fahren sie ab, wie sie gekommen sind, um in gleicher Weise je nach der Laune oder Bedürfniß im nächsten Jahre wiederzukehren. Ein civilisirter Indianer würde sich ganz gewiß nicht mehr blicken lassen."

„Dann wäre ja die Civilisation ein schlechtes Geschenk für die Indianer."

„Es ist ein Geschenk, mit dem sehr viele wilden Volksstämme, auch in andern Welttheilen, nicht viel anzufangen wissen. Unsere Cultur ist das Product einer vieltausendjährigen Entwickelung; sie stellt das Greisenalter der Menschheit dar; während die Indianer noch auf der Stufe der Kindheit stehen. Es läßt sich nicht läugnen, daß wo nebst dem Klima noch die geistigen und gemüthlichen Anlagen eines wilden Volkes günstig mitwirken, die Civilisation einen dankbaren Boden findet. Das ist aber bei den südamerikanischen Indianern nicht der Fall. Der Indianer läßt sich nur zähmen, nicht civilisiren. Die

Freiheit ist sein Lebenselement; gibt er dieses, durch die Civilisation gezwungen, auf, so geht er unter und sein Geschlecht verschwindet. Durch das Aufgeben der Freiheit und Ungebundenheit gewinnt er nur neue Laster, ohne die mit seiner Natur zusammengewachsenen aufzugeben. Gelingt es, ihn seßhaft zu machen, so muß er fortwährend am Gängelbande gehalten werden; er wirft sonst eines schönen Tages alle künstlichen Bande, alle mühsam erworbenen Gewohnheiten von sich, und läuft auf Nimmerwiedersehen in den Wald. Ich läugne nicht, daß die brasilianischen Indianer civilisationsfähig seien; denn es zeigen sich bei mehreren Stämmen Fortschritte; allerdings nicht so auffallende, wie bei den Irokesen in Nordamerika, die nicht blos Ackerbauer geworden sind und Zeitungen schreiben, sondern sogar ein neues Schriftsystem von 85 Lettern erfunden haben, welches für ihre Sprache weit praktischer als das unsrige ist. Jedenfalls können die Wilden nur durch eine langsame Erziehung auf eine höhere Culturstufe gehoben werden."

Don Henrique brach hiermit das interessante Gespräch ab, um seinen Leuten ihre verschiedenen Tagesarbeiten anzuweisen, und lud mich dann ein, ihn zu der andern Bucht zu begleiten.

„Sie dürfen die Gelegenheit nicht versäumen," sagte er, „einmal eine Musterkarte der den Amazonas befahrenden Boote und Schiffe zu sehen."

Ich beeilte mich, ihm zu folgen. Unterwegs machte er mich auf die Wohnungen der Neger und Indianer seiner Pflanzung aufmerksam:

„Sie können hier die tiefen Rassenunterschiede in der Ajoupa (Hütte) des Negers und dem Carbet des Indianers ausgeprägt sehen. Die Ajoupa ist klein, niedrig, enge, von allen Seiten geschlossen; der Neger, der als Sklave von Kindheit an gezwungen ist, sich zu beschränken, gedrückt und als Anhängsel eines Herrn zu leben, scheint Luft, Sonne und Licht zu fürchten. Daher auch sein unausrottbarer Aberglauben, der auf Haiti zur Rückkehr zu dem entsetzlichen Vaudoudienst geführt hat. Das indianische Carbet dagegen hat ein Dach, keine Mauern; es ist groß und allen Winden offen stehend. Als König des Waldes, frei und ungebunden, unfähig irgend ein Joch zu tragen, ohne anderes

Gesetz als seine Laune, ohne anderes Ziel als seine täglichen Bedürfnisse, lebt der Indianer in freier Luft, rastlos, wild, ungebändigt wie das Wild im Urwalde. Unsere habgierige und kühne weiße Rasse hat den Neger fangen und zum Sklaven machen können; aber dem Indianer hat sie nur seine Länder, nie seine Freiheit zu rauben vermocht. Er weicht in seine Wüsteneien vor uns zurück; wenn wir ihn fesseln, so stirbt er."

„Wie haben Sie denn so viele auf ihrer Pflanzung festhalten können?"

„Bloß dadurch, daß ich ihnen ihre vollständige Freiheit lasse. Sie machen mir Kautschuk und Oel, so viel sie wollen, und können gehen, wenn es ihnen beliebt. Sie haben ihre Frauen mitgebracht. Ab und zu kommen Freunde oder Verwandte, trinken acht Tage lang mit ihnen Tafia, wie es nur Indianer können, und verschwinden dann wieder. Es geht so aus und ein wie in einem Taubenschlage."

In einer Viertelstunde hatten wir die Bucht erreicht. Das Schauspiel war in der That für einen Europäer höchst eigenthümlich, und Don Henrique's Erklärungen machten mir es noch anziehender. Eben ruderten halbnackte Indianer ein unförmliches Boot heran, (s. Abbildung) auf welchem zwei Hütten aus Flechtwerk von Blättern und Zweigen errichtet waren.

„Sie sehen hier eine Egaritea," sagte mein Führer; „das Boot kommt vom Orinoko und ist durch den Cassiquiare und Rio Negro mit seiner Ladung von Hängematten und Piassabaseilen gefahren. Der Patron sitzt in der hintern Hütte, während der Steuermann oben auf dem Dache liegt und das Steuer mit den Füßen führt. Die Ruderer führen so kurze breitschaufelige Pagajen, um die zahlreichen engen Kanäle der Userinseln und Sumpfwälder durchfahren zu können. Daneben liegt eine über dreißig Fuß lange Uba mit rundem kaum drei bis vier Fuß tiefem Kiel, mit welcher die Indianer Stromschnellen und Untiefen leicht befahren. Hier am untern Amazonas sind sie gefährlich, da die kurzen starken Stromwellen sie jeden Augenblick nach allen Richtungen emporheben und jeden Augenblick mit Wasser anfüllen. Wochenlang bin ich auf diesen langen ausgehöhlten Baumstämmen gefahren und habe alle Reize und Mühseligkeiten einer Stromfahrt mit

Cigarito.

Indianern kennen gelernt. Diese Ilba kommt vom Napo bei Quito, jene da aus dem Quellenlande des Amazonas, mit Gold, Coca, Vanille und Panamahüten beladen. Jene Ilba ist dreihundert Stunden weit den Madeira hinunter gefahren um Carne peca (getrocknetes Fleisch), Taly, Coca, Vanille und Tabak in Serpa, Para und hier gegen Salz und europäische Stoffe einzutauschen. Jedes Jahr kommen Bolivianer trotz der Stromschnellen so weit herunter. Sie müssen aber ihre Fahrzeuge an den gefährlichen Stellen, wo blos die leeren Boote durchkommen können, entladen und die Waaren zu Lande transportiren, bei den Hauptfällen muß dieses auch mit den Ilbas selbst geschehen.*)

Dort kommt eine Balsa mit einem Reisenden (s. Abbildung) heran, den der steuernde Indianer jedenfalls von dem Dampfschiffe

Eine Balsa mit einem Reisenden.

geholt hat, welches Sie die Küste des Festlandes entlang fahren sehen. Der Fremde muß ein Brasilianer oder ein Portugiese sein, der Land

*) Ob die Madeira-Mamoré-Eisenbahn von Santo Antonio nach Guajará-Guassée, deren Bau von einer englischen Gesellschaft unternommen, längere

und Leute schon kennt; er würde sich sonst nicht einem so unsicher aussehenden Fahrzeuge anvertraut haben. Die Entfernung ist noch zu groß, um zu erkennen, ob es ein Bekannter ist.

Diese **Vigilinga** hat am Jary, diese **Coberta** am Tocantins Kautschuk geholt.

Wir bestiegen die **Vigilinga** Don Henrique's, mit welcher derselbe seine Handelsreisen auf dem Strome zu machen pflegte. Es war ein Schiff von 8 bis 10 Tonnen mit drei Masten und vier rothen Segeln. Am Hinterschiffe hingen zwei Anker und vier breite Ruder zum Gebrauche auf den Untiefen und bei Windstille. Das Tauwerk und die Segel waren von Piassabafasern, die, unzerstörbar im Wasser, elastisch und ungemein stark, den besten Hanf übertreffen und von den Engländern schon längst massenweise verbraucht werden.*)
Auf dem Verdecke lag eine bedeutende Quantität Kautschuk, welches Don Henrique nach Para, dem großen Stapelplatze des Gummihandels, (gegenwärtig 8—10 Millionen Pfund) bringen wollte.

Eine daneben ankernde **Coberta** von 15 bis 20 Tonnen glich fast einem schwimmenden Hause. In der mit vier Fenstern versehenen großen Cajüte auf dem Hinterschiffe hauste der Patron mit seinen Negerinnen, Indianerinnen und Kindern. Das Vorder- und Mittelschiff trug eine andere für die Waaren bestimmte Cabine mit einem flachen Dache für die Mannschaft. Das Fahrzeug führte zwei Maste, ein viereckiges, außerordentlich großes Segel, sowie zehn lange, breite Ruder, welche die Indianer von ihrem flachen Dache aus handhabten.

Zeit wegen fehlerhafter (oder schwindelhafter?) Berechnungen stockte, jetzt rascher gefördert wird, dürfte bei dem Mangel an Arbeitskräften zweifelhaft sein. Diese Bahn umgeht die Stromschnellen und verbindet den untern Madeira mit dem obern und mit Bolivia. S. Mathews. Up the Amazon and Madeira. London 1880, Sampson.

*) Die Attalea funifera oder Latania Piassaba, bei den Venezuelern Chiquichiqui, bei den Brasilianern Piassaba genannt, ist eine bis 30 Fuß hohe Palmenart, die am Rio Negro besonders häufig vorkommt. Ihre Blätter geben ein vorzügliches Stroh; auch die Basis der Blattstiele löst sich in grobe Fasern auf. Dieselben werden in Bündeln von mehreren Fuß Länge als Affen- oder Para-Gras zu Para nach London verschifft.

Unter einer Menge von andern Ubás, Montarias, Piroguen und ähnlichen Flußkähnen zog bald ein Fahrzeug, mit einem weißen, dreieckigen Segel unsere Aufmerksamkeit auf sich.

„Es ist eine Jangauba von Pernambuco", sagte Don Henrique. Sieht man zum ersten Male dieses Floß aus zusammengebundenen Baumstämmen, mit seiner Strohhütte, seinen großen Rudern, seinem dünnen, biegsamen Maste, seinem mit hölzernen Zähnen versehenen steinernen Anker, so sollte man nicht sagen, daß dieses zerbrechliche Ding vierzig Meilen weit in die See segelt, den Riffen und den so häufigen Stürmen an der brasilianischen Nordküste trotzt, ohne jemals zu scheitern oder auseinanderzugehen. Lootsen und Schleichhändler, zuweilen auch Piraten, ziehen dieses Fahrzeug allen andern vor. Ich sehe es hier selten, und seine Anwesenheit muß einen besondern Grund haben. Nach dem Stimmenlärm unter seiner Strohhütte zu schließen, muß es mehr Bemannung haben, als es braucht, wir wollen doch einmal sehen gehen.

Die Jangaba lag nahe am Ufer, auf dem ein Mann mit großem Strohhute, die Cigarre im Munde, auf und ab ging. Seine Kleidung verrieth den Europäer. Als wir uns ihm näherten und ihn mit einem Bon jour, monsieur! grüßten, blieb er stehen, streckte uns erfreut beide Hände entgegen und erwiederte französisch unsern Gruß, indem er hinzufügte:

„Welch ein Glück, Landsleute hier am Ende der Welt unter diesem Gesindel von Barbaren und Halbwilden zu finden!"

Die Unterhaltung war sofort im Gange. Herr Dubois, so hieß der Mann, war Agent der Approuague-Gesellschaft für Gewinnung des Goldes zu Cayenne. Er hatte in Para eine Anzahl Leute zum Goldwaschen angeworben und beabsichtigte aus Macapa noch einige mitzunehmen.

„Sie werden sehr gut bezahlt," sagte er, „und erhalten dazu einen Antheil am Gewinne, worauf sie bei ihrer Ankunft in Cayenne ein hohes Handgeld bekommen. Es sind brasilianische Mineiros, Mulatten, Neger und Mestizen; auf der Küste von Marajo habe ich dazu einige Vaqueiros (Hirten) aufgegabelt, die wahrscheinlich noch kurz vorher ihr Nebenhandwerk der Strand- und Seeräuberei getrieben haben. Auch die übrigen sind rohe, rauflustige Gesellen, die beim Kartenspiele ihre Messer neben sich in den Boden stecken, um sie bei Streitigkeiten sogleich zur Hand zu haben. Ich wünschte, daß ich sie schon abgeliefert hätte. Wäre nicht das hohe Handgeld und die lockende Aussicht auf das Verprassen desselben in Cayenne, so würde die ganze Bande schon auseinandergelaufen sein."

Ich war natürlich außerordentlich neugierig, einige Einzelnheiten über die Auffindung des Goldes in Guyana zu erfahren, da ich jetzt auf einmal die Behauptung des Medizinmannes in Betreff der Existenz von Goldfeldern daselbst bestätigt sah.

„Was ich darüber weiß," sagte Herr Dubois, „will ich Ihnen gern mittheilen. Das Gold wurde Anfangs der fünfziger Jahre im Approuague-District entdeckt, die einen sagen von brasilianischen Goldsuchern, die Andern von einem französischen Creolen, dem ein Indianer den Fundort verrieth. Jetzt sind allein in dem kleinen Roura-Viertel 21 Gruben, und ein Einwohner der Colonie, Namens Bozonec, hat mit geringen Mitteln in einigen Monaten ein Vermögen von 50,000 Francs aufgelesen. Jüngst hat ein anderer ein Stück gediegenes Gold von 355 Gramm (1,065 Frcs. an Werth) gefunden und zwar nur wenige Stunden von Cayenne. Auf allen Minenplätzen sind Funde von 60, 80, 100 und 200 Gramm häufig; dieselben enthalten 90 bis 94 Theile Gold und 6 bis 10 Theile Silber. Die Gesammtproduction übersteigt schon längst eine Million Francs. Wahrscheinlich ist der ganze Landstrich zwischen dem Oyapok und dem Maroni goldhaltig, so daß sich die Goldfelder über einen Flächenraum von 800 Quadratstunden erstrecken würden."

So war also das Eldorado*), welches von 1543 bis 1720 so viele Abenteurer zu nutzlosen Expeditionen in die Urwälder Venezuela's

---

*) Bekanntlich bedeutet „Eldorado" nicht „Goldland" oder „Goldstadt", sondern „der Vergoldete, der mit Gold Bedeckte". Der Sage nach sollte an dem fabelhaften See Parima eine überaus glänzende Stadt stehen, welche von ihrem Könige, dessen Glieder man jeden Morgen mit Goldstaub überschüttete, den Namen Manoa del dorado führte. B.

und Guyana's lockte, wenigstens der Hauptsache nach, keine Fabel mehr, und La Condamine's Erklärung höchst wahrscheinlich gemacht. Es haben sich in neuester Zeit noch unter manchen andern, lange als Mährchen behandelten Angaben älterer Geographen und Reisenden wahre Thatsachen gefunden; so existirt ein Volk von Zwergen im Innern von Afrika, ebenso wie sich die von den Conquistadoren und Missionären behauptete Existenz der Amazonen am Strome, der ihren Namen trägt, neuerdings bestätigt hat.

Don Henrique schien die Sache bekannt zu sein. Ich hörte ihn, während Herr Dubois mit mir sprach, einen seiner Neger herbeirufen und ihm den Auftrag geben, Isidorio zu sagen, er solle schleunigst 20 bis 25 Leute bewaffnen, mit denselben herbeieilen und unbemerkt in dem Gebüsch hinter dem Magazin an der Bucht auf seinen Wink warten. Die Entfernung war so gering, daß bei Anwendung von Eile der Auftrag in zwanzig Minuten ausgeführt werden konnte.

Als Herr Dubois seine Mittheilung beendigt hatte, sagte Don Henrique zu ihm:

„Ich habe soeben einige Vorsichtsmaßregeln getroffen. Sie haben unter ihren Leuten einige höchst verdächtige Menschen, die zwischen dem Mein und Dein keinen Unterschied machen und leicht versucht sein könnten, sich an meinem Eigenthume zu vergreifen." Mit diesen Worten zeigte er auf ein gegenüberliegendes Vorrathshaus, aus dessen offener Thüre eben zwei Neger einige Fässer an das Ufer rollten.

Seine Vermuthung sollte sich nur zu bald bestätigen.

Ich hatte schon längst bemerkt, daß es auf der Jangada unruhig herging. Die ganze Gesellschaft lag im Kreise auf dem Boden ausgestreckt und war in eifrigem Kartenspiele begriffen. Die sich kreuzenden Flüche und heftigen Reden wurden jetzt so laut, daß sie auch die Aufmerksamkeit meiner Begleiter erregten. Wir traten an das Brett heran, welches vom Lande auf das Fahrzeug führte, und wollten eben hinübersteigen, als ein Negerjunge mit den Zeichen der Angst im verzerrten Gesichte, von Geschrei und Verwünschungen verfolgt, aus der Hütte uns entgegenstürzte.

„Was gibt es?" sagte Herr Dubois.

„O Herr!" erwiederte der Neger. „Der Tafia ist ausgegangen. Einige haben auch keinen Tabak mehr. Die beiden Vaqueiros hetzen alle auf. Wenn ich ohne Getränk und Tabak zurückkomme, will man mich ermorden."

In diesem Augenblicke trat ein verwegen aussehender Mann mit schwarzem, struppigem Barte unter die Thüre der Hütte und rief, indem er die mit dem Messer bewaffnete Faust drohend nach uns ausstreckte:

„Der schwarze Junge hat Recht. Tafia oder der Tod. Bekommen wir ihn nicht bald, so werden wir ihn zu holen wissen."

„Ihr sollt Tafia und auch Tabak bekommen," sagte Don Henrique, „jedoch nur unter der Bedingung, daß ihr euch ruhig verhaltet."

„Ohne Bedingung!" entgegnete höhnisch der Mensch und trat in die Hütte zurück, wo seine Mittheilung mit lautem Jubelgeschrei aufgenommen wurde.

„Ich will Ihnen ein Fäßchen Tafia und eine Rolle Tabak überlassen," sagte Don Henrique hierauf zu Herrn Dubois. „Aber Sie müssen unter Ihren Leuten durchaus ein Exempel statuiren, sonst sind Sie verloren. Sie müssen sich die beiden Hallunken von Vaqueiros mit Güte oder Gewalt vom Leibe schaffen."

„Wie soll ich? Sie beherrschen jetzt schon die ganze Mannschaft."

„Dann überlassen Sie mir die Ausführung. Ich habe ohnehin ein Wörtchen mit diesen Burschen zu sprechen, die wahrscheinlich zu der Rotte gehörten, welche vor fünf Monaten eines meiner Boote geplündert hat. Isidorio, der damals ihren Händen entwischte, wird sie wohl kennen."

Wir gingen hierauf mit dem Neger zu dem etwa 100 Schritte entfernten Magazine, wo Don Henrique unter den Fässern länger, als wirklich nöthig war, umhersuchte, um seinen Leuten Zeit zu geben, heranzukommen. In der That waren wir noch keine fünf Minuten da, als Antonio aus dem Gebüsche hervoreilte und seinem Herrn eine Doppelbüchse überreichte; mir hatte er meinen Säbel und eine Flinte mitgebracht.

„Unsere Leute stehen dort; zehn haben Flinten, zwölf ihre Machetes."

„Gut," sagte Don Henrique, „begib dich wieder zu ihnen. Sobald ich meinen Hut schwenke, stürzt hervor und stellt euch vor das Magazin. Feuert aber nur auf meinen Befehl."

Antonio verschwand hierauf in dem nahen Gebüsch.

Während dieser Zeit schien auf der Jangada die Stimmung sich verändert oder eine Berathung stattgefunden zu haben. Als wir eben das Magazin verließen, kam die ganze Bande, zwölf Mann an Zahl, aus der Strohhütte heraus, ging an's Land, und stellte sich, die beiden Vaqueiros an der Spitze, in zwei Gliedern auf, als sollte es einen militärischen Zug gelten. Einer der Vaqueiros blieb vor der Fronte stehen, der andere schritt auf uns zu, war aber trotz seiner Frechheit verblüfft, als er mich und Don Henrique bewaffnet sah; nichtsdestoweniger machte er eine höhnische Verbeugung vor uns und sagte:

„Als Gesandter der hinter mir stehenden bewaffneten Macht verlange ich die Uebergabe jenes Vorrathshauses. Wir werden weiter nichts herausnehmen, als was wir an Getränken, Tabak und sonstigen Dingen nöthig haben. Das Fäßchen, womit Sie uns bedacht haben und welches der Negerjunge da trägt, ist für unsern Durst und die bevorstehende lange Reise viel zu wenig. Also macht Platz, sonst brauchen wir Gewalt!"

„Auch wenn ich dich jetzt niederschieße?" sagte Don Henrique, seine Büchse auf ihn richtend.

„Sie können mich und noch ein paar Andere tödten," entgegnete der Vaqueiro trotzig. „Die Uebrigen werden uns rächen; Keiner von Euch wird mit dem Leben davon kommen und die Pflanzung geplündert werden. Es sind Indianer genug hier auf den Booten, welche uns helfen würden, um eine so reiche Beute mit uns zu theilen."

Letzteres war die Wahrheit. Bei den wilden, und selbst bei civilisirten Indianern ist die Raub- und Mordlust leicht zu wecken, wie besonders die letzten Kriege Brasiliens mit Paraguay und andern Südstaaten bewiesen haben.

„Es ist hohe Zeit!" sagte Don Henrique und schwenkte seinen Hut.

Bevor der Vaqueiro zurückeilen konnte, waren die Leute der Pflanzung hinter dem Magazine hervorgestürzt und hatten sich vor dessen Eingang, die Gewehre im Anschlage, aufgestellt. Isidorio, der an ihrer Spitze war, rief beim Anblicke des Vaqueiro:

„Da ist ja der schuftige Pirat, der unser Boot geplündert hat!"

Er wartete nicht den Wink seines Herrn ab, sondern sprang in demselben Augenblicke blitzschnell auf ihn zu und schlug ihn mit seinem Gewehrkolben zu Boden.

Don Henrique befahl, ihn zu binden.

Alles war so rasch vor sich gegangen, daß die Rotte am Ufer keine Zeit fand, sich zu besinnen.

Don Henrique trat auf sie zu und sagte mit gebieterischer Stimme:

„Rührt euch nicht! Versucht nur Einer zu fliehen, so lasse ich euch alle niederschießen. Werft eure Messer und Machetes weg! Ich gebe euch nur zwei Minuten Zeit."

Auf einen Wink rückten seine Leute näher heran.

Die Berathung dauerte nur einige Augenblicke. Einer der Mineiros trat aus dem Haufen und sagte:

„Widerstand wäre thöricht; wir haben keine Schußwaffen. Auch haben die meisten von uns sich nur einmal gehörig betrinken wollen. Wir sehen jetzt, daß die beiden Vaqueiros noch Schlimmeres im Schilde führten; denn sie hatten schon ihre Absicht geäußert, den Indianern auf den Booten die Tafia- und Weinvorräthe des Magazins Preis zu geben. Wir sind keine Räuber und nur in der Betrunkenheit verführt worden."

Darauf warf er seine Machete auf den Boden, und die ganze Rotte folgte seinem Beispiele.

Don Henrique ließ den andern Rädelsführer auch binden und beide auf die Vigilinga bringen, wo sie in den untern Schiffsraum eingesperrt wurden; zu den übrigen aber sagte er:

„Die Justizbehörde in Para wird meinen Gefangenen ihr verdientes Urtheil sprechen. Ich hoffe die Lehre wird euch genügen. Herr Dubois wird mir gleich nach seiner Ankunft in Cayenne schreiben. Sollte seine Nachricht zu lange ausbleiben und ich schließen können, daß ihm etwas zugestoßen sei, so werde ich bei der französischen Regierung Anzeige machen, und die wird euch zu finden wissen."

Alle versicherten hoch und theuer, er werde keine Ursache zu diesem Schritte bekommen, und begaben sich dann ruhig auf das Fahrzeug.

Ich machte Nachmittags mit Don Henrique einen Ausflug nach seiner Fazenda im Innern der Insel; an den übrigen Tagen, die ich noch bis zum Ende der Pororaka bei ihm zuzubringen hatte, gingen wir auf die Jagd, wobei wir u. a. auf ein ganzes Rudel von Wasserschweinen stießen und mehrere erlegten, die über drei Fuß lang waren.

Der Tag der Abfahrt kam endlich. Ich nahm von meiner freundlichen Wirthin herzlichen Abschied und bestieg mit Don Henrique die Vigilinga. Herr Dubois segelte zu gleicher Zeit in entgegengesetzter Richtung ab.

Wir ließen die Insel Machiana (Meriana), das berüchtigte Jaguarnest, wie mein Gefährte sie nannte, links liegen, hielten uns jedoch der Untiefen wegen in ziemlich großer Entfernung von der Insel Marajo, welche ihren unabsehbaren Küstensaum zu unserer Rechten ausdehnte.

Marajo, „das Vaterland der Klapperschlangen und Tiger," wie die Brasilianer es nennen, ist von Flüssen und zahllosen Sümpfen durchschnitten, welche während des Hochwassers mit dem Amazonas in Verbindung stehen. Der nördliche Theil ist beinahe ausschließlich mit Savannen, der südliche mit Urwald bedeckt. Die von der Fluth nicht beständig überspülten Gegenden sind von einer unglaublichen Fruchtbarkeit und ernähren in den üppigsten Grasebenen der Welt ungeheure Heerden von Pferden und Hornvieh. Leider sind die Mestizen, welche sie als Vaqueiros bewohnen, ein rohes Banditenvolk, welches noch lange die Niederlassung einzelner Ansiedler unmöglich machen wird.[*]

Ueber die geologischen Verhältnisse Marajo's gibt Agassiz einige interessante Aufschlüsse. „Ein ziemlich großer Fluß, der Igarape-Grande," sagt er, „hat im nordöstlichen Theile der Insel, nicht weit von Souré,

---

[*] E. Carren hat Marajo auf der Rückkehr von seiner Forschungsreise selbst gesehen und die vorstehende Schilderung dürfte wohl richtiger sein, als die abweichende einiger Geographen, von denen auch die Größe der Insel viel zu niedrig (200 Quadratmeilen) angegeben wird. Auf einer der bei Perthes erschienenen vortrefflichen Karten von Brasilien kann man sich mit dem Zirkel leicht davon überzeugen.

an seiner Mündung einen 138 Fuß tiefen Bodeneinschnitt gemacht, der in merkwürdiger Weise die geologische Beschaffenheit Marajo's bloßlegt. Man erkennt ganz deutlich zuunterst eine Sandschicht, darüber eine dünne Thonlage mit glasiger Kruste, darauf eine sehr eisenhaltige, mit Quarzkieseln vermischte Sandschicht, die deutlich Spuren starker Strömungen zeigt, zuoberst Gelberde, welche die wellenförmige Oberfläche des bloßgelegten Sandes stellenweise bedeckt. An beiden Ufern der Flußmündung, sowie auf dem gegenüberliegenden Ufer des Para bei Vigia, befinden sich unterseeische Wälder, deren Humusschicht und Baumstümpfe noch zu erkennen sind. Die geschilderte Bodenbeschaffenheit ist dieselbe im ganzen Becken des Amazonas."

Unsere Fahrt bis Para ging bei starkem Nordwestwinde äußerst rasch von statten. Da Isidorio das Fahrwasser genau kannte, so brauchten wir nicht, wie die meisten Schiffe, Salinas anzulaufen, um einen Lootsen an Bord zu nehmen, und erreichten ohne Unfall den prachtvollen Hafen, welcher durch die gegenüberliegende lange Tigerinsel gebildet wird.

Beim Aussteigen mußte ich, der Landessitte gemäß, meine Sachen 18—20 Packträgern überlassen, wobei dieser eine Hutschachtel, jener einen Regenschirm, ein anderer einen Karabiner oder ein Koffer u. s. w. trug. Auf dem Wege zu meinem Quartier fiel mir die außerordentlich buntfarbige Bevölkerung auf. Europäer, Neger, Mulatten, Meitzen, Mamalukos, Indianer verschiedener Stämme kreuzten sich in allen Straßen. Nirgendwo habe ich die Negerinnen und Mulattinnen so kokett in Kleidung und Benehmen gesehen.

Die über 30 000 Einwohner zählende Stadt hat eine prachtvolle Lage auf dem Abhange einer Landspitze in Mitten der herrlichsten tropischen Vegetation. In den Straßen und Gärten stehen überall Miritipalmen, Bananen u. dgl., während Alleen von colossalen Wollbäumen, Brodfruchtbäumen, Mangas und Mombipflaumenbäumen die Rückseite der mit rothen Ziegeldächern bedeckten Häusergruppen bilden, hinter welchen sich in kurzer Entfernung der Urwald in seiner ganzen Pracht ausdehnt.

Eine Fahrt durch den Urwald bei Para ist gewöhnlich das Erste,

Eine Fahrt durch den Urwald bei Para (S. 337).

was der Tourist oder der brustkranke Nordamerikaner unternimmt, der in dieser Stadt den Boden Brasiliens betritt. Eine ziemlich gute Landstraße nach Maguary führt durch denselben und bietet den Bewohnern der zahlreichen Landhäuser, welche mit ihren Gärten sich hinter der Stadt bis fast an den Wald erstrecken, Gelegenheit zu täglichen Ausflügen.

Erst in der nächsten Woche fuhr ein Dampfer nach Pernambuco, einer Station der Messageries maritimes, wo ich mich nach Bordeaux hätte einschiffen können. Unser Wirth, ein französischer Spediteur und Geschäftsfreund Don Henrique's, rieth mir daher, einen in drei Tagen nach derselben Stadt absegelnden französischen Kauffahrer zu benutzen da das Warten und die Fahrt nach Pernambuco zwei Wochen dauern würden, wozu dann noch der Aufenthalt in letzterer Stadt käme. Ich beschloß, diesem Rathe zu folgen, und hatte also Zeit genug, mich in Para und der Umgebung umzusehen. Ich konnte jedoch Don Henrique und unsern freundlichen Landsmann ihrer überhäuften Geschäfte wegen, nicht in Anspruch nehmen.

Das Klima Para's ist ausgezeichnet und Engländer wie Amerikaner (Letztere kommen zu Luftkuren dahin) befinden sich trotz der Hitze, die manchmal über 30° R. steigt, fast wie in ihrer Heimath. Bis zum Februar 1850 hatte noch keine Epidemie die Stadt heimgesucht. Seitdem aber wird das gelbe Fieber zuweilen eingeschleppt; auch die Blattern haben hier wie überall an der brasilianischen Küste ihre Verheerungen angerichtet.

Obgleich Stapelplatz aller Producte des ganzen Gebietes des Amazonas und seiner Nebenflüsse und Sitz einer Menge bedeutender Handlungs- und Speditionshäuser, steht Para dennoch, was Geselligkeit und geistiges Leben betrifft, manchen kleineren Städten Europa's nach. In neuester Zeit ist jedoch vieles dafür gethan worden. Para besitzt ein Theater, eine Provinzialbibliothek und einen portugiesischen literarischen Club; für den Unterricht sorgen ein Seminar, ein Lyceum, eine Normalschule und mehrere Elementarschulen; auch erscheinen dort nicht weniger als zehn Zeitungen und Wochenschriften. Para ist also nächst Rio de Janeiro (mit 45 Blättern) und Pernambuco (mit 20) die geistig regsamste Stadt Brasiliens.

Zu den Unannehmlichkeiten Para's gehört, daß man überall, wie am ganzen Amazonas, von Ungeziefer aller Art, von Moskitos und selbst von Scorpionen geplagt wird; daß man nicht selten auf den Straßen große Boa's todtschlägt. Marcoy und Biard erwähnen ausdrücklich, daß sich in vielen Häusern große Schlangen befinden, die meistens ungefährlich sind, nur darf man sie nicht reizen oder schlagen. Marcoy berichtet noch von einer andern häßlichen Plage: „Meine beim Verlassen des Schiffes schneeweißen Hosen waren in kurzer Zeit bis ans Knie roth (von dem gleichfarbigen Staube) und meine weißen Strümpfe schwarz von Sandflöhen und andern Flöhen, die der Boden myriadenweise erzeugt." — Die Schmetterlingswelt ist in der Umgegend (wie in ganz Brasilien) ungemein mannigfaltig und prachtvoll. Bei Para fand Bates in dem Umkreise von kaum einer Stunde 700 Schmetterlingsarten, ähnlich wie er an seiner Wohnung in Egea allein 18 prächtige Schwalbenschwanzarten und in der Nähe des Ortes 550 Lepidopteren sammelte.

Wie in den meisten Städten Südamerikas, ist der Handel größtentheils in den Händen von Europäern und Amerikanern, die nur so lange dort bleiben, bis sie ein Vermögen erworben haben, was manchen in einigen Jahren gelingt. Die große Masse der Bevölkerung besteht aus Farbigen, besonders Indianern aus der Tupi-Familie und deren Mischlingen.

Alle Reisenden, welche Para in letzter Zeit besuchten, haben sich über die in dieser Stadt herrschende Ruhe und Ordnung verwundert. Verbrechen und selbst einfache Vergehen sind ebenso wie Rohheiten oder Angriffe auf Personen seltener als in irgend einer Stadt Englands von gleicher Größe.

„Wenn man bedenkt," sagt Wallace hierüber, „daß die meisten Einwohner ohne alle Bildung, Indianer, Sklaven, Brasilianer und Fremde sind, daß man an jeder Straßenecke Rum zu 4 Sous das halbe Maaß verkauft, so muß diese Abwesenheit jeder Unordnung als ein augenscheinlicher Beweis von der vortrefflichen Natur und von dem friedlichen Charakter dieser Bevölkerung erscheinen."

Mir dünkt jedoch, daß der Amerikaner Herndon besser den Nagel auf den Kopf trifft, indem er diese Thatsache ganz anders erklärt. „Wahrscheinlich," sagt er, „sind diese Leute zu faul, um bösartig zu sein."

Die allgemeine Faulheit war schon frühzeitig als eine ernsthafte Gefahr erkannt worden, so daß man 1837 zu einem gewaltsamen Mittel schritt: die 60 000 Tapuyos (civilisirte Indianer) der Provinz wurden in Sectionen und Compagnien mit einem Major, als Sectionschef, und einer Anzahl von Officieren und Unterofficieren an deren Spitze militärisch organisirt und zur Arbeit angehalten. Ohne diese Maßregel wäre die Communication auf manchen Flüssen unterbrochen und eine Menge von öffentlichen Arbeiten unvollendet geblieben. Kaufleute und Schiffsherren, welche Arbeiter brauchten, konnten sich nun mittelst eines Befehles eines Majors oder Capitains der Tapuyos die nöthige Anzahl leicht verschaffen. Allein die ganze Einrichtung zeigte sich bald als verfehlt, da die armen Indianer fast wie Sklaven und zu persönlichen Speculationen ihrer Vorgesetzten mißbraucht wurden. Die Regierung möchte jetzt gerne die Sache ändern, kann sich aber mit Recht nicht dazu entschließen, die Tapuyos in ihre Faulheit zurückfallen zu lassen. In manchen andern Theilen des Landes sind ähnliche Verhältnisse. Ob die Einführung ostindischer oder chinesischer Arbeiter dem Lande dauernden Nutzen bringen würde, wage ich nicht zu entscheiden.

Der edle Fürst, welcher gegenwärtig Brasilien beherrscht, hat schon längst diesen Zuständen seine Aufmerksamkeit geschenkt und erkannt, daß europäische Arbeitskraft und Kenntnisse hier wie überall in seinem unermeßlichen Reiche nöthig sind, um die allen Aufschwung hemmende Macht der Trägheit und der Barbarei zu bewältigen.

Seit dem 20. November 1880 haben alle Eingewanderte, die sich naturalisiren lassen, alle Rechte brasilianischer Bürger und dieses Bürgerrecht eröffnet ihnen — ohne Rücksicht auf ihre Religion — die Pforten des Parlamentes und des Ministerrathes. Brasilien hat endlich erkannt, daß das Festhalten an den mittelalterlichen Doctrinen der Intoleranz und der Ausschließung in unserer Zeit ein Volk materiell und geistig dem Untergange entgegenführt. Die wohlthätigen

Folgen werden sich bald zeigen, besonders wenn die deutsche Reichs=
regierung aus den Berichten ihrer nordbrasilianischen Consuln eine that=
sächlich eingetretene Verbesserung der die Auswanderer erwartenden
Verhältnisse erkannt haben wird. Bis dahin wird die deutsche Aus=
wanderung nach Nordbrasilien von der Presse nicht befürwortet werden
können, am wenigsten für Familien, welche die Landessprache, das Portu=
giesische, nicht verstehen und gewissenloser Ausbeutung leicht anheimfallen.

In Para konnte ich mich überzeugen, daß alle intelligenten und
thatkräftigen Männer für ihren Kaiser begeistert sind, daß aber auch
hier, wie in Frankreich und in ganz Europa, dieselben Feinde der
Aufklärung und bürgerlichen Freiheit ihre Wühlerarbeiten begonnen
haben. „Glücklicher Weise," sagte ein brasilianischer Oberst, der eines
Abends bei uns zu Gaste war, „ist unser Kaiser vom Kopf bis zu
Fuß ein ganzer Mann, der keinen innern Feind wird aufkommen
lassen."

Para ist die Haupt= und Ausgangsstation der Amazonas=Dampf=
boote. In den letzten Jahren ist die Handelsbewegung auf dem Ama=
zonas namentlich durch englische und amerikanische Kaufleute, die überall
die reichen Naturschätze des Landes ausbeuten, dergestalt gestiegen, daß
die Brasilianer, um die oben geschilderten, noch am ganzen Strome
gebräuchlichen primitiven Fahrzeuge durch passendere zu ersetzen, eine
ganze Flotte von Flußschiffen, Dampfbooten und Schleppern erbaut
haben, welche in nächster Zeit eine vollständige Umgestaltung aller Ver=
hältnisse bewirken müssen.

Diese Dampfboote stehen den größten Rheindampfern an Einrich=
tung und Leistungsfähigkeit nicht nach; Schlepper, wie die 1878 erbaute
Villa bella von 600 Tonnen überwinden mit Leichtigkeit die mächtigste
Strömung. Wie auf dem Rheine fahren jetzt Schwärme von englischen
und amerikanischen Touristen den Amazonas Hunderte Stunden weit
hinauf. Leider fehlt es noch an guten Hotels an den meisten Stationen
und die Reisenden müssen sich in Para mit allen Bedürfnissen, besonders
Conserven, versehen.

Ich besuchte den Urwald in der Nähe der Stadt am zweiten
Tage, da ich vor meiner Abreise von Brasilien das herrlichste aller

Naturgemälde noch einmal genießen wollte. Es widerfuhr mir dabei dasselbe, was Wallace über seinen Aufenthalt in Para erzählt: „Obgleich ich während der ersten Woche jeden Tag im Walde zubrachte, so erblickte ich doch keinen einzigen Colibri, keinen einzigen Papagai oder Affen; erst später als ich genauer nachforschte und tiefer hineindrang, konnte ich mich davon überzeugen, daß sie in der That bei Para sehr häufig sind; man muß sie nur aufzusuchen und in ihren gewöhnlichen, versteckten Aufenthaltsörtern zu entdecken wissen."

Die Uferstrecken unterhalb und oberhalb Para's sind wenig angebaut und werden wegen ihres wüsten, trostlosen Aussehens manchem europäischen Ankömmling als eine wahre Satire auf die von ihm gelesenen prunkhaften Schilderungen der tropischen Vegetation an den brasilianischen Strömen erscheinen. Man kann dieselbe Erfahrung an manchen andern Stellen machen. Castelnau spricht sich darüber sehr treffend aus: „Gewöhnlich macht man sich sehr falsche Vorstellungen über den Vegetationsreichthum an den Ufersäumen der großen südamerikanischen Flüsse. Man findet hier, wo bei Hochwasser die reißende Strömung, bei niedrigem Wasserstande die glühenden Strahlen der Sonne ihre volle Wirkung geltend machen, meistens nur einen etwas verkümmerten, aber außerordentlich dichten Pflanzenwuchs. Erst einige Stunden weiter im Innern und auf den Stellen, wohin das Hochwasser nicht dringt, muß man jene unbeschreiblich reiche und kräftig entwickelte Pflanzenwelt suchen, welche den tropischen Gegenden Amerika's so sehr den Character der Großartigkeit verleiht."

Der Tag meiner Abreise von Para kam endlich.

Beim letzten Händedrucke sagte Don Henrique zu mir: „Unser Brasilien ist eine Circe. Jeder Europäer, der ihre wunderherrliche Schönheit sieht und aus ihrem Wonnebecher trinkt, wird den Zauber nicht mehr los und, wo er auch in den Fesseln einer überfeinerten Cultur weilen mag, von steter Sehnsucht nach dem Sonnenlande verzehrt. Sie werden zurückkehren."

Wie hätte ich damals, von dem Gedanken an die Heimath und meine Lieben ganz befangen, ahnen können, daß diese Weissagung so bald eintreffen sollte!

Unser Schiff, von der Ebbe getragen, durchfuhr rasch die zahlreichen Flußinseln, welche die Fahrt im untern Laufe des Amazonas so beschwerlich machen. Als wir Marajo hinter uns hatten, sahen wir in einen gelb gefärbten Ocean hinaus: wir waren noch immer in der durch den nördlichen Arm vergrößerten Mündung des Stromes, allein seine Ufer waren 250 Kilometer von einander entfernt. Allmählich wurden aus der gleichfarbigen Wasserfläche breite gelbe Streifen und Flächen, die erst Nachmittags in den dunkelblauen Wogen des Weltmeeres verschwanden. Drei Wochen später stieg ich in Bordeaux an das Land.

Anhang.

Klima und Temperatur Brasiliens.

(Zu Seite 277-282 u. a.)

„Das Kaiserreich Brasilien hat zwei scharf unterschiedene Klimate: während der Regenzeit ein heißes und feuchtes in der tropischen Zone; ein gemäßigtes und trockenes außerhalb jenes Bereiches.

In den Waldgegenden von Ceará, Pernambuco, Parahyba und Rio-Grande-do-Norte verursacht in manchen Jahren der Regenmangel außerordentliche Dürre, so daß sich ein psychrometrischer Unterschied von 10° herausstellt.

Dessenungeachtet ist das Klima in vielen Gegenden der tropischen Zone sehr mild und gemäßigt durch die Bewaldung, durch die vorherrschenden Winde und durch die hohe Lage des Bodens.

An den Stellen, wo sich die größte Hitze fühlbar macht, übersteigt sie in der Regel nicht den 36.°, und nur ausnahmsweise, wo die größte Kälte herrscht, sinkt die Temperatur unter Null, 3,2° wie z. B. auf dem Gebirge Itatiaia, wo der Thermometer nach den Beobachtungen im Juni 1858 und 1859 6° unter Null anzeigte, während das tägliche Maximum 13° nicht überschritt. Es schneit dort zuweilen und kleinere Wasserbehälter werden mit einer Eiskruste von 0,055 m Dicke überzogen.

Auch in den Gefilden der Provinz S. Pedro-do-Rio-Grande-do-Sul ereignet es sich, daß der Thermometer auf Null und manchmal auf 2,5° unter Null steht.

In der Ebene des Amazonas beträgt die mittlere Temperatur 27°; indeß ist der Eindruck der Hitze nicht so fühlbar in Folge der Ostwinde, die diese Region vollkommen bestreichen.

Zwischen Tag und Nacht ergibt sich häufig ein Temperaturunterschied von 12°, der Durchschnitt ist jedoch nicht über 9° und zwischen Sommer und Winter ist der Unterschied nicht 3°.

Die Nächte sind stets kühl. Diese Temperatur-Verhältnisse ermäßigen sich bis Ceará und Rio-Grande-do-Norte, wo der jährliche Durchschnitt 26,7°, das durchschnittliche Maximum 30,4° und das durchschnittliche Minimum 23,1° innerhalb 24 Stunden beträgt.

In einigen Stunden in den Sommertagen ist die Temperatur von 36° nicht selten, obwohl in Folge der außerordentlichen Trockenheit der Luft die Hitze nicht drückend wird. Zur Regenzeit in den nämlichen Stunden gibt der Thermometer 26° und die Hitze ist sehr fühlbar.

Die Durchschnittstemperatur des Sommers übersteigt die des Winters um 3°, wie im Amazonas, und zwischen Tag und Nacht ist der Unterschied nur von 7°.

Die Reihe der fünfjährigen, mit Dollond's Meteorographen gemachten Beobachtungen ergab als tägliches Durchschnittsmaximum 27,13°, als Durchschnittsminimum 19,63° und als mittleren Durchschnitt 23,42°.

Nur in seltenen Fällen steigt das Thermometer über 32° oder fällt unter 16°.

Der niedrigste Stand ist immer im Juli, der höchste im Februar.

Von Rio de Janeiro bis zum Amazonas, in der tropischen Zone, ist die mittlere Temperatur 26°.

Von der Reichshauptstadt bis zum äußersten Süden des Reiches nimmt die Hitze bedeutend ab und wird das Klima sehr kühl.

So geschieht es in den Provinzen S. Paulo, Parana, Santa-Catharina, S. Pedro-do-Rio-Grande-do-Sul und in einem Theile von Minas-Geraes. In dieser letzten, welche eigentlich das innere Tafelland des Reiches ist, und ebenso in der gebirgigen Region der übrigen Provinzen gibt es, im Verhältniß zu den zwischen den entsprechenden Parallelkreisen gelegenen Küstengegenden, einen merklichen Temperaturunterschied.

Dr. Em. Liais hat durch eine Reihe von Beobachtungen festgestellt, daß eine Erhöhung von 203 Metern einer Temperaturerniedrigung von 1° entspricht.

Das Klima Brasiliens ist im allgemeinen sehr gesund.

Mit Ausnahme einiger Stromufer und der niedrigen und sumpfigen Strecken, wo zu gewissen Jahreszeiten Wechselfieber vorherrschen, kommen bösartige Krankheiten, die volkreiche Orte sonst verheeren, nicht häufig vor.

Das bestätigt der Verfasser des wichtigen Werkes — du climat et des maladies du Brésil — welcher Brasilien für eines der gesundesten Länder ansah und sogar behauptete, daß Brasilien zum übrigen Amerika in demselben Verhältniß wie Italien zu Europa steht. Durch eine langjährige Erfahrung belehrt, pflichtet Dr. Lind diesem Urtheile vollkommen bei.

Er betrachtet die Luft in der heißen Zone als gewöhnlich rein und hielt die äußerst günstigen Gesundheitsverhältnisse für die kostbarste der vielen Gaben, die der Schöpfer dieser amerikanischen Region zutheilte.

An den Küsten= oder der Küste nahen Gegenden der Seeprovinzen ist seit dem Jahre 1850 das gelbe Fieber und seit dem Jahre 1855 die Cholera epidemisch vorgekommen; beides verheerende Gäste, aber bemerkenswerth ist es, daß seitdem die asiatische Geißel in ihrer früheren Heftigkeit nicht wiedergekommen ist.

Die statistischen Ergebnisse in Rio de Janeiro und andern volkreichen Städten des Reiches beweisen, daß verhältnißmäßig ihre Gesundheitsbedingungen besser gestellt sind, als die vieler europäischen Hauptstädte. Fälle von sehr hohem Alter sind in Brasilien häufig."

Aus dem Werke: Das Kaiserreich Brasilien auf der Weltausstellung von 1876 in Philadelphia. Rio de Janeiro bei Lämmert 1876.

Es wird in demselben Verlag gleichzeitig erscheinen:

Der Orient.

Ethnographische Charakter-Bilder, Sitten-Scenen, Jagdsport.

Nach den neuesten und besten Quellen
bearbeitet
von
Dr. Johannes Baumgarten.

Circa 20 Druckbogen dieses Formats.

Preis circa 5 Mark.

Inhalt.
(Im Auszuge.)

I.
Unter dem Halbmonde.

Die Türken und das Türkenthum.
    Nach Friedrich v. Hellwald, Karl Müller, Ubicini, Karl Humann.
Eine Theatervorstellung in Moda-Bournou. Ein neutürkisches Culturbild.
    Nach Th. Gautier.
Syrische Bilder.
    I. Bekehrungsspeculanten. — Ein wanderndes amerikanisches Mädchen-
    pensionat.
        Nach Fürstin Belgiojoso und A. d'Avre.
    II. Die syrischen Christen.
        Nach Burton und Tyrwhitt-Drake.
    III. Gewaltsame Verheirathung eines ganzen Dorfes.
        Nach Ségur-Dupeyron.
Romantik des Orients und deren Kehrseite. Straßenscenen aus Kairo.
    I. Ein Abend in Kairo. Die Romantik.
        Nach Curtis.

II. Die Mehrseite.
   Nach Adolf Rambeau.

Die Frauen des Volkes in der Türkei.
   Nach Ol. Audouard.

Eine ägyptische Elementarschule.
   Nach Eduard Dorr.

Der Bakschisch. Ein neuägyptisches Culturbild.
   Nach Charles Edmond.

Der unentzifferbare Scarabäus.
   Nach Emil Guimet.

Die Krokodilengrotte von Maabdeh.
   Nach E. Hachot.

Wie der Muselman betet.
   Nach Maxime du Camp.

Malerstudien auf der ägyptischen Eisenbahn.
   Nach Th. Gautier.

Die muhamedanischen Magiker.
   I. Die Geheimwissenschaften im heutigen Aegypten.
      Nach Charles Didier.
   II. Der Zauberer von Dschedda.
      Nach v. Maltzahn.
   III. Eine Vorstellung der Mirakel-Derwische von Angora
      Nach Fürstin Belgiojoso.
   IV. Lord Prudhoe und der Magiker von Kairo.
      Nach Graf de Laborde.

II.
Im Lande der Brahmanen.

Zukunft der englischen Herrschaft in Indien.
   Résumé der Beobachtungen des Grafen Goblet d'Alviella (1877).

Resultate der englischen Herrschaft in Indien.
   Résumé der Untersuchungen des franz. General-Consuls E. de Valbezen (1875).

Die Eingeborenen und die Engländer seit dem Aufstande von 1857.
  I. Hindu und Engländer.
    Nach Axel Lind von Hageby und Jacolliot.
  II. Die Hindu in nationaler Beziehung.
    Nach L. Jacolliot und Cotteau.
  III. Die Muhamedaner in Indien.
    Nach W. Torrens, Vambery und Garcin de Tassy u. A.

Leben und Denkweise der Hindu.
  Nach Ph. von Mökern und den neuesten Beobachtern.

Lebensart und Charaktereigenschaften der Hindu.
  Nach Axel Lind von Hageby u. A.

Südhindostan als Hort der altindischen Cultur.
  Nach Louis Jacolliot.

Der sociale Zustand der Hindu.
  Nach franz. und englischen Beobachtern von J. Venedey.

Volk und Natur in Ceylon.
  Nach Ferd. Hochstetter.

Die indischen Eisenbahnen und deren ethischer Einfluß.
  Nach Goblet d'Alviella (1877) und Cotteau (1880).

Die Brahmanenkaste.
  Von Friedrich Müller.

Die Kasten und die Europäische Cultur.
  Nach Esquer, Burnouf, Valbezen, Max Müller.

Indische Bilder.
  1. Leben und Treiben in Bombay.
    Nach Rousselet, Cotteau u. A.
  2.—3. Scenen aus der Hungersnoth und Cholerazeit.
    I. Gemälde einer Hungersnoth in Indien. — Menschenhandel aus Noth.
      Nach Valbezen und Graf Warren.
    II. Der Ausbruch der Seuche. — Die Cholera im englischen Lager.
      Nach Graf Warren.
  4. Aus dem Leben der Sipoys.
    Nach Warren u. A.
  5. Hinduschulen.
    Nach verschiedenen Quellen.
  6. Beim Maharadschah von Katmandu.
    Nach Prinz Waldemar von Preußen.

7.—10. Skizzen aus dem Parialeben.
    Nach Jacolliot u. A.
    I. Das Leben und der Tod in der Dschungel.
    II. Die Paria-Litteratur.
    III. Paria-Fabeln.
    IV. Ein Paria-Epigramm.
11. Merkwürdige Sitzungen mit einem indischen Zauberer.
    Nach Jacolliot.
12. Das Brahmanenthum in seinem Verfall. Drastische Scenen.
    Nach Rousselet u. A.
13. Ein englischer Indigopflanzer.
    Nach Forbes.
14. Englisches Leben in Indien.
    Nach Verschiedenen.

Jagdsport in Vorder- und Hinterindien.
1. Zustände und Bedingungen des Jagdsports. — Elephanten- und Tigerjagden im Himalaya.
    Nach Capitain Dunlop und Jules Gérard.
2. Merkwürdige Tiger- und Elephantenjagden.
    Nach Verschiedenen.
3. Die Sprache der Elephanten.
    Nach Jacolliot.
4. Eine aufregende Babirussa-Jagd.
    Nach Anquétil.
5. Des Naturforschers Bikmore Schlangenabenteuer.
    Nach Bikmore.
6. Jagdabenteuer.
    Von Bréhat u. A.
7. Tigerjagden mit Elephanten ꝛc. ꝛc.
    Nach Rousselet u. A.

Vorstehendes Inhaltsverzeichniß wird jedem gebildeten Leser das Buch des durch seine geschätzten ethnographischen Arbeiten über Frankreich bekannten Dr. J. Baumgarten als eine nothwendige Ergänzung und Illustration zu den wissenschaftlichen Werken unserer bedeutendsten Ethnographen hinlänglich charakterisiren. Den Hauptinhalt bilden interessante ethnographische Thatsachen, namentlich Volks- und Sittenscenen, frisch aus dem heutigen Leben entnommen und — kein geringer Vorzug! — vorzugsweise von Augenzeugen geschildert, welche von den verschiedensten Gesichtspunkten aus das Leben und Treiben der orientalischen Völker beleuchten. Manche Studien darin gewähren auch tiefere Blicke in die sittlichen und politischen Zustände des Orients, wobei die Objectivität und Parteilosigkeit des Buches, wo es, wie bei Indien, nothwendig war, zuweilen auch entgegengesetzte Ansichten zur Sprache kommen ließ. Die meisten Charakter- und Sittenbilder sind **Originalbearbeitungen** ausländischer (franz. und engl.) Quellen neuesten Datums. Die Tiger- und Elephantenjagden — nach authentischen Darstellungen — sind vom spannendsten Interesse.

Rieger'sche Verlagsbuchhandlung,
Stuttgart.

Urtheile der Presse
über die letzten ethnographischen Werke des Verfassers.

Blätter für litterarische Unterhaltung. Herausgegeben von Rudolf von Gottschall. No. 5, 29. Jan. 1880.

„Von J. Baumgarten, dem gründlichen Kenner Frankreichs, seiner Zustände und Bewohner und namentlich des Pariser Lebens, liegt ein neues Werk vor: „A travers la France Nouvelle." Cassel, May. Das in bekannter sorgsamer Ausstattung prangende Buch enthält die Schilderung der sittlichen, litterarischen und ethnographischen Zustände des heutigen Frankreichs und hat, wie die früheren Werke Baumgarten's, den Vorzug, daß diese Schilderungen aus den Federn französischer Schriftsteller selbst hervorgingen und vom Verfasser, neben eigenen trefflichen Zugaben, zu einem einheitlichen Bilde vereinigt sind.

Außer einer werthvollen Einleitung behandelt das Buch in 4 Abschnitten: die Litteratur, das Theater und die Kunst; dann Paris, die Provinz und die Gesellschaft im Allgemeinen. Dabei gehören die Namen der darüber berichtenden Autoren zu den wohlklingendsten, welche die heutige französische Litteratur aufzuweisen hat."

Das Magazin für die Litteratur des Auslandes No. 19, 8. Mai 1880: hebt den „außerordentlichen Werth der geschmackvollen Sammelwerke Baumgarten's" hervor und kommt nach Anerkennung der Arbeit Hillebrand's zu dem Schlusse: „In solchen Büchern, wie denen von Hillebrand, die gewiß alles Lobes werth sind, spricht doch immerhin ein Fremdling über andere Länder; in den Sammelwerken des Herrn Dr. Baumgarten aber kommt die fremde Nation selbst in ihren berufensten Vertretern zum Wort, und gerade das verleiht diesen Schriften einen eigenen durch nichts Anderes zu ersetzenden Reiz der ungetrübten Wahrhaftigkeit."

Das Ausland. Redigirt von Friedrich von Hellwald. 16. Dec. 1878.
...... „Für uns galt es schon längst als ausgemachte Sache, daß Dr. Baumgarten dermalen der gründlichste Kenner der modernen französischen Litteratur außerhalb Frankreichs sei, in seiner France contemporaine kommt aber der ebenso gründliche Kenner der französischen Sitten, Anschauungen und Zustände zum Vorschein, und wir sind auf's Tiefste überzeugt, daß, obwohl Baumgarten die Schattenseiten der französischen Gesittung durch seine Gewährsmänner ebenso scharf beleuchtet als man nur wünschen kann, kein urtheilsfähiger Franzose gegen dieses Gegenstück zu Tissot den leisesten Vorwurf erheben wird. Wir müssen hier auf ein eingehendes Résumé des vielseitigen Buches verzichten, können aber versichern, daß dasselbe den Leser bis zum Schlusse in romanhafter Spannung erhält und ihm abwechselnd Bilder von tiefem Ernst neben solchen vorführt, in welchen, wie z. B. in den „Troupiers" von Adrian Huard ein köstlicher Humor zum Ausbruche gelangt. Mit allen Freiheiten der französischen Sprache auf's Innigste vertraut — wir machen bei dieser Gelegenheit auf seine gehaltvolle Abhandlung über französische Sprache und französischen Unterricht in der Encyklopädie von K. A. Schmid (2. Aufl., Gotha 1878, II.) aufmerksam — hat Dr. Baumgarten auch selbst zur Feder gegriffen und die spiritistischen Erscheinungen in einem Französisch geschildert, welches den Fremden wohl kaum verräth und des Beifalls, auch der französischen Schriftsteller, gewiß sein darf."

Die vorstehenden Urtheile dreier ausgezeichneten Zeitschriften dürften zur Charakteristik und Empfehlung der Schriften Dr. Baum=

garten's genügen. Sie werden bestätigt durch eine ganze Reihe von höchst anerkennenden Besprechungen, welche das Deutsche Litteraturblatt von Herbst, die Zeitschrift für neufranzösische Sprache von Professor Dr. Körting und Dr. Koschwitz, I. Bd., II. Heft (Mai 1879 und Januar 1880), Westermann's Monatshefte (Februar 1869), die meisten großen deutschen Zeitungen und selbst ausländische Blätter, u. a. l'Athénaeum belge 1. Janvier 1880, La Lecture, Bulletin biographique à l'usage des familles etc. No. 8, 1878, die „Epoche" von Bucharest, Novbr. 1879 ꝛc. ꝛc., aus der Feder von Sachkennern brachten, die alle darin übereinstimmten, daß sich in Baumgarten's Gemälden der französischen Sitten und Geistesrichtungen das spannendste Interesse mit der unbefangensten Objektivität verbinde.

www.ingramcontent.com/pod-product-compliance
Lightning Source LLC
Chambersburg PA
CBHW032146010526
44111CB00035B/1228